教育就是培养习惯

（第2版）

林格 著

清华大学出版社

北 京

本书封面贴有清华大学出版社防伪标签，无标签者不得销售。

版权所有，侵权必究。举报：010-62782989，beiqinquan@tup.tsinghua.edu.cn。

图书在版编目(CIP)数据

教育就是培养习惯 / 林格 著.—2版.—北京：清华大学出版社，2020.1（2024.10重印）
ISBN 978-7-302-53753-3

Ⅰ.①教…　Ⅱ.①林…　Ⅲ.①习惯性—能力培养—儿童教育—家庭教育　Ⅳ.①G781

中国版本图书馆 CIP 数据核字(2019) 第 195733 号

责任编辑：陈　莉　高　岫
封面设计：周晓亮
版式设计：方加青
责任校对：成凤进
责任印制：杨　艳

出版发行：清华大学出版社
　　　　　网　　　址：https://www.tup.com.cn，https://www.wqxuetang.com
　　　　　地　　　址：北京清华大学学研大厦 A 座　　　　邮　　编：100084
　　　　　社 总 机：010-83470000　　　　　　　　　　　邮　　购：010-62786544
　　　　　投稿与读者服务：010-62776969，c-service@tup.tsinghua.edu.cn
　　　　　质 量 反 馈：010-62772015，zhiliang@tup.tsinghua.edu.cn
印 装 者：三河市东方印刷有限公司
经　　销：全国新华书店
开　　本：170mm×240mm　　　印　　张：19　　　字　　数：499 千字
版　　次：2012 年 10 月第 1 版　 2020 年 1 月第 2 版　　印　　次：2024 年 10 月第 9 次印刷
定　　价：69.00 元

产品编号：082808-01

養成教育是基礎教育的重要環節是改進德育的重要方面

己巳季歲末 陶西平

前　言

养成教育的研究成果表明，优等生成功的两个关键内因是良好的学习习惯与学习个性。学习习惯的培养是学习个性形成的前提。

一、习惯决定命运

培养良好的学习习惯是养成教育的根本任务之一。

科学大师爱因斯坦曾说过这样一句俏皮话："如果人们已经忘记了他们在学校里所学的一切，剩下的就是教育。"这里说的教育就是习惯。

习惯是一种顽强的力量，它可以主宰人的一生。因此，从小就应该建立各种好习惯，世界著名心理学家威廉·詹姆士有段名言：**播下一个行动，收获一种习惯；播下一种习惯，收获一种性格；播下一种性格，收获一种命运。**

结合孙云晓教授在《教育的秘诀是真爱》一书中对培养习惯的具体要求，综合起来，自我培养习惯主要有如下原则与方法。

1. 几代人相互学习，共同成长

如今的青少年是历史上最优秀的一代人，是值得信任并且大有作为的一代人。看看飞速崛起的信息产业，大展宏图的主将不正是年青的一代吗？

正如陈会昌教授所说，从历史高度看，当代中小学生的思想品德和个性面貌总的来说是在进步。

第一，青少年是时代精神最紧密的追随者。

第二，现在的青少年独立性、自主性明显增强了。

第三，青少年是当前市场经济社会道德价值体系的探索者和创建者。

第四，人格和人性的复归在现代青少年身上表现得非常明显。

第五，现代青少年，个性中的创新性比过去的青少年好。

第六，现在的青少年其实并不是没有理想、抱负，只不过他们的理想不像我们过去那样"远大""空洞"。

第七，现在的青少年比过去更加外向，更富于激情，等等。

总而言之，培养良好的习惯需要几代人相互学习、共同成长才能完成。

2. 培养习惯，警惕非人格化

习惯的养成是需要技能的，但是要想从根本上培养起良好的习惯，单靠技能是远远不够的。譬如，有人提出微笑服务时，要求服务者露出八颗牙齿。大家可以对着镜子试一下，露出八颗牙齿时的笑容确实是灿烂的。应当说，这一要求是有依据的，但是，稍有社会经验的人也明白，露出八颗牙齿的笑容未必发自真心。假笑、干笑、傻笑、狂笑等，都可以露出八颗牙齿，这是人们所需要的吗？

由此，习惯培养应当人格化而不能单纯地技能化。说具体一些，就是在习惯培养的过程中，以健康人格为核心目标，注意观念与情感的培养，对每一个好习惯不仅知其然，还知其所以然，从而晓之、信之、践之。

3. 尊重规律，讲究方法

第一，养成教育的关键在头三天，重在一个月。

按照美国科学家的研究，一个习惯的养成需要21天。

中国习惯研究第一人周士渊先生分析，这21天是个平均数，养成的习惯不一样，每一个人的认真程度不一样，刻苦程度不一样，所用的时间肯定也不一样。既然这21天是个平均数，那我们用一个月的概念更好记，而且更保险，所以"培养习惯重在一个月，关键在头三天"。同时，周先生还总结出习惯培养的7个秘诀，即

(1) 真正懂得重要性；

(2) 找出可行性分析；

(3) 统筹安排，逐一击破；

(4) 关键前三天，重在一个月；

(5) 每天前进一点；

(6) 借东风；

(7) 坚持不懈，直到成功。

美国著名教育家曼恩有一句名言：**习惯仿佛是一根缆绳，我们每天给它缠上一股新索，要不了多久，它就会变得牢不可破。**

世界上的事情，怕就怕认真，怕就怕坚持。如果你凡事认真，坚持去做，就没有任何事情是难的。

第二，习惯培养的步骤。

培养我们的良好习惯到底有哪些基本的环节和方法呢？

我们可以概括出6个步骤：

(1) 认识习惯的重要性；

(2) 与同学及相关人员一起讨论制订适当的行为规范；

(3) 进行形象感人的榜样教育；

(4) 持之以恒地练习；

(5) 及时而科学地评估引导；

(6) 逐步培养良好的集体风气。

大家必须有足够的思想准备，培养一个好习惯或改正一个不良习惯是艰难的，也是必要的。

第三，培养好习惯用加法，矫正坏习惯用减法。

培养好习惯需要用加法，持续21天就会养成；矫正坏习惯则需要用减法，逐步减少不良行为的次数。我相信，每一个父母和教师只要有爱心和恒心，都可以有所发现、有所创造，完全

可以培养出孩子的良好习惯和健康人格。

4.没有训练就没有习惯

由正确认识向正确行为转化需要训练，由正确行为向良好习惯转化更需要训练，由不良习惯向正确行为转化尤其需要训练，没有训练就没有习惯。严格要求，反复训练，不断强化，是实现转化的关键。

第一，训练必须持之以恒。

训练要持之以恒，强调"反复"二字，不反复训练形不成习惯。养成教育是一个长期工程，养成一个好习惯不是一天两天、一个月两个月的事，需要长期抓，持之以恒；矫正一个不良习惯更不是三天两日的事，冰冻三尺非一日之寒。"习惯成自然"是需要时间的。

第二，训练必须严而又严。

训练还要强调"严格"二字。训练就要有个"狠劲"，不见实效不收兵。练习的过程是痛苦的，必须咬着牙坚持下去。只有经过痛苦的磨炼，才能养成好习惯。

在这一点上，我们应向原女排教练袁伟民同志学习，他在训练女排时就有个"狠"劲儿。平时，他非常关心、爱护女排队员，待她们和蔼、亲切，对她们的生活关怀备至。一上训练场，他的要求是非常严格的。女队员累得浑身出汗如水洗一般，他又扔过去一个球，"继续练！"女队员累得趴在地上起不来了，他又扔过去一个球，"还得练！"他知道，不这样练，是打不出成绩的，没有这股"狠"劲儿，表面上是疼爱她们，最终是害了她们。

第三，训练必须要求具体。

良好的行为习惯只有通过反复的分解操作练习，才能形成自然的、一贯的、稳定的动力定型。有些操作过程较为复杂，可进行分解操作。如洗衣服这项行为训练内容，如果我们认为要求高、过程复杂，可以把它分解成5个步骤：一浸、二抹、三搓、四漂洗、五晾晒。这样就很容易掌握要领，且印象深刻。

第四，训练必须纪律制约与自我要求相结合。

要克服不良习惯，既需要内部的意志力，也需要外部的强制力，不能高估我们的自觉性，良好习惯的养成完全靠自觉是不行的，必要的纪律制约是很重要的。这需要家长、老师、同学的真诚监督和帮助，把纪律制约与自我要求结合起来。

二、学习个性决定学习效果

用适合自己的方式学习，似乎是所有优等生成功的第一秘诀。

在学习中要更好地把握自己，只注重方法的模仿和学习是远远不够的，必须注意、认识、了解、发展及养成适合自己的学习个性，才能真正使自己的学习过程时时刻刻都处在控制之中，使自己的学习进程步步扎实，使自己的学习和生活充满丰富的思想，使自己的思想深刻、准确。

所以，形成学习个性才是每个人提高学习效果和效率的关键，也是锤炼人格和魅力的重要方法和步骤。

目　录

上篇　养成教育的理论和内容

下篇　学习习惯和学习个性的养成

上　篇
养成教育的理论和内容

第一章　养成教育的基本理论

什么是养成教育/什么是习惯/人的行为模式和行为水平/养成教育的内容及其特点/养成教育的关键期/养成教育与人格/养成教育与人的素质/养成教育的途径/养成教育的方法/养成教育在家庭教育中如何贯彻/养成教育在学校教育中如何贯彻

第二章　养成教育的14项内容及操作

诚信/遵守规则/责任/计划周密、有条理/合作/爱心/追求效率/学用结合/善于思考/掌握终身学习的能力/创新/乐观自信/毅力顽强/成功

第一章　养成教育的基本理论

第一节　什么是养成教育

一、养成教育是培养好习惯的教育

养成教育就是培养孩子养成良好习惯的教育。

而所谓培养，就是"**按照一定的目的长期地教育和训练**"。养成教育就是从行为训练入手，综合多种教育方法，全面提高孩子的素质，从而达到其最终的目的——形成良好的习惯。

二、养成教育是管一辈子的教育

1. 习惯是养成教育的产物，习惯改变人的一生

习惯能决定人的命运。著名心理学家威廉·詹姆士曾经指出："播下一个行动，收获一种习惯；播下一种习惯，收获一种性格；播下一种性格，收获一种命运。"

著名教育家乌申斯基也有一个精彩的比喻："好习惯是人在神经系统中存放的资本，这个资本会不断地增长，一个人毕生就可以享用它的利息。而坏习惯是道德上无法偿还的债务，这种债务能以不断增长的利息折磨人，使他最好的创举失败，并把他引到道德破产的地步。"**好习惯是加速器，是助人腾飞的双翼；坏习惯是枷锁，是难以挣脱的羁绊。习惯支配人生，成也习惯，败也习惯。**

原中宣部常务副部长，中国家庭文化研究会会长徐惟诚说："人的全面成长过程中，良好行为习惯的养成必须渗透到各种教育中去，否则就不可能很好地完成教孩子怎样做人的任务，所以，养成教育应当是每一位教师、每一位家长都应掌握的教育艺术。"

中国教育学会副会长陶西平说："养成教育是基础教育的重要环节，是改进德育的重要方面。"

中国青少年研究中心研究员孙云晓说："大量事实证明，习惯决定一个人的成败，也可以导致事业的成败，最根本的教育就是养成教育。"

著名教育专家关鸿羽说："养成教育是管一辈子的教育，是教给少年儿童终身受益的东西，它与素质教育密切相关。"

2. 养成教育的目标

养成教育的目标分为最低目标与终极目标。

最低目标：通过培养良好的行为习惯和思维习惯，解放人的大脑。习惯是人体中的软件系统，在这个软件系统的使用下，人的许多行为与思维活动将处于一种不假思索的下意识状态，从而使大脑得以解放出来，集中到自由创造的方面上来，最终激发大脑的潜能。

终极目标：**培养人学会做人、学会学习、学会创造**。这也是素质教育的三大核心任务。

第二节　什么是习惯

一、习惯的定义

人们常说"习惯成自然"，其实是说习惯是一种省时省力的自然动作，是不假思索就自觉地、经常地、反复去做了。比如每天要刷牙、洗脸等。

习惯不是一般的行为，而是一种定型性行为。我国著名儿童心理学家朱智贤教授认为，习惯是人在一定情境下自动化地去进行某种动作的需要或倾向。例如，儿童养成在饭前、便后或游戏后一定要洗手的习惯后，完成这种动作已成为他们的需要。他指出，习惯形成就是指长期养成的不易改变的行为方式。习惯形成是学习的结果，是条件反射的建立、巩固并臻至自动化的结果。

结合《现代汉语词典》对"习惯"一词的解释："常常接触某种新的情况而逐渐适应；在长时期里逐渐养成的、一时不容易改变的行为、倾向或社会风尚"，不难看出，习惯具有个体和社会群体两个层面的意义，从个体层面来看，习惯是个体后天习得的自动化了的动作、反应倾向和行为方式，它是条件反射在个体身上的积淀。从社会群体层面看，习惯是人们在长期的生活中形成的共同的、相对稳定的行为方式和反应倾向。

二、习惯的特征

1. 简单

天下大事必成于细，天下难事必成于易。最简单的东西，往往是最基本且最重要的东西。

习惯并不深奥，常常很简单。比如按时作息、遵守规则等，其实都不是难事，难就难在坚持。从最简单的事情做起，并且把最简单的事情坚持做好了，就是不简单。

2. 自然

自然就是不假思索、不用思想去控制的行为，这是习惯的一个重要特点。如果做一件事情还需要专门的思考和意志的努力，表明习惯并未真正养成。比如每天晨练30分钟，孩子要是在父母的提醒下才去，只能算是一种行为，而非习惯；孩子要是想都没想，自动地去锻炼，一天不锻炼就感到别扭，觉得浑身不舒服，这就叫养成习惯了。

3. 后天性

习惯不是先天遗传的，而是在后天的环境中习得的，是一种条件反射。有的习惯是很自然、不费什么工夫就形成的，有的则需要长期、反复的训练。而养成同一种习惯需要花费的时间，也会因个体的不同而产生明显的差异。

4. 可变

习惯是一种定型性行为，一般形成后就很难改变，但这并不是绝对的。即使是已经形成的很牢固的不良习惯，只要经过较长时间的强化训练和影响，也能发生改变。当然，这需要极强的意志力和自信心来克服惯性的作用力。

5. 情境性

习惯是在相同情境下出现的相同反应。养成某种习惯的人，一旦到了特定的场合，习惯就会表现出来。比如有的孩子只在学校爱劳动，在家里就懒了，就是受到情境的制约。

三、习惯的分类

人们通常把习惯分成好习惯和坏习惯两大类，这种分法虽然简便，却很笼统。《儿童教育就是培养好习惯》从不同的角度对习惯进行了较为细致的分类，归纳出来主要有以下几类。

1. 良好习惯和不良习惯

按习惯的价值，习惯可分为良好(积极的)习惯和不良(消极的)习惯。凡是对人的学习、工作和生活等起积极作用的，适应人的正常需要的，且对人具有正向价值的一类习惯就是良好的习惯或积极的习惯，如节约能源、坚持体育锻炼等。反之，则是不良的习惯或消极的习惯，如不讲究卫生、酗酒、吸烟等。

2. 社会习惯和个性习惯

按习惯的层面，习惯可分为社会性习惯和个(个体)性习惯。社会性习惯多是强调与他人发生联系的习惯，通常体现为适应公共生活领域的习惯，如遵守交通规则、爱护环境、文明礼貌等。个体习惯则是社会个体所独有的习惯，如有人习惯早睡早起，有人习惯晚睡晚起；有人习惯早上锻炼，有人习惯晚上锻炼等。

3. 动作性习惯和智慧性习惯

按习惯的水平，习惯可分为动作性习惯和智慧性习惯。动作性习惯主要是一些自动化了的身体反应和行为动作，比较简单，形成的时间较短，容易训练，如饭前便后洗手、早晚刷牙洗脸等。智慧性习惯比较复杂，层次更高，需要较长时期的训练才能形成，这类习惯主要涉及的是思维方式、情感反应和心理反应倾向方面的内容，比如做事有计划、凡事三思而后行、实事求是、质疑等。

4. 一般性习惯和特殊性习惯

按习惯能力的关系，习惯可分为一般性习惯和特殊性习惯。一般性习惯与人的一般能力要求相一致，如善于观察事物、勤于思考等。特殊性习惯与特殊技能和能力要求相适应，如建筑师、艺术家等职业所需要的利用表象构图的习惯等。

5. 学习习惯、生活习惯、工作习惯、交往习惯

按不同的活动领域，习惯可分为学习习惯、生活习惯、工作习惯、交往习惯。这是按照人们日常活动的主要领域来分的，还可以进行细分，比如学习习惯中可分出预习习惯、复习习惯、作业习惯等。

6. 传统性习惯与时代性习惯

按出现的时间，习惯可分为传统性习惯与时代性(现实性)习惯。从历史上传承下来的习惯可以看成传统性习惯，随着社会的变迁，人们在现实生活中形成的新习惯就是时代性习惯，比如乘电梯靠右边站立的习惯等。

第三节　人的行为模式和行为水平

人的行为从方向上可分为良好行为与不良行为，从行为方式上可分为定型性行为和非定型性行为，具体如下图所示。

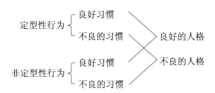

上图实际也呈现了习惯与人格的关系，良好的习惯是形成和完善良好人格不可缺少的一部分，而不良的习惯正是形成不良人格的重要原因之一。

人的行为有四个层次，依次为被动性行为、自发性行为、自觉性行为和自动性行为。这四个层次是依次递进的，实际上也揭示了习惯养成的四个阶段，到最后一个行为层次即自动性行为阶段时，也就是养成习惯了。**养成良好的习惯就是行为的最高层次。**

我们可以看一个具体的例子，一个刚进幼儿园的三岁小孩儿，从前习惯了被家人抱着走或背着走，对老师提出的"自己走"的要求，他会经历四个阶段。

第一阶段：被动。特点是"内力不足，特别需要外力"。他对为什么要自己走还没有认识。在幼儿园里，老师提醒了，他就会自己走；离开幼儿园，没有老师的提醒，他就不会自己走了，还是要家人背或者抱着。

第二阶段：自发。特点是"既需外力也需内力"。通过老师的教育，他对"自己走"有了一定的认识，但还不能完全控制自己，经常需要一定的情境提醒和外部监督。比如父母送他上幼儿园，出门时他会要求被抱着或背着，但在门口看到老师时，他会意识到自己的行为不恰当，很快就下来自己走了。

第三阶段：自觉。特点是"不需外力，但还需内力"。他坚持一段时间后，不需要接受老师和父母的监督，基本上能够做到自我要求和自我控制了，偶尔会有反复，需要自己的意志努力，说服自己要自己走，但还不是自动的行为。

第四阶段：自动。特点是"既不需靠外力，也不靠内力"。他既不需要老师和父母的监督，也不需要自己的意志努力，不管在什么地方、什么时间都愿意自己走，自己走成为一种自然的、自动的行动，即形成了一种习惯。

这四个阶段与养成教育经过的阶段是吻合的。孩子养成一个好习惯，通常就需要经过**从被动到自发，再到自觉，最后到自动的过程。**

第四节　养成教育的内容及其特点

一、养成教育的内容

养成教育既包括正确行为的指导，也包括良好习惯的训练，既包括行为习惯的培养，也包括语言习惯、思维习惯的培养。

养成教育包括各种习惯的培养，如培养良好的做人习惯、做事习惯、学习习惯、生活习惯、思维习惯等。

二、养成教育内容的特点

教育者重视培养孩子养成好习惯，但常常付出巨大努力而收效甚微。这可能是对养成教育内容的特点缺乏认识的结果。养成教育是一个长期的、系统的工程，必须讲科学，而不是教育者脑袋一热就能解决的问题。

关鸿羽教授提出养成教育的内容要**规范化**、**细目化**、**序列化**，对我们很有启示作用。

1. 养成教育的内容要规范化

实施养成教育，教育者应该有一个全盘的认识，**培养什么习惯不能由教育者主观而定，不能心血来潮，兴趣一来就要求孩子做这做那，没有什么计划，盲目地花费很多气力，却不能从根本上解决问题。**

《中共中央关于改革和加强中、小学德育工作的通知》中明确指出，**要制定并组织试行中学生和小学生的"日常行为规范"，使学生牢记规范要求，逐渐养成文明的行为习惯。**《通知》表明，养成教育要规范化。

具体的行为规范主要有以下几项内容。

(1)《公民道德建设实施纲要》：爱国守法、明理诚信、团结友善、勤俭自强、敬业奉献。

(2)《小学生守则》及《小学生日常行为规范》(略)。

(3)《中学生守则》及《中学生日常行为规范》(略)。

此外，胡锦涛提出的"八荣八耻"虽是针对全体公民而言，但对青少年也很重要，因此也是一项值得注意的内容。

这些行为规范与守则还不是行为规范的全部内容，但对青少年应该养成的习惯已经具有重要的指导作用，是不应忽视的。而且，这些规定只明确了不应该怎样，应该怎样，都是一些最起码的要求。也就是说，只有下限没有上限，良好习惯的培养是没有止境的。

2. 养成教育的内容要细目化

在实施养成教育的过程中，教育者常常会给孩子提出各种各样的要求。这样做当然是出于良好的目的，但若操作不当，很容易出现负面效果。为什么？教育者常常忘记孩子的身份，把孩子当成和自己一样的大人来要求，因此提出的要求难免成人化，提出的要求过高、过于抽象，孩子很难达到。

因此，关鸿羽提出对孩子提要求要近一点、小一点、实一点。具体来说，就是：

近——离孩子的实际生活更近一点，不要好高骛远；

小——要求小一点，以小见大，不要"高口号"式；

实——要实在、具体，不要太抽象。

总之，在给孩子提要求时要尽量看得见、摸得着，具体、形象、直观。

学校和家庭应该根据孩子的情况制订养成教育的细目，如幼儿阶段行为指导与习惯培养细目、小学阶段行为指导与习惯培养细目、中学阶段行为指导与习惯培养细目。

3. 养成教育的内容要序列化

任何一个人的成长都是有序的，是一个循序渐进的过程。养成教育也应该是有序的。如果教育者不按照养成教育自身的系统来安排教育内容，就会使养成教育变得混乱。

如何实现序列化呢？

必须按照学生的年龄特点，从易到难，由低到高，按照科学的序列计划出具体的时间和内容，要做到横向一体化、纵向序列化。关鸿羽认为，制订序列化方案的依据主要有两条：一条是党和国家对青少年一代的要求，另一条是学生的年龄特点、心理状况和思想实际。

结合这些要求，我们认为六岁前的孩子应该养成的好习惯，**具体包括良好的生活习惯和卫生习惯、文明礼貌习惯、爱劳动的习惯、爱惜物品的习惯。**

六岁到十六岁的孩子应注意培养独立生活的习惯、生活勤俭朴素的习惯、做事有计划的习惯、自信的习惯、独立性与坚持性的习惯、勇敢的习惯、自制的习惯、适应的习惯、良好的学习习惯，等等。

第五节　养成教育的关键期

一、小灰天鹅认"妈妈"

小灰天鹅从蛋壳中爬出来后，会把第一眼看到的动物当成自己的妈妈：如果是母鸡孵化它出壳，它就把母鸡当作妈妈；如果出壳时是人在身边，它就把人当作妈妈。如果出生时不接触任何动物，它就只会自己吃和玩，几天后再接触别的动物，哪怕是它真正的妈妈，它也不会认了。

这种有趣的现象是20世纪30年代奥地利动物学家洛伦兹在动物的心理实验中发现的。他把小灰天鹅这种无须强化的、在一定时期内形成的反应称为"印刻现象"。

二、关键期

经过多次实验，洛伦兹得出这样一个结论，在动物早期的发育过程中，动物的某一反应或某一组反应在某一特定时期或阶段中最容易获得。如果错过这一时期或阶段，就不容易再出现这样好的"时机"。这个关键的"时机"称为"关键期"。

当把动物实验引申到早期儿童发展教育研究中时，现代科学家发现，人的智力、能力、习惯的发展，"关键期"同样存在而且起着重要的作用。有人也把它称为"敏感期"，是指个体在发展过程中有一段特殊的时期，其成熟程度最适宜学习某种行为。

三、真实的案例

"狼孩"卡玛拉姐妹在狼的抚养下长大，被带回到人类社会时，姐姐约8岁，妹妹约1岁半。科学家们想尽各种办法，仍然无法让她们改掉狼的生活习性。妹妹虽然在两个月后说出了"不"字，但一年后就死去了。姐姐经过3年的培训才能用脚走路，直到17岁时死去，智商也只有3岁半孩子的水平，只能讲45个单词。

日本士兵横井庄一在第二次世界大战时迷失在东南亚大森林，像野人一样生活了28年，完全遗忘了人的一切习惯和语言。但是，获救后仅仅通过28天的训练，他就恢复了人的习惯，重新适应了人类的生活。

这两个案例从两个方面说明了关键期的重要性。前者表明，在关键期，一个人正常的发展一旦受阻，将会对其以后的发展产生障碍，这种障碍有时是很难甚至不可弥补的；后者则表明，只要不错过受教育的"关键期"，日后的发展即使出现障碍，也会很快克服困难并恢复正常。总的来说，成长的关键期，会对人一生的发展产生影响。

四、一些具体的关键期

国内外经过近半个世纪的有关研究表明：

- 6个月是婴儿学习咀嚼的关键期；
- 8个月是分辨大小、多少的关键期；
- 2～3岁是学习口头语言的第一个关键期；
- 2岁半～3岁是教孩子怎样做到有规矩的关键期；

- 3岁是计算能力发展的关键期(指数数和点数、按要求取物品及说出个数等);
- 3岁是培养独立性的关键期;
- 4岁以前是形成视觉形象发展的关键期;
- 3～5岁是音乐才能发展的关键期(拉提琴3岁开始,弹钢琴5岁开始);
- 4～5岁是学习书面语言的关键期;
- 3～8岁是学习外国语的关键期;
- 5～6岁是掌握词汇的关键期;
- 9～10岁是孩子行为由注重后果过渡到注重动机的关键期;
- 幼儿阶段是观察力发展的关键期;
- 小学一、二年级是学习习惯培养的关键期;
- 小学三、四年级是纪律分化的关键期;
- 小学三、四年级,初二、高二是逻辑思维发展的关键期;
- 小学阶段是记忆力发展的关键期,是记忆的黄金时代;
- 初中阶段是意义记忆的关键期。

在孩子的成长过程中,**关键期的出现是与每个孩子的实际情况紧密联系的,同一个关键期,有的孩子可能出现得早些,有的孩子可能会很晚,这是由人的个体性差异决定的,不能一概而论、生搬硬套**。抓住关键期固然重要,但也**不要迷信关键期**,一定要根据孩子的实际情况进行恰当的引导,循序渐进。

五、三岁决定一生,养成教育也有关键期

良好习惯的养成也有关键期。古往今来许多著名的教育家、心理学家、思想家都认为习惯要从小培养。

现代心理学和教育学的研究表明,人在成年前,尤其是年幼的时候,是培养好习惯的最佳时期。幼儿期(3～6岁)、童年期(7～12岁)、少年期(13～16,17岁)都是重要的时期,幼儿期尤为关键。为什么幼儿时期是习惯培养的关键期呢?对此,少年儿童行为习惯与人格的关系研究课题组进行了详细的研究和分析,归纳起来,原因主要有以下三点。

1. 生理上的原因

从生理上讲,儿童的脑发展迅速,7岁时基本接近成人的脑重,大脑皮层结构也日趋复杂化。神经纤维的髓鞘化逐渐完成,使得神经兴奋的传导更加精确迅速;5～6岁时儿童脑电波的发展出现一个明显的加速时期,内抑制开始蓬勃发展起来,皮质对皮下的控制和调节作用逐渐增强。就是说,此时儿童的脑发展已经达到一定的程度,为其进行习惯培养提供了很好的生理物质基础。

2. 心理上的原因

从心理上来讲,进入幼儿期,儿童游戏增多,身心发展迅速,生活范围扩大,独立性增强,对世界充满了好奇和探索的欲望,同时初步产生了参加社会实践活动的愿望。当儿童在生活中、游戏中、社会交往中发生无数个第一次、无数个不知道如何办时,教育者如何处理、如何说话,都会影响儿童行为习惯的形成。就好比在洁白的纸上抹下的第一笔,这些第一次对孩子的成长非常重要。

3. 现实的调查

现实的调查证明,良好的习惯带来成功,不好的习惯导致失败。成功人士的好习惯和失败

人士的坏习惯，究其根源，大多数是来自小时候所受的教育。

著名教育家陶行知说过："人格教育端赖六岁以前之培养。凡人生之态度、习惯、倾向，皆可在幼稚时代立一适当基础。"少年儿童时期是培养良好习惯的关键时期，抓住了这一黄金时期，孩子的发展就能收到事半功倍的效果。

第六节 养成教育与人格

一、人格

心理学上关于人格的定义已有几十种之多，这里我们不讨论谁是谁非，一般说来，**人格反映的是一个人整体的心理面貌**，通常指的是一个人的个性特征。很多人觉得人格过于抽象，其实它存在于我们每一个人身上，我们平常说某人待人热情、坦率、谦虚等，实际上就是在评价他的人格。

一个人的人格是由各种特质组成的，这些特质比较稳定、不易改变。**人格特质既受先天遗传的影响**，又受后天环境和教育的作用，但大部分是后者影响的结果。

二、当代独生子女的"六小"

独生子女在人格方面存在的各种问题已经引起人们的广泛关注。教育专家关鸿羽等在调查中发现，目前孩子存在"六小"问题，有如下具体表现。

1. "小霸王"

表现为孩子在家里特别霸道，说一不二，听不进去父母和长辈的话。比如一家人看电视，看什么频道不是由家长定而是由孩子定，否则孩子就不让父母看，甚至发脾气。

2. "小懒虫"

表现为孩子在家里不干活，根本没有做家务劳动的意识。小学生让父母给穿衣服，中学生起床不叠被子，大学生不会自己洗衣服的例子俯拾即是。父母要想让孩子做点家务，简直比登天还难。

3. "小馋猫"

表现为孩子特别馋，喜欢吃零食，听不得更见不得"好"东西，不给吃就乱发脾气，直到父母让他吃才罢休。其实他们要吃的东西很多都是"垃圾"食品，吃进去对身体健康发育没有什么好处，反而会造成挑食、偏食甚至厌食的毛病。孩子的饮食应该营养搭配适宜，最好是"一把蔬菜一把豆，一个鸡蛋加点肉，五谷杂粮要吃够"。

4. "小犟牛"

表现为孩子特别任性，执拗，一意孤行，想怎样就怎样，听不进去别人的劝告，还表现为爱跟父母犟嘴。

5. "小磨蹭"

表现为孩子特别拖拉，做事情没有计划，不懂得珍惜时间。往往十分钟能做完的功课要半小时甚至更久，去什么地方办事情也是慢慢吞吞，一点儿也不着急。

6. "小马虎"

表现为孩子做事马虎，不认真，爱凑合，比如做作业常常抄错题目，考试时常常忘记检查等。

除了这"六小"以外，孩子们还存在很多其他的问题，如花钱大手大脚、爱攀比、虚荣心强等。归根结底，这都是一个习惯的问题。乌申斯基说过："**教育的任务就是培养性格，而性格是由天赋的倾向性及从生活中获得的信念与习惯形成。**"孩子们之所以在人格上存在这样那样的缺点，实际还是因为没有养成好习惯。

三、良好习惯是健康人格的基础

自古以来，很多学者都认为人格与习惯紧密相关。如明代的王廷相认为"凡人之性成于习"，清代王夫之也提出"习成而性与成"。有很多学者研究人格时，也直接使用习惯作为基础概念对人格的内涵进行界定。习惯所体现出来的人格中自动化的、稳定的行为方式和特征，是组成人格特质的重要基础。**习惯是人格特质的重要表征之一。**

中国青少年研究中心少年儿童行为习惯与人格的关系研究课题组在北京11所小学的教育实验也表明，某些良好习惯的养成对某些人格特质有促进作用，这些良好习惯的积累、整合和升华，必将对少年儿童健全人格的发展和形成产生重大影响，为少年儿童身心的全面发展奠定坚实的基础。良好的习惯，是健康人格的基础和外在标志；健康的人格，是良好习惯的升华和结晶。而父母养育孩子，不仅仅是为了孩子成才，更是为了孩子成人。培养孩子养成良好习惯，能有效地促进儿童人格结构的优化，改变某些不良的人格倾向，使孩子成为全面和谐发展的人。

四、培养习惯要以培养健康人格为目的

习惯与人格的关系密切，但是不是一个人具有良好的习惯，他就一定具有良好的人格呢？

不一定。举个简单的例子，每年都有一些重点大学的学生轻生，他们可能有着各种各样的好习惯，如会学习、讲究卫生、坚持锻炼身体等，但他们之所以走上自杀的道路，则是他的价值观、人生观在起作用，是因为他们在人格上存在缺陷。

由此可知，不能简单地认为一个人习惯好，其人格就一定健康。反过来也是如此，很多人格高尚的人身上也存在这样那样不好的习惯。习惯比人格更为具体，它是人格的基础之一，比人格低一个层次。**一个人养成了良好的习惯，不一定就具备了良好的人格。**教育专家孙云晓在接受《光明日报》记者采访时曾说："培养孩子的良好习惯应当是人格化的，而非技能性的。"就是说，培养孩子养成良好的习惯，必须将培养健康人格放在根本目的的位置上，否则，即使养成良好的习惯，人格上仍然可能存在缺陷。

第七节　养成教育与人的素质

一、素质

有一个故事，说的是某幼儿园招聘老师，只有一个名额，报名者众多，竞争十分激烈。考试时，大家都匆忙赶往考场，谁都没有注意楼梯口附近有个正在哭泣的孩子。只有一个并不出众的女孩走过去安抚这个小孩儿，带着他走进考场。最后，这个女孩被录取了，因为她对小孩子有一颗爱心，具备当一名幼儿园老师的基本素质。

素质是什么？

素质是人的基本品质，是在人的先天生理基础上，经过后天环境和教育的影响，由知识内

化而形成的相对稳定的心理品质，包括人的思想、知识、身体、心理素质等。

素质不是天生的，它是教化的结果，是可以培养、造就和提高的。素质基础的形成主要在幼儿园和中小学阶段。

二、习惯与素质

习惯与素质一样，都是人的第二天性，即稳定的、长期起作用的品质。**从一定意义上来说，习惯就是素质，素质形成的过程往往是良好习惯形成的过程，而素质总会顽强地通过习惯表现出来。**良好的行为习惯是人的能力和素质的生长点，能为人实现全面发展和成功提供支撑性平台。

少年儿童是整个社会成员的重要组成部分，是成长中的小公民。少年儿童素质的发展状况，将直接关系到新一代国民的水平。素质教育的核心是培育健康人格，而健康人格必然以一系列优良素质为基础。从培养良好习惯入手，是对少年儿童进行素质教育的最佳途径。

三、提高孩子的三大素质

孩子的教育不仅仅是学校的事，家庭也是帮助孩子培养良好习惯、提高素质的重要环境，孩子在小学阶段，一天中的很大一部分时间都在家里度过，父母要着重注意提高孩子三大方面的素质。

(1) **道德素质：**如培养孩子尊敬长辈、孝敬父母的素质；培养孩子听从长辈教导的素质；培养孩子帮助父母理家的素质等。

(2) **审美素质：**如指导孩子欣赏自然美，指导孩子欣赏艺术美，指导孩子欣赏社会美等。

(3) **生活素质：**如培养孩子劳动的素质，指导孩子用好闲暇时间，指导孩子提高人际交往的能力，指导孩子学会接受现代传媒等。

第八节　养成教育的途径

养成教育是一个系统工程，主要通过学校教育、社会教育和家庭教育三条途径来实现。

实施养成教育，各种教育途径必须协调一致，要做到**学校内部一致、家庭内部一致、家庭教育与学校教育一致，以及学校、家庭与社会教育一致，**否则大家各往各的方向用力，只会劳而无功。这就好比几匹马拉马车，如果都朝一个方向用劲，马车就会跑得飞快；如果几匹马各朝各的方向用力，马车很可能会原地不动，甚至会发生倒退的情况。

在这三条途径中，学校是专门的教育机构，有专门的教育工作者，作为养成教育的"龙头"最合适不过。而以学校为龙头，学校主动与家庭、社会相联系，建立起一个教育网络，是一个较为理想的模式。

此外，我们也不能忽视孩子的自我教育。孩子一旦学会了自我教育，既能不断深化自我认识、自我体验，还能训练和发展出良好的意志力，这对孩子的习惯养成是很重要的。

第九节　养成教育的方法

养成教育是一项长期而复杂的工作，培养任何一种良好的习惯，都需要科学的方法，才能更快地达到目的。

关于养成教育的方法，近年来很多教育专家和研究机构都对此进行了细致的研究，成果颇丰，介绍习惯养成方法的书籍也层出不穷。这里主要参考关鸿羽教授以及中国青少年研究中心少年儿童行为习惯与人格的关系研究课题组的研究成果，整理出养成教育常用的十五种方法，供大家参考。

一、突破法

1. 解释

针灸时，医师如果没有摸准穴位就随便给人扎针，不仅无法得到好的治疗效果，反而可能给病人增加痛苦。习惯养成的过程中，"突破口"如同针灸中的穴位，找准了它，好习惯的养成指日可待。

2. 原则

用孩子的长处作为"突破口"是一个很重要的原则。每个人都是独立的个体，每个孩子的年龄、成长环境、心理特点、性格等千差万别，其感兴趣的"点"也不一样，突破口也就有所区别。

有一位母亲，她的儿子不喜欢阅读，却对足球着迷。为了培养儿子的阅读兴趣，这位母亲想了很多办法也不奏效，童话书、科普书、侦探小说等买了一大堆，儿子就是没兴趣。后来母亲改变了策略，她硬着头皮陪孩子看足球世界杯赛，和儿子侃球星，还特地给儿子买了一本《罗纳尔多传》，儿子看到这书，眼前一亮，开始了阅读。

母亲又精心为儿子准备了足球明星传说、足球文化等书籍，儿子接受了阅读，渐渐又拓展了知识面，眼界日益丰富起来。

这位母亲后来采取的办法很高明。孩子的兴趣点就是他的长处所在，足球能让他兴奋，自然而然就成了"突破口"。

每个孩子的性格、兴趣都不一样，找到了孩子的兴趣和长处所在，能帮助孩子扬长避短，养成种种有益的习惯。

3. 操作方法

(1) 帮助孩子了解自己。这一点非常重要，如果孩子对自己没有一个全面的认识，很难找到一个很好的"突破口"。让孩子了解自己的一个重要方法就是明确其优势，扬长避短。

(2) 父母要给孩子适当的建议。父母在对孩子有一个较为全面、正确的认识的基础上，给出合理的建议，既然是建议，就要放下架子，用商量的语气跟孩子讨论。

(3) 辅之以必要的训练。习惯养成毕竟是具体行为的体现，因此，需要进行必要的训练。父母的作用是监督和提醒。

二、榜样法

1. 解释

教育家乌申斯基说："榜样对儿童的心灵是一股有益的阳光。"每一个成长中的人，都需要好朋友。青少年要培养好的习惯，榜样是一种不可缺少的力量。尤其是同龄群体的影响力更不容小视。

心理学中把"个体有时会通过特别的心理动机，有选择性地吸收、模仿某些特殊的人或物"称为"仿同"作用，个体仿同是一种吸收或顺从另外一个人或团体的态度、行为的倾向。青少年常常会模仿身边同龄朋友的言行举止，因为他们的生活环境相似。

2. 原则

人们常说"近朱者赤，近墨者黑"，既然是选择榜样，是不是一定要"择优为邻"，找那些各方面表现都很优异的人？

其实未必。孩子身边的伙伴中，哪怕身上有一点值得学习的地方，比如学习特别认真、特别守时、很有礼貌、遵守交通规则等，都可以成为孩子的好榜样。**如果刻意寻找那些最优秀的同龄人，由于目标太高，反而不利于孩子的进步。**

因此，选择适合孩子高度的目标，应当作为榜样法的一个重要原则。

3. 操作方法

父母常常担心孩子交到坏朋友，怎样才能把握好交朋友的"度"，帮孩子找到合适的榜样呢？

(1) 了解自己的孩子，根据孩子的情况选择朋友。首先要对孩子的具体情况进行分析，如有什么优点和不足、需要在哪些方面有所提升等。比如觉得孩子在清洁卫生方面有待改进，不妨尝试让他交一些卫生习惯很好的朋友。然后，再根据孩子的兴趣爱好来选择朋友，比如孩子喜欢阅读，不妨让他与那些同样具有阅读兴趣的伙伴多交往。此外，**很重要的一点是了解对方的情况。**如果条件允许的话。可以了解一下对方的家庭背景。家庭环境对于一个人的影响非常重要。

(2) 父母和孩子要多沟通。一般情况下，父母不会轻易反对孩子的正常交往，但父母总是希望孩子与"好孩子"多交往。如果父母不喜欢孩子的朋友，应该怎么办呢？

结合教育专家王宝祥的分析，通常父母眼里的"坏"孩子，可以分为这几类：一是学习不好但没什么品质问题；二是学习不好又有一些不太守纪律的行为；三是学习、纪律都不好，还有一些劣迹；四是劣迹行为严重，甚至有违法行为。对于前两类，不能说是"坏"，只是有缺点或错误。后两类严重一些，但与成年人的"坏"还有区别。

此时，父母不应过多地干涉孩子们的交往，最好见见孩子的朋友，了解之后再作判断，结合具体情况指导孩子的行为。

(3) 为孩子规定一些行为原则。孩子判断是非的能力有限，而父母又不可能一直陪伴在他们身边。所以，有必要告诉他们和朋友在一起的时候什么事情可以做，什么事情最好不做，什么事情坚决不能做。

三、体验法

1. 解释

体验，就是让孩子通过亲身实践来认识周围的事物。体验在孩子的成长中占据着重要位置。在养成教育中融入体验的元素，有助于孩子更好、更深刻地体会习惯养成的重要性，丰富内心世界，改变行为习惯。

2. 原则

"不让他人代劳"是一项重要原则。父母和长辈常常不由自主地为孩子承担了太多，虽然是出于好心，却在无意识中剥夺了孩子体验的权利。美国有一个家教原则叫**"二十码法则"**，尊重孩子的独立倾向，与其至少保持二十码的距离。这也符合让孩子在体验中养成好习惯的原则。

3. 操作方法

(1) 确定目标。这是培养好习惯的第一步。凡事预则立，不预则废。有了目标，孩子才能更快地付出实际行动。

(2) **自己的事情自己做**。孩子的事情就让他自己去做。父母或者他人代替他做,表面上看是帮了孩子的忙,实际上是害了孩子。父母能帮孩子一时,能帮一世吗?

(3) **体验好习惯带来的愉悦**。良好习惯会给人带来好处,当孩子自己体验到这种好处以后,会更加明白养成好习惯的重要性。

(4) **牢记不良习惯带来的麻烦**。当孩子深陷不良习惯的麻烦而无人解救时,会强烈地意识到自己需要养成好习惯。这样他会自觉自动地去改变。

四、情绪疏导法

1. 解释

萧伯纳说:"人们总是责怪环境造成自己的困境,我不相信环境。人们出生在这世上,都在寻找自己所需要的环境。如果找不到,就应当自己去创造。"孩子一天天长大,心理变化日新月异,情绪问题常常干扰养成教育的正常进程,影响孩子的前进。孩子的情绪好,教育就容易进行。因此,帮助孩子做好情绪疏导,使其保持健康的、积极的心理状态,很有必要。

2. 原则

抛弃不良情绪,保持积极心态。

3. 操作方法

(1) 帮助孩子进行自我归纳,发掘和识别自己已经形成的价值观,归纳自己对外界事物和现象的理解与判断。

(2) 帮助孩子识别认知上的错误,对于孩子不合理的、夸张的想法,可以进行质疑。

(3) 发现认知错误后,用新的、合理的思想予以替代。

(4) 在对错误认知进行驳斥的同时,要消除孩子认为自己是别人注意中心的想法。

五、反复训练法

1. 解释

严格要求,反复训练,是形成良好习惯的最基本的方法。这也是关鸿羽教授最为重视的方法,他认为古今中外的教育家都强调训练的重要性,是因为训练可以使机体和环境之间形成稳固的条件反射。实践证明,**真正的教育不在于说教,而在于训练**。如果只停留在口头,习惯培养一定没有真正的生命力。**只有反复训练才能形成自然的、一贯的、稳定的动力定型,这是由人的生理机制决定的**。

2. 原则

(1) **以兴趣调动训练的积极性**。"苦练"与"趣练"相结合,如通过游戏、活动、竞赛、绘画等途径,不断变换形式来进行训练。

(2) **训练必须严而又严**。好的习惯往往需要较长的时间来巩固,不可能一蹴而就。严格的训练要避免情绪化。确定标准之后,就要严格遵守,不能放松。

(3) **训练必须持之以恒**。习惯培养是一个持之以恒的过程。如果不坚持,今天训练,明天放假,行为就难以变成自动化的习惯。行为训练要抓反复,反复抓。培养习惯是个长期工程。夸美纽斯说过:"一切存在美的东西其本性都是在娇弱的时候容易屈服,容易形成,但是到了长硬以后就不容易改变了。"一定要克服懒惰情绪和畏难情绪。

3. 操作方法

(1) **目标明确，要求具体**。比如使用文明礼貌用语时，说"谢谢"二字，看起来很简单，要注意的细节其实很多：首先，说"谢谢"时必须诚心诚意，发自内心，要让人听起来不做作，不生硬，不是为应付人家，而是真心实意地感谢人家，只有付出真心，才能使"谢谢"二字富有感情；第二，说"谢谢"时要认真、自然，要让人听清楚，不要含含糊糊，不好意思，更不要轻描淡写地凑合，好像不太情愿、应付差事；第三，说"谢谢"时要注意对方的反应，如果对方很高兴，就是达到目的了，如果对方对你的致谢莫名其妙，就要说清谢人家的原因，以使对方感到你的真情实意；第四，"谢谢"要用整个身心说，除了嘴里说以外，头部要轻轻地点一下，眼睛要注视着对方，而且要伴以适度的微笑；第五，别人帮助自己解除了困难之后，应表示谢意。表示的方式可以说"谢谢！""多亏您帮助！"，也可以握手致谢，还可以赠物致谢。

(2) **层次分明**。各个年龄段掌握良好习惯的要求不同。如养成"文明乘车"的习惯时，最好是先训练上车主动刷卡，乘车时不向窗外扔杂物、不把头伸出车厢外等较为基础的要求，然后再进一步要求主动为乘客让座等。

(3) **及时检查**。检查和评价必须坚持经常性。

六、层次目标法

1. 解释

人的发展不是一蹴而就的，必须一个阶段一个阶段地上升、进步，是有层次的，分阶段的。养成教育同样如此。

中国科学院心理研究所张梅玲研究员认为：**不同习惯之间不能机械地用年龄划分开，比如几岁到几岁培养学习习惯，几岁到几岁培养做人习惯，只能说根据孩子的年龄特点和心理发展特点，在不同年龄阶段要有不同的要求，在要求、水平、层次上要有差异。**

2. 原则

关鸿羽教授结合青少年的年龄特点和性格特征提出了以下建议。

(1) 运用"**循环说**"理论。行为习惯的形成需要长时间的循环反复，呈螺旋上升趋势。低年级训练过的，到了中高年级仍然要经常重复训练，否则很难巩固。

(2) 运用"**阶段说**"理论。每种习惯的形成有不同的关键期，小学低、中、高年级有各自的训练重点，可以抓住每种习惯形成的关键期来进行教育。在不同的年龄阶段，要选择适合本年龄阶段的习惯进行培养，不能心急。

(3) 运用"**中心扩散说**"理论。行为习惯是一个复杂的体系，要把所有的行为习惯在短时间内培养好是不可能的。因此，在培养孩子的习惯时，就要抓主要的习惯进行培养。重点习惯培养好了，还可以带动其他好习惯的形成。

3. 操作方法

(1) **了解孩子的成长规律**。习惯培养要讲究科学性，一定要考虑孩子的年龄特点，依据身心发展规律培养好习惯。

(2) **分层次确定目标**。同样一个习惯，对处于不同年龄、不同心理阶段的孩子，要求是有层次的，必须与其特点相符，孩子才会接受并执行。

(3) **目标分解要具体**。把大目标分解成小目标，把远目标变成近目标，把模糊的目标变成具体的目标。

七、行为契约法

1. 解释

为了帮助孩子养成好习惯，父母常常扮演监督者、唠叨者的角色，这会令孩子反感，甚至引发孩子情绪上的抵触。此时，最好的办法是父母和孩子都平心静气，坐下来好好谈一谈，试试行为契约法。这里说的**行为契约是针对父母和孩子双方的，是父母和孩子经过谈判，共同协商而形成的一种对双方行为都有约束力的书面约定。**父母的目的是改变孩子，帮助孩子养成好习惯；孩子的目的是改变父母唠叨和啰唆的现状，使其不再过于监视、唠叨自己。双方都想改变对方，一方的行为改变就充当了另一方行为改变的催化剂，如果父母和孩子中有一方出现没有执行约定的行为，就可能导致另一方也不执行协议，从而导致整个行为契约法的失败。

行为契约是养成教育中有效改善亲子关系的润滑剂，有助于建立亲子之间相互尊重、相互信任、平等待人的人格关系。

2. 原则

确立正式的、具有约束力的契约条款，是运用好行为契约法的首要条件和重要保障。行为契约条款的确立，要**遵循彼此尊重、相互制约、要求详细的原则，最好以书面形式出现，涉及的成员应人手一份。**行为契约作为一种教育方法意义上的"**君子协议**"，虽不像法律条款那样严格、正规，但对父母和孩子都具有约束力，可避免口说无凭和随意更改。

父母和孩子要共同保持和维护行为契约的约束性，不断以自己的良好行为强化对方的良好行为，最终双方都养成良好的习惯。

3. 操作方法

根据少年儿童行为习惯与人格关系研究课题组的研究，一个行为契约由如下五个基本部分组成。

(1) **确定目标行为。** 行为契约的目标可以是减少不适宜或不良行为，也可以是增加适宜或良好行为，或者两者兼有。目标行为必须是客观的、可操作的，不能含义模糊，有待推论。

(2) **规定确认目标行为的方法。** 既然签约双方要对目标行为相互监督，那么目标行为出现或者没出现，就要有一个双方都认同的检测方法。常见的方法有可直接观察的行为文件(比如作业本)和固定的行为产物。

(3) **确定行为契约的有效期。** 对于较难形成或较难改变的习惯，最好确定一个相对较长的有效期，并在有效期内划分出几个较短的考察期，每个考察期都制订相对具体的考察目标，每一目标的要求逐级递增，不要忽高忽低，以免在执行过程中无所适从。

(4) **确定强化和惩罚的跟随条件。** 签约者执行的是适宜行为，应得到契约中明确规定的强化；如果是不适宜的行为，契约中也要明确惩罚后果。

(5) **契约双方签字。** 双方签字有利于孩子建立起"**父母与我平等**"的观念，有利于行为契约的顺利执行。

八、刺激控制法

1. 解释

环境是一种刺激，不同的刺激能使孩子产生不同的行为。控制住这种刺激，也就控制了孩子的行为。"孟母三迁"，实际上就是看到了环境对孩子行为的影响而实施的一种刺激控制。

这种从源头上控制习惯形成因素的培养方法，就叫作刺激控制法，也可以叫作环境改变法。

2. 原则

对孩子来说，最好是"自控"和"他控"相结合。因为青少年已经有一定的自我控制能力，"自控"能更多地调动起孩子自身的力量。而"他控"则能使孩子在需要帮助的时候得到必要的支援。

3. 操作方法

具体来说，刺激控制法有六种操作方法。

(1) 呈现期望行为的刺激线索。期望行为没有出现的原因之一可能是这个行为的刺激线索没有在环境中出现。当考虑用刺激控制法来增加期望的适宜行为时，要仔细分析有哪些对这种行为产生刺激作用的线索或者条件可以利用。通过呈现这种行为的线索，孩子出现期望行为的概率就会大大增加。

(2) 为期望行为安排效果建立。建立一种效果就是使一种刺激对行为的产生具有强化作用。这样，当一种效果建立呈现的时候，因这种刺激而产生的行为就会受到强化。使期望行为更易发生的方法之一就是为行为的结果安排效果建立。

(3) 减少期望行为的反应难度。反应难度小的行为比反应难度大的行为更容易发生，可以利用行为发生这一规律，为期望行为降低反应难度。

(4) 消除非期望行为的刺激线索。举个例子，孩子特别喜欢看电视而不愿意写作业，因为家里有电视这个刺激线索，让孩子做到不看电视是有很大难度的。如果换个环境，带着孩子到图书馆或者自习室去写作业，孩子缺少了电视这个条件，要做到不看电视就不像之前那样困难了。

(5) 消除非期望行为的效果建立。如果非期望行为的结果得不到强化，人们就不大会从事这一行为，因此，消除非期望行为的效果建立，可以减少它发生的概率。

(6) 增加非期望行为的反应难度。避难就易是人类行为的普遍法则。如果非期望行为的反应难度加大，孩子就不大愿意费力去做。

九、父母言传身教法

1. 解释

苏联教育家克鲁普斯卡娅说过："**父母是天然的教师。**"父母的言传身教，对孩子是一种潜移默化的教育。"**欲教子先正其身。**"孩子善于模仿，模仿产生的效果好坏，取决于他所模仿的对象是怎样的。而父母正是孩子天然绝佳的模仿对象，父母的习惯不好，想让孩子养成好习惯是很难的。

2. 原则

父母的言传身教，是要让孩子学习父母身上的优良品质，培养出更好的习惯。父母不是圣人，不可能完美无缺，因此，要注重对父母良好行为的模仿和发扬，对不好的行为则要摒弃。

3. 操作方法

对于习惯培养来说，**身教大于言传**。因为习惯大多是在琐碎小事和日常生活中培养的。父母给孩子树立一个好榜样，就是在对孩子进行无声的习惯培养。父母一个坏的行为，可能会让孩子养成坏习惯。父母无论有意无意，都必然会起到示范作用，不论是正面的，还是负面的，这种榜样都是孩子不可抗拒的。

(1) 父母要注意自己言谈举止的影响，提高自身的修养。

(2) 凡是要求孩子做到的，父母首先做到。父母说话不要太随便，要注意影响。

(3) 凡是孩子提出的合理的意见，父母要虚心接纳，并及时改正。

十、家庭环境熏陶法

1. 解释

家庭环境熏陶法就是在家庭生活中，长年累月、潜移默化地熏陶孩子，使孩子养成良好的习惯，形成良好的情感，是一种以隐形教育为主的间接教育法。良好的家庭环境涵盖家庭意识、家庭行为、家庭物质三大方面的内容。

(1) 家庭意识，包括家庭各成员的道德观念、理想观念、价值取向、审美情趣等。通俗地说，就是一个家庭的家风。

(2) 家庭行为，包括家庭各成员间的活动及行为。不仅是父母教育孩子的行为，还包括家庭成员进行的其他活动，如文艺、体育、学习、娱乐、卫生保健、家务劳动等；也包括家庭中自己规定的行为原则，如家法、家规等。

(3) 家庭物质。它主要反映家庭生活环境、消费趋向、经济状况等，包括经济收入、支出、衣食住行等。

有的社会学家将家庭环境分为实物环境、语言环境、心理环境和人际环境。实物环境是指家庭中实物的摆设；语言环境是指家庭成员间用语是否文明有礼，民主平等，具有协商性；心理环境是指父母与子女之间的态度及情感交流的状态；人际环境是指家庭成员间的相互交往关系，比如是否做到尊老爱幼、各尽其责等。

2. 原则

颜之推说："潜移默化，自然似之。"不知不觉、悄悄地、一点一滴地渗透的教育是最厉害的教育。"与善人居，如入芝兰之室，久而自芳也；与恶人居，如入鲍鱼之肆，久而自臭也。"

良好的家庭环境应该具有这样一些特点，**有高尚的精神情趣；有浓厚的学习气氛；有团结、和谐、平等的家庭关系；有良好的家长教养态度；有严格的生活制度；有勤俭朴素的生活作风和干净、整洁的家庭环境等。**

3. 操作方法

(1) 物质环境熏陶。物质环境并不要求家里陈设豪华，而是指在现有条件下，使居室整洁、卫生、美观、井井有条，这对提高家人的精神面貌也有利。过分注重物质环境，缺乏良好的精神环境，对孩子的成长有弊无益。

(2) 精神环境熏陶。家庭的生活方式和文化氛围是构成家风的重要方面。家风作为一种综合的教育力量，是思想作风、生活习惯、情感、态度、精神、情趣以及其他心理因素等多种成分的综合体。正如法国教育家卢梭所说：生活本身就是一种教育。

十一、代币法

1. 解释

行为学认为，每当孩子出现适宜行为时，教育者若能及时给予肯定或奖励，他发生这种行为的概率就会大大提高。但是，如果孩子的每一次、每一个好行为都得到奖励的话，教育者就会应接不暇。于是，行为科学就采用筹码制度来解决这个难题。这种筹码(即"代币")就像电子游乐场用来代替硬币的铜板，孩子每一次好行为都可以得到一枚"代币"，当"代币"积累到一定数目时，就可以换取某种奖励，这就是代币法。

拿好行为"购买"奖励，有利于刺激孩子保持良好行为的积极性，使良好行为的持续出现成为可能，最终导致良好行为习惯的养成。对于孩子而言，物质的刺激和奖励虽然不是最终的目的，但它在一定的阶段却能成为一种值得利用的动力。

2. 原则

(1) **代币的选择要适宜**。最好选择具有象征意义的实物。

(2) **奖励不可过于突出物质形式**。初期可以采用一些物质奖励，越到后期，越要注重精神奖励的强化。如果孩子为了得到奖励而追求代币，代币法就会失去意义。

3. 操作方法

"代币法"是少年儿童行为习惯与人格的关系研究课题组提出的一种重要方法，课题组提出使用代币法的操作程序如下。

(1) **明确目标行为**。使用代币法，要处理好短期目标和长期目标的关系。短期目标是把目标先定为一个或几个好行为，然后让这些好行为产生拉动作用，最后实现长期目标。对短期目标的表述要有明确的界定，不能使用含糊的词语，比如我们要避免说"晚上不能太晚睡觉"，而说"晚上九点按时睡觉"。

(2) **建立基数**。一般以"天""周""旬""月"为单位计量行为次数。习惯所培养的是长期行为，而不是短期行为，孩子年龄越大，自制力越强，一般以"周"为累计单位比较合适。

(3) **确定代币**。"代币"是具有象征意义的实物，要让孩子明白"代币"所代表的价值，而且确实对其有吸引力。"代币"用起来要方便、及时，一般可以用计数、计点、铜板、花纹印章、小红花、贴纸、扑克牌、塑料棋子等来记载。由于"代币"是生活中常见的一些标志性小物品，很容易仿制出来，有些孩子可能要小聪明，自己窝藏或模仿这些"代币"来冒充。因此，父母要实行必要的监督。

(4) **确定奖励**。孩子用代币换取或者说支付、购买什么样的奖励(通常我们把这称作"后援强化物")，要在保障安全、健康的前提下，根据孩子的喜好来选择。先用物质奖励，再用精神奖励，待孩子表现自然、正常以后可尝试逐渐撤销奖励。

(5) **结束训练**。用代币制建立了一个理想的行为习惯之后，就可以自然而然地结束训练，如果希望建立其他行为习惯，还可以把代币制用到下一个行为训练之中。至于具体的方式，可以结合现有的经验进行改进。

十二、以好代坏法

1. 解释

在青少年时期，养成一个坏习惯，与养成一个好习惯一样容易；但是要破除一个坏习惯，则要比养成坏习惯难得多。

以好代坏法，就是从正面避开坏习惯，由反面入手，培养一种新的好习惯，逐渐取代坏习惯。

2. 原则

破除恶习的要诀是代之以良好习惯。

3. 操作方法

(1) **事不宜迟**。想改变习惯而又一再地拖延，孩子只会更加害怕失败。最好的选择就是"事不宜迟", 立即采取措施。

(2) 找个替代品。 有两种好习惯特别有助于戒除大部分的坏习惯。**第一种是采用一个有营养和调节得宜的食谱。** 情绪不稳定使人更依赖坏习惯所带来的"慰藉", 防止因不良饮食习惯而造成的血糖时升时降, 有助于稳定情绪。**第二种是经常做适度运动。** 这不仅能促进身体健康, 也会刺激脑啡——脑内一种天然类吗啡化学物质的产生。科学研究指出, 人缓步跑时感受到自然产生的"奔跑快感", 全是脑啡的作用。

(3) 利用目标的"吸引力"。 拟定目标要切合实际, 善于利用目标的"吸引力"。如果目标太大, 就把它化整为零。孩子达成一项小目标时不妨奖励一下, 借以加强目标的吸引力。

(4) 成功值得奖励, 失败未必惩罚。 要告诉孩子, 在改变习惯的时候如果偶然发生失误, 不要自责甚至放弃。一次失误不见得是故态复萌。避免重染旧习比最初戒掉时更困难。但是如果孩子能够把新形象维持得越久, 就越有把握不重蹈覆辙。

十三、家校合作法

1. 解释

养成教育要取得良好效果, 学校、家庭必须达成"共振", 否则不但会出现"5+2＝0"的情况, 甚至会引发负效应。父母如果能与学校主动沟通合作, 是最好不过的。

2. 原则

注重协调, 并形成教育合力。

3. 操作方法

父母该怎样主动和学校沟通呢?

北京市教育科学研究院冉乃彦研究员给父母们提出了一些有用的建议。

(1) 主动联系。 父母往往认为老师很忙, 如果总是和老师联系, 老师会因为工作繁忙而没有时间接待, 或者感觉被打扰。其实, 老师的主要任务就是教育孩子, 如果父母主动与老师联系, 老师会感到非常高兴。因为通过沟通, 会更方便老师了解孩子的全面情况。一个班主任整天要面对几十个孩子, 任务很重, 不要说是家访, 就是给每个孩子的父母打电话, 也要耗费好多时间。父母与老师沟通, 重要的是把孩子在生活、学习、发展中出现的问题反馈给老师, 及时与老师交流, 或者了解孩子在学校里的情况, 及时与老师配合, 或者获得老师的有效配合。

(2) 经常联系。 父母千万不要忽视针对孩子的点滴进步与老师交流, 更不要等问题成堆了再去和老师联系。平时, 孩子的发展是一种平稳的量变过程, 但是质变就孕育其中。要想发现微小的变化, 抓住闪光点, 在萌芽状态时实施教育以取得事半功倍的效果, 就必须与老师经常联系。

如果可能, 父母**最好能够与老师定期保持联系**。这样, 每一次联系就会变得越来越简单, 时间短而且有效。由于是经常联系, 不必每次都介绍前面的情况, 要突出主题, 只交流新情况, 并研究新措施。经常联系, 还可以使双方增进了解, 促进友谊。很多父母在和老师的交往过程中, 成为很要好的朋友。

(3) 适时、适度联系。 父母与老师沟通的频率, 可以根据孩子的情况来定, 但也要尊重老师的意见。一般一周或两周联系一次就可以了。如果联系过密, 会给老师增加负担。而联系过疏, 则不容易了解孩子的情况。

父母与老师的联系方式, 一般可以通过电话进行。何时打电话, 要根据老师的工作和生活规律来定。如果是课间十分钟打电话, 老师急着准备上课, 匆忙说两句, 效果肯定不好。最好打通电话后先询问: "我现在准备和您交谈几分钟, 您看方便吗? "父母也可以与老师商量一个固定的时间。

与老师交流的时候，父母要有所准备，尽量避免东拉西扯地聊天，最好直奔主题。父母不要光顾着自己说，还要注意听老师的意见，不仅要询问孩子在学校的情况，还要提出自己的想法，同时也要征求老师的建议。

(4) 对交流内容要进行教育性的加工，化消极为积极。 双方交流的内容，父母切记不要简单地、直接地传达给孩子。有些内容只是教育者了解就可以。必须让孩子知道的，也不要给孩子一种"告状"的感觉。比如，老师提到孩子最近上课走神，父母就应该对这个信息进行加工，对孩子讲："老师真关心你，他发现你最近上课有时走神儿，可为你着急了。老师觉得你从来都是专心听讲的，是不是没休息好？"

(5) 如果出现了误解，解决的原则是——有利于孩子健康成长。 教师也不是神仙，难免出现失误，例如老师误解了孩子，或者解决问题的方法不当。这时父母首先要做到诚恳地承认并重视孩子自身确实存在的缺点，而不是急于强调孩子的优点；二要在理解老师的基础上去看问题；三要摆出事实，语言委婉但观点鲜明地提出自己的看法；四要给老师改正失误的余地。

在沟通之后，父母还要注意和老师密切配合，对孩子进行教育。在配合方面，徐颖老师在《家庭和学校要产生共振》中提出了两方面的注意事项。

(1) 教育标准的统一。 如果学生的父母与老师的教育标准不统一，老师教一套，学生的父母说另一套，就会在孩子的心理上造成混乱，从而影响孩子健全人格的形成和发展。**学生的父母与老师协同一致，共同为孩子建立良好的行为规范，并将其深入孩子的心灵深处，就会潜移默化地影响孩子的一辈子。**

(2) 教育方法的一致。 这就要求学生的父母和老师对学生的教育方法统一，要做到因人而异、因材施教、对症下药。学生的父母不仅应及时了解学校教育的要求、内容和孩子在学校的表现，而且要经常与老师沟通、交流，共同商讨教育孩子的措施和方法，做到密切配合。

十四、家庭会议法

1. 解释

美国作家西奥多·德莱塞说："和睦的家庭空气是世上的一种花朵，没有东西比它更温柔，没有东西比它更优美，没有东西比它更适宜于把一家人的天性培养得更坚强、正直。"

良好的家庭氛围，需要有良好的沟通。 家庭会议不仅是实现良好沟通的重要手段，而且能调动全体家庭成员的力量，使孩子的习惯培养变得更为顺利。

2. 原则

召开家庭会议要求不流于形式。

3. 操作方法

(1) 确定家庭会议的周期。 家庭会议要定期。条件允许的话，最好一个星期一次，也可以半个月一次或者一个月一次。最好不要超过一个月，否则很难养成习惯。

(2) 确定家庭会议的主持人。 主持人可以是固定的，如由孩子们来担当；也可以是轮流当主持人，每个家庭成员都有机会。主持人负责在共同制定的时间里召集所有家庭成员开会。

(3) 要努力说出自己的想法。 家庭会议的气氛应该是诚挚、民主、轻松的，如果因为有长辈在场就不敢说出自己的想法，家庭会议也就失去了它原本的意义。

(4) 要仔细听取父母的意见。 父母往往比孩子具有更多的生活经验，他们绝大多数是从为孩子们好的角度思考问题。尤其是在习惯培养上，父母能看清孩子们身上的优、缺点，提出的意见通常是中肯的。

(5) 做好会议记录。最好由专人进行会议记录，记录的内容包括每次家庭会议召开的时间、地点、参加人员、谈论议题、主要发言及讨论结果等。

十五、持之以恒法

1. 解释

习惯不是随随便便就能养成的，必须有持之以恒的决心作为基础。真正有意义的事情绝不是一蹴而就的，要想成功就一定要坚持，尤其是在最困难的时候。

2. 原则

持之以恒需要持久的坚持和意志力。

3. 操作方法

(1) 明确目标。明确的目标是成功的必要条件。漫无目的地误打误撞，即使最后可能稀里糊涂地撞上幸运之门，也可能会因为抓不住机会，与成功失之交臂。

(2) 持之以恒地练习。必要的、严格的、持久的训练是养成良好行为习惯的必经之路。

(3) 正确看待前进路上的困难。任何好的行为习惯的养成都不会一帆风顺，总会有这样那样的波折。最重要的是**保持一颗乐观进取的平常心，而不是畏惧、退缩**。

(4) 暂时成功后仍要坚持。暂时的成功可能带来愉悦，也可能让人得意忘形。不能被阶段性的成绩或眼前一时的成功冲昏了头脑。

(5) 及时总结。及时的总结和反省会成为继续前进的动力。经验和教训就是这样一点一滴积累起来的。一旦出现"三天打鱼，两天晒网"的怠惰倾向或行为，就要提醒自己保持清醒的头脑，及时转向。

第十节　养成教育在家庭教育中如何贯彻

晏婴有言："和氏之璧，井里璞耳；良工修之，则成国宝。"孩子也如同一块璞玉，需要精雕细琢。习惯是人生的主宰。养成好习惯，孩子才能成为宝玉。那么，父母在家庭中应该如何实施养成教育，才能使自己变成雕琢宝玉的良工之一呢？

一、尊重孩子的主体地位

按照联合国《儿童权利公约》的规定，儿童是权利的主体，从生下来开始，就具有和成年人相同的独立人格。在养成教育中，教育者是否尊重儿童的主体地位，影响着这一教育的成败。

1. 孩子是主人不是奴隶

父母为了培养孩子养成好习惯，常常要求甚至命令孩子做这做那，或者不准甚至禁止孩子做这做那，孩子俨然是一个"小奴隶"。这样，孩子表面上看很听父母的话，实际上隐患多多。因为他们并没有真正意识到养成好习惯的重要性，而仅仅是因为惧怕父母的权威，甚至是为了讨好父母而不得已去做的。

孩子不是习惯的奴隶，而是习惯的主人。每一个孩子都是独立的个体，有着和成年人平等的独立人格。既然是要培养孩子养成好习惯，那么，在养成教育中，孩子就应该始终处于主体地位。所以，父母要从内心深处明确孩子和自己是平等的，如此，父母可以帮助孩子，但不能取而代之。

2. 充分相信孩子的能力

孩子的能力是巨大的，他们完全可以通过接受教育，形成一系列良好的行为习惯和道德修养，从而使自身变得更为强大和优秀。但是，很多父母出于种种原因，比如觉得孩子太小就事事替孩子包办，这样做实际上是剥夺了孩子成长的权利。

具体怎么做呢？父母要尝试多看孩子的优点，少看孩子的缺点，相信他能够做得很好，要和孩子保持一定的距离——当孩子遇到困难的时候，要等一等，不要急于出手帮忙，给孩子自己处理问题的空间；当孩子犯了错误的时候，也要等一等，不要急于作出评价，给孩子反思和改正错误的空间。总之，就是要让孩子多参与、多体验、多作决定。

3. 深入了解孩子，按照孩子的天性来培养习惯

俗话说："吃草的骆驼莫喂肉。"每个孩子都有自己的个性特点，不同的孩子不能用相同的方式来培养，必须具体情况具体分析。

父母首先要多观察、发现、熟悉并深入了解孩子的特点，才能根据孩子的生理和心理特点来确定养成教育的具体内容和目标，用适合孩子的方法去培养孩子，帮助他们养成好习惯。

二、以身作则，身教比言传更重要

孩子具有很强的模仿能力，父母是孩子天然的榜样。父母以身作则，是对孩子最好的教育。父母怎么样，孩子也会学着怎么样。

1. 言传

父母常常以言教为首选，但他们似乎又有着"言教不当"的通病，即他们说话孩子不愿意听，甚至根本就不听，有的孩子抵触情绪还很严重。为什么会这样呢？我们来看看上海市教育专家缪仁贤对父母与孩子谈话中存在的弊病所进行的分类。

(1) **漫话**。父母谈话内容不明确，往往信口开河，东拉西扯，漫无边际，泛泛而谈，语不中的，话不切题。结果，杂七杂八漫话三千，子女听了不得要领，感到迷茫。

(2) **老话**。父母谈话习惯于老一套，老生常谈，老强调重复。结果，子女听得耳朵生茧子，只当"耳旁风"。

(3) **大话**。父母谈话喜欢高谈阔论，用大话说教，即使细小琐事，也是小题大做，上升到"理论"。子女往往充耳不闻，口服心不服，甚至产生心理障碍。

(4) **空话**。父母不了解孩子的心理特点和思想实际，缺乏针对性，表扬言不由衷，批评没有依据，说理空洞无物。子女听了生厌，效果自然是隔靴搔痒。

(5) **训话**。父母脾气暴躁，以权威的长辈姿势，居高临下，不顾孩子的自尊，主观武断，盛气凌人，声色俱厉，我讲你听，不准还嘴，生硬训诫子女，甚至专揭子女短处，常算子女旧账。子女心理紧张，如同"受审"害怕父母；或是如履薄冰，小心谨慎；或是压抑心扉，自卑孤僻。

(6) **气话**。这种父母自制力差，有的出于"恨铁不成钢"，急躁冲动，生气动怒；有的将自身烦恼苦楚迁怒于子女，借此发泄怒气，轻率发"吼"，大动肝火，甚至辱骂子女；有的父母用言语刺激子女，讲出绝情的话，结果往往适得其反。

(7) **脏话**。这种父母文化修养不高，言语粗俗低级，满嘴脏话，不讲文明，这样的言教不仅收效甚微，而且会给子女留下坏影响。

(8) **长话**。这种父母往往口若悬河，贪多求全，没完没了。有的父母更是整天唠叨，喋喋不

休，饭桌上数落不停，床头边话语不断，子女听着头疼，产生逆反心理。

漫话、老话、大话、空话、训话、气话、脏话、长话，很多父母每天都在重复说，却毫无意识。这样的言教，能不失败吗？父母"钟情"于言教，究其原因还是希望能多和孩子沟通交流。但是，言教不当只会阻碍亲子沟通，因此，父母进行言教要注意。

(1) 说话前，等一等。 不要急于开口，先好好想一想，问问自己：我有没有说的必要？我要说些什么？我的态度应该如何？

(2) 深入浅出，生动形象。 父母对孩子进行言教，一定要注意自己的语言，不要一上来就是干巴巴的大道理，枯燥无味的说教孩子怎么受得了？不妨换种方式，结合日常生活，让孩子自己领悟其中的道理。

(3) 说话算话，言出必行。 父母说话要算话，言出必行，这样孩子才会信服你。做不到的就不要说。

2. 身教

苏联著名教育家马卡连柯说："你们(父母)自身的行为在教育中具有决定意义。不要以为只有你们同孩子谈话，或教导孩子、命令孩子的时候才是在教育孩子。在你们生活的每一瞬间，甚至当你们不在家的时候，都在教育着孩子。"

言传固然重要，但身教比言传更加重要。**身教是无声的，无声的教育更能深入孩子的内心世界**。所以，在家庭中，父母做了什么，往往比说了什么更重要。因为你不经意的一个行为，便可能在孩子身上投下影子。因此，父母包括与孩子一起生活的其他人，都要努力提高自身的行为素质。

(1) 对自己严格要求，做言行如一的人。

(2) 多做实事，少说空话。

(3) 注重小节。不以恶小而为之，不以善小而不为。

(4) 有过必改。

三、营造良好的家庭环境

美国儿童教育专家多萝茜·洛·诺尔特说："如果一个孩子生活在批评之中，他就学会了谴责。如果一个孩子生活在敌意之中，他就学会了争斗。如果一个孩子生活在恐惧之中，他就学会了忧虑。如果一个孩子生活在讽刺之中，他就学会了害羞。"

良好的家庭环境是一种潜移默化的力量。前文讲到，良好的家庭环境包括好的家庭意识、家庭行为、家庭物质三大方面的内容，这里不再赘述。营造良好的家庭环境，需要每一个家庭成员共同付出努力。需要注意的是，**一个良好的家庭环境，不一定需要华丽的装饰，却一定需要温暖的、质朴的、快乐的氛围，这样孩子的内心才能始终处于一种美好的状态**。养成教育也就如润物无声般使孩子发生悄悄地却是重大的变化。好的家庭环境，应该建立在家庭成员间平等、互信、互爱、互相依赖的基础上。英国教育家斯宾塞提醒："家长一般很少向孩子透露自己的内心世界，只习惯于做道貌岸然的训导者，但反过来却要求孩子向自己暴露一切，这种不平等的要求，当然不可能取得好的效果。"

四、明确要求，贵在坚持

孩子不能坚持按要求去做，是令很多父母头痛的事。通常孩子不按照要求去做，不是他真的做不到，更多的是不愿意去做，内心不服。他不去做是其抗议的一种方式。其中的原因需要父母思考，什么样的要求才能让孩子坚持到底？

1. 合理的要求

这是第一位的，不合理的要求没有意义。很多父母恰恰忽略了这一点。那么，什么样的要求才是合理的？必须符合孩子的生理和心理特点，也就是说，一定要考虑孩子的年龄特点、心理特征和个性特点。

2. 具体的要求

过于抽象、空洞的要求会让孩子觉得迷茫，无所适从。比如要求低年级的小学生养成认真预习的习惯，他们会觉得不知道怎么办，因为"认真预习"这个要求不够具体，而他们又不具备自己细化要求的能力。所以，提要求的时候就要具体化，比如提出"阅读课文几遍、熟读生词几遍、完成几道习题"等具体的要求，要让孩子知道自己要做什么。

3. 有层次的要求

通俗一点说，分层次好比上楼，如果要一步从一楼上到六楼，除非有特异功能，一般人很难办到；但若是走台阶，一级一级地走，则很轻松就上去了。

养成教育中，给孩子提有层次的要求，等于是给孩子铺了一级级进步的台阶。分层次、序列化，仍然需要根据孩子的年龄、生理、心理以及能力、兴趣等各方面的因素来综合考虑。

此外，父母对提出的要求一定要坚持，不能随意更改。否则，孩子不能坚持到底，不但没养成好习惯，反而可能养成做事半途而废的坏习惯。所以，父母的要求一旦提出，就不要收回，要坚持，而且要很明确地坚持。有的父母一看到孩子吃点苦就受不了，就想放弃，这也是很不好的。父母要学会对孩子的不当请求说"不"，让孩子努力坚持到底。

五、重视苗头，把握第一次

孩子生下来就像一张白纸，第一笔画上的是什么显然非常重要。在教育学上，孩子的第一次也非常重要，正如英国教育家洛克所言："教育上的错误正和错配了药一样，第一次弄错了，决不能错第二次，第三次去补救，它们的影响是终身洗刷不掉的。"养成教育中的第一次，同样为教育家所关注。我国教育家陈鹤琴就曾写下这样的文字。

"无论什么事，第一次做得好，第二次就容易做得好；第一次做错了，第二次也容易做错。儿童种种坏习惯，都是由于开始学的时候，他们的教师或父母没有留意去指导他们的缘故，以致后来一误再误，成为第二天性；所以小孩子教得好，必定要在第一次的时候教得好。"

所以，对于第一次的动作，做父母和教师的要格外留意指导，以免错误。无论是好的第一次还是坏的第一次，都不应该被忽视。俗话说"小时偷针，大时偷金"，说的就是这个道理。孩子偶然出现一个很好的行为，如果没有人及时发现并鼓励，下次他可能就不会这样做了，这样原本可以养成一个好习惯的可能性就被掐灭了；孩子偶尔出现一个很不好的行为，如果没有人及时发现并制止，下次他可能就会作出更不好的行为，久而久之，养成坏习惯就很难纠正了。

当然，父母也不要像"特务"一样时刻不停地盯着孩子不放，这样孩子会有一种被监视的感觉，可能当着父母是一套，背着父母是另一套，父母反倒不容易掌握孩子的真实情况了。

所以，最好的办法就是和孩子搞好关系，打成一片，在自然的状态下发现和了解孩子。

六、家庭内部保持一致性

教育家马卡连柯说："一个人不是由于部分因素的拼凑培养起来的，而是由他所受过的一切影响的总和综合地造就成功的。"要在家庭中成功实施养成教育，家庭内部保持一致性应是必不可少的一个环节。

那么，家庭内部如何保持一致性呢？

1. 父亲和母亲要一致

父亲和母亲"一个唱红脸，一个唱白脸"似乎是很多家庭教育解决孩子问题的"法宝"。

这种方法到底怎样呢？在家庭教育中，父亲和母亲还是保持一致的好。不然，一个这样说，一个那样说，孩子到底听谁的呢？时间久了，孩子就会寻找在"夹缝"中生存的办法，做个"两面人"。

父亲和母亲要统一教育思想，即便有较大的分歧，也不要当着孩子的面争执。父母也不要在孩子面前说对方的坏话，而应把自己对对方的爱和维护表现给孩子看，不要让孩子觉得有空子可钻。

2. 父辈和祖辈要一致

祖辈出于对孩子的疼爱，常常会对孩子有求必应，甚至一些过分的要求也不例外。这样的溺爱有时会让孩子有恃无恐，因为父母不敢对祖辈说什么。这时候，父辈和祖辈要一致就显得非常重要了。这里主要是要统一教育思想，对孩子严格要求。

3. 整个家族的家风要一致

整个家族的风气也会影响到孩子。家族中有的长辈对孩子过于纵容和溺爱，会削弱小家庭对孩子的教育成果。所以，整个家族的家风要保持一致。

4. 教育过程中前后要一致

有的父母会犯心血来潮的毛病，高兴的时候对孩子特别宽容，不高兴的时候对孩子极其严厉。这样做会让孩子无所适从。因此父母在教育过程前后要保持一贯的态度，别让孩子摸不着头脑。

七、讲究方法，具体情况具体对待

父母要具体分析孩子的特点和情况，找出最适合孩子和自己家庭的办法，而不是千篇一律，指望一个药方包治百病，那样只会把孩子"治"坏了。一个同样的习惯，对这个孩子可能用严格训练的方法比较合适，对别的孩子则可能需要慢慢引导。

父母要注意分析孩子的个性特点，结合这些因素来考虑培养孩子养成什么样的习惯合适。比如有的孩子是左撇子，就不要强求他用右手吃饭，反而可以针对孩子右脑发达的特点为他安排一些活动。

对不同习惯的养成，父母要讲究不同的方法和策略。比如有的适合严格训练，有的适合慢慢引导。总之，具体情况具体对待。

八、重视练习，不吝鼓励

养成良好的习惯，练习必不可少，其意义重大。英国教育家洛克曾说："儿童不是用规则就可以教育好的，规则总是被他们忘掉，你觉得他们有什么必须做的事，你便应该利用一切时机甚至在可能的时候创造时机给他们一种不可缺少的练习，使其在他们身上固定起来，这就可以使他们养成一种习惯。这种习惯一旦养成后，便不用借助记忆很容易地、很自然地发挥作用。"

练习使习惯的养成从口头的要求变成实际的操作，孩子经过一次比一次更熟悉的过程，慢慢就会养成习惯了。

在练习的过程中，父母要不吝惜表达自己的鼓励和赞扬之情，孩子需要这些。英国教育家斯宾塞说过："儿童需要激励，就如植物需要浇水一样。"英国哲学家罗素也认为："明智的表扬对孩子们的作用，如同阳光对于花朵。"

父母对孩子的鼓励和表扬应该是多方面、多形式的，最好不要仅停留在物质上的满足，有时一个眼神、一个拥抱、一个亲吻对孩子来说都是意义重大的。

九、必要时可实施惩罚，避免孩子随心所欲

惩罚作为一种教育手段，它的负面作用向来备受争议。但教育家们仍然坚持"没有惩罚的教育是不完整的教育"，可见惩罚还是必要的，关键是怎样实施惩罚。关于这个问题，可以参考前文所介绍过的内容。

当别的教育手段可以解决问题的时候，最好不使用惩罚。不得不实施惩罚时，也不要选择体罚的形式，因为正如苏霍姆林斯基所言："皮鞭不只会降低孩子的尊严，也会损毁孩子的心灵，会在他心灵中投入最阴郁、最卑鄙的阴影——畏缩、怯懦、仇视人类和虚伪。"

十、有始有终，避免虎头蛇尾

养成教育不是一朝一夕的事情，改掉坏习惯也不是一两天就能看到成果的，必须付出长期而艰巨的努力。父母一定要有耐心，不能才坚持一段时间，觉得没有什么成效就放弃了，这样"三天打鱼两天晒网"，今后再实施养成教育只会更加困难。父母有始有终，孩子才不会虎头蛇尾。

第十一节　养成教育在学校教育中如何贯彻

美国教育家费恩说："习惯就仿佛是一条缆绳，我们每日为它缠上一股新索，不要多久就会变得牢不可破。"学校教育是养成教育的重要途径，学校应如何贯彻养成教育，帮助孩子每日缠上一股新索，养成更多的好习惯？

一、充分发挥主导作用

前面说过，在养成教育中，学校起着"龙头"的作用。因为它是专业的教育机构，有着专业的教育资源，具备这样得天独厚的优势，"龙头"非学校莫属。

学校是一个教育的整体。一个孩子的学生时代，大部分时间都是在校园中度过的。而在学校，从管理者到教师乃至校工，他们的一言一行都是一种教育，甚至校园里的一花一木，都能影响到孩子。这段时间尤为宝贵，如果学校不能正视自己的责任而采取有效措施，耽误的是孩子的一生。

在养成教育中，学校充分发挥主导作用，就是要主动与家庭、社会相联系，从而建立一个有效的教育网络。当各种途径都充分发挥出各自的作用时，才能形成推动孩子养成良好习惯的强大动力。

二、树立起教师的威信

在学校，推动养成教育的具体实施者主要是教师。教师的威信不高，孩子只会把他说的话当成"耳旁风"，养成教育更是无从谈起了。那么，要怎样树立教师的威信呢？

教师威信的树立离不开这三个方面：

(1) 发自真心地热爱每一个学生，对学生充满热情；

(2) 有过硬的业务水平，能让学生学到真正的知识；

(3) 有让人敬重的人格，具备让家长和学生敬服的人格魅力。

树立起教师的威信，很重要的一个方面就是要求**教师把自己变成孩子的榜样**。乌申斯基说过："教师个人的范例，对于青年人的心灵，是任何东西都不可能代替的最有用的阳光。"如果教师变成了时时照耀孩子的阳光，那么还有什么不能逾越的障碍？

三、建立民主平等的师生关系

师生关系是否融洽，直接影响着养成教育的效果。

什么样的师生关系最为融洽？

民主平等、彼此理解、相互尊重、相互信任、心灵相通、互相学习、共同促进的师生关系，是最能让学生接受的。这样的师生关系是实施养成教育的保证。

民主平等的师生关系建立在爱的基础之上。**有爱，一切都有可能**。现代教育家夏丏尊曾说："教师没有了情爱，就成了无水的池，任你四方形也罢，圆形也罢，总逃不了一个空虚。"

建立民主平等的师生关系，教师首先要尊重学生、热爱学生。**教师的伟大之处就在于他爱的是别人的孩子**。

四、充分调动班主任的力量

在养成教育中，要充分调动班主任的力量。必须通过班主任把全体学生组织和发动起来，把班级各方面的力量统一起来，从班级的实际出发，抓好班级学生行为规范的养成教育。

特级教师孙蒲远就曾是一名优秀的班主任，她在自己的著作中这样写道："小学班主任对自己的学生影响非常大。班主任提倡的东西将会酿成这个班的班风，班主任的好恶将会成为这个班学生判断是非的标准，班主任的要求将会形成这个班学生的习惯，班主任常说的话将会成为这个班学生的座右铭，班主任的言谈举止对学生性格气质的形成都起着举足轻重的作用。"

我们可以从中获得思考，班主任是学校对学生实施养成教育的重要渠道。班级养成教育的关键是班主任。**班主任虽然是世界上级别最低的主任，却也是世界上最重要的主任**。

班主任除了配合学校的统一教育目标，把学生组织起来，还有两项重要职责：一是充当各任课老师的联络人，把各科教师组织起来，共同形成养成教育的合力；二是充当学校和家长之间的联系人，加强与家长间的沟通，与家长密切配合，共同培育孩子。

五、尊重每一个孩子的天性

每个孩子都有自己独特的个性。学校应该是一个让孩子充分发挥个性的地方，而不是磨灭个性的场所。否则，等到了毕业的时候，孩子们都变成了千篇一律的学习机器，这样的教育还有意义吗？

在实施养成教育的过程中，学校尤其要注意尊重每一个孩子的天性。比如要求左撇子的孩子必须养成用右手吃饭的习惯，这本身就是违背了孩子的天性，只会压抑孩子的个性发展，对孩子今后的发展尤其是心理健康的发展极其不利。唯有尊重孩子的天性，孩子才能获得真正的解放。

六、营造良好的校园环境

环境本身就有教育的意义。这从"孟母三迁"的故事中就能找到一定的依据。校园环境对于习惯的养成也有着重要作用。孩子成年累月在学校学习、生活，所接触到的学校里的人、事、物等校园环境对他们的影响巨大。

比如，一个孩子在整洁、美好的校园中，如果他邋里邋遢不讲卫生，自己都会觉得不好意思，就会想办法使自己得到改观。这就是环境的作用，是周围美好的环境激发了他要养成良好习惯的愿望。

良好的校园环境，不仅仅包括好的物质环境，比如宽敞明亮的校舍、设备齐全的体育场等。更重要的是，要有激励孩子积极向上、奋发进取的校园文化。用教育改革者李希贵的话说，就是**校园文化既可以"创造"，又需要"经营"，其核心是"学校共同的价值观念、价值判断和价值取向"，校园文化最终会成为"取之不尽、用之不竭的精神源泉"。**

孩子们自己也是校园环境的一部分，会对他人产生影响。教育的环境不是自发形成的，而是在全体教育者的引导下，在与孩子的互动中形成的。当孩子们全身心融入校园环境中去，真心真意觉得校园美好，这样的环境就是好的教育环境了。

七、架起家校沟通的桥梁

学校不是万能的，我们不能要求学校把所有的问题全部解决。学校教育和家庭教育应该联合起来，否则很可能出现的负面效应，使父母和老师的苦心统统白费。

学校有一项重要任务，就是主动架起家校沟通的桥梁。比如通过举办各种形式的家长学校、家长会、讲座等交流家庭和学校的教育观点，统一教育目标，形成教育的合力。教师还可以通过家访、和家长打电话、微信等形式与家长进行具体的沟通。

八、与社会力量形成联动

孩子在上学期间虽然很少接触社会，但这并不表示社会就不会对孩子造成影响。学校要学会利用并创造条件帮助孩子从社会上吸取有益的东西。丰富的体验，会促进学生良好习惯的形成。学校可以寓养成教育于各项社会活动中，借此激发学生强烈的情感体验。比如组织学生走上街头为民服务、组织学生观看爱国主义影片、组织学生参观各种有意义的展览等。

为了与周边的社会力量联动形成良好的小环境，学校也可以联合学校附近的单位或组织开会共同商议教育的问题，请他们承担起社会教育的责任。比如有的学校和当地的部队形成良好的互动，不但借助部队的力量组织军训，还组织孩子们去军队驻地参观，让孩子们感受到了另一种教育。

九、反思教育习惯

北京师范大学教育学院教授檀传宝在为《反思教育习惯》一书作序时曾写道："**教育习惯在中国可能是最值得反思的问题领域。**"

檀传宝还写道："我们的学生如何进校门，如何坐在自己的板凳上，以什么样的方式回答问题、展开讨论，怎样和老师打招呼等大都有不容置疑的规矩。而一些规矩实际上是未经追问、没有现代性的东西，如不反思，则创造性的教育和创造性的人才都无从谈起。"

教育者的教育习惯直接影响着孩子行为习惯的形成。 反思教育习惯虽是一个涉及范围很广的命题，但在养成教育中同样重要。教育者在学校天天要求孩子养成良好习惯，却很少反思自己的教育习惯有无不妥之处。比如在课堂上，教师习惯了讲，学生习惯了被动地听和记，一直没有改变。当学校提出培养学生独立思考，敢于质疑的习惯时，情况就可想而知了，学生很难在短时间内发生改变。这能光埋怨学生吗？教师是否也应该反思一下呢？

教育者帮助孩子养成习惯，在要求孩子的同时，如能对自己的教育习惯进行一番反思，看问题的视野将发生质的改变，可能会惊奇地发现，原来每一个孩子都很可爱。

第二章　养成教育的14项内容及操作

第一节　诚信

一、内涵阐述

诚信是中华民族的传统美德。孔子说过："人而无信，不知其可也。"荀子也说过："君子养心莫善于诚。"诚信是人的立身之本，是做人的最起码要求。要形成健全的人格，没有什么比诚信更重要的了。

那什么是诚信呢？诚信，从字面上来理解就是"诚实""守信"，具体说来包含以下五层含义。

(1) **遵守诺言，说话算数**。这是人最基本的素质之一，没有它的人格是不健全的。如果一个人不遵守对别人许下的诺言，他就会渐渐失去自己的信誉，别人就不会再把他说的话放在心上，自然也就不会真心愿意跟他交朋友。

(2) **实事求是**。也就是一切从实际情况出发，既不夸大，也不缩小，客观地处理问题。

(3) **杜绝谎言和欺骗**。说一个谎得用一百个谎去圆。但在事实面前，谎言和欺骗是那么不堪一击。没有人是天生的谎言家，生命伊始，每个人都有一颗诚实的心，在成长的道路上，我们要努力保护好它。

(4) **待人接物真诚**。真诚，就是真实诚恳，没有半点虚假。具体来说，就是对别人说的每一句话、做的每一件事都是源于内心，是有诚意的。最忌讳说一套做一套，表面上看上去挺热忱，其实心里不乐意。只有自己付出真心，才有可能换取别人的真心。

(5) **守时**。守时是指遵守时间约定，多指与他人的约定。守时已经成为现代人的一个良好习惯，也是衡量人品质的因素之一。不守时，无论对自己，还是对他人，都是一种生命的浪费。不守时的人，往往会失去自己的信誉，得不到众人的欢迎与支持。

古今中外，成大事者都把诚信放在首要位置。宋代杨时就说过："惟笃实可以当大事。"百事可乐公司总裁卡尔·威勒欧普也说："不论我们的目标多么伟大，或者有多少伟大的事业等着我们去做，也一定要遵守自己的承诺并且去做好它，因为经商和做人的成功秘诀中最不能缺乏的两个字就是诚信。"诚信是为人处世之本，每一个志向远大的人首先应当追求的是诚信。

二、一个故事一堂课

1. 爬行上班的小学校长

1998年11月9日，美国犹他州土尔市的一位小学校长——42岁的路克，在雪地里爬行1.6公里，历时3小时去上班，受到过路人和全校师生的热烈欢迎。

原来，这学期初，为激励全校师生的读书热情，路克曾公开打赌：如果你们在11月9日前读书15万页，我就在9日那天爬行上班。

于是，全校师生猛劲儿读书，连校办的幼稚园里稍大一点的孩子也参加了这一活动，终于在11月9日前读完了15万页。有的学生打电话给校长："你爬不爬？说话算不算数？"也有人劝他："你已达到激励学生读书的目的，不要爬了。"可是路克却坚定地说："一诺千金，我一定爬着上班。"

与平常一样，路克于早晨7点离开家门，所不同的是他没有驾车，而是四肢着地地爬行上班。为了安全和不影响交通，他没有在公路上爬，而是在路边的草地上爬。过往汽车向他鸣笛致敬，有的学生索性和校长一起爬，新闻单位也前来采访。

经过3小时的爬行，路克磨破了5副手套，护膝也磨破了，但他终于到了学校，全校师生夹道欢迎自己心爱的校长。当路克从地上站起来时，孩子们蜂拥而上，抱他，吻他……

点拨 勇于实现自己的承诺，必然会受到尊敬。这位校长的人格魅力在于"一诺千金"。

2. 好就好在信守承诺

美国有家凯特皮公司，曾在广告中公然声称，凡是买了我们产品的人，不管在世界的哪个地方，只要您需要更换零配件，我们保证在48小时内送到。如果做不到，我们的产品就白送给您！

他们不仅这么说了，而且这么做的，从未食言。

有一年冬天天气极冷，雪大路阻，他们显然已经无法开车把零件及时送到一位山区顾客的手中，怎么办？信誉高于一切，既然许诺了就要负责到底，他们决定，立刻花四千美元租用直升机。

果然，当直升机把零件送到那位顾客的手中时，他大为感动，自此逢人就讲他的"奇遇"。于是，一传十，十传百，凯特皮公司果然赢得一片赞美之声，从此，生意越做越好。

敢于承诺固然好，然而更重要的却是信守承诺。

点拨 给人一个承诺不难，难的是信守这个承诺。

3. 承诺是金

开学的前一天，在寄宿学校读书的福斯克看见父亲哈特在花园里指挥建筑工人哈姆拆亭子，就兴致勃勃地对父亲说："爸爸，我可以迟两天上学吗？我想看看这亭子是怎样被拆掉的。""不行！"父亲严厉地拒绝了福斯克，"你应该知道上学和拆亭子哪个更重要。"福斯克伤心地哭了。哈特想了想说："这样吧，这个亭子暂时先不拆，等你下个假期回来后再拆，行吗？"福斯克这才满意地笑了。第二天福斯克上学去了。但哈特却指挥工人把亭子拆掉了。

第二个假期到了。福斯克刚到家就朝那座亭子跑去，但亭子早已变成美丽的长廊。"爸爸，您为什么说话不算数，不是说好等我回来再拆亭子吗？"哈特的脸顿时红了，儿子仍记得自己曾许下的诺言。他把工人找来，让他把去年的那个亭子建上，并在福斯克面前把它拆掉。工人说："先生，这个工程至少需要五百英镑的开支啊！"哈特决然地说："就是花五千英镑也得干，一个人的诺言应该比黄金更珍贵，更有价值！"

福斯克对这件事的印象非常深刻，后来他成为一名著名的政治家，每当人们谈起他时，都赞叹："那是一个言而有信的人！"

点拨"言必信，行必果。"说话一定要算数，答应别人的事一定要做到。这是做人最基本的准则，也是一个人获得尊重的前提。

4. 波音飞机载客

一架由东京直飞伦敦的波音747客机有353个座位，机组人员20名，飞行一趟需要1000万日元的成本。

然而在一次航班中，该机仅搭载一名乘客。英国航空公司何故如此不惜血本呢？

原来这架大型波音客机由于技术故障，延迟20个小时起飞。当时几乎所有的乘客都改乘其他客机，只有一名女乘客山本莉子留了下来。

英国航空公司按民航条例，宁可损失巨额成本，也要为这一名乘客照常飞行，以赢得信誉。

点拨即使"利"受损，也要树立良好的信誉。因为，信誉是一笔无形的财富，它带来的"益"是无穷的。

给教育者的建议

遵守诺言是诚信做人必备的条件之一，只有说话算数的人，才能获得良好的信誉。

每一个教育者都希望自己的孩子成为讲信用的人，这就需要帮助孩子做到：(1) 认识到许下诺言并非儿戏，要记住自己许下的每一个承诺并认真地履行；(2) 说话要分轻重，经过思考后再作决定，不要许下超过自己能力范围的承诺；(3) 当个人利益与承诺发生冲突之时，应当懂得舍弃个人利益以维护自己的信誉。

5. 最诚实的警察

服务于英国警界三十多年的尼格尔·柏加，最近在国际退役警员协会日内瓦周年大会上，荣获"世界最诚实的警察"的美誉。

尼格尔·柏加已五十多岁，未婚。有一次，他到英格兰风景如画的湖泊区度假，发现自己在时速30公里区域内以时速33公里驾驶之后，给自己开了一张违例驾驶传票。他回忆道："由于当时见不到其他警员在场，无人抄牌，而最简单的办法莫过于把车停在路旁，走下车来，写一张传票给自己。"

驾抵市区后，他立刻把这件事报告给当地交通局。主管违例驾车案件的法官起初大感意外，继而深受感动，他说："我当了这么多年的法官，从未遇到过这样的案件。"结果，他判罚尼格尔25镑。

尼格尔另一件为人乐道的往事，是他的母亲在公园里散步时擅自摘取花朵作为帽饰，当他发现后毫不留情地把母亲拘控。不过，罚款定了以后，他立刻替母亲交付那笔罚款。他解释说："她是我母亲，我爱她，但她犯了法，我有责任像拘控任何犯法的人一样拘控她……"

点拨每个人的心中都有一把尺子，对待别人也许能做到实事求是，但面对自己却未必能做到。真正诚实的人，无论面对自我，还是面对他人，都能一视同仁。

6. 我家最富的时刻

杰克一家过着非常窘迫的生活，能够拥有一辆汽车是他们全家的梦想。

没想到几星期后，幸运女神眷顾了他们一家。杰克的父亲参加彩票抽奖活动，抽中一辆崭新的别克汽车。杰克想同父亲一起分享幸福的时刻，却遭到父亲的拒绝与训斥。母亲却似乎非常理解父亲，她安慰杰克说："不要烦恼，你父亲正在思考一个道德问题，我们等着他找到适当的答案。"

原来，杰克的父亲在买彩票时，顺便代他的老板吉米·凯特立克也买了一张，结果公布后，中彩的应该是吉米·凯特立克。

"你爸爸知道该怎么做。"母亲安慰杰克说，"一个人有骨气，就等于有了一大笔财富，在生活中怀着一线希望，就等于有了一大笔精神财富。"不久，他们听到父亲进门的脚步声，又听到他在拨电话号码，显然电话是给凯特立克的。

杰克直到成年之后，才有了一辆自己的汽车。随着时间的流逝，母亲那句"一个人有骨气，就等于有了一大笔财富"有了新的含义，回顾以往的岁月，他才明白，父亲打电话的那一刻，是他们家最富的时刻。

点拨 人的优秀品质是真正的财富。诚实，足以使穷人成为真正富足的人。

7. 步行十八里

父亲让刚学会开车的杰森·伯卡洛载他到米亚斯去。到了米亚斯后，他们约好由杰森下午四点来接父亲，然后把车开到保养厂，因为这期间还有几个小时可以消磨，杰森决定去看两场电影。没想到出来时已经下午六点钟了。

杰森想，如果父亲发现自己整个下午都在看电影，肯定会生气的。于是他决定向父亲撒谎。当他来到父亲身边的时候，父亲正耐心地等他。杰森道了歉并说车子有些地方需大修，实在没办法。杰森永远也忘不了当时父亲看自己的表情。父亲说："杰森，你为什么要对我说谎，我很失望。我向保养厂打电话，他们说你根本没去。"杰森支吾着说了自己迟到的原因。父亲悲伤地说："我们相处十六年，你还觉得有必要向我撒谎，那是我做父亲的失败，你先回去吧，我好好静静，我要走着回家，我要反省我这么多年到底是哪里做错了？"

"可是，爸爸，回家要走整整十八里路啊！天已黑了，你怎么可以走路回家！"杰森怎么说也无济于事，他只好开车跟在父亲身后。看见父亲身心遭受这种折磨，实在是杰森这辈子碰到的最沮丧与痛苦的经历，但这同时也是最成功的教训，从那之后，杰森就没再对谁说过谎。

点拨 文过饰非只是自欺欺人，一旦谎言被戳穿，欺骗的恶果还得自己去尝。

8. 令人难忘的垂钓

钓鲈鱼竞赛的前一天，男孩和他的父亲在黄昏时就出发了，男孩在钓钩上系了一个小小的银色诱饵，不断练习着，向远处抛掷。

突然，他的鱼竿弯拢下来，他知道钓到大家伙了。父亲在一旁用赞赏的目光打量着儿子。男孩灵巧熟练地跟那条挣扎着的大鱼周旋着，最终，他谨慎小心地把筋疲力尽的鱼儿提出水面。这是一条他从未见过的大鲈鱼。

父亲点燃了一根火柴，看了看手表，那时正好是晚上10点，比规定时间还早两个小时。他看了看那条鱼，再看了看男孩，说道："你得把它放回去，儿子。""爸爸！"男孩大声叫道。"我们还可以钓到其他鲈鱼的。"父亲说道。

尽管没有人看见他们，也没有人知道他们是何时捕到那条鱼的，但在父亲威严的语气下，小男孩还是慢慢掰开大鲈鱼的嘴巴，然后将它放入水中。

后来，当年的男孩儿成了纽约市一名成功的设计师。设计师有时还会带着自己的儿子去那里垂钓，但他再没钓到过那么大的鲈鱼。然而，每当他面临道德准则的问题时，那条大鱼就会浮现在他眼前……

点拨 做人的真正准则是诚实，坚守住诚实这道防线，无论面对多大的诱惑，也能作出明智的判断。

■ 给教育者的建议

要做到实事求是并不容易，成人尚且不易做到，更何况心智尚未成熟的孩子？那如何让孩子养成这种好习惯呢？①要让孩子直观地认识到说谎的危害，比如给孩子讲故事等，抽象地说教反而容易让孩子产生逆反心理。②孩子犯了错误，不要打骂他，而要鼓励他勇敢地承认自己的错误，帮助他讲真话。③人要以身作则，生活中谨言慎行，不说谎，不夸大或缩小事实。

9. 以诚待人，地位变而心不变

吴起是魏国最著名的将军。这天，他骑着骏马出门办事，在大街上看到一个人，很像他儿时的好友韩熊。"韩大哥！"他试探着喊了一声。

那人果然是韩熊。听到有人叫自己，他转过头来，吴起已经在他面前下了马。看了半天，韩熊才认出吴起。

"果然是你！"吴起非常高兴，他握着韩熊的手久久不肯松开。要知道，他们俩是少年时代最好的朋友，还曾经结为兄弟。但长大以后，各自在外闯荡，已有二十多年没见过面了。

闲谈中，吴起了解到，韩熊就在这一带做皮货生意，便热情地邀请他到自己家里做客。但韩熊说，他正急着去处理一批货物。吴起就请他办完事情之后到自己家里吃饭，韩熊答应了。

"我可在家等你啊！"吴起叮咛道。二人交换了家庭住址，挥手告别了。

办完事情后，吴起赶紧回了家。他吩咐厨师准备好酒、多炒几个好菜，然后就去了书房，一边看书，一边等待韩熊。

可是，一直等到天黑，韩熊也没有来。书看了大半本，准备好的饭菜热了好几回，吴起的肚子也咕咕直叫，可他还是耐心地等着。夜深了，眼看韩熊不会来了，吴起只好作罢。他上床睡觉了，始终没去动桌上的饭菜。

原来，韩熊认为，吴起现在地位这么高，不会把他这个小商人当作一回事，请他吃饭只不过是说句客套话罢了。因此他没太在意，处理完皮货之后就回家了。

第二天一早，吴起就派人去请韩熊。韩熊见了吴起，知道他为了等自己，一夜没吃饭，很受感动："吴起弟啊，你的地位变了，你的心一点儿也没变啊！"

点拨 以诚待人是建立良好人际关系的基础。吴起虽然地位显贵了，但对待老朋友的一片真心和热忱丝毫没有改变，确实难能可贵。

10. 真诚的力量

松下幸之助13岁那年在脚踏车店做学徒。一天，有一位叫铁川的老板想买一辆脚踏车，松下被派去做推销。

到了铁川店，幸之助全面细致地介绍了脚踏车的性能及注意事项，使铁川先生非常满意。他决定买下这辆车，但要求打九折。幸之助有点为难，因为他知道，在价格上五代老板是不会轻易让步的。可他太希望做成这笔生意了。于是他满头大汗地跑回脚踏车店恳求老板九折卖。五代老板严厉地说："绝对不可以，有了打折的先例，以后生意可怎么做？何况，我们的脚踏车非常畅销，没有打折的必要。"看到老板态度如此坚决，幸之助只好失望地回到铁川店。他向铁川老板深鞠一躬说："真对不起，我们老板不肯九折卖。"说着，他的眼泪流了下来。

铁川先生被感动了，他拍拍幸之助的肩膀说："看来你是真心实意要做成这笔生意了。好！我买下了。"

这真是一次靠眼泪成功的生意，令幸之助终生难忘，他从中知道了"真诚"在商场中的力量。

点拨 在人生路途中，真诚是迈向成功的阶梯。善待周围的每一个人，真心实意地帮助别人，自然会获得真诚的回报。

11. 结交不要玩弄心机

辽阔的海边，聚居着成千上万的鸥鸟，它们或翱翔于大海之上，或栖落在岸边的沙滩。

海边住着一位年轻的渔夫，他每天驾船去海里打鱼。那些鸥鸟便成群结队地或落在他的船上，或飞旋在他的周围。渔夫时常把自己捕住的小鱼小虾送给海鸥吃，久而久之，人与鸟便结成了好朋友，这群鸥鸟每天在朝霞满天的时候就去海岸边迎接渔夫，渔夫撒网捕鱼时，鸥鸟便飞翔在海上为渔夫寻找鱼群，夕阳西下的时候，鸥鸟便把渔夫送回家。

渔夫与鸥鸟的故事很快在海边渔村传开了，人们纷纷议论起这件事。

渔夫的父亲又聋又瞎，他知道这件事后，便要儿子把鸥鸟逮几只回来，让他玩玩。

儿子经不住父亲的一再要求，便答应了。

渔夫到了海边，他以为鸥鸟会像往常一样，来到他的船上。可是，奇怪得很，那些鸟只在空中盘旋却不到船上来。

点拨 交结朋友，以诚为贵。倘若玩弄心机，心怀欺诈，自会遭人厌恶。

🔖 给教育者的建议

人际交往能力是加德纳在《多元智能》中提到的八种潜能之一。良好的人际关系是建立在双方真诚相待的基础上的，你若不能真诚待人，他人也不会真诚待你。让孩子做到以诚待人，要注意几点：①对每一个人说出的每一句话，做的每一件事，都要发自真心，竭力帮助身边需要帮助的人；②当自己付出真诚之心却得不到真诚的回报时，也不应沮丧，而要坚定信念，继续努力。

12. 追赶承诺

百事可乐的总裁卡尔·威勒欧普到科罗拉多大学演讲的时候，有一个名叫杰夫的商人通过演讲的主办者约卡尔见面谈一谈。卡尔答应了，但只能在演讲结束之后，而且只有15分钟的时间。

杰夫就在大学礼堂的外面坐等。

卡尔兴致勃勃地为大学生们演讲，讲他的创业史，讲商业成功必须遵循的原则，不知不觉中已超过了与杰夫约定的见面时间，显然他已忘记了与杰夫的约定。

当一张名片递到卡尔面前时，卡尔猛然醒悟。他对大学生们说："谢谢大家来听我的演讲，本来我还想和大家继续探讨一些问题，但我有一个约会，而且现在已经迟到了。迟到已是对别人的不礼貌，我不能失约，所以请大家原谅，并祝大家好运。"

在雷鸣般的掌声中，卡尔快步走出礼堂。结果，交谈由原来定好的15分钟变成了30分钟。后来，杰夫成了一名成功的商人，他把这一段经历告诉了他的朋友，他的朋友们都对百事可乐产生了信任并决定经销和宣传百事可乐。

点拨 守时是现代人的一种重要习惯。不守时不仅是浪费自己和别人的时间，更是拿自己的信誉开玩笑。

13. 诚信可屈人之兵

晋文公为图霸业决定攻打原国，他和士兵们约定用七天时间攻下原国。晋国大军到了原国后，受到了顽强的抵抗。七天一晃就过去了，原国仍然没有投降，于是晋文公下令撤军回国。

谋士们急了，劝阻说："原国就要投降了，现在撤军就会功亏一篑！"

将军们也说："请国君再给我们三天时间，我们保证攻下原国！"

晋文公坚决不同意："不行。我已经和士兵们约定以七天为期限，现在七天已过，我不能失去信用。信用乃是国家的珍宝。如果得到原国就会失去珍宝，我绝不能这样做。"于是晋军撤离了原国。

第二年，晋文公又亲自率领大军攻打原国。这一次，他与士兵约定：一定要得到原国才罢兵。原国人一听到晋文公和士兵的约定，马上就投降归顺晋国了。卫国人听到这件事后，认为晋文公的信用已经达到了极点，也就归顺了晋国。不久，晋文公就成了天下诸侯的霸主。

点拨 言出必行的晋文公不是不想得到原国，而是懂得不能以失信为代价。信用为重。

给教育者的建议

如果没有时间观念，就容易误时，容易失信于人。因此，应教育孩子从小养成守时的好习惯。如果孩子没有养成这习惯，不如让他在生活中体验不守时的"恶果"，这种亲身体验所得的教训远胜于千言万语的说教。

三、亲子与师生的共同话题

我国现代著名教育家陶行知说过："千教万教，教人求真；千学万学，学做真人。"

教育的宗旨就是培养一个真正的人。一个真正的人，首先应当是一个讲诚信的人。

目前，社会竞争激烈，"优胜劣汰，适者生存"是公认的法则。有些人为了更好地立足于社会，竟以牺牲别人的利益为代价。社会上尔虞我诈、相互欺瞒的现象屡见不鲜。诚信危机不仅是社会的悲哀，更是人类的大不幸。社会不是孤立的，随着科技的发展和分工的细化，人与人之间的关系反而更加紧密，很多事情都需要共同协作才能完成。如果人与人不能相互信任，凡事犹豫、猜疑，如何能更好地协作呢？诚信是立身之本。人与人之间应当坦诚相待，以真心交换真心，相互遵守承诺和约定，不欺诈、不瞒骗。

要做到诚信并不难。孔子说："少若成天性，习惯如自然。"教育者应首先为孩子树立一个良好的榜样。苏联教育家克鲁普斯卡娅认为：父母是天然的教师，他们对儿童，特别是幼儿的影响最大。父母和教师要谨慎言行，遵守承诺，真诚对待身边的每一个人，实事求是地做事做人。孩子的自觉性不强，有时难免不讲诚信，这时，教育者应对孩子的行为进行及时的矫正。最好是让孩子自己承担不讲诚信带来的负面后果。

我们常说，伟大的人格造就伟大的事业。只有那些品行高尚的人，才会产生磁石般的凝聚力吸引周围的人，才能在当今激烈竞争的社会中立于不败之地，获得辉煌的成就。

第二节　遵守规则

一、内涵阐述

现实生活中，我们经常看到这样的情形：

有些人过马路时只要看见没有车辆行驶，就迫不及待地横穿猛跑，毫不顾及正在显示的红灯；

有些人候车时见缝插针，公交车一来就拼命地往上挤；

有些人走路时不停地嗑瓜子，凡其所到之处必留下他的"劣迹"；

有些人犯懒，为了几步的方便就践踏草地；

还有些人以权谋私，危害他人利益，最终被曝光在报纸的头版头条。

这样的人在现实生活中并不少见，如果每个人都像他们一样，只考虑个人利益，不遵守规则，这个世界将危机四伏，永无安宁。弗洛姆说过："自私不是对自己的爱，而是对自己的恨。因为只有没有能力付出的人，心中才总想着自己。"每个人都不应当总思忖着个人利益，甚至为了个人利益而触犯规则。不遵守规则，不仅危害了别人，自己的利益也最终受损。

遵守规则是我们必须遵循的做事准则之一。无论做什么事情，都应当从客观实际出发，不违背规则，不损害他人利益。

那么，什么叫作规则呢？

规则有自然的、客观的，比如树木需要阳光才能生长得更好；也有人为的，即在社会生活中为了维护人们的权利和社会的安定而制定出来供大家遵守的制度或章程，它规定了什么事情应当做，什么事情不应当做。

自然规则不可更改，是客观存在的。而人为的规则就复杂多了，它需要大家共同承认，相互遵守，否则就是无效的。本章所讲的规则主要是指人为规则。人为规则随着时代的变化而变化，有些成为约定俗成的习俗和道德，比如社会公德、公共秩序等；有些成为明文规定的规章制度，如法律条文等。

"没有规矩，不成方圆。"社会就像一个游戏场，走进去的人都应当遵守共同的游戏规则。人是规则的动物，社会正是有了规则才能正常运转。但这种规则并不是对人的限制，而是要求人们能因为它的存在获得安全感和归属感。亚里士多德曾经说过："人，在最完美的时候是动物中的佼佼者，但是，当他与法律和正义隔绝以后，他便是动物中最坏的东西……他在动物中就是最不神圣的、最野蛮的。"

二、一个故事一堂课

1. 尊重一盏灯

某公司需要聘用一名司机。刚从驾校拿到驾驶执照的小韩，为了生计，也硬着头皮去应聘，尽管他知道自己的希望很渺茫。

初试由办公室主任主持，他对应聘者询问的都是汽车驾驶以及维护保养等方面的技术问题，所幸这些恰好都是小韩新近学过的，所以他轻而易举地过了这第一关。接下来是实际操作，由应聘者驾车带着经理和主任上路行驶，考察驾驶技术。轮到小韩时，已是黄昏时分。当汽车行驶到一个僻静的交叉街口时，前面亮起了红灯，小韩赶紧刹车，可能是急了些，经理和主任都有些猝不及防。主任有些不耐烦："这里既没警察，又没行人车辆，为什么不灵活一些，把车开过去呢？"小韩一听那口气，知道自己没希望了，他抬头望了望闪烁的指示灯，郑重地回答："为了尊重这盏灯！"一直不动声色的经理眼睛一亮。

回到公司，经理对所有等候的应聘者宣布，小韩入选！望着吃惊的小韩，经理握住他的手说："做司机，你还需要锻炼。但是，做本公司的员工，你已经很称职了。"

点拨 遵守规则的人，即使有时显得不太灵活，却能赢得他人的信赖。

2. 哈佛理念

当年，一位哈佛牧师把他的一块地皮和250本书遗赠给了当地的一所学院，这所学院发展成了后来的哈佛大学。

关于这250本书，有这样一个故事，哈佛学院一直把哈佛牧师的这批书珍藏在哈佛楼里的一个图书馆内，并规定学生只能在馆内阅读，不能携出馆外。

1764年的一天深夜，一场大火烧毁了哈佛楼。在大火发生前，一名学生碰巧把哈佛牧师捐赠的一册名为《基督教针对魔鬼、世俗与肉欲的战争》的书带出馆外，打算在宿舍里悠闲地读。第二天他得知失火的消息，意识到自己从图书馆携出的那本书，已是哈佛捐赠的250本书中唯一存世的一本了。

经过一番思想斗争后，他找到当时的校长霍里厄克，把书还给了学校。霍里厄克收下书，感谢了他，然后下令把他开除出校，理由是这名学生违反了校规。

霍里厄克校长感谢了那位同学，是因为那位同学诚实(把违反校规带出馆外的书又送了回来)；开除他，是因为有校规。哈佛的理念是，让校规看守哈佛的一切比让道德看守哈佛更安全有效。这便是他们的行事态度——法理第一。

点拨 校规比道德更重要，虽然这看上去有些不近人情，但正是一代代学生传承了自觉遵守校规的精神，才成就了哈佛大学今时的盛名。

📠 给教育者的建议

孩子年龄小，阅历浅，很多规则都不懂，又怎能遵守它们呢？因此，要在生活中告诉孩子最基本的公共秩序和社会公德，并让他牢牢记住。当孩子第一次违反规则时，要及时加以制止，因为形成一个坏习惯很容易，而改变它却很难。

3. 原则

两个小城市争抢一笔外商投资。这两个小城市的条件差不多，位置、交通、资源、劳动力等都难分伯仲。

硬件没有优势，那就只有靠软件了。甲城市的领导决定，在土地使用价格、税收等方面再进一步作出让步，给外商更大的好处。出乎意料的是，外商最终选择了乙城市。

事后，有人不解地问外商。外商解释说：甲城市的条件太过优厚，他的许诺已经超出了国家政策的范围，不按法律原则办事，这种人情色彩太浓、政策随意性太强的地方我们不敢去，这是几十年的投资啊！

点拨 以权力、金钱谋取不正当利益，严重违反公平的规则，将造成社会秩序的混乱。

4. 天上掉银子

我的纳税意识是由一笔意外之财唤醒并得到强化的。

几年前，我在加拿大短期留学，做访问学者。那时我每月从中国大使馆领取480加元的补贴，以支付食宿、交通、学习等费用。这笔钱每月足够用，但我总希望从牙缝中省下几文，积攒着回国前买个免税大件。因此，我购物尽量挑便宜实惠的，一分钱都要算计。

然而，让我恼火的是，加拿大政府有条规定，除了购买食品外，其他任何购物都要交纳购物税，税额为2%左右。每次购物应交纳的税金，在收银机打出的交款单上标得一清二楚，××物，价××，税金××，合计应交××。不交税，就别买东西，要想逃税，那更是万难。无奈之余，我只有服从，但也颇有微词：我们穷学生买件日用品，凭什么要被富国政府再搜刮去几文！逃税无计，只有守法，一年下来，这税金我大约也交了几十加元。

在加拿大城市街头，触目皆是关于税收的醒目招牌—— income tax，意在提醒人们交纳收入所得税。我颇为奇怪的是，人们怎么就那么乖乖地去交自己好不容易挣来的银子？到了年底，我恍然大悟：每个家庭、每个人都必须填一套一式两份、项目繁多、极为周详的本年度收入与支出统计表，与你的社会保障号码(相当于我们的身份证号码)相衔接，用计算机联网对你的金融活动详细记载，周密统计。如果你申报不实，则被视为对国家不忠，将要依法严惩，今后很难再找到工作。美国、加拿大的老外们常戏说，任何人都难逃两件事，一是交税，二是死亡。要想逃税，难。

这种个人所得统计表连在加拿大居住满一年的外国人也不能幸免。迫于无奈，我也据实一一填报，连打工的临时收入也填了上去。表上有一项说明，大意是年收入若干加元以下的交税者将于次年获得退税，我交的税也不多，并且明年就要回国了，就没把这条当真。

留学期满，归国工作。回国半年多以后，突然一天邮局送来一封厚厚的加拿大来信。我打开一看，竟是一张一式两联的退税支票！还有说明写道：

"宋先生，经核查你去年总收入在××加元以下，不属交纳购物税范围，今按你表格上填写的永久性地址，退税210加元(加拿大税务部门因无法计算我去年在加各商场消费时究竟交了多少购物税，只能按规定的平均数退税给我)，请去本地银行办理托收兑换。"

"这真是天上掉银子！"我和朋友们为加拿大税官办事认真感慨不已，人家追了半个地球给咱退税千余元(210加元约兑换人民币1200元)，还真有点白求恩精神！

点拨 一切按照规则办事，整个社会制度就会井然有序，投机取巧也就无所遁形。

5. 贴海报

玛莎是美国加州州立大学北岭分校二年级的学生，她一边学习一边打工，此外还在校学生会做些义务工作。这一天，学生会交给她一项任务，在校园里醒目的位置张贴几十张"文化节"海报。学校标志性的公共场所都有广告栏，所以玛莎很快就贴得差不多了。当她再回到学生会，准备贴最后一批海报时，她发现广告栏已经贴满了。怎么办？

那天我正在学生会所在的"Union"转悠，这里是校园生活的一个中心。看到一个美国姑娘在广告栏前站了好久，我以为有什么好事预告，连忙走过去凑热闹。搭上话才明白，玛莎遇上了这么一个小小难题。

我不禁脱口而出："广告栏里有几条东西早过时了，贴上去没什么问题。"玛莎回答："我不确定。"我心想，这姑娘真笨，连上上星期的活动都记不住。再说，有些学生卖车、租房、交友的信息，到处的广告栏贴得都有，将其覆盖一二又有何妨？跟她一建议，回答更绝：

"他们会投诉的。"

这下我不管了，就找了份报纸坐到旁边去看。只见玛莎走到Union的露天中厅里，在四周的木柱子上比画着。个别学生会在那上边贴或钉东西，但很不雅观，柱子也被弄得不干净。我暗想，你不会也这么干吗？是不是这样就没人投诉了？玛莎比画了一会儿就走了。她到底想怎么办？好奇的我决定看下去。

玛莎回来了。拿了很多新东西。她先用彩色的塑料布将一根根木柱包起来，用透明胶封好口，然后再在塑料布上面贴海报。她干得一丝不苟，不一会儿，十根左右的柱子都包好了，一派鲜活生动又整整齐齐，既利用了空间，又保持了清洁，看起来很有艺术效果，将来取下来也非常方便。

我看着玛莎的"作品"，心里不禁浮起阵阵涟漪。玛莎既没有用"学生会"的名义"覆盖"掉个别学生的"私有空间"(虽然这些"私有空间"远不如"文化节"对学校有用)，也没有随随便便去占据公共空间。她不是想着怎么脱离规则求方便，而是想怎么在规则之内求创造。不少中国来的学者都说中国人脑子里有很多想法，而美国人只有一种想法。但我们的很多想法都是在规则之外的，总想绕过它另起炉灶，是规则外的"发散思维"。美国人虽只有一种想法，却往往是聚焦规则内形成的"创造思维"。

点拨 当规则与个人利益发生冲突，是寻求规则之外的方便，还是在规则之内求创造？玛莎的做法给了我们很好的启示。

6. 严于律己，从我做起

楚太子接到父王的紧急命令，连忙驾车向王宫赶去。

当时的楚国有一条法令：任何臣子入见，车马不准驶到茆门(王宫内外廷之间的门)。

刚下暴雨，宫中地上积满了水，太子就把马车一直赶到茆门才下来。负责宫禁的官——廷理看见了，急忙走到太子面前，对他说："殿下，你忘了车子不准驶到茆门的法令吗？"

太子为难地说："父王紧急召见，我不能等到没有积水了再进来，所以才把车子赶到了这里。"

"不管是什么情况，我必须依法办事。殿下，下官得罪了！"说着，廷理举起长矛打太子的马，马负痛乱奔，把车驾弄坏了。

太子气得脸色都变了。他跑进宫去，哭着向楚王告状："求父王为儿臣做主！"

楚王惊讶地问："是谁欺负你了？"

太子把经过哭诉了一遍，然后说："求父王一定杀了这个廷理，为儿臣报仇！"

楚王听了，不怒反笑，对太子说："这才是我的执法之臣啊，我怎么能杀呢？他既不因为本王是你父亲而徇情枉法，也不因为你将要继位而奉承巴结。这是真正的忠臣啊！我不仅不杀，还要提拔他！"于是，楚王当即传令，把廷理的官职连升了两级。

接着，楚王给太子讲了许多依法治国的道理，告诫他以后不要犯类似的错误，然后，才打开后门让他出去了。

点拨 法律面前人人平等，谁也不能以权谋私，当政者更应以身作则，维护法律的尊严。否则，上行下效，人们会普遍不守法律。

7. 狩猎规则

小明的三爷爷有杆猎枪，闲时爱打猎。三爷爷给他做了个柳树把儿、牛皮筋的弹弓。小明高兴坏了，装了半书包石子，拿上弹弓跟着三爷爷上山。刚出村口，发现老槐树上落着一大群叽叽喳喳的麻雀，他不由手痒，一弹弓就搋下一只来。三爷爷一边夸他准头好，一边拾起断了脖子的死麻雀装进腰间别着的网袋里。下午回来，三爷爷猎得两只兔子。当三奶奶把一大盆热气腾腾的炖兔子肉端上来时，他馋得要掉口水。三爷爷拿过笊篱，却给他碗里捞进了那只炖得烂烂的光腔麻雀！他委屈地望着盆里大块大块的兔子肉，不解地瞅了三爷爷一眼说："三爷爷，我不吃麻雀！"

三爷爷一愣，脸变得异常严肃，问他："你不吃，为什么要打它？""为了……好玩。"他说。"孩子，你记住，如果不是为了得到食物或自卫，你就不应该伤害动物。"停了停，三爷爷说："这是狩猎规则，祖祖辈辈传下来的。"一向疼爱他的三奶奶坐在一旁一声不吭。于是小明只能乖乖地点点头，捞起了碗里的麻雀。

点拨 行有行规，不按照规则办事，必会受到惩罚。

给教育者的建议

不按规则办事，也许偶尔能侥幸逃脱，但终究还是会受到惩罚。要让孩子学会按规则办事：教育者要为孩子树立一个良好的榜样，处处在规则的范围内办事，而不是处处超越规则；尊重孩子，不要处处给他设立规则，相信孩子会在自由之中获得进步。

三、亲子与师生的共同话题

社会是一个整体，每一个成员都遵守规则，社会才能正常运转。莱蒙特曾说过："世界上的一切都必须按照一定的规矩秩序各就各位。"不遵守规则的人失去的是信誉，这是比生命更可贵的东西。规则意识影响一个人适应社会的程度，缺乏规则意识的人将无法立足于当今社会。

教育的基本任务之一就是引导人按照规则行动。孩子从小就应养成遵守规则的好习惯。遵守规则是一种教养、一种风度，是每一个现代人应具有的品格。著名瑞士心理学家皮亚杰说过："一切的道德都是一个包括许多规则的系统，而一切道德的实质就在于个人学会去遵守这些规则。"

遵守规则并不复杂，在一个普遍遵守规则的社会中，违反规则可能带来一时的方便，但总有一天会酿成恶果。不遵守规则的危害往往不易察觉，但这种危害犹如潜在的火山，一旦爆发，后果不堪设想。

养成遵守规则的习惯，首先要树立规则意识。而规则意识的形成是一个循序渐进、由被动到主动的过程。皮亚杰在《儿童的道德判断》中指出，儿童的道德倾向是从认识单纯的规则到了解真正意义的规则，是从他律到自律的过渡。因此，教育者应当保持足够的耐心，根据孩子的年龄和心理特点来培养孩子形成规则意识。

第三节　责任

一、内涵阐述

人的成长过程，简单说，就是从"自然人"变成"社会人"，由不谙世事的顽童变成心中有他人、能妥善处理人际关系的人。而责任心便是促进个体不断发展、不断完善的催化剂。海伦·凯勒有句名言："当一个人感到有一种力量推动他去翱翔时，他是绝不会去爬行的。"在责任这股强烈力量的推动下，人们开始学会理性地看待问题，成为一个真正的现代人。

责任心的有无或强弱关系到一个人的发展程度。一个没有责任心的人，纵有再高的才华和天赋，也很难发挥出生命真正的价值。因为，缺乏责任心的人容易感到迷惘，找不到位置，就如在茫茫大海中失去方向的小船。只有当一个人能主动承担责任的时候，他的美好人格才开始形成，他也才可能成为一个真正的人。

责任心具体表现为以下三个方面。

(1) 自己的事情自己做。这就是说，在日常生活和学习中，需独自面对并且凭借个人能力能做到的事情，就一定要自己完成。比如，自己的衣服自己洗，自己的东西自己保管，等等。凡事依赖别人，只会成为一个缺乏自理能力和独立精神的人，最终无法独自面对社会。

(2) 经常反省并为自己的错误承担责任。"吃一堑，长一智"，人就是通过不断受挫、不断反省获得进步的。"人非圣贤，孰能无过。""知错能改，善莫大焉。"人的成长本身就是一个不断犯错的过程，一次次犯错带来的教训累积成了人生经验。很多人都能承认自己的错误，但并不都能为自己的错误承担责任或弥补错误，因为后者需要更大的勇气。

(3) 服务他人、有社会责任感。社会是一个整体，其发展趋势使得人与人之间的依赖程度越来越高，任何一个人都不可能脱离社会而独立存在。

英国首相丘吉尔说过："伟大的价值在于完成责任。"法国存在主义哲学家萨特认为，人之为人就在于他是一种必须对自己的行为负责、应对自己的行为负责、也能对自己的行为负责的存在。具有责任心是人的伟大价值体现，更是一个真正的人的重要标志。

二、一个故事一堂课

1. 向别人打开的锁

有一个人，他总是管不好自己的钥匙，不是弄丢了，就是忘了带，要不就是反锁在门里。

他的301办公室就他一人，老是撬门也不是个办法，因此他配钥匙时便多配了一把，放在302办公室。这下无忧无虑了好些日子。

有一天他又没带钥匙，恰好302室的人出去办事了，又吃了闭门羹，于是他在303室也放了钥匙。

外边存放的钥匙越多，他自己的钥匙也就管得越松懈，为保险起见，他干脆在304室、305室、306室……都存放了钥匙，多多益善。

最近就变成这样，有时候，他的办公室，所有的人都进得去，只有他进不去，所有的人手中都有钥匙，只有他的钥匙无处可寻。

到这时，他那扇门锁住的，就只是他自己。

点拨 不能对自己负责的人，只能依靠他人来活。一旦失去他人的帮助，将寸步难行。

2. 为自己的目标负责

从前有一个路人在屋檐下避雨，看见一个和尚撑着伞从面前走过，这个路人便对和尚说道："大师，请你普度一下众生好吗？请你带我一程。"

和尚说："我正在雨里，你在屋檐下。屋檐下没雨水，你不需要我度的。"

在檐下躲雨的路人听了这话后，只好走出了屋檐，在雨中对和尚说："现在你在雨中，我也在雨中了。你可不可以度我？"

和尚说："我在雨中，你也在雨中，我不会被雨淋湿，因为我有伞遮雨；你会被雨淋湿，因为你没有伞。所以是雨伞在度我，我是不能度你的。如果你要被度，就请自己找雨伞吧！"

说完，和尚便撑着雨伞就走了。路人听了和尚似乎有些不讲理的话，不太高兴，悻悻地回到屋檐下。突然间，他的脑海中闪过一个念头，他顿悟了和尚这番话的含意，原来和尚的意思是"你是你自己生命的主人，你要对自己的事负责"，想通了这层道理，路人觉得被这雨淋还是有价值的。

点拨 命运掌握在自己的手中，自己要对自己负责。

3. 适者生存

沙漠中的狐狸养了一窝小狐狸，小狐狸长到能独自捕食的时候，母狐狸便会把它们统统赶出去。小狐狸恋家，不走。母狐狸就又咬又追，毫不留情。小狐狸中有一只是瞎眼的，但是妈妈也没有给它特殊的照顾，照样把它赶得远远的。因为妈妈知道，没有谁能养它一辈子，小狐狸们从这一天起便长大了，那只瞎眼的小狐狸也终于学会靠嗅觉来觅食。

点拨 人总有一天要离开父母的庇佑，独自面对社会，独立承担责任。因此，尚未离开之前，就应当修炼自己的独立能力，学会承担责任。

📧 给教育者的建议

每个人都应当做好分内的工作，承担起自己的责任。孩子也应当从小养成这样的习惯，自己的事情自己做，特别是自己有能力做到的事情，最好独自完成。比如可以承担一定的家务，可以制订自己的生活计划。真正爱孩子的教育者，会让孩子获得独立精神和自理能力。

4. 请坐在我的椅子上

哈维·迈凯是美国一个颇具声望的企业管理专家，他在经营管理中经常会采取一些出奇制胜的方式。对待犯了错误的下属，他的方法也与众不同。他说："世界上没有任何可以永远行之有效的灵丹妙药，但对待那些犯了错误的人，我们却都需要有一个能够经常'卖座'的'保留节目'。"迈凯的"保留节目"常是先让秘书向犯错误的人透露一点"信息"，诸如"迈凯先生很难受"或者"我从没见到迈凯先生发过这么大的火"之类，然后，迈凯不会马上见他，而是让他在接待室里等上半个小时，能让他有机会再集中反省一下自己的错误；同时，这也是为了要让他知道迈凯确实生气了。接着，他被叫进了办公室，站在迈凯的办公桌前。

"杰克，"迈凯板着脸说，然后站起来指着自己的椅子，"请过来坐在这张椅子上。"杰克坐下了，而迈凯则坐在了一张通常应该是杰克坐的椅子上。"好吧，杰克，如果你就是我，现在会说些什么呢？"

在这种时候，有80%的人对待自己会比迈凯对待他更为严厉。唯一与迈凯不同的是，他们还不会严厉到把自己开除。这样一来，虽然迈凯没有责骂过他们一句话，而仅仅只是换一个位置，目的却达到了。

点拨 不断地反躬自问才能克己自律。人们犯了错误，往往抱怨别人，放大别人的缺点，却忽视了自身的责任。

5. 狐狸和蔷薇

狐狸在跨越篱笆时脚滑了一下，幸好抓住一株蔷薇才不致摔倒，可是脚却被蔷薇的刺扎伤了，流了许多血。受伤的狐狸就埋怨蔷薇说："你太不应该了，我是向你求救，你怎么反而伤害我呢？"蔷薇回答道："狐狸啊！你错了，我的本性就带刺，你自己不小心才被我刺到的啊！"

点拨 遭遇挫折，首先应反躬自问，吸取经验教训，而不是一味地埋怨他人。

给教育者的建议

有些人遭遇挫折，总喜欢推卸责任，不从自身寻找原因，这样仍有可能在人生道路上犯同样的错误。当孩子遇到挫败后，要及时引导他对自身进行反思，总结经验教训，最好让孩子用一个小本子记下这些经验教训以加深印象。

6. 卸不掉的责任

一名年轻人刚搬家，一位老人总是从他新家门前经过。

年轻人出于好奇，在一天早晨，悄悄尾随在老人的身后。走了很远，眼前忽然开阔了一些，几条铁路静静地躺在那里。老人从帆布口袋中掏出一把小锤子，弯下腰去，仔细地敲打着铁轨。原来，老人是一位铁路养护工。不过，像他这样的年龄，早应该退休了，为什么还要……

一个早晨，年轻人照例隔着窗子望着老人的举动，没想到，这次老人竟然拐到他的门前，敲了他的门。门打开了。"年轻人，为什么跟着我？"老人很严肃地问他。

年轻人只好原原本本地把自己的疑问说给老人听。老人笑了。

原来，许多年前，他在铁路上担任养护和检测的工作，有一天，他得了重感冒，工作就由另一个人来承担。那个人在检测铁轨时，疏忽了一些，把几颗松掉的螺丝漏了过去，没有想到，就因为那么几颗螺丝，竟然会造成火车出轨，于是，惨祸发生了。

他一直认为，那次事故是他一手造成的，责任不可推卸。从那以后，他便每天赶很远的路去检测铁轨。

点拨 只有真正具有责任心的人，才能勇于承认自己的过失，并且用行动来弥补。

给教育者的建议

人难免犯错，人正是通过一次次的犯错逐渐成熟的。犯错是孩子成长过程中的权利。当孩子犯错时，教育者要冷静，不要打骂他，而要鼓励他承认错误，并想办法来弥补过失。

7. 留下生命给社会

国际红十字会前名誉会长玛格丽·特兰女士年轻时因为自己长相比较丑，生活、工作都遇到了很大的阻力，上大学没有人愿意和她同桌，找工作也四处碰壁。当她在日复一日的失望中实在无法忍受时，她的选择很决然：投海自尽。

但她却被一个瘸腿的老人费尽力气救了上来。老人听完她断断续续的讲述后，告诉她，"人都有两条生命，一条是属于自己的，刚才你已经把它放弃了。还有一条是属于公众的，你自己的命都已经没有了，还有什么东西值得在乎呢？你就全身心地把第二条命还给公众吧！"于是，特兰就把全部的热情和精力投入了社会公益事业：她为非洲的儿童建起了很多学校，为非洲的艾滋病人建立了很多康复医院……她变成了一个举世闻名的社会活动家。

点拨 每个人都是社会的一员，除了对自己负责，还要对社会负责。应以社会事业为己任，为社会作出一点贡献。

8. 一位母亲留给儿子的无价之宝

亨利·凯撒可谓是一个真正的成功者，他不仅拥有几家以自己名字命名的公司，资产数十亿美元，而且由于他的慷慨和仁慈，许多不会说话的人会说话了，许多跛子过上了正常人的生活，更多的人以很低的费用得到了医疗。所有这一切都是由凯撒的母亲在他的心田播下的种子生长出来的。

玛丽·凯撒给了她儿子亨利无价的礼物——教他如何应用人生最伟大的价值。玛丽在工作一天之后，总是花费一定的时间做义务保姆工作，帮助不幸的人们。她常常对儿子说："亨利，不从事劳动，从来也不能做成什么事情。如果我什么也不留给你，只留给你劳动的意志，我就给你留下了无价的礼物：劳动的欢乐。"

凯撒说："我的母亲最先教给我对人的热爱和为他人服务的重要性。她经常说，热爱人和为人服务是人生中最有价值的事。"

在第二次世界大战中，他建造了一千五百多艘船，其造船速度震动了世界。当时他曾说："我们每十天能建造一艘'自由轮'。"专家说："这是做不到的，这是不可能的。"然而凯撒做到了。

点拨 人生最伟大的价值体现在承担社会责任。一个真正的成功者，一定是有爱心、愿为他人服务的人。

9. 忘记自己

耶茨太太有严重的心脏病，她以为自己的后半辈子就只能卧床了。可是日军轰炸珍珠港时，她重新看到了希望。

轰炸时，一切都陷入了混乱。一颗炸弹掉在了她家附近，震得她跌了下来。陆军派卡车去接军人的妻儿到学校避难。红十字会的人打电话给那些有多余房间的人。他们知道耶茨太太床旁边有个电话，问她是否愿意帮忙联络。于是她记录下那些海军陆军的妻小现在留在哪里，红十字会的人会让那些军人们打电话来找他们的亲属。

很快她发现许多军人是安全的。于是，耶茨努力为那些不知丈夫死活的太太们打气，也安慰那些寡妇——那次阵亡的官兵共有2117人，另有960人失踪。

开始的时候，耶茨太太还躺在床上接电话。后来她坐在床上。最后，她居然忘记了自己的毛病，开始下床坐到桌边。因为帮助那些可怜的人，耶茨太太完全忘记了自己，她再也不用躺在床上了。她发现如果不是日军空袭珍珠港，她可能仍然消极地躺在床上呢！

点拨 当人们献身于社会的同时，自身也得到了升华。社会责任感创造了生命的奇迹。

📖 给教育者的建议

社会中的每一个成员都应意识到自身的责任，孩子也不例外。教育者应引导孩子认识到他自己也是社会的一分子，应担负起一定的社会责任，并鼓励孩子在日常生活中多考虑他人、多体谅他人，竭尽所能帮助别人。

三、亲子与师生的共同话题

责任心是一种重要的素质，是做人的基础。著名教育专家孙云晓在《培养一个真正的人》中说："是否具有责任心，是衡量一个人是不是现代人的主要标志之一，也是衡量少年儿童社会化水平的关键指标之一。"

人们都把自由想象成一种不必负任何责任的随心所欲。有些人打着"自由"的旗号，不愿承担责任，甚至根本没有责任意识。但是，只有在富有责任心的前提下，才能获得真正的自由。美国著名心理学家弗洛姆认为，一个逃避责任的人最终也会逃避自由，因为要真正拥有自由，人就必须承担责任。一个负责任的人，会理性地选择自己的行为，作出尽可能正确的判断。

责任心的养成渗透在日常生活和学习的一点一滴中。不要因责任小就不去重视，也不能因责任重大而不敢去承担。在学习上，孩子要认识到学习是自己的事情，任何人都是替代不了的，教育者最好别施加过多的压力；在生活中，孩子应当完成力所能及的事情，学会正确的生活方式，在家中要学会分担家务，为父母分忧解愁。

培养责任心的重要一点是要让孩子学会为自己的过失负责。很多人都把孩子发生过失的时刻称为关键时刻，因为此时是教育孩子的最佳时机。倘若孩子犯了错，教育者要先稳定自己的情绪，理性地为孩子讲清道理，并指导孩子弥补其过失。

第四节　计划周密、有条理

一、内涵阐述

"凡事预则立，不预则废。"无论做什么事情，首先必须有一个周密、有条理的计划，才可能获得成功，否则就会导致失败。成功的事业离不开周密的设计和有效的奋斗。

尼·布马勒曾经说过："如果你的人生目标已定，那就必须开始制订实现它的计划。在制订计划时，必须注意使它有灵活性，因为你的计划不一定会顺利进行，你必须让它具有变动的余地。计划可变，但最终目标不变。"如果没有周密的、有条理的计划，再好的目标也不可能达到。如何才能做到计划周密、有条理？我们首先要弄清它的内涵。

(1) **每天生活有规律**。生活规律，主要包括饮食起居规律、学习时间规律、运动锻炼规律、游戏娱乐规律等，做到各种事务进行合适有度。具体而言，就是每天起床和入睡的时间应有规律，保证每天有八小时的睡眠；一日三餐应定时定量，不宜挑食、多食；每天要保证花费一定的时间进行健身活动，等等。总之，规律的生活会给我们带来稳定感和安全感。

(2) **做事情有计划**，是指做任何事情都先要有一个周密的计划，这是做事有效率的保证。学会有计划地安排事情，也是一个人走向自主生活的标志之一。做每一件事情之前，都要在大脑中形成一个计划，明确完成这件事情需要哪些步骤，并统筹安排好这些步骤的顺序。但计划往往赶不上变化，因此，这个计划要能够灵活变通。

(3) **细致分析**，就是观察事物现象十分仔细，全面、深刻地看到事物的本质和联系。任何一个问题都需要经过细致分析才可能得出正确的结论。

二、一个故事一堂课

1. 价值3.5万美元的观念

管理专家李艾米去拜访伯利恒钢铁公司的总裁查理·施瓦伯先生。李艾米表示，让他与公司每位经理谈15分钟，他即可改善公司的效率，增加公司的销售额。施瓦伯问："这要花多少钱？"

李艾米说："你不用马上给我钱，等你认为有效了，你觉得该值多少钱，寄张支票给我就行了。"

施瓦伯同意了。于是李艾米与每位经理都谈了15分钟，谈话的内容很简单，李艾米只要求他们在每日终了时，将次日需完成的六件最重要的工作写下来，并依重要性顺序编号。次日早晨从表上的第一件工作开始，每完成一项便将它从表上划去；若有当日未完成的工作，则必须列入次日的表中。每位经理须切实执行三个月。

三个月后，查理·施瓦伯送了一张3.5万美元的支票给李艾米，这是他认为值得为此观念付出的代价。

点拨 做事有计划是提高效率的保证。

2. 鹅卵石

在一次哲学课上，教授在桌子上放了一个罐子，然后又从桌子下面拿出一些正好可以从罐口放进罐子里的鹅卵石。当教授把石块放完后问他的学生："你们说这罐子是不是满的？"

"是！"所有的学生异口同声地回答。

"真的吗？"教授又问，然后再从桌底下拿出一袋碎石子，把碎石子从罐口倒下去，摇一摇，再加一些，再次问学生："你们说，这罐子现在是不是满的？"

这回他的学生不敢回答得太快。最后班上有位学生怯生生地细声回答道："也许没满。"

"很好！"教授说完后，又从桌下拿出一袋沙子，慢慢地倒进罐子里。倒完后，他又问班上的学生："现在请你们告诉我，这个罐子是满的呢，还是没满？"

"没有满。"全班同学这下学乖了，大家很有信心地回答。

"好极了！"教授再一次称赞他的学生们，然后，又从桌底下拿出一大瓶水，把水倒在看起来已经被鹅卵石、小碎石、沙子填满了的罐子。

当这些事都做完之后，教授问他的学生："你们从上面这件事学到什么道理？"一阵沉默后，一个学生回答说："无论我们的工作多忙，行程排得多满，如果挤一下的话，还是可以多做些事的。"

教授听了回答后点了点头，微笑着说："答案不错，但这不是我要告诉你们的信息。"教授停了一下，继续说道："我想告诉大家最重要的信息是，如果你不先将大的'鹅卵石'放进罐子里去，也许以后你就没机会把它们再放进去了。"

点拨 做任何一件事情，首先都必须有一个计划，要根据事情的轻重缓急有条理地安排好先后顺序。

3. 每天收获一粒种子

有一位画家，在三年之前就被检查出身患绝症，但他并没有因此而倒下。三年来，他除了治疗，仍旧天天作画，还举办过十几次个人画展。即使在平时，他的脸上也总是挂着开心的微笑。有人问他为什么生活得如此开心，他只是讲了儿时的一件事情。

他读中学的时候兴趣十分广泛，不但参加各种活动，还常常为了自己感兴趣的事而旷课。有一次因为连续旷课，学校给予他严厉的记过处分，通知了他的父母。

父亲知道这件事后，并没有责骂他，而是在晚饭之后，找来一个塑料漏斗和一捧玉米种子。他迷惑不解地看着父亲，父亲温和地说："孩子，看我给你做一个实验。"

父亲让他把双手放在漏斗下面接着，然后自己捡起一粒种子投入漏斗里，种子便顺着漏斗那细小的缝隙滑到了他的手里。父亲连续投了十几次，他的手中就有了十几粒种子。父亲再抓起满满一把玉米粒一起放到漏斗里面，那个狭窄的缝隙被玉米粒相互挤住了，竟一粒也没有掉下来。父亲意味深长地说："这个漏斗就代表着你，假如你每天都做好一件事，每天你就会有一粒种子的收获和快乐。可是，当你想把所有的事情都挤到一块儿来做，反而连一粒种子也收获不到了。"

点拨 人们总想一次多做几件事，但常常最终一件都做不好。如果合理规划，每天做好一件事，结果会大不一样。

📖 给教育者的建议

学会有计划地安排事情是孩子走向独立的必由之路。为孩子创造自主安排计划的机会，引导孩子学会合理统筹，分清事情的轻重缓急，灵活安排。

4. 垃圾的作用

美国雪佛隆公司是一家专门生产饮料的企业。在产品打入亚利桑那州土珊市之前，该公司先委托亚利桑那大学人类学教授威廉·雷兹对该市的饮料市场进行研究。

威廉·雷兹教授按照垃圾原产品的分类、名称、重量、数量、包装等进行分析。一年之后，威廉·雷兹教授指着一大堆垃圾对雪佛隆公司的老板说："垃圾袋绝不会说谎和弄虚作假，什么样的人丢什么样的垃圾，查看人们所丢弃的垃圾，是一种最有效的行销研究方法。"他通过对土珊市的垃圾进行研究，获得了有关当地食品消费情况的信息，为雪佛隆公司做了这样的分析。

①劳动者阶层所喝的进口啤酒比收入高的阶层多；

②中等阶层人士比其他阶层消费的食物更多，因为双职工都要上班，而且太匆忙了，以致没有时间处理剩余的食物。依照垃圾的分类重量计算，所废弃的食物中，有15%是还可以吃的好食品；

③通过对垃圾内容的分析，了解到人们消费各种食物的情况，得知减肥清凉饮料与压榨的橘子汁属高层收入人士的喜好消费品。

雷佛隆公司老板把这份报告当作教科书，并且依据威廉·雷兹教授的调查结果制订饮料的产销战略。最后的结果是威廉·雪兹教授成为雪佛隆公司的英雄，雪佛隆公司成了利润的英雄。

点拨 市场最真实的信息就在毫不起眼的垃圾堆里。只有真正有智慧的人，只有懂得细致分析问题的人，才能获得市场的先机。

5. 一滴智慧

有一位青年在美国某石油公司工作，他所做的工作甚至连小孩儿都能胜任，就是巡视并确认石油罐盖有没有自动焊接好。

石油罐在输送带上移动至旋转台上，焊接剂便自动滴下，沿着盖子回转一周，作业就算结束。他每天如此，反复看几百次地注视着这种作业，枯燥无味，厌烦极了。他想创业，可又无其他本事。他发现罐子旋转一次，焊接剂滴落39滴，焊接工作便结束了。他想，在这一连串的工作中，有没有什么可以改善的地方呢？终于有一天，他突然想到：如果能将焊接剂减少一两滴，是不是能节省点成本？

于是，他经过一番研究，终于研制出37滴型焊接机。但是，利用这种机器焊接出来的石油罐，偶尔会漏油，并不理想。但他不灰心，又研制出"38滴型"焊接机。这次的发明非常完美，公司对他的评价很高，不久便生产出这种机器，改用新的焊接方式。虽然节省的只是一滴焊接剂，但这"一滴"却给公司带来了每年5亿美元的新利润，青年也成为石油公司的新经理。

点拨 智慧的光芒闪现在小事之中，仔细思考很重要。许多人生的转折就暗藏在一些不经意的小契机里。

6. 海马的焦虑

小海马有一天做了一个梦,梦见自己拥有了七座金山。

从美梦中醒来,小海马觉得这个梦是一个神秘的启示:它现在全部的财富是七枚金币,但总有一天,这七枚金币会变成七座金山。

于是它毅然决然地离开了自己的家,带着仅有的七枚金币,去寻找梦中的七座金山,虽然它并不知道七座金山到底在哪里。

海马是竖着身子游动的,游得很缓慢。它在大海里艰难地游动,心里一直在想:也许那七座金山会突然出现在眼前。

然而金山并没有出现,出现在眼前的是一条鳗鱼。鳗鱼问:"海马兄弟,看你匆匆忙忙的,你干什么去?"海马骄傲地说:"我去寻找属于我自己的七座金山,只是……我游得太慢了。"

"那你真是太幸运了。对于如何提高你的速度,我恰好有一个完整的解决方案。"鳗鱼说,"只要你给我四枚金币,我就给你一个鳍,有了这个鳍,你游起来就会快得多。"海马戴上了用四枚金币换来的鳍,发现自己游动的速度果然提高了一倍。海马欢快地游着,心里想,也许金山马上就出现在眼前了。

然而金山并没有出现,出现在海马眼前的,是一个水母。水母问:"小海马,看你急匆匆的样子,你想要到哪里去?"海马骄傲地说:"我去寻找属于我自己的七座金山。只是……我游得太慢了。""那你真是太幸运了。对于如何提高你的速度,我有一个完善的解决方案。"水母说,"你看,这是一个喷汽式快速滑行艇,你只要给我三枚金币,我就把它给你。它可以在大海上飞快地行驶,你想到哪里就能到哪里。"海马用剩下的三枚金币买下这个小艇。它发现,这个神奇的小艇使它的速度一下子提高了五倍。它想,用不了多久,金山就会出现在眼前了。然而金山还是没有出现,出现在海马眼前的,是一条大鲨鱼。大鲨鱼对它说:"你太幸运了。对于如何提高你的速度,我恰好有一套彻底的解决方案。我本身就是一条在大海里飞快行驶的大船,只要搭乘我这艘大船,你就会节省大量的时间。"大鲨鱼说完,就张开了大嘴。

"那太好了!谢谢你,鲨鱼先生!"小海马一边说一边钻进了鲨鱼的口里,向鲨鱼的肚子深处欢快地游去。

点拨 要想实现自己的理想,在未付出行动之前,就要提前整合各种信息,做好系统分析,而不是盲目行动,否则,就会像这只小海马一样误入歧途。

7. 年轻的修女

一位年轻的修女进入修道院以后一直在从事织挂毯这项工作。做了几个星期之后,有一天她叹道:"给我的指示简直不知所云,我一直在用黄色的丝线编织,突然又要我打结、把线剪断,完全没有道理,真是浪费。我简直干不下去了。"

在另一旁织毯的一位老修女说:"孩子,你的工作并没有浪费,其实你织出的很小一部分是非常重要的一部分。"

老修女带她走到工作室的隔壁,在一幅摊开的挂毯面前,年轻的修女看呆了。原来她编织的是一幅美丽的三王来朝图,黄线织出来的那一部分是圣婴头上的光环,看起来是浪费且没有意义的工作,竟然是那么伟大。

年轻的修女带着希望回到了工作室,继续自己未完成的工作。

点拨 任何整体都是由许许多多的部分组成的。看问题不能只看部分,不看整体,否则就容易以偏概全,得不到正确答案。

8. 驴子、公鸡和狮子

一头驴子和一只公鸡，同住在一个草场里。有一只狮子非常饿，正想扑向驴子时，公鸡大声地啼叫起来。狮子听到(据说，狮子非常厌恶鸡啼声)，便快速地逃走。驴子看见只不过是公鸡的啼声，狮子便害怕，就鼓起勇气去攻击狮子，在狮子的后面追赶上去。驴子追了不远，狮子一转身就抓住驴子，撕成碎片吞吃了。

点拨 不对问题做细致的分析，就容易得出错误的结论。就像这只驴子，错误地估计了对手，最后招致灭顶之灾。

📖 **给教育者的建议**

要培养孩子养成细致分析的习惯，首先应当培养孩子的观察能力，让孩子学会观察事物。孩子的感觉器官特别灵敏，可以从他们的感知培养他们的观察能力。比如多带孩子感受大自然，使他们在大自然中获得观察能力。斯宾塞在他的《斯宾塞的快乐教育》中曾指出，世界上最好的老师是大自然。

三、亲子与师生的共同话题

缺乏计划的人生是杂乱无章的，有计划的人生才是精彩的人生。现在流行着的生涯设计、人生规划，虽然有些商业色彩，可事实上是必要的。有些人活得很迷惘，不知道将来应当做些什么，过着行尸走肉的生活，就是由于缺乏人生的规划。

具体而言，做任何一件事情都需要有计划。人生好像一个沙漏，没有人能一次将所有的沙子穿过中央瓶颈，只能静静地等候这些沙子一粒粒地往下落。人们每天要处理很多事情，但人的能力有限，就像沙漏有瓶颈，每次只能做一件事情。

能否统筹安排好每一件事情，分清事情的轻重缓急，是人与人之间办事的最大区别。有一个周密、有条理的计划是有效行事的前提条件。

要培养计划周密、有条理的习惯，就教育者来说，为孩子创造一个自主的环境尤为重要，要让孩子从小事做起，让孩子学会独立安排事情，并帮助孩子规划他自己的人生；就孩子而言，学会统筹整合很重要，这就需要懂得事情的轻重缓急、考虑如何做事最有效等。

美国的安妮·哈德认为，目标是成功的目的地，计划是奔向目标的航标。指导孩子制订实现目标的"行动计划表"，就是在为孩子预定一张开往成功的船票。

第五节 合作

一、内涵阐述

合作是人的一项基本素质和品格，是指在需要相互配合的事情上与别人协调一致，做好自己的工作。在古代，人们十分重视合作这种品质。"二人同心，其利断金。""天时不如地利，地利不如人和。"这些都是在强调合作的重要作用。在现代社会，分工的精细化、人与人之间的依赖程度日益增长，人类进入了一个合作的时代。一个人如果不能与人真诚合作，他就不可能获得成功。

《素质教育观念学习提要》指出，进入信息社会以来，如果没有人们的共同参与和相互合作，任何重大发明创造都是不可能的。"三百六十行，行行出状元"，成功者的发展道路虽然不同，但总有一些共同之处，比如善于合作。一个善于合作的人，肯定是一个乐于助人的人，一个虚心请教的人，一个团结友善的人，一个平等待人的人，一个尊重不同意见的人，一个信任他人的人，一个懂得称赞与鼓励他人的人。乐于助人，能使人在帮助别人的过程中获得朋友；虚心请教别人，能使人不断地完善自我，进行自我更新；团结友善，能让人感受到爱与温情；平等待人，能让人获得合作的基础；尊重不同的意见，是人吸纳一切智慧的必要态度之一；信任他人，能让人获得别人的信任；懂得称赞与鼓励，能让人感受到世界的美好，获得更多的朋友。

在国际21世纪教育委员会提出的未来教育的四大支柱中，学会共处是四大支柱的基础，而合作正是学会共处的核心。合作已成为21世纪的潮流。

二、一个故事一堂课

1. 顿悟

他在一家百货公司买东西，刚踏上向下移动的自动扶梯，他便注意到梯边站着一个60多岁的老妇，她的表情告诉他，她心里非常害怕。

"要我帮忙吗？"她转过身，点点头。等他回到她身边，她已改变了主意："我恐怕不行。""我可以扶着您。"她低头看看那"怪物"——梯级不断形成、消失，形成、消失……犹疑不决。

他感到她那突如其来的恐惧是因为自动扶梯是不通人性的机械，他把这一点向她挑明，她跟着点点头。他轻轻抓起她的手："走吧，好吗？"

开始她还有点恐惧，但当自动扶梯载着他们向下移动时，她稍微松弛了一点。等接近梯底时，她抓住他的手再度加紧，不过他们已安然到达。"我非常感谢……"老妇的声音微微有些颤抖。"没什么，"他说，"能替您效劳，再好也没有啦。"

平时他很少帮助别人，工作忙，又要顾家，现在他突然明白了，为什么有些人会义务去当护士、社会服务者或其他的什么，他帮助那位老妇时，觉得自己的心灵纯洁、健全，充满意义。那是好几个星期以来他最愉快的一刻。

点拨 予人玫瑰，手有余香。帮助别人的同时，自己也能感受到快乐。

2. 聪明的王子

有一个国王，他想从三个优秀的儿子中选择一个人来接任王位。他叫来了三个儿子，分别给他们相同的一笔钱。要求他们三人想办法，在天黑之前，去买一些东西，尽量把一个大房间装满。

第一个王子考虑了老半天，跑去买了一大堆甘蔗叶，但是经费有限，只勉强装了房间的一半。

第二个王子买了一些更便宜的稻草，但也不过装了房间的三分之二。

小王子最后才回来，似乎是空手回来。询问之下，原来他在路上遇到一个卖蜡烛的孤儿，他把大部分的钱都给了对方，只拿回几支蜡烛。

当他将那些蜡烛点燃后，蜡烛所发出的光芒，很快就照亮了整个屋子。

点拨 善于帮助别人的人，会获得最好的馈赠。

3. 指点

里迪尔和女朋友刚分手，心中异常烦闷，他踢着路边的小石子，漫无目的地走在大街上。突然，他的小腿被什么东西敲了一下，疼痛顿生，他恼怒地转过身，只见一位约四五十岁的中年人站在他的身后。

此人戴着一副墨镜，手里捏着一根竹竿，显然是一位盲人，盲人仿佛已意识到前面站着人，他微微点了一下头说："对不起，请问一下哈威路怎么走？"

里迪尔本想痛骂这位突然出现的冒犯者，但一看是位盲人，心中忽生邪念，想戏弄一下这位盲人，他假装热情地说："你顺着这条路往前走，再过两个路口就到了。"

盲人谢过里迪尔，用竹竿点着地面笃笃地走了过去，其实里迪尔指的那条路正在进行扩建，路面崎岖不平，非常难走，盲人没走几步，就一个趔趄差点摔倒。

看着盲人步履蹒跚的样子，里迪尔开心地笑了，心中有一种扭曲了的满足。

正当里迪尔把注意力全放在盲人身上时，背后一辆摩托车疾驰而来，就在他转身的一瞬间，摩托车把他刮了一下，里迪尔像一堆东西那样被带了出去，在倒地的一刹那，里迪尔伸出手臂想撑住身体，但由于用力过猛，只听"咔"的一声，肩膀从关节窝里脱落下来，痛得里迪尔哇哇大叫，而撞了他的摩托车只是停顿了一下，就扬长而去。

没走多远的盲人听到里迪尔的惨叫声，毫不犹豫地折了回来，他摸索着走近里迪尔身边问他出了什么事，里迪尔用另一只手撑住地面，痛苦地说："我被摩托车撞了，肩膀可能脱臼了。"

"别乱动！让我看看！"盲人赶紧俯下身，用手摸了摸里迪尔的脱臼处说："还不太严重，我帮你把它复原吧！"

盲人熟练地用膝盖顶住里迪尔的背部，然后小心翼翼地将脱落出来的手臂移到关节处，手掌用力一拍，手臂竟完好如初。里迪尔看着眼前这位盲人为他所做的一切，心里好像刀绞一样，感到疼得更厉害了，但不是来自肩膀，而是胸口。

里迪尔握住盲人的手激动地说："我……我真不知道该怎么感谢您！"

盲人擦掉额头的汗水，站起身笑着说："瞧你说的，你刚才不也热心地帮我指路吗？人活在世界上，本就应该互相帮助。"

点拨 每一个人都需要别人的帮助，人与人之间本应当互助。

✍ 给教育者的建议

一个乐于助人的人，往往受到大家的欢迎。培养孩子乐于助人的习惯，就要从生活中的小事做起，要让孩子明白，帮助别人的关键不是一个人拥有了多少资本，而在于他是否去行动了。

4. 虚怀以待

南隐是日本明治时代著名的禅师，他的一杯茶的故事为人津津乐道。

有一天，一位大学教授特地来向南隐问禅，南隐以茶水招待，他将茶水注入这个访客的杯中，杯满之后他还继续注入，这位教授眼睁睁地看着茶水不停地溢出杯外，直到再也不能沉默下去时，终于说道："已经满出来了，不要倒了。"

"你的心就像这只杯子一样，里面装满了你自己的看法和主张，你不先把你自己的杯子倒空，叫我如何对你说禅？"南隐意味深长地说。

南隐禅师教导的"把自己的杯子倒空"，不仅是佛学的禅义，更是人生的至理名言。心太满，什么东西都装不进去；心不满，才能有足够的装填空间。"满招损，谦受益"更是古贤留给后人得以千年护身的诤言。

点拨 当今社会瞬息万变，随时需要更新知识，吸收学问。只有虚怀若谷，才可能接受更多的资源，不断自我完善。

5. 用上所有的力量

星期六上午，一个小男孩在他的玩具沙箱里玩耍。沙箱里有他的一些玩具小汽车、敞篷货车、塑料水桶和一把亮闪闪的塑料铲子。在松软的沙堆上修筑公路和隧道时，他在沙箱的中部发现了一块巨大的岩石。

小家伙开始挖掘岩石周围的沙子，企图把它从泥沙中弄出去。他是个年龄很小的男孩儿，而岩石却相当大。手脚并用，似乎没有费太大的力气，岩石便被他连推带滚地弄到了沙箱的边缘。不过，这时他才发现，他无法把岩石向上滚动、翻过沙箱边墙。

小男孩下定决心，手推、肩挤、左摇右晃，一次又一次地向岩石发起冲击，可是，每当他刚刚觉得取得了一些进展的时候，岩石便滑脱了，重新掉进沙箱。

小男孩气得哼哼直叫，拼出吃奶的力气猛推猛挤。但是，他得到的唯一回报便是岩石再次滚落回来，还砸伤了他的手指。

最后，他伤心地哭了起来。这整个过程，男孩的父亲从起居室的窗户里看得一清二楚。当泪珠滚过孩子的脸庞时，父亲来到了孩子面前。

父亲的话温和而坚定："儿子，你为什么不用上所有的力量呢？"

垂头丧气的小男孩抽泣道："但是我已经用尽全力了，爸爸，我已经尽力了！我用尽了我所有的力量！"

"不对，儿子，"父亲亲切地纠正道，"你并没有用尽你所有的力量，你没有请求我的帮助。"

父亲弯下腰，抱起岩石，将岩石搬出了沙箱。

点拨 合作的力量是巨大的。虚心请教别人，接受别人的帮助，也是一种力量。

📖 给教育者的建议

"满招损，谦受益。"应让孩子懂得需要虚心请教别人，要尊重别人的知识和能力，以学习的心态耐心地倾听，这样在合作中才能达到最佳状态。

6. 与人协作

公牛队是篮球史上最伟大的一支球队。它在1997年NBA总决赛中战胜爵士队后，已取得了第二个三连冠的骄人成绩。但公牛队的征战并非所向披靡，而是时时遇到强有力的阻击，有时胜得很艰辛。决战的对手常在战前仔细研究公牛队的技术特点，然后制定出一系列对付它的办法。办法之一，就是让迈克尔·乔丹得分超过40。

听起来挺滑稽，但研究者言之有理：乔丹发挥不好，公牛队固然赢不了球；乔丹正常发挥，公牛队胜率最高；乔丹过于突出，公牛队的胜率反而下降。因为乔丹得分太多，则意味着其他队员的作用下降。公牛队的成功有赖于乔丹，更有赖于乔丹与别人的协作。

点拨 任何事情都需要人们团结友善，共同协作。因此，成功是靠大家的力量，而非一人之功。

7. 落网之鸟

一个猎人在湖边布下罗网。许多鸟儿落网，但这些鸟都很大，带着网飞走了。

猎人跟在鸟儿后面跑。一个农夫看见了说："你跑到哪儿去呀？你能用一双腿追上鸟吗？"

猎人回答："如果只有一只鸟，那我是没办法把它捉住，但像现在这样，我是十拿九稳的。"

后来证明，果然如此。因为天一黑，那些鸟便各自要朝自己的方向飞回去：一只要去森林，一只要去沼泽，一只要去田野，到头来和网子一起掉到地上，猎人便把它们捉住了。

点拨 内部的不协调比敌人的算计更可怕。

8. 拉锯

日本一家有名的企业，在招聘员工时，要进行一场特殊的考试：他们把报考的人带到一个农场，把他们任意分成组，每两人一组，给他们一把铁锯，然后让两个人把一根圆木锯成两段。

开始时，每个组都一样，两个陌生的人总是不合拍，不是一个人太快，就是另一个人太慢，铁锯常常夹在木头中，进展很慢。过了一会儿，情况发生了变化。有的组，两个人还是不能互相配合，快慢不当，又着急赶速度，越急越互相埋怨，累得满头大汗，仍锯得很慢。有的组，两个人能很快磨合好，互相配合，掌握好规律，让锯在木头中以最快的速度来回运转，不一会儿，就把木头锯开了。这两个最快把木头锯开的人，优先被录取。

点拨 孤军奋战、单枪匹马的作战方式已被现代社会所淘汰。要想成就大事，必须依靠众人之力。

📧 给教育者的建议

一个合作的团队，首先是一个团结的团队，团结友善是奠定合作基础的桥梁。要让孩子具有团结精神，首先就要让他认识到做任何事情都需要协作，团结才能取得成功，倘若内部相互算计、互相倾轧，最终只能走向失败。

9. 回声

有一个小孩，不知道回声是什么东西。有一次，他独自站在旷野，大声叫道："喂！喂！"附近小山立即反射出他的回声："喂！喂！"他又叫："你是谁？"回声答道："你是谁？"他又尖声大叫："你是蠢材！"立刻又从山上传来"蠢材"的回答声。孩子十分愤怒，向小山骂了起来，然而，小山仍旧毫不客气地回敬他。

孩子回家后对母亲诉说，母亲对他说："孩子呀，那是你做得不对。如果你恭恭敬敬地对它说话，它就会和和气气地对待你。"孩子说："我明天再去那里说些好话，听听它的回声。"

"应该的，"他的母亲说，"在生活里，不论男女老幼，你对人好，人便对你好。正如智者所说，'温柔的答话会消除愤怒'。如果我们自己粗鲁，是绝不会得到人家友善相待的。"

点拨 你怎样对待别人，别人便怎样对你。"敬人者人恒敬之。"

10. 伟大的人

英国最伟大的一个城堡是阿伦德尔城堡，英国贵族中最伟大的一个贵族是诺福克公爵。诺福克公爵就是阿伦德尔城堡的主人。

一天，诺福克公爵来到火车站，刚好有一个爱尔兰的小女孩下火车，手里提着一袋很重的行李，她是去那城堡当女仆的。

城堡离车站约一英里，小女孩正在跟车站搬行李的人说话，请他帮着把行李带到城堡里去，答应给他一先令，这是她口袋里仅有的钱，搬运工人带着不屑的眼神拒绝了。公爵这时走上前来，答应替小女孩把行李搬到城堡去。他提起行李，陪着女孩，边走边和她谈话。

到了城堡以后，他接受了那个先令，再三说谢谢，没有让她知道自己是谁。一直到第二天，这个女孩见到城堡的主人时，才明白昨天帮他把行李从车站运到城堡并且接受那一先令小费的人，就是诺福克公爵！

这是一个真正的贵族做的了不起的事。

点拨 人无尊卑贱贵之分，一律平等。即使身居高位，也要以平常心来对待周围的人。

11. 给萧伯纳"上课"的小女孩

英国著名戏剧家、诺贝尔文学奖获得者萧伯纳对"平等"两个字有很深的感触。

一次，他漫步在莫斯科街头，遇到一位聪明伶俐的小女孩，便与她玩了很长时间。告别时，萧伯纳对小女孩说："回去告诉你妈妈，今天同你玩的是世界著名的萧伯纳。"小女孩看了萧伯纳一眼，学着大人的口气说："回去告诉你妈妈，今天同你玩的是莫斯科小女孩安妮娜。"萧伯纳一时语塞。

后来，他常回忆起这件事，并感慨万分地说："一个人不论有多大成就，对任何人都应该平等对待，要永远谦虚……这就是莫斯科小女孩给我上的课，我一辈子也忘不了她！"

点拨 一个人无论有多大成就，都要平等地对待周围的人。因为，摘掉荣誉，你只是一个普通人。

📖 给教育者的建议

教育者要为孩子树立一个良好的榜样，自己做到平等地对待周围的人，孩子自然也就在潜移默化之中学会了。

12. 乱爬的螃蟹

白兔、乌龟、青蛙、螃蟹、蚂蚁等一群小动物，站在一起，准备出去玩。他们的目的地是前面那座美丽的花园。大嗓门青蛙高喊一声："走！"大伙立即行动起来。青蛙边跳边喊加油，白兔笑嘻嘻地冲在前头，乌龟使劲爬动，蚂蚁拼命追赶……

"哟，你们全疯了吧，往哪窜呀？"后面隐隐传来了叫声。大伙一惊，扭转身后一瞧，只见螃蟹一边咋呼，一边横着往另一个方向爬。"螃蟹大哥，方向错啦！"青蛙大声喊道，"快向我们靠拢！""去你的，"螃蟹瞪着眼骂道，"你们都瞎了眼，只有向我靠拢才对。"

无论大伙怎样呼唤，螃蟹只当没听见，还是横着朝它的那个方向急急爬去。大伙叹了口气，只好各赶各的路。螃蟹喷着白泡沫，独自嘟囔道："我两眼始终正面盯着那座花园，绝对没错。它们不听我的，疏远我，冷落我，准是出于嫉妒。哎，这不是明摆着的嘛，它们手脚哪个有我多……"可是，它的手脚越多，跑得越快，离目的地也就越远了。

点拨 固执己见，一意孤行，越有才干，犯的错误也就越严重。

13. 这就去辞职

福特是美国著名的福特车系的创始人。他对汽车和摩托车业的发展作出了巨大的贡献，曾获美国总统颁发的"一等勋章"。在美国乃至整个世界的汽车制造业里，福特可是一个很有影响的重量级人物。

但没有人是十全十美的。在福特技术研究所内部，人们为汽车内燃机是采用"水冷"还是"气冷"发生了激烈争论。福特是"气冷"的支持者，所以新开发出来的N360小轿车采用的都是"气冷"式内燃机。

在美国举行的一级方程式冠军赛上，一位车手驾驶福特公司的"气冷"式赛车参赛。在跑至第三圈时，由于速度过快导致赛车失控，赛车撞到围墙后油箱爆炸，车手被烧死。此事引起了福特"气冷"式N360小轿车的销量大减。技术人员要求研究"水冷"式内燃机，仍被福特拒绝。一气之下，几名主要技术人员准备辞职。

福特公司的副总经理感到事态严重，就打电话给福特："您觉得您在公司是当总经理重要，还是当一名技术人员重要？"福特在惊讶之余回答："当然是当总经理重要。"

副总经理毫不留情地说："那就同意他们去搞水冷引擎。"福特突然省悟过来，他毫不犹豫地说："好吧！"后来几个技术人员开发出了适应市场的产品，使公司的汽车销售量大增。这几个当初想辞职的技术人员均被福特委以重任。

福特公司步入了良性发展的轨道。一天，公司的一名中层管理人员瓦尔多与福特交谈时说："我认为公司中层领导都已成长起来，您是否考虑一下培养接班人了？"瓦尔多的话很含蓄，但却表明了要福特辞职的意愿。

福特一听，连连称道："您说得对，不提醒我倒忘了，我确实该退下来了，不如今天就辞职吧！"由于涉及移交手续问题，几个月后福特便把董事长的位子让给了别人。

一个人无论地位多高或者拥有多么巨大的成就，都不可避免地会犯这样或那样的错误，福特能够虚心听取下属与自己主张相反的意见；当下属提出要求让自己辞职时，没有认为下属有要求地位之嫌。这两件小事就足以表明其人生境界的高尚。

点拨 任何人都不可避免地会犯错误，只有那些善于听取不同意见的人才有可能扭转局面。

📖 给教育者的建议

"知错能改，善莫大焉。"有些缺点，自己可能察觉不到，只有通过别人的眼睛才能发现。因此，教育者应让孩子明白，在与人相处的过程中，要学会聆听，尊重别人的不同意见，这样不仅能够发现自己的缺点，也会获得更多的朋友。

14. 隧道塌方

有一次，在秦岭隧道中施工的8名工人因塌方被困在洞里。塌方十分严重，把巨大的洞分为两截，里面情况如何，输送氧气的管道是否破裂都不得而知。据推测，里面大约只有30立方米的空间，且要维持8个人的氧气。氧气有限，况且已过了十多个小时，这让大家心急如焚。但是，用挖土机挖，挖一点塌一点，挖得多，塌得更多，外面的人个个眼睛都要冒出血来了。

于是，大家重新研究抢救方案，组织十名抢险队员，从洞的一侧掏一条缝隙，一点一点地向里掏。这是十分危险的，但是没有一个人退缩，经过十几个小时的努力，被困了一天一夜的8名工人得救了。

这时候，无论是被救生还的人，还是外面的领导和工人，大家没说一句话，个个眼里含着泪水。

事后，被救的工人说："我们知道你们比我们还要急，你们一定会想办法救我们的。所以我们在里面没有动，节约氧气，保存体力。"

点拨 信任是合作的前提。有信任，可托生死。

15. 撬开库房锁

一个星期六，美国休一帕公司的老板比尔悄悄地在下属的一个工厂巡视，他发现那里的实验库房区上了锁，便立刻找到一把螺丝刀，把库房门上的锁撬了下来。

星期一早上，上班的人们读到了他留下的一张字条："永远不要将此门锁上，谢谢。"休一帕公司对自己雇员的信任充分体现在"实验室库房开放政策"之上。公司的工程师不仅可以自由出入库房取出物品，而且他们被鼓励将零部件带回家供个人或家庭使用。老板这样做的理由是，不论他们拿这些零部件或设备做什么用，不论是否与他们的工作有关，只要他们在这些零部件或设备上下功夫，或者在公司，或者在家里，他们就会学到东西，从而加强公司的技术革新能力。

他们把这种"培养团队精神，面向人，以人为核心"的经营哲学称为"休一帕方式"。老板比尔说："这些听起来有些陈腐，但戴维(另一位老板和创始人)和我由衷地、诚心诚意地相信这种哲学。"

点拨 合作双方要相互信任。没有了信任，合作基本是不可能的。

16. 共同的信赖

心理学教授恩科带着一群学生做实验。他先让同学们面朝他站成两排横队，然后命令后一排的同学做好救助准备，待他喊了"开始"之后，前一排同学就往后一排相对位置的同学身上倒，他说："前面的同学别有顾虑，要尽力往后倒。好，开始！"

前排的同学们嘻嘻哈哈地笑，按照恩科教授的指令，身子一点点向后倾斜，但是，大家明显地暗自掌握着身体的平衡，并不肯把好端端地自我摆倒到后面那个人的身上；后排的同学本来已经拉开了架势，预备扮演一回救人危难的英雄角色，但是，由于前面送过来的重量太轻，他们也只好扫兴地用手轻触了一下别人的衣服就算完事。

可是，这里面有个例外—— 一位男生在听到恩科教授的指令之后，紧紧地闭上了双眼，十分真实地向后面倒去。他的搭档是一位小巧玲珑的女生。当她感到他毫不掺假地倒过来时，先是微微一怔，接着就倾尽全力去抱住他。看得出，她有些力不自胜，但却倔强地抿紧了双唇，誓死也要撑起他……

最终，她成功了。

恩科教授笑着去握他和她的手，告诉大家说："他俩是这次实验中表现最为出色的人。这位男生为大家表演了'信赖'—— 信赖是什么呢？信赖就是真诚地抽干心里的每一丝猜疑和顾忌，连眼睛都让它暂时歇息，百分之百地交出自己。这名女生为大家表演的则是'值得信赖'——值得信赖其实是信赖催开的一朵花，如果信赖的春风吝于吹送，那么，这朵花就有可能遗憾地夭折在花苞之中，永远也休想获取绽放的权利；当然，如果信赖的春风吹得温暖，吹得和畅，那么，被信赖的人就被注入了一种神奇的力量——就像你们看到的那样，一个弱不禁风的女生可以扶起一个虎背熊腰的男生，一只充满了爱意的手可以托举起一个美丽多彩的世界。同学们，值得信赖是幸福的，而信赖他人是高尚的。让我们先试着做高尚的人，然后再去做幸福的人吧！"

点拨 信赖需要双方共同付出，当我们希望获得别人的信赖时，自己也要付出信赖。

📭 给教育者的建议

只有合作双方相互信任，才能使协作发挥出更大的优势。教会孩子学会信任他人，不随便猜忌、怀疑别人，孩子会赢得更多的朋友。

17. 队上的一员

美国黑人职业棒球选手杰克·罗宾森加入美国职业棒球大联盟的布鲁克林·道奇队时，算是写下历史新纪录，因为他是第一个加入大联盟的黑人球员。当时道奇队的老板布兰区·瑞奇告诉罗宾森："这一路走下去，你会很辛苦，可能要受到许多你做梦也想不到的委屈侮辱，但假如你愿意试试看，我会一路支持你到底。"

瑞奇说对了，杰克确实受到各种口头攻击，无论是观众、自己队上的队员，抑或是竞争对手，总有人抱着种族偏见，对他进行各种抨击，这些攻击对他来说，早已习以为常。有一天，罗宾森所受的压力特别大，他一连漏掉了两个滚地球，球场上嘘声四起。这时道奇的队长兼游击手皮伟·李斯却当着几千名观众的面，也不管球赛正进行到一半，就走到罗宾森的身边，用手臂圈住罗宾森，坚定地向他点了点头。

罗宾森在事后回忆道："皮伟让我觉得，我真正是队上的一员，正因如此，我的棒球生涯可能才得以继续发展。"

点拨 一句简单的鼓励，就能让一个萎靡不振的合作者重新获得自信。

18. 赞美的力量

艾尼丝·肯特太太聘用了一位女佣，要求她下星期一正式上班。利用这段时间，她打电话给那位女佣的前任雇主，询问了一些她的个人情况，结果得到的评语却是贬多于褒。

女佣到任的第一天，艾尼丝立即告诉她说："莉莉，几天前我打电话请教了你的前任雇主，她说你为人老实可靠，而且煮得一手好菜，带孩子也很细心，唯一的缺点就是理家比较外行，老是把屋子弄得脏兮兮的。我想她的话并非完全可信，从你的穿着可以看出来，你是个很讲究清洁的人，我相信你有这种习惯，一定也会把家里整理得井井有条。我们应该是可以相处得宾主皆欢才对。"

事实上她们果然相处得很愉快，莉莉真的把家里打扫得干干净净，一尘不染，而且工作非常勤奋，宁可自动加班，也不会任工作搁着不做。肯特太太看在眼里，乐在心里。

只要肯尊重对方的特殊能力，高度地给予肯定，对方就会乐于将其优点表现得淋漓尽致。如果你希望某人懂得自尊自爱，你就该率先表现出对他的尊重。

点拨 赞美的力量是无穷的，它能激发人的自尊，促使人全力维护这份美誉。懂得称赞别人的人，一般都能与人相处得很好。

📠 给教育者的建议

每个人的内心都渴望得到别人的肯定和赞美，懂得赞美的人，会让大家都处于愉悦的情绪中，与他人的协作也会更顺利。教育者应让孩子学会接纳别人，欣赏别人的长处，让孩子明白每一个人都各有长短。可以鼓励孩子多参与运动、游戏，学会在规则内进行友好的合作。

19. 群狼出洞

一群狼被猎人赶进了一个洞里。

猎人在洞口安了一只兽夹，哪只狼先出洞就会被兽夹夹住。不过，其余的狼却能因此得救。

狼群在洞里饿了一天一夜，他们讨论谁先出洞的问题。

老狼说："我年岁最大，我先出洞不太合适吧。"

小狼说："我的年龄最小，不该我先出去。"

母狼说："我家里还有三只狼崽等着我喂奶，你们忍心饿死它们吗？"

一只跛脚狼说:"我已经负伤了,应该照顾我。"

只剩下一只壮狼了,它说:"我可以先出去。不过,如果我最后冲出去,我可以为大家报仇,去咬死猎人。"

几天后,猎人从洞里拖出了一群饿死的狼。

点拨 利己主义破坏了狼群的团结,最终导致悲惨的结局。

20. 雁过长空

秋天的一个下午。他与一个爱鸟的朋友坐在长江边的草地上,看天空中南飞的大雁。朋友问他:"你知道雁为什么要列队飞行吗?"

"不知道。"他如实回答。

"大雁列队飞行时,双翅扇动的气流,可以形成一股巨大的'推力'和'浮力',整队的大雁就是利用这两种力,更加轻快地向前飞行。"

他深信朋友的话,并且铭记心中。后来,他成功了,他说是这得益于朋友的这句话。

不管你与你的目标和希望相距多远,只要你善于为人家提供足够的"气流",同时利用人家为你提供的"气流",你的"飞行"就会更加从容、自如。到达目的地时,你会感到这比独自"飞行"要轻松、高效许多。

点拨 每个人离成功都有一段很长的距离,要尽快缩短这一距离,就必须学会依靠他人,同时为他人提供你能营造的,使他人能够向前同时向上的"气流"。

☞ 给教育者的建议

有效的合作就是双方相互利用各自的资源,互相弥补不足以获得资源的优化配置。其实,合作的过程就是一个利人利己的过程。因此,必须学会一方面付出自己的力量,另一方面也借助他人之力,这样才是最有效的合作。

三、亲子与师生的共同话题

教育社会学家查尔斯·赫梅尔说过:"我们的星球,犹如一艘漂泊于惊涛骇浪中的航船,团结对于全人类的生存是至关重要的。"国际21世纪教育委员会把和睦相处作为21世纪教育的最终目标。我国独生子女现象比较普遍,每个家庭几乎只有一个孩子,孩子因此长期受到长辈的娇惯和溺爱,根本不知道如何与人相处,更谈不上合作了。培养孩子的合作能力已成为我国素质教育的重要组成部分。

要养成合作的习惯,首先就要培养合作意识,认识到什么是合作以及合作的价值。只有树立了合作意识,才有可能做到热心帮助别人,虚心请教别人,友善、平等地对待周围的人。不能忽视身边的小事,习惯就是从一点一滴的小事之中培养而来的。"一屋不扫,何以扫天下"说的就是这个道理。合作,不在于事情的大小,关键在于行动,在于是否用心去与人相处,只有用真心才能换来真心。信任是合作的前提之一。一个喜欢猜忌、怀疑别人的人,不可能拥有坦诚相待的朋友,甚至交不上朋友。

除此以外,还要懂得奉献自己的力量。给予与获得往往是相互的。当别人需要帮助时,尽己所能给予帮助;当别人的意见与自己不同时,要懂得尊重对方;对待周围的人,应平等友善,等等。只要奉献出自己的一分力量,就能获得更多的快乐。

第六节　爱心

一、内涵阐述

人世间最美好的情感莫过于爱。

法国的彭沙尔有句名言："爱别人，也被别人爱，这就是一切，这是宇宙的法则，因为爱，我们才存在。"爱是宇宙的法则，正是有爱的存在，我们的生活才会如此美好。一个人如果没有了爱心，无论他如何聪明，对社会来说都是无益的，甚至可能是一种严重的危害。因此，培养孩子学会爱是养成教育的一大重要课题。

学会爱，首先要学会接受爱和付出爱。如果不敞开心扉，爱的光芒又怎能照耀在人的身上？一个人只有打开自己的心扉，接纳别人的爱，珍惜别人的爱，才能感受到更多的爱。但一个人也不能只接受爱，而不付出爱，接受与付出本来就是相互的。学会爱，就要真心关心周围的人，同情弱者；就要懂得知恩图报，感念亲恩。

学会爱，还要学会自尊、自爱。一个人如果连自己都不爱，又怎能有爱他人的博大胸怀？只有那些尊重自己、爱护自己的人，才有可能去爱他人。每个人都要认识到自身的价值，获得信心，努力进取，奋发向上。

学会爱，还要学会尊重他人、理解他人。每个人的内心都是渴望被尊重的，以尊重为前提的爱，才是真正的爱。

学会爱，还要学会宽容。生活中，人与人之间难免会有磕磕碰碰，这时宽容是最好的处理办法。宽容不仅是一种美德，也是心中有爱的一种表现。退一步海阔天空，做事留些余地给别人，这样彼此都能获得更大的空间，何乐而不为？

每个人生来都有一颗爱心，但这爱心一旦扭曲就会让人变得残忍。我们在成长过程中，要保持充满爱的心灵。

二、一个故事一堂课

1. 爱之链

一天傍晚，他驾车回家。在这个美国中西部的小社区里，要找一份工作是那样地难，但他一直没有放弃。冬天迫近，寒冷终于撞击家门了。

一路上冷冷清清。除非要离开这里，一般人们不走这条路。他的朋友们大多已经远走他乡，他们要养家糊口，要实现自己的梦想。然而，他留下来了。这儿毕竟是他父母长眠的地方，他生于斯，长于斯，熟悉这儿的一草一木。

天开始黑下来，还飘起了小雪，他得抓紧赶路。

他差点错过那个车子抛锚的老太太。他看出老太太需要帮助，于是将车开到老太太的奔驰车前。

虽然他面带微笑，但她还是有些担心。一个多小时了，也没有人停下来帮她。他会伤害她吗？他看上去穷困潦倒，饥肠辘辘，不那么让人放心。看到老太太有些害怕，站在寒风中一动不动，他知道她是怎么想的，"我是来帮助您的，老妈妈，你为什么不到车里暖和暖和呢？顺便告诉你，我叫乔。"他说。

她遇到的麻烦不过是车胎瘪了，乔爬到车下面，找了个地方安上千斤顶，帮助她换车胎。结果，他弄得浑身脏兮兮的，还伤了手。当他拧紧最后一个螺母时，她摇下车窗，开始和他聊天。她说，她从圣路易斯来，只是路过这儿，对他的帮助感激不尽。乔只是笑了笑，帮她关上后备厢。

她问该付他多少钱，出多少钱她都愿意。乔却没有想到钱，这对他来说只是帮助需要帮助的人，上帝知道过去在他需要帮助时有多少人曾经帮助过他呀！他说，如果她真想答谢他，就请她下次遇到需要帮助的人，也给予帮助，并且"想起我"。

他看着老太太发动汽车上路了。尽管天气寒冷得令人抑郁，但他在回家的路上却很高兴。

沿着这条路行了几英里，老太太来到一家小咖啡馆。她想吃点东西，驱驱寒气，再继续赶路回家。

女侍者走过来，递给她一条干净的毛巾。女侍者面带甜甜的微笑，尽管已有很明显的身孕，但服务依然热情而体贴。

老太太吃完饭，拿出100美元付账，女侍者拿着这100美元去找零钱。老太太却悄悄出了门。当女侍者拿着零钱回来时，老太太已经不见了，这时她注意到餐巾上有字，上面写着："你不欠我什么。有人曾经帮助我，就像我现在帮助你一样。如果你真想回报我，就请不要让爱之链在你这儿中断。"

女侍者下班回到家，躺在床上，心里还在想着那钱和老太太写的话，老太太怎么知道她和丈夫那么需要钱呢？孩子快要出生了，生活将会很艰难，她知道丈夫心里是多么焦急。当他躺到她旁边时，她给了他一个温柔的吻，轻声说："一切都会好的，我爱你，乔。"

点拨 爱能相互传递，只要人人都献出一点爱，世界将变得更美好。

2. 最美好的礼物

这一年的圣诞节，保罗的哥哥送给他一辆新车作为圣诞节礼物。圣诞节的前一天，保罗从他的办公室出来时，看到街上一个男孩在他闪亮的新车旁走来走去，触摸它，满脸羡慕。

保罗饶有兴趣看着这个小男孩儿，从他的衣着来看，他的家庭显然不属于自己这个阶层，就在这时，小男孩抬起头，问道："先生，这是你的车吗？"

"是啊，"保罗说，"我哥哥给我的圣诞节礼物。"

小男孩睁大了眼睛："你是说，这是你哥哥给你的，而你不用花一分钱？"

保罗点点头。小男孩儿说："哇！我希望……"

保罗认为他知道小男孩儿希望的是什么：有一个这样的哥哥。但小男孩说出的却是："我希望自己也能当这样的哥哥。"

保罗深受感动地看着这个男孩儿，然后他问："要不要坐我的新车去兜风？"

小男孩儿惊喜万分地答应了。

逛了一会儿之后，小男孩转身向保罗说："先生，能不能麻烦你把车开到我家前面？"

保罗微微一笑，他理解小男孩儿的想法：坐一辆大而漂亮的车子回家，在小朋友的面前是很神气的事，但他又想错了。

"麻烦你停在两个台阶那里，等我一下好吗？"

小男孩跳下车，三步两步跑上台阶，进入屋内，不一会儿他出来了，并带着一个显然是他弟弟的小孩，因患小儿麻痹症而跛着一只脚。他把弟弟安置在下边的台阶上，紧靠着坐下，然后指着保罗的车子说："看见了吗？就像我在楼上跟你讲的一样，很漂亮对不对？这是他哥哥送给他的圣诞礼物，他不用花一分钱！将来有一天我也要送你一部和这一样的车子，这样你就可以看到我一直跟你讲的橱窗里那些好看的圣诞节礼物了。"

保罗的眼睛湿润了，他走下车子，将小弟弟抱到车子前排座位上，他的哥哥眼睛里闪着喜悦的光芒，也爬了上来。于是，三人开始了一次令人难忘的假日之旅。

在这个圣诞节，保罗明白了一个道理：给予真的比接受更令人快乐。

点拨 有些人只愿接受爱，却不愿付出爱。其实，给予比接受更令人快乐。只有那些愿意付出爱的人，才能体会到这一点。

3. 旅者

有一天，辛格和一个旅伴穿越高高的喜马拉雅山脉的某个山口，他们看到一个躺在雪地上的人。辛格想停下来帮助那个人，但他的同伴说："如果我们带上他这个累赘，我们就会丢掉自己的命。"但辛格不能想象丢下这个人，让他死在冰天雪地之中的情景，于是他决定带这个人一起走。

当他的旅伴跟他告别时，辛格把那个人抱起来，放在自己背上。他用尽力气背着这个人往前走。渐渐地，辛格的体温使这个冻僵的身躯温暖起来，那人活过来了。过了不久，那个人恢复了行动能力，于是两个人并肩前进。当他们赶上那个旅伴时，却发现他死了——是冻死的。原来，辛格背着人走路加大了运动量，保持了自身的体温，之前的旅伴却没能抵御得了寒冷，因而丧命。

点拨 在人生的旅途上，温暖别人的同时也是在温暖自己。

4. 扫阳光的孩子

杰克和约翰兄弟两人住在同一幢楼的阁楼上，由于年久失修，卧室的窗户只能整天密闭着。布满厚厚灰尘的窗户遮蔽住了阳光，整个屋子显得十分阴暗。

兄弟俩看见外面灿烂的阳光十分羡慕，于是就商量说："我们可以一起把外面的阳光扫一点进来。"于是就拿着扫帚和簸箕，到阳台去扫阳光了。他们很用心地将映在地上的阳光扫进簸箕里，然后又小心翼翼地搬进阁楼，可是一进楼梯口的黑暗处，阳光就没有了。但是他们并没有放弃，而是不停地扫，小心翼翼地搬，但依然徒劳，屋内还是没有阳光。"为什么我们这样努力都无法将阳光运到屋子里呢？"这个问题让他们困惑不已。

正在厨房忙碌的母亲看见他们奇怪的举动，问道："你们在做什么？"

他们回答说："房间里太暗了，我们要扫点阳光进来。"

母亲笑道："只要把窗户打开，阳光自然会进来，何必去扫呢？"

点拨 人心也是如此，热情的阳光并不需要刻意去扫，只要将心门开启即可。当你肯把封闭的心门敞开时，虽然只露出一点缝儿，你也可以立即感受到无穷的光明和温暖。

📖 给教育者的建议

教育者应当身体力行，以身作则，在生活中真心对待每一个人，竭力帮助那些需要帮助的人，快乐迎接每一天的到来，让自己的心中充满爱。生活在这样的氛围中，孩子自然也能学会爱。

5. 真心表达感恩

加拿大一位名叫萝西·瑞萨的老妪，谢世时留下一份奇特的遗嘱，遗嘱上写了200个人名及其住址，并申明将其全部遗产分赠给他们。

瑞萨老人生前是教师，一生简朴，离世时留下了17万加元的财产。她心地善良，知恩图报，从15岁时起，便把那些帮助过她或她家人的人的姓名及其住址一一写下来，直到她85岁时去世。这就是200个人名的来历。在这些人中，有她数十年结识的好友，也有不少她到外地旅行时给了她滴水之恩的陌生人。

68岁的布莱特最近收到瑞萨的遗产时，既惊异又激动。50年前，他曾给瑞萨生病的父亲输过血。这事他早已忘却，但万万没想到，瑞萨去世时还会以这种方式对他进行报答！

点拨 饮水思源，知恩图报是一种高尚的品德。

6. 悠悠寸草心

日本一名牌大学毕业生应聘于一家大公司。社长审视着他的脸，出乎意外地问："你替父母洗过澡擦过身吗？""从来没有过。"青年很老实地回答。"那么，你替父母捶过背吗？"青年想了想："有过，那是我在读小学的时候，那次母亲还会给我十元钱。"

在诸如此类的交谈中，社长只是安慰他别灰心，会有希望的。青年临走时，社长突然对他说："明天这个时候，请你再来一次。不过有一个条件，刚才你说从来没有替父母擦过身，明天来这里之前，希望你一定要为父母擦一次。能做到吗？"这是社长的吩咐，因此青年一口答应。

青年虽大学毕业，但家境贫寒。他刚出生不久父亲便去世，从此，母亲为人做佣拼命挣钱。孩子渐渐长大，学习成绩优异，考进东京名牌大学。学费虽令人生畏，但母亲毫无怨言，继续帮佣供他上学。直至今日，母亲还去做佣，青年到家时母亲还没有回来。母亲出门在外，脚一定很脏，他决定替母亲洗脚。

母亲回来后，见儿子要替她洗脚，感到很奇怪："脚，我还洗得动，我自己来洗吧。"于是青年将自己必须替母亲洗脚的原委一说，母亲很理解，便按儿子的要求坐下，等儿子端来水盆，把脚伸进水盆里。

青年右手拿着毛巾，左手去握母亲的脚，他这才发现母亲的那双脚已经像木棒一样僵硬，不由得搂着母亲的脚潸然泪下。读书时，他心安理得地花着母亲如期送来的学费和零花钱，现在他才知道，那些钱是母亲的血汗钱。

第二天，青年如约去那家公司，对社长说："现在我才知道母亲为了我受了很大的苦，你使我明白了在学校里没有学过的道理，谢谢社长。如果不是你，我还从来没有握过母亲的脚，我只有母亲一个亲人，我要照顾好母亲，再不能让她受苦了。"

社长点了点头，说："你明天到公司上班吧。"

点拨 "谁言寸草心，报得三春晖。"在这个世界上，我们最需要感谢的人就是父母。父母含辛茹苦，把我们抚养成人，你曾想过为父母洗一次脚，擦一次背吗？

📖 给教育者的建议

要教孩子学会爱，就要学会感恩，首先就要教他爱自己的父母，尊重父母，懂得体谅父母的难处，为父母分忧解难，和父母共同分享好的东西。

7. 将心比心

母亲给我讲过这样一件事，一次她去商店，走在她前面的一位妇女推开沉重的大门，一直等到她进去后才松手。当她道谢的时候，那位妇女说："我妈妈也和您的年纪差不多，我只希望她遇到这种情况，也有人为她开门。"

一天，我因患病去医院输液。年轻的小护士为我扎了两针也没把针扎进血管，眼看着针眼处泛起了青包，疼得我正想抱怨几句，却抬头看见小护士额头上布满了密密的汗珠，那一刻我突然想起了我的女儿。于是我安慰她说："不要紧，再来一次！"第三针果然成功了。小护士如释重负，连声说："阿姨，对不起。真的感谢您让我扎了三次，我是来实习的，这是我第一次给病人扎针，太紧张了，要不是您的鼓励，我真不敢给您扎了。"我告诉她，我也有个和她差不多大的女儿，正在医科大学读书，将来她也一定会有她的第一位患者，我真希望女儿的第一次扎针也能得到患者的宽容和鼓励。

将心比心，这是老百姓常说的一句善解人意的俗语。如果我们在生活中多点将心比心的感悟，就会对老人生出一份尊重，对孩子怀有一份怜爱；会使人与人之间多一些宽容和理解，少一些计较和猜疑。

点拨 多站在别人的角度考虑问题，多理解和宽容别人，我们的生活将充满阳光。

8. 最好的消息

阿根廷著名的高尔夫球手罗伯特·德·温森多有一次赢得一场锦标赛，领到支票后，他微笑着从记者的重围中走出来，到停车场准备开车回俱乐部。这时候一个年轻的女子向他走来。她向温森多表示祝贺后又说她可怜的孩子病得很重，也许会死掉，而她却不知如何才能支付起昂贵的医药费和住院费。

温森多被她的讲述深深打动了。他二话不说，掏出笔在刚赢得的支票上飞快地签了名，然后塞给那个女子。

"这是这次比赛的奖金。祝可怜的孩子走运。"他说道。

一个星期后，温森多正在一家乡村俱乐部进午餐。一位职业高尔夫球联合会的官员走过来，问他一周前是不是遇到一位自称孩子病得很重的年轻女子。

"停车场的孩子们告诉我的。"官员说。

温森多点了点头。

"哦，对你来说这是个坏消息，"官员说道，"那个女人是个骗子，她根本就没有什么病得很重的孩子。她甚至还没有结婚哩！温森多——你让人给骗了，我的朋友。"

"你是说根本就没有一个小孩子病得快死了？"

"是这样的，根本就没有。"官员答道。

温森多长吁了一口气。"这真是我一个星期来听到的最好的消息。"温森多说。

点拨 富有同情心的人，都有一颗善良的心，会真心实意地关心别人。

9. 旅馆

一个深夜，一对年老的夫妻走进一家旅馆，他们问侍者有没有空房供他们休息。侍者抱歉地说："对不起，我们旅馆已经客满了，一间空房也没有剩下。"看着这对老人疲惫的神情，侍者又说："不过，让我来想想办法……"

叙述到这里，你是希望下面有一个数学的故事，还是愿意得到一个文学故事般的结局？

数学的故事是这样发展的：这个好心的侍者开始动手为这对老人解决房间问题。他叫醒旅馆里已经睡下的房客，请他们换一换地方。1号房的客人换到2号房，2号房的客人换到3号房……以此类推，直至每一位房客都从自己的房间搬到下一个房间。

这时奇迹出现了，1号房竟然空了出来。侍者高兴地将这对老年夫妇安排了进去。没有增加房间，没有减少客人，但是为什么仅仅通过让每一位客人挪到下一个房间，第一个房间就空了出来呢？

原来，两位老人走进的是数学上著名的希尔伯特旅馆，它是一个有着无数房间的旅馆。这个故事是数学家大卫·希尔伯特讲述的，他借此引出了数学上的无穷大的概念。这一概念对于这门学科来说非常重要。会数数的人都知道，每一整数都有一个后继者，直到无穷(所以在希尔伯特旅馆里，每个房间后面还会有一间，直至无穷)。

好了，让我们回到侍者说让我来想想办法的地方。

文学的故事是这样继续的，这个侍者更富爱心，他当然不忍心深夜让这对老人出门另找住宿。何况在这样一个小城，恐怕其他的旅馆也早已客满打烊了，难道要让这对疲惫不堪的老人在深夜流落街头吗？于是好心的侍者将这对老人领到一个房间，说："它不是很好，但现在我只能做到这样了。"呈现在老人眼前的是一间整洁干净的屋子，他们愉快地住了下来。

第二天，当他们来到前台结账时，侍者对他们说："不用结账了，因为我只不过是把自己的屋子借给你们住了一晚，祝你们旅途愉快！"原来侍者自己一晚没睡，在前台值了一个通宵的夜班。

两位老人十分感动。老头说："孩子，你是我见到过的最好的旅店经营人……"侍者笑了笑，说："这算不了什么。"他送老人出了门，又转身去忙自己的事。几个月后，侍者接到了一封信函，里面有一张去纽约的单程机票和聘请他去做另一份工作的简短附言。他乘飞机来到纽约，按信中标明的路线来到那个地方，一座金碧辉煌的大酒店耸立在他的面前。

原来，几个月前的那个深夜，他接待的是一个有着亿万资产的富翁和他的妻子。富翁为这个侍者买下了一座大酒店，深信他会经营管理好这个大酒店——这就是一个世界知名的大酒店首任经理的故事。

点拨 爱心创造奇迹。无论是数学还是文学，这个故事都有一个完美的结局。

✎ 给教育者的建议

教育者要让孩子学会爱，就要让孩子做到心中有他人，学会关照别人。可以让他多体验其他孩子的疾苦，激发他的同情心，从而设身处地为别人着想；还可以让孩子从小养些小动物，种些花草等。

10. 我是重要的

一位在纽约任教的教师将学生逐一叫到讲台上，然后告诉大家这位同学和整个班级对他的重要性，再给每人一条蓝色缎带，上面用金色的字写着："我是重要的。"

之后那位老师给每个学生3个缎带别针，让他们出去向别人道谢，然后观察所产生的结果，一个星期后回到班级报告。

班里一个男孩到邻近的公司去找一位年轻的主管，因为他曾经指导他完成生涯规划。那个男孩将一条蓝色缎带别在他的衬衫上，并且再多给了他两个别针，接着解释说："我们正在做一项研究，我们必须出去把蓝色缎带送给他所感谢和尊敬的人，再给他一个多余的别针，让他们也能向别人进行感谢仪式。"

过了几天，这位年轻主管去看他的老板，从某些角度而言，他的老板是个不易相处的人，但极富才华，他向老板表示十分仰慕他的创造天分，老板听了十分惊讶。这个年轻主管接着要求老板接受蓝色缎带，并允许他帮他别上。一脸惊讶的老板爽快地答应了。

那年轻人将缎带别在老板外套的心脏正上方的位置，并将所剩的别针送给他，然后问他："您是否能帮我个忙？把这缎带也送给您所感谢的人。这是一个男孩子送我的，我们想让这个感谢的仪式延续下去，看看对大家会产生什么样的效果。"

那天晚上，那位老板回到家中，坐在14岁儿子的身旁，告诉他："今天发生了一件不可思议的事。有一个年轻的同事告诉我，他十分仰慕我的创造天分，还送我一条蓝色缎带。甚至将印有'我是重要的'的缎带别在我的夹克上，还多送我一个别针，让我能送给自己感谢、尊敬的人，当我今晚开车回家时，我开始思索要把别针送给谁呢？我想到了你，你就是我要感谢的人。这些日子以来，我回到家里并没有花许多精力来照顾、陪你，我真是感到惭愧。有时我会因你的学习成绩不够好、房间太过脏乱而不愉快。除了你妈妈之外，你是我一生中最重要的人。好孩子，我爱你！"

孩子听了十分惊讶，他开始呜咽啜泣，最后哭得无法自制，身体一直颤抖。他看着父亲，泪流满面地说："爸爸，我原本计划明天要自杀，我以为你根本不爱我，现在我想那已经没有必要了。"

点拨 每一个人都有自身的价值，也只有意识到自身的价值，世界才会变得更加精彩。

11. 爱的一课

拉丽莱晚年因战祸而家破人亡，卖掉了大房子，只留下偏处旧地产一隅的小茶室自住。

这件事发生时，拉丽莱正带着老家人，在伊豆山温泉旅行。有个17岁男孩在伊豆山投海自杀，被警察救起。他是个美国黑人与日本人的混血儿，愤世嫉俗，末路穷途。

拉丽莱到警察局要求和男孩儿见面。"孩子。"她说时，男孩儿扭过头去，不理她。拉丽莱用安详而柔和的语调说："孩子，你可知道，你生来是要为这个世界做些除了你没人能办到的事吗？"

拉丽莱反复地说了好几次，男孩突然回过头来，说道："你说的是像我这样一个黑人？连父母都没有的孩子？"

拉丽莱不慌不忙地回答："对，正因为你肤色是黑色，正因为你没有父母，所以你能做些了不起的事情。"

孩子冷笑道："哼，当然啦！你想我会相信这一套吗？"

"跟我来，我让你自己瞧。"她说。

"老糊涂……"孩子嘴硬腿不硬，还是跟着走了出来，他当然不愿意留在警察局。

拉丽莱把他带回小茶室，叫他在菜园里打杂。虽然生活清苦，但她对男孩却爱护备至，男孩也慢慢地不像以前那么倔强了。

为了让他培植些有用的东西，拉丽莱给了他一些生长迅速的萝卜种。10天后萝卜发芽长叶，男孩得意地吹着口哨。萝卜熟了，拉丽莱把萝卜腌得可口，给男孩吃。

后来男孩用竹子自制了一支横笛，吹奏自娱，拉丽莱听了也很愉快，赞道："除了你还没有人为我吹过笛子，真好听。"

男孩似乎渐渐有了生气，拉丽莱便把他送到高中念书。在求学那四年，他继续在茶室园内种菜，也帮拉丽莱做点零活。

高中毕业，男孩白天在地下铁道工地做工，晚上在夜校深造。毕业后，在盲人学校任教。

"现在，我已相信真有别人不能只有我才能做的事情了。"男孩对拉丽莱说。

"你瞧，对吧？"拉丽莱说，"只有真正了解别人痛苦的人，才能为别人做美妙的事。"

男孩心悦诚服地点点头。

拉丽莱说："尽量让那些不幸的人知道活着的快乐，等到你从他们脸上看到感激的光辉，那时候，即使像我们这样，对生活不满而又厌倦了的人，也会感到有了活下去的意义。"

点拨 无论对别人还是对自己，永远不要放弃心中的爱。只要心中有爱，人们就能体验到生命的价值和意义，也就能获得快乐。

12. 帮他找回自尊

一个男孩上初中时十分贪玩，成绩自然"惨不忍睹"。老师为了不伤害他的自尊心，为了避免卷子上一二十分的成绩让他颜面扫地，判他的试卷时尽量放松尺度，有时甚至根本不看，匆匆批上个六十分就完了。这个学生也知道是怎么回事，每次发了试卷也只匆匆一瞥，就随手扔到别处。

不久调来一位新老师，在判这位学生的试卷时，没有效仿原先那位老师的做法，本着实事求是的原则，认认真真为他批阅，结果这位学生只得了十几分。老师说："你是学生，我是老师，批改你的试卷是我的职责。你答对几道题，我就只能给你相应的分数，只有这个分数才真正属于你自己。"

几年后，一位大学生找到这位老师："可能您已经忘记我了，但我永远记得您，您就是那个重新给了我自尊的人，是您的行为和言语让我有了今天。"

没想到老师简简单单几句话，竟使一个处境窘迫的孩子取得了可喜的成绩。面对一个陷入困境的人，怜悯似的施舍只会使他的自尊蒙上灰尘，我们应该做的，是帮他拂去心灵的尘埃，让他重新看见自己的价值与尊严。

点拨 一个陷入困境的人，需要的不是怜悯和同情，而是重新找回自身的价值和尊严。

给教育者的建议

一个懂得爱自己的人，才会懂得爱别人。因此，要让孩子学会正确地看待自我，认识到自身的价值和意义，并形成足够的自信。比如，为孩子制造一些成功的机会，让他在成功中体验到自我价值等。

13. 传教士

第一个到非洲去的基督教传教士遇到了大麻烦—— 他们在传统上就把上帝画成一个白色的人，而把魔鬼画成一个比较黑的人，本来这跟种族歧视毫无关系，但非洲的黑人们都感到非常不舒服，他们都不愿意走近传教士，更别说去信他所传播的教义了。这个传教士没有办法，只好把上帝画成黑的，把魔鬼画成白的，黑人们很高兴，他们能够接受了。由此这个传教士认识到，黑人当然要按他们的样子来想象上帝，黄种人也会按自己的样子来画上帝。他带着这样的认识，走遍世界各地，成了一个闻名全球的成功的传教士。

点拨 每个人的内心都渴望被尊重，尊重是相互的，你尊重别人，别人也会尊重你。

14. 第一人格

一个乞丐来到一个庭院，向女主人乞讨。这个乞丐很可怜，他的右手连同整条手臂都断了，空空的袖子晃荡着，让人看了很难过，碰上谁都会慷慨施舍的，可是女主人毫不客气地指着门前一堆砖对乞丐说："你帮我把这砖搬到屋后去吧。"

乞丐生气地说："我只有一只手，你还忍心叫我搬砖。不愿给就不给，何必捉弄人呢？"

女主人并不生气，俯身搬起砖来。她故意只用一只手，然后说："你看，并不是非要两只手才能干活。我能干，你为什么不能干呢？"

乞丐怔住了，他用异样的目光看着妇人，尖突的喉结像一枚橄榄上下滑动了两下，终于俯下身子，用一只手搬起砖来，虽然一次只能搬两块。他整整搬了两个小时，才把砖搬完，累得气喘如牛，脸上有很多灰尘，几绺乱发被汗水濡湿了，歪贴在额头上。

妇人递给乞丐一条雪白的毛巾。乞丐接过去，很仔细地把脸和脖子擦了一遍，白毛巾变成了黑毛巾。

妇人又递给乞丐20元钱。乞丐接过钱，很感激地说："谢谢你！"

妇人说："你不用谢我，这是你自己凭力气挣的工钱。"

乞丐说："我不会忘记你的，这条毛巾也留给我作纪念吧！"说完他深深地鞠了一躬，就上路了。

过了很多天，又有一个乞丐来到这庭院。那妇人把乞丐引到屋后，指着砖堆对他说：把砖搬到屋前就给你20元钱。这位双手健全的乞丐却鄙夷地走开了，不知是不屑那20元，还是因为别的什么。

妇人的孩子不解地问母亲："上次你叫乞丐把砖从屋前搬到屋后，这次你又叫乞丐把砖从屋后搬到屋前。你到底想把砖放在屋后还是放在屋前？"

母亲对他说："砖放在屋前和放在屋后都一样，可搬不搬对乞丐来说可就不一样了。"

此后还来过几个乞丐，那堆砖也就在屋前屋后转了几个来回。

若干年后，一个很体面的人来到这个庭院。他西装革履，气度不凡，跟那些自信、自重的成功人士一模一样，美中不足的是，这人只有一只左手，右边是一条空空的衣袖，一荡一荡的。

来人俯下身用一只独手拉住有些老态的女主人说："如果没有你，或许我还是个乞丐，可是现在，我已经是一家公司的董事长了。"

妇人已经记不起来是哪一位了，只是淡淡地说："这是你自己干出来的。"

独臂的董事长要把妇人连同她一家人迁到城里去住，做城市人，过好日子。

妇人说："我们不能接受你的照顾。"

"为什么？"

"因为我们一家人个个都有两只手。"

董事长伤心地坚持着："夫人，你让我知道了什么叫人，什么是人格，那房子是你教育我应得的报酬！"

妇人终于笑了："那你就把房子送给连一只手都没有的人吧。"

是的，所有的哲学家对人格的认同都是一致的，第一是劳动，第二是思考。可是我们放眼望去，或者巡视周遭，是不是每个人都具备这两条基本品格呢？那些为人父母者是不是清晰地知道孩子在成人之前应该教给他什么呢？

点拨 对人的怜悯、同情应以尊重他人人格为前提，这才是真正的爱心。

15. 理解

一名店主在门上钉了一个广告，上面写着"出售小狗"。这信息显然把孩子们吸引住了，一个小男孩出现在店主的广告牌下。"小狗卖多少钱呢？"他问道。

"30至50美元不等。"

小男孩从口袋里掏出一些零钱，说："我有2.37美元，请允许我看看它们，好吗？"

店主笑了笑，吹了声口哨，一名负责管理狗舍的女士便跑了出来，她身后跟着5只毛茸茸的小狗。其中有一只远远地落在后面。小男孩儿立即发现了落在后面的一跛一跛的小狗，"那小狗有什么毛病吗？"

店主解释说："这只小狗没有臀骨臼，所以它只能一拐一拐地走路。"

小男孩说："就是那只小狗，我要买它。"

店主说："你用不着花钱，如果你真的想要它，我就把它送给你好了。"

小男孩十分生气，他瞪着店主的眼睛说："我不需要你把它送给我。那只狗和其他狗的价值应该是一样的，我会付你全价。我现在就要付2.37美元，以后每月付50美分，直到付完为止。"

店主劝说道："你真的用不着买这只狗，它根本不可能像的狗那样又蹦又跳地陪你玩。"

听了这话，小男孩弯下腰，卷起裤腿，露出他一条严重畸形的腿。他的左腿是跛的，靠一个大大的金属支架撑着。

小男孩轻声说道："嗯，我自己也跑不好，那只小狗需要有一个能理解它的人。"

点拨 弱者更需要的是理解，而并非只是同情。

📖 给教育者的建议

以尊重为前提的爱才是真正的爱。理解是尊重的前提。孩子要学会尊重，就要学会理解。要让孩子设身处地为他人着想，多关照他人、体贴他人，从小事做起。

16. 一束花

有一个人在拥挤的车潮中驾车缓缓前进，在等红灯时，一个衣衫褴褛的小男孩敲着车窗问他要不要买花，他拿出十元钱买花。这时绿灯已经亮了，而后面的人正猛按喇叭催着，因此他粗暴地对正问他要什么花的男孩说："什么颜色都可以，你只要快一点就好。"

那个男孩十分礼貌地说："谢谢你，先生。"在开了一小段路后，他有些良心不安，为自己刚才的粗暴无礼。他把车停在路边，回头走向孩子表示歉意，并且又给了男孩十元钱，要他自己买一束花送给喜欢的人。男孩笑了笑并道谢接受。

当他回去发动车子时，发现车子出现了故障，怎样也发动不了，在一阵忙乱后，他决定步行找拖吊车帮忙。这时，一辆拖吊车已经迎面驶来，他大为惊讶，司机笑着对他说："有一个小孩给了我二十元钱，要我开过来帮忙，并且还写了一张纸条。"他接过纸条打开一看，只见上面写着："这代表一束花。"

点拨 待人如待己，不要吝啬你的宽容。一个宽容的人，一个心存善意的人，往往能得到心灵的回应，获得最好的馈赠。

17. 把敌人也要当人

1944年冬天，苏军已经把德军赶出了国门，上百万的德国兵被俘虏。每天，都有一队队的德国战俘面容憔悴地从莫斯科大街上穿过。当德国兵从街道走过时，所有的马路都挤满了人。苏军士兵和警察警戒在战俘和围观者之间。围观者大部分是妇女。她们当中的每一个人都是战争的受害者，或者是父亲，或者是丈夫，或者是兄弟，或者是儿子，都让德国兵杀死了。她们每一个人，都和德国人有着一笔血债。

妇女们怀着满腔仇恨，当俘虏们出现时，她们把一双双勤劳的手攥成了拳头，士兵和警察们竭尽全力阻挡着她们，生怕她们控制不住自己。

这时，最令人意想不到的事情发生了。

一位上了年纪的妇女，穿着一双战争年代的破旧的长筒靴。她走到一个警察身边，希望警察能让她走近俘虏。警察同意了这个老妇人的请求。

她到了俘虏身边，从怀里掏出一个用印花布方巾包裹的东西。里面是一块黑面包，她不好意思地把这块黑面包塞到了一个疲惫不堪、两条腿勉强支撑得住的俘虏的衣袋里。看着她身后那些充满仇恨的同胞们，她开口说话了："当这些人手持武器出现在战场上时，他们是敌人。可当他们解除了武装出现在街道上时，他们是跟所有别的人，跟'我们'和'自己'一样具有共同外形的、共同人性的人。"

于是，整个气氛改变了。妇女们从四面八方一齐拥向俘虏，把面包、香烟等各种东西塞给这些战俘。

点拨 宽容些吧，我们才能拥有美好的生活。

18. 惩治老鼠的人

有个人捉住一只大老鼠。他想起了老鼠作的孽，气得牙根痒痒的，决心好好地惩治它。

"你想痛痛快快地去见上帝？—— 没那么便宜！"这个人咬牙切齿地说，"对于人人喊打的坏蛋，无论如何处置，都不过分。"

于是，他找来煤油，把煤油倒在老鼠的身上，然后点燃，等到火舌吞噬老鼠皮肉的时候，才把老鼠放开。老鼠吱吱乱叫着狂奔起来，一下子钻进屋旁草垛，引起了一场大火，大火把这个人的房子烧得精光。"我真蠢啊！"这个人蹲在一片焦土前面痛哭流涕，"我本来是想惩治老鼠的，却不计后果，反而毁了我自己"！

点拨 生活中难免有不愉快的事情发生，如果让仇恨蒙蔽了双眼，不能宽容对待别人，最终受伤害的还是自己。

✉ 给教育者的建议

如果有一颗宽容之心，生活就会变得更加美好。心中有爱的人，都拥有一颗宽容的心。培养宽容的品德，就要让孩子学会忍耐，学会平静自己的心绪，多站在别人的角度考虑问题。

三、亲子与师生的共同话题

几千年前孔子说"仁者爱人"，孟子讲"王道"，都是以爱为核心。《圣经》上也说："如今长存的有信、有望、有爱，其中最大的是爱。"可见，爱是一个亘古不变的话题。

在我国，独生子女现象比较普遍，孩子在物质和精神方面可以说是集万千宠爱于一身。孩子虽然接受了爱、获得了爱，但并不知道如何去爱别人。这种爱仅仅是大家向孩子单向倾斜，而不是双向的交流，是一种畸形的溺爱。只有让孩子学会把大家对他的爱转化为他对大家的爱，这才是一种美好的理性之爱。爱是能够相互传递的，需要大家共同的接受和付出。因此，培养孩子学会爱是教育者当前的一项重大任务。

如何让孩子学会爱？

(1) 让孩子生活在一个充满爱的家庭氛围之中。如果孩子每天都能感受到爱，通过父母的言传身教，他自然会懂得爱的意义，也就会懂得孝敬父母，关心他人。

(2) 帮助孩子树立自信心，让他学会维护自己的尊严。每个人都有自己的长处和短处，不要拿自己的短处与别人的长处相比，应认识到自己在这个社会上的价值和意义。要让孩子学会爱自己，当人格受到侮辱时，一定要奋起反抗。尊严只能靠自己来维护，任何人都不可能代替。

(3) 让孩子多参加一些集体活动。在集体活动中，孩子能学会关照别人，设身处地为他人着想，热心帮助需要帮助的人。同时，对那些曾经帮助过自己的人，会给予感谢，懂得知恩图报。而对于一些曾经与自己有过摩擦的人，也要学会忍让，宽容对待周围的人和事。

第七节 追求效率

一、内涵阐述

追求效率，也就是最大限度地利用有限的时间来做有意义的事情。做任何事情都需要追求效率，做没有效率的事情，实际上就等于是白白耗费时间和精力。

孩子的生活似乎与效率这个词没多大关系，其实不然。王尔德说："起初我们造就习惯，后来习惯造就我们。"从小培养孩子追求效率的习惯，是为他以后拥有一个高效的人生奠定基础。追求效益的习惯包括：勤俭节约、节约时间、做事不拖沓、讲究方法、专注、抓住时机、勤奋。

1. 勤俭节约

勤俭节约是中华民族的传统美德，也是一个有理想、有追求的人必备的素质之一。勤俭节约，就是将资源用到最适当的地方，不浪费任何资源。一个追求效益的人，肯定是一个节俭的人。美学大师朱光潜说"有钱难买幼时贫"，小时候生活过于富有并不一定是件好事。

2. 节约时间

俗话说，"一寸光阴一寸金。"实际上，时间比金钱更珍贵，争分夺秒才能创造更多财富。著名生物学家赫胥黎说："时间最不偏私，给任何人都是一天24小时。时间也最偏私，给任何人都不是24小时。"每个人拥有的时间都是一天24小时，谁最能把握时间、谁最会利用时间，谁的时间就会最多，谁也就最早接近成功。

3. 做事不拖沓

今日事今日毕，明天还有明天的事。如果一直延误下去，日积月累，事情会越来越多，不仅会为自己带来心理压力，更糟糕的是什么事情都做不好。

4. 讲究方法

同一件事情由不同的人来做，往往产生不同的结果，这在很大程度上取决于人们所采用的方法不同。好的方法常常能获得事半功倍的效果。

5. 专注

集中精力，不受外物的干扰，进入一种忘我的境界。进入这种状态，往往能创造出佳绩。

6. 抓住时机

人生旅途上，会出现无数个机遇，只有那些善于抓住时机的人，才能利用机遇做一番大事。机会是留给那些有准备的人的，不可能白白走到你的面前，而需要你主动寻找它并懂得利用它。

7. 勤奋

鲁迅先生认为"天才就是勤奋"，他说自己的成功，不过是把别人喝咖啡的时间用了学习和工作上。"天道酬勤"也是这个道理。勤奋的人才能使幸福的种子开出最美丽的花。

二、一个故事一堂课

1. "奢侈"的蚊帐

松下幸之助的生意日益发展后，决定在东京成立个办事处，以便处理日常事务，由妻子的弟弟井植岁男负责管理。

井植岁男到东京后不久，就给松下幸之助写了一封信。信中说："东京办事处已经成立，现在已走上正轨，一切都很顺利。"信末井植又说东京的蚊子很厉害，他几乎被咬得睡不着觉，只好买了一顶三万日元的蚊帐。

幸之助看到这儿十分生气，于是，他给井植岁男写了一封严厉的批评信。信中说："以现在松下电器制作所的状况，有一万日元的蚊帐，你就该知足了。而你却买了三万日元的蚊帐，简直是岂有此理！实在太奢侈了！"

收到信的那一夜，井植岁男躺在蚊帐里久久没有睡着，脑中不时浮现出创业初始时几个人的奋斗情景，他逐渐理解了姐夫的话。

虽然是一件小事，却体现出幸之助严厉、朴素的作风，他一生中的任何时候都不曾失掉这种美德。

点拨 勤俭是一种美德，应当永远保持。不要因今日生活条件的优越，而忘记昨日的穷困潦倒。

2. 爸爸的电报

刚念大学时，爸爸和我约定，每月的15日给我寄500元的生活费。因为开支毫无规律可循，三天两头地，我就找个理由与同寝室的舍友们到校园餐馆挥霍一顿。第一个月，爸爸容忍了我，提前把第二个月的生活费寄了过来。然而我却恶习难改，第二个月、第三个月依然如此。终于，在离第四个月的收款日还遥遥无期的时候，我又捉襟见肘了。

万般无奈，我拍了一封极其简短的电报回家："爸爸，饿坏了。"

爸爸很快就回了电报，也很简短："孩子，饿着吧。"

生活真是太伟大了，在那之后只有10块钱的10天里，我绞尽脑汁节衣缩食，出手之前锱铢必较，竟然也把那段难熬的日子熬过去了。

从此，我学会了精打细算，并且发现，其实只要稍稍收敛一下不必要的支出，每月400元生活费就够用了。这样，每月我都可以积攒下一些盈余，这些钱可以买书、买磁带、买CD、旅游、捐款，当然也包括吃餐馆，但是比起单一地花在吃上，当然是有意义得多。

点拨 培养一个有出息、有追求的人，勤俭节约的教育必不可缺，这也是父亲留给孩子的永久财富。

3. 精打细算的美德

19世纪，石油巨头成千上万，最后只有洛克菲勒独领风骚，其成功绝非偶然。有关专家在分析他的致富之道时发现，精打细算是他取得成就的主要原因。

洛克菲勒踏入社会后的第一个工作，是在一家名为休威·泰德的公司当簿记员，这为他以后的生涯打下了良好的基础。由于他在该公司的勤恳、认真、严谨，不仅把本职工作做得井井有条，还几次在送交商行的单据上查出了错漏之处，为公司省了数笔可观的支出，因此深得老板赏识。

后来，洛克菲勒在自己的公司中，更是注重成本的节约，提炼加工原油的成本也要计算到小数点第3位。为此，他每天早上一上班，就要求公司各部门将一份有关净值的报表送上来。经过多年的商业洗礼，洛克菲勒能够准确地查阅报上来的成本开支、销售以及损益等各项数字，并能从中发现问题，以此来考核每个部门的工作。

1879年，他质问一个炼油厂的经理："为什么你们提炼1加仑原油要花1分8厘2毫，而东部的一个炼油厂干同样的工作只要9厘1毫？"就连价值极微的油桶塞子他也不放过，他曾写过这样的信："上个月你汇报手头有1119个塞子，本月初送去你厂10 000个，本月你厂使用9527个，而在报告中说剩余912个，那么其他的680个塞子到哪里去了？"

洞察入微，刨根究底，不容你打半点马虎眼。正如后人对他的评价，洛克菲勒是统计分析、成本会计和单位计价的先驱，是今天大企业的"一块拱顶石"。

点拨 很多人对这种精打细算的节俭作风不以为然，事业有了发展后甚至以挥霍金钱作为人生的目的，却不知它正是致富之本。

📖 给教育者的建议

节俭是一种美德，也是一个高效能人士必备的素质。在生活中，教育者应提倡勤俭节约，反对挥霍浪费，教育孩子珍惜粮食和衣物，告诉他这些都来之不易，并适当地控制孩子的生活費用，鼓励孩子参与一定的劳动活动，做一些力所能及的家务。

4. 买书的年轻人

富兰克林在自己的实验室旁开了一间书店，有一天，一位年轻小伙子走进他的书店，挑中了一本书问店里的店员："这本书多少钱？"

"一美元。"店员回答。

"能不能少点？"

"对不起，这本书就卖一美元。"于是，年轻人坚持要见书店的老板，著名的物理学家和政治家富兰克林。店员从实验室里请来了富兰克林，富兰克林弄清了小伙子的要求后，对他说："拿走吧，不要钱。"小伙子奇怪地问："不要钱？"

"对。"富兰克林解释说，"我情愿倒给你一美元，而不愿放下我忙碌的工作。"小伙子急红了脸，争辩说："不，先生，你弄错了，我只不过想便宜一点。"

"那好吧，这本书现在卖两美元。"

"你刚才不是说不要钱吗？"

"我现在能出的价钱是三美元。"富兰克林说完，扭头就走进他的实验室继续工作去了。年轻小伙子默默地掏出三美元，买走了这本书。这位著名的物理学家给他上了终生难忘的一课：时间就是金钱。

点拨 时间总是在悄无声息中流走，把时间比喻成金钱毫不过分。

5. 分秒可贵

一个炎热的下午，在一位医生的候诊室里，坐着一大群等候看病的人们。而窗口也已经排了长长的队伍，候诊室里显得拥挤不堪，但是人们还是很安静、很有耐心地等候着。突然，一位老人站起来，他快速地向值班护士走去。

"小姐，"他彬彬有礼、一本正经地说，"我预约的时间是三点，而现在已经四点，我不能再等下去了，请给我重新预约改天看病吧！"

旁边的一位妇女转过身对自己的朋友说："他肯定至少有80岁了，他现在还会有什么要紧的事？"

那位老人转向大家说："我今年88岁，这就是我不能浪费一分一秒的原因。"

点拨 时间就是生命，浪费时间等于浪费生命。

6. 购买时光

因为报名参加德国人贝尔教授主讲的企业管理培训，所以延顿这周末不能像往常那样睡懒觉，早早起床，赶车去听课。可是紧赶慢赶，还是迟到了10分钟。

他知道德国人时间观念很强，所以心里很过意不去，悄悄进去在最后面找了个位置坐下。延顿听旁边的人说，贝尔教授在法国、德国等国际著名大企业做过高层领导，他讲一口流利但发音有些生硬的英语，课讲得非常好，既有理论深度又很生动。据说他到国外讲课、做咨询是按小时收费，每小时费用高达100多美元。此次来伦敦做为期3天的讲课和咨询，主办单位要付2000英镑。

下课时，贝尔先生走下讲台，来到他身边，微笑着问他："听得懂吧？前边的课我先讲了企业战略管理的三大部分，然后再展开结合案例讲。你没听到的可以现在问。"

延顿有些不好意思地笑了笑，他以为贝尔先生不会注意到他来晚了，"对不起，路上塞车，晚了一会儿"。

"啊，没关系、没关系，您不用向我道歉。真的，我的时间已经被您购买了，由您支配，您是完全的时间拥有者，我要尽可能地为你们服务。"贝尔先生习惯地打着手势说。

延顿看着他，半认真半开玩笑地说："如果您在我们英国当老师，我敢说您会是最受欢迎的人。"

"是吗？我在柏林长大，在法国读大学。我们自己选专业、选课、选讲师，选课前我们可以试听所要选的讲师的课，选定后付足一学期的学费、教材费，什么时候去听课、什么时候走，或者根本不去，老师一律不管。他只管讲好课，哪怕只有一个人来，他也必须认真地讲，因为他已经被购买了。他要全力讲好，服务好，只有这样，他才能继续被买。我到过他们的一些大学，我很奇怪你们每次上课都点名签到，有的学生不来上课还要托病或者让别的同学代他签到。我不能理解，因为大学不是义务教育，你们是付费来学习的，老师讲课已经被你们购买了，你们来晚了或者不来，受损失的是你们自己。就像到商店付钱买东西把东西拿回家，难道还要向商店和销售者道歉？"

延顿看着他脸上的疑惑，刹那间明白了自己读了十几年书、工作了十年都没有弄明白的一个道理，其实我们一生不过是一个不断购买和不断销售的过程。看起来我们购买和销售的物品很多，但是一切物品归根结底都可以算为"占有时光"，我们购买别人的时光，销售自己的时光。

点拨 时间如流水，一去不复返，谁也不能再次享受已逝的时光。人的生命只有一次，应珍惜现有的时光，多做一些有意义的事情。

给教育者的建议

时间对每一个人都是平等的，谁懂得合理利用，谁就能获得先机。教育者要帮助孩子树立严格的时间观念，认识到时间的宝贵，鼓励孩子自主安排时间，比如独立制定一个时间表等。

7. 果断

有一个六岁的小男孩，一天在外面玩耍时，发现一个鸟巢被风从树上吹落在地，从里面滚出了一个嗷嗷待哺的小麻雀。小男孩决定把它带回家喂养。

当他托着鸟巢走到家门口的时候，他突然想起妈妈不允许他在家里养小动物。于是，他轻轻地把小麻雀放在门口，急忙走进屋去请求妈妈。在他的哀求下，妈妈终于破例答应了。

小男孩兴奋地跑到门口，不料小麻雀已经不见了，他看见一只黑猫正在意犹未尽地舔着嘴巴。小男孩为此伤心了很久。但从此他也记住了一个教训，只要是自己认定的事情，绝不可优柔寡断。这个小男孩长大后成就了一番事业，他就是华裔电脑名人——王安博士。

点拨 做事不能犹豫不决、优柔寡断。虽然犹豫能避免许多错误的发生，但也可能丧失更多可贵的机遇。

8. 什么都想做

芝加哥某大公司的总裁威尔逊，患了严重的神经衰弱症，整天吃不好也睡不安，心里万分苦恼，多方求医也不见好转。一个偶然的机会，他听人介绍，著名心理专家沙特拉博士能治这种病。第二天一大早，威尔逊就风风火火地来到博士家，宾主见面一阵寒暄之后，他正想向博士细说病情，电话铃突然响了，是医院有事找博士，他马上处理了。可是刚放下话筒，另一部电话又响了。博士先生只得又离席去接电话，又是很紧急的事。不久，又有一位同事来向博士征询对某一重病号的处置意见。博士只好把客人干晾在一边长达20分钟之久。

博士向这位总裁先生致歉。

威尔逊回答说："没关系，没关系！博士先生，从你身上我已经找到了自己的病根。回到公司后，我将立刻改变自己的工作习惯。对了，临走时可否让我看一下你办公桌的抽屉？"

博士打开抽屉，里面只有一些纸类的事务性用品，而且少得可怜！威尔逊疑惑地问："你未处理完的文件呢？未回的信函呢？"

博士说："全部办完了！"

六个星期后，威尔逊盛情邀请博士到他的公司参观。他完全变样了，全身上上下下没有一点儿不适之处。他特地打开抽屉，对博士说："以前，我两间办公室和三张办公桌的抽屉里堆满了未处理的文件。我每天穷于应付这些工作，这个要做，那个也要做，一直弄得我无暇也无心处理它们，自从听了你的一席话之后，我立即将那些旧文件或报告书，一股脑儿地理清了。现在，我只用一张办公桌，工作一来立即处理，绝不拖延积压，所以，已全无因延滞工作而带来的紧张感和烦恼，我现在心情好了，病也自然好了。"

点拨 拖延、积压只会带来更多的烦恼，何不立即处理事情，为自己清除压力呢？

9. 寻求智慧的国王

有个年轻的国王，为了治理好自己的王国，他决心学习天下的智慧。为此他征召国内的智者，命令他们把所有的智慧书搜寻来，供他阅读学习。

五年过去了，智者们辛苦地赶回来了，身后的骆驼队背着5000本智慧宝典。国王一看头都大了，这么多书怎么看啊，就命令智者们去精简浓缩。

五年过去了，智者们求见，身后的骆驼队背回来500本书，国王仍嫌太多。

又是五年时间，智者们带回来50本巨著。这时的国王已被各种问题搞得更加心烦气躁，等待得也更不耐烦，还是觉得多。

又过了几年时间，当智者们把辛辛苦苦浓缩成的一本书进献到国王面前时，他早已没兴趣看这本书了，也没时间去实践这些智慧了。国内问题丛生，国外敌人不断入侵，国王自己也百病缠身，任何智慧可能都解决不了他的问题了。

点拨 做什么事情只要立即行动，就会有所收获。如果一直等待而不行动，最终将一事无成。

📖 给教育者的建议

拖沓的坏习惯会贻害人一生，孩子一旦养成这种不良习惯，就很难矫正。教育者要在日常生活中：①培养孩子雷厉风行的做事态度，遇事立即行动，而不是磨磨蹭蹭，拖拖拉拉；②不训斥、责骂孩子，而是采用赏识的手段，看看孩子哪些事情做得比较快，抓住几件好好地表扬他、鼓励他，使他获得信心，并把这种行为引申到其他活动中去。

10. 两家小店

有两家卖粥的小店，左边这家和右边那家每天的顾客相差不多，都是川流不息，人来人往的。

然而晚上结算的时候，左边这家总是比右边那家多出百十来元。天天如此。

于是，我走进了右边那家粥店。

服务小姐微笑着把我迎进去，给我盛好一碗粥，问我："加不加鸡蛋？"我说加。于是她给我加了一个鸡蛋。

每进来一个顾客,服务员都要问一句:"加不加鸡蛋?"也有说加的,也有说不加的,大概各占一半。

我又走进左边那家小店。

服务小姐同样微笑着把我迎进去,给我盛好一碗粥,问我:"加一个鸡蛋还是加两个鸡蛋?"我笑了,说:"加一个。"

再进来一个顾客,服务员又问一句:"加一个鸡蛋还是加两个鸡蛋?"爱吃鸡蛋的就要求加两个,不爱吃的就要求加一个。也有要求不加的,但是很少。

一天下来,左边这家小店就要比右边那家多卖出很多个鸡蛋。

给别人留有余地,更要为自己争取尽可能大的领地。只有这样,才会于不声不响中获胜。

点拨 凡事都要注重方法,最适当的方法能带来最佳的结果。

11. 分解难题

早年,美国有一位青年到西弗吉尼亚兰伯堡镇访问。他发现电车只通到镇外三公里远的地方,中间有一条两岸很高的河流,过了河才能到镇上去。经他了解,在这条河上造桥非常困难,费用也很高,电车公司不愿意投这么一大笔钱。后来这位青年又了解到与修桥有关的还有两个单位,一个是铁路公司,当时他们的火车调车地点与一条道路相交叉,既阻碍交通又易发生事故。若修好电车道,原来的道路就可移到别处,这对他们有好处;另一个是地方政府,如能解决这个交通问题,可提高政府的威望。

于是,这位青年便对电车公司领导讲,如果电车公司能投资三分之一,其余三分之二的资金可由他负责解决。结果电车公司很高兴地同意了。接着他又到另两个单位,也用同样的方法(各投资三分之一)征得他们的同意。前后只用了五个月的时间,大桥就修好了,有关三方和市民皆大欢喜。

点拨 无论多么艰巨的任务,经过分解,一步一步地完成,其实并没有想象的那么困难。

📖 给教育者的建议

做任何事情都要学会寻找最简便的方法,才能有效益。孩子在生活中,也应当养成做事讲究方法的习惯:(1)在做事情之前,要先想一想应当怎么做,采用什么方法最有效,并整理好自己的思路,指导自己的行动;(2)懂得按照规律办事情,但也要学会灵活变通,不能机械行事。

12. 学会专注

有一位老师在讲台上谆谆勉励学生做事要专心,将来才会有成就。为了说明专心的重要性,老师叫一名学生上台,命其在黑板上同时用右手画方,左手画圆,结果学生画得一团糟。

老师说:"这两种图形都画得不像,那是因为分心的缘故。追逐两兔不如追一兔。一个人同时有两个目标的话,到头来只能一事无成。"

这个故事告诉我们,要成功,只能一次选定一个目标,咬住不放,锲而不舍。再冷的石头,坐上三年也会暖。

点拨 "咬定青山不放松",任何事情都能成功。

13. 驼背捕蝉

有一次,孔子从一片树林中经过,见一个驼背人拿着一根长竹竿正在捕捉树上的蝉。这种长竹竿顶端装有胶状物，靠它把蝉粘住。这驼背人捉起蝉来十分熟练，就好像随手拾取什么东西一样容易。孔子不禁赞叹道："你捕蝉可有什么诀窍吗？"

捕蝉的驼背人说："我有诀窍呀。为了提高捕蝉的技艺，我在竹竿顶端叠上两个丸子，努力练习使丸子可以不跌落下来。经过五六个月的苦练，竹竿顶端上两个丸子可以不掉下来，这时候，捕蝉来失手的事就极少了；等到竹竿顶上叠上三个丸子而不掉下来，那么失手的事只有十分之一；叠上五个丸子而不掉下来，捉起蝉来，就像现在这样熟练了。我捕蝉时身体的姿势，就像树墩一样静止不动，我控制住我的手臂，就像枯干的树枝一样。尽管天地这么大，万物这么多，而我所知道和顾及的，只有蝉的双翼。我不旁顾他物，不因为其他的东西而转移对蝉翼的注意力，怎么会捕捉不到蝉呢？"

孔子听后，对他的弟子说："用心专一，就可以与神工相比。这就是驼背人告诉我们的道理呀！"

点拨 做事只有全身心地投入，聚精会神，排除一切杂念，才能事易而工巧，才能取得惊人的成就。

14. 船上有只"天堂鸟"

瑞典的一个富豪人家生下了一个女儿。然而不久，孩子突然患了一种无法解释的瘫痪症，丧失了走路的能力。

一次，女孩和家人一起乘船旅行。船长的太太给女孩讲船上有一只"天堂鸟"，女孩被她的描述迷住了，极想亲眼看一看这只鸟，于是保姆把孩子留在甲板上，自己去找船长。女孩却耐不住性子等，她要求船上的服务生立即带她去看看天堂鸟。奇迹发生了，女孩因为极度地渴望，竟忘我地拉住服务生的手，慢慢地走了起来。从此，女孩的病便痊愈了。

也许是由于有了童年时忘我战胜疾病的经历，女孩儿长大后，又忘我地投入文学创作中，最后成为第一位荣获诺贝尔文学奖的女性——茜尔玛·拉格萝芙。

点拨 忘我是注意力高度集中的一种精神境界，在这种境界中，人们常常会超越自身的束缚，释放巨大的能量，从而创造奇迹。

📠 给教育者的建议

让孩子学会专注：①要注意培养孩子的耐心，无论在怎样的环境中都要沉下心来，耐心是保持注意力稳定的关键；②培养孩子的注意力，比如要求孩子讲话不要总是重复，排除孩子在做事过程中的主客观干扰因素等。

15. 永远的坐票

小张经常出差，很多时候都买不到对号入座的车票。可是无论长途、短途，无论车上多挤，他总能找到座位。他的办法其实很简单，就是耐心地一节车厢一节车厢找过去。这个办法听上去似乎并不高明，但却很管用。每次，他都做好了从第一节车厢走到最后一节车厢的准备，可是每次他都用不着走到最后就会发现空位。因为像他这样锲而不舍找座位的乘客实在不多。经常是在他落座的车厢里还有很多空的座位，而在其他车厢的过道和车厢接头处，都是人满为患。

大多数乘客轻易就被一两节车厢拥挤的表面现象迷惑了，不去细想在数十次停靠之中，从火车十几个车门上上下下的流动中蕴藏着不少提供座位的机遇；即使想到了，他们也没有那份寻找的耐心。眼前一方小小立足之地很容易让大多数人满足，为了一两个座位背负着行囊挤来挤去有些人也觉得不值。他们还担心万一找不到座位，回头连个好好站着的地方也没有了。这些不愿主动找座位的乘客，大多只能在上车时最初的落脚之处一直站到下车。

点拨 人生中的机遇有很多，只有那些主动寻找机遇的人，才能获得它的眷顾。

16. 风险与机遇并存

摩根20岁时，在德国的格延根大学完成了学业，到纽约华尔街的邓肯商行去当学徒。一次，他去古巴的哈瓦那采购了鱼、虾、砂糖等货物，当轮船停泊在新奥尔良港口时，一个咖啡船的船长拉摩根去酒馆谈生意。原来船长从巴西运来一船咖啡，但买主临近出了变故，只好自己推销。只要有人愿意出现金，他将半价出售，摩根考虑了一会儿，决定买下咖啡。他的朋友都劝他要小心谨慎，因为船里的货品与样品不一定一致，另外，曾经发生过很多次船员欺骗买主的事。摩根却决定赌上一把，买下了大量咖啡。幸运的是，在他买下咖啡不久，巴西咖啡受寒减产，价格大幅度上涨，摩根因此大赚了一笔。

1862年，美国南北战争爆发，为了筹措军费，政府发行了债券，利息高达7%。摩根通过对战局的精心观察，发现其中有利可图，随即秘密买下了大量黄金，并将一半汇往伦敦，另一半则留下等待时机。果然不出他所料，金价飞涨，纽约的经纪人纷纷抛售，摩根把这些黄金统统买下。此时，汇往伦敦的黄金价格也直线上涨。摩根因此赚取了巨额财富。

点拨 风险往往与机遇并存，只有那些勇气可嘉的人，才能抓住最佳机遇。

📖 给教育者的建议

人生中，总会有无数个机遇摆在我们面前，只有那些善于抓住机遇的人，才能获得高效的人生。机遇往往与风险并存，要培养孩子的勇气，鼓励孩子大胆地实现自己的理想。

17. 纸钢琴练出的桂冠

德国法兰克福的钳工汉斯·季默，从小便迷上音乐，买不起昂贵的钢琴就自己用纸板制作模拟黑白键盘，他练贝多芬的《命运交响曲》时竟把十指磨出了老茧。后来，他用作曲挣来的稿费买了架"老爷"钢琴，有了钢琴的他如虎添翼，最后成了好莱坞电影音乐的主创人员。

他作曲时走火入魔，时常忘了与恋人的约会，惹得许多女孩骂他是"音乐白痴""神经病"。婚后，他帮妻子蒸的饭经常变成"红烧大米"。有一次他煮加州牛肉面，边煮边用粉笔在地板上写曲子，结果是面条煮成了粥。妻子对他很客气，不急不怒，只是罚他把糊粥全部喝掉，剩一口就"离婚"。

他不论走路或乘地铁，总忘不了在本子上记下即兴的乐句，当作创作新曲的素材。有时他从梦中醒来，打着手电筒写曲子。

汉斯·季默在第67届奥斯卡颁奖大会上，以闻名于世的动画片《狮子王》荣获最佳音乐奖。这天，是他37岁的生日。

点拨 任何成功者的背后，都有无数的汗水和泪水。爱迪生曾说，天才是百分之九十九的汗水加上百分之一的灵感。

18. 幸福的种子

有两个追求幸福的穷苦青年，经过艰难的跋涉，终于在一个很远的地方，找到了幸福的使者。使者见他们都有一颗善良的心，便给了他们每人一颗幸福的种子。一名青年回去后，将种子撒在自己的土地里，不久他的土地里就长出了一颗树苗。他每天辛勤地浇灌，第二年枝繁叶茂，果实挂满枝头。他继续努力，渐渐拥有了大片的果园，成了远近闻名的富足之人。他娶了妻子，有了儿子，过上了幸福生活。

另一名青年回去后设了一个神坛，将幸福的种子供奉在上面，每天虔诚地祈祷。青年把头发都熬白了，却仍然一贫如洗。他十分生气不解，又跋山涉水来到幸福使者面前，抱怨使者骗他，幸福使者笑而不答，只让他到另一名青年那里看看。当他看到大片的果园时，顿时醒悟，急忙回去将那颗种子埋到土里，但幸福的种子已被虫蚀空，失去了生命力。

点拨 勤劳的人，能使幸福的种子开花结果，繁衍成一片树林；而懒惰的人，只会祈求上天的恩赐，再好的种子也不会发芽。

给教育者的建议

俗话说，勤能补拙。一个人能否取得成功，关键在于他是否有吃苦耐劳的精神。培养孩子勤劳的习惯，就要注意：孩子自己的事情自己做，并鼓励他做一些力所能及的家务；让孩子体验和品尝失败的滋味，使他们认识到任何事物都要通过自己的努力才能获得。

三、亲子与师生的共同话题

人的生命是有限的。如果一个人能懂得很好地利用时间，在有限的时间里，多做几件有意义的事情，这样才能无悔于生命，无愧于人生。

英国有句谚语："习惯在习惯中养成，习惯要靠习惯来征服，习惯正如在树皮上刻字，随着树木的成长，文字也会扩大。"因此，要想让孩子成为一名高效能人士，拥有一个有意义的人生，从小就要培养他们养成追求效益的习惯。

首先，应让孩子树立良好的时间观念，认识到时间的宝贵，让他学会合理地安排自己的时间。教孩子合理安排时间，可以和孩子一起制订一个合理的作息时间表。制订作息时间表时，一定要从孩子的实际情况出发，考虑到孩子的兴趣特点，考虑到孩子生活的各个方面。但这个时间表不是一成不变的，要根据实际情况不断地调整。作息表要严格执行，教育者要让孩子严格地遵守，并及时对孩子的行为作出评价。有了这样一个时间指导，孩子就能获得时间感。

其次，要重视孩子的做事方法。好的做事方法能带来更高的效益。在做任何事情之前，都要用心去思考，想一想采用哪种办法更快捷、更有效。但思考不代表拖延，不代表优柔寡断，否则反而会错过做事的最佳时机。

最后，还要培养孩子的注意力。一个人只有在聚精会神、不受外界干扰的情况下，才能进入一种忘我的境界。而这种境界恰恰就是最具有效率的做事时机。注意力不集中往往是孩子学习的大敌。培养注意力，就要让孩子学会在一定的时间内专心做好一件事，比如做作业就不能看电视，上课就不能说悄悄话等；还要训练孩子的听力，可以多让孩子听听音乐、听听小故事或者复述教育者说话的内容等。

拿破仑·希尔曾经说过："当一种习惯由于经常反复地练习而变得容易的时候，你就会喜欢去做。你一旦喜欢去做，就愿意时常去做。"要让孩子通过不断地训练来巩固这种追求效益的习惯，达到一种自然的状态。

第八节 学用结合

一、内涵阐述

学习是特殊的脑力劳动，是属于非物质生产的劳动。学习过程是培养自己、开发自己的智慧潜能为未来投资的过程。

学习的途径有两条：一是通过书本学习；二是从实践中学习。无论通过何种途径学习，最终目的都是要把习得的知识用于实践，解决实践中的问题，在实践中提高运用知识的能力。这就需要我们学用结合，知行合一。

学用结合在于把间接的经验和书本知识还原为活的、有实用价值的知识，即把学来的东西通过自己的领悟内化成自己的，并且用所学知识来指导实践，通过实践来加强对知识的理解和巩固。英国哲学家、数学家怀特就曾说过："在你丢失你的课本、焚毁你的听课笔记、忘记你为考试而死记硬背的细节之前，你的学习是无用的。"这表明，学习是为了活化知识，利用知识解决实践中的问题，而不是为了学习而学习。比如，有些学生学习不是为了运用知识、培养能力，而是为了完成任务，使本来是为了自己的学习变成了为老师而学习。这样的学习效果肯定不会好。

学用结合还在于亲身实践，即"在做中学"。在实践中观察和思考，可以悟得新知。实践可以让我们积累成功的经验和吸取失败的教训，从而增强解决问题的能力。梁启超曾说过："人生的智慧和法则通常是在我们取得经验之后得出来的。"既然学用结合强调亲身实践，所以我们也需要重视调查的作用。只有在实践中通过亲身调查以后，才会对事实有确切了解，才会形成自己的认识。否则，"一叶障目，不见泰山"。毛泽东曾说过："没有调查就没有发言权。"这也印证了调查在学习过程中的作用。随着知识的日益增长，我们要形成一种意识：用自己的所学回报社会，即关注社会现实问题，热心公益活动，在社会实践中实现自己的人生价值。只有这样学用结合，我们的成长才是有意义的。

总之，在整个学习过程中，只有学用结合，才能使知识发挥作用，才能使自己变得有智慧。经不起实践检验的知识、不具有操作性的知识不是真正的知识，只能称之为信息。而一个不会运用知识的人，只是一台储存知识的机器。

二、一个故事一堂课

1. 只隔了一座假山

某君的单位大院里，前后楼之间是一个小小的假山池塘。每逢初夏，水面上浮满一朵朵粉白如玉的睡莲，从办公室窗户望去，仿佛织满白色花朵的锦缎。

看惯了，也不大在意。一天，他与前楼的同事聊天说起，同事诧异地看他："可是那是红睡莲啊！"他简直不相信自己的耳朵："怎么可能？那是白的呀！"两人相持不下。

第二天上班前，他特意走近花池，紫气初升的阳光下，白莲静卧睡了一池的云。那位同事即使是色盲，也不会错得那么远吧？心里嘀咕着，不知不觉间就沿着花池绕了半圈，他怔住了：假山背后，那一朵朵盛开的，分明是血一样红、烛焰般燃烧的红睡莲。他下意识地抬头看自己的办公室，视线却被假山遮挡住了。

他与同事都如此自信于自己的观点，因为是他们亲眼所见。而在偏见和错觉之外，接近事实真相的途径竟是如此简单：向前走几步，绕过自己眼中的假山去看一看。

点拨 要想了解事实，避免以偏概全，还是自己身临其境，亲眼看一看吧！

2. 没有调查就没有发言权

晏子被派去治理东阿，三年后，齐景公将他召回并狠狠责备一番："我原以为你能力很强，才放心将东阿交给你治理，没想到你搞得一塌糊涂，我非重重处罚你不可。"

晏子说："请再给我三年时间。我会彻底改变方式来治理，到时候如果还不行，我愿意被处死。"

景公答应了晏子的请求。结果才经过一年时间，年末政绩考核时，景公一听晏子回京城来述职，就马上亲自去迎接："了不起，了不起。你果然没骗我，这一年的政绩真是好极了！"

晏子说："以前我治理东阿时，禁绝一切的关税贿赂，天然的鱼盐之利都开放给贫民，东阿的百姓没有一个挨饿受冻，却被您责罚；这一年来我换个方式，关税贿赂一概接受，鱼盐之利完全由权贵之家垄断，并且增加税收来问候您身旁的亲信大臣，东阿现在有一半的人民正在挨饿受冻，我却反而得到嘉许，请允许我退休，将职位交给比我能干、有办法的人吧！"

景公一听，赶快向晏子谢罪："我知道自己错了，请务必再帮我治理东阿吧！往后我绝不会再听信谗言，不依据事实随意干涉您的治理了。"

点拨 实践出真知。要想获得事实的真相，必须亲自去调查、体验，才能避免偏见。

3. 描述生活的"冷血"

犯罪题材小说家帕特里西亚·康威尔在论及一个作家必须获得对自己所描述领域的生活经验时写道："当我第一次着手写犯罪小说时，头脑渐渐空了，故事写不下去了。我的语言没有'酷'味，我需要向人们展示更多、更生动的资料。因此，我每天要花十二个小时到弗吉尼亚贫民区一个陈尸所做外科擦洗工作，在法医做尸体解剖的时候做他们的助手。我永远不会忘记，第一次我把戴着手套的双手放到死尸胸腔上并开始感觉'冷血'的情景。那是一种棘手的探索死亡的氛围，实验室的幻灯、放尸的平台……这一切把我带到现在的位置。"

天分有高低，但天才都善于向生活讨感觉。如灵感欠缺时，善于到生活中"充电"，这就是"天才"比常人成功率要高的秘诀。

点拨 生活给予人们很多，只有善于从生活中学习的人，才能取得真实而丰富的创作素材。

给教育者的建议

要注重"学做合一"，给孩子提供实践的机会，让其"手脑双挥"，在课堂以外的生活中接受教育。孩子通过自己的亲身实践和调查研究，会对生活及所学知识有更深入的理解，会更深刻地掌握知识。

4. 见微知著

父亲沉默寡言，难得提起他的童年，但是有一天他告诉儿子，他八岁时，他的祖父在榆树下的土路上转身对他说："皮埃尔，你上学读书，这是件好事。你既然读书识字，现在告诉我这匹马的蹄印里写的是什么？"

"爷爷，蹄印里没有字。"

"皮埃尔，里面是写了东西的。你必须也懂得。"

"我什么也看不出来。"

"如果你看仔细些，就可以看出这是那匹灰色母马的蹄印。蹄铁上已经掉了三个钉子。假如它星期六这样进城，就会失落蹄铁受伤回来。皮埃尔，你懂吗？有些记载是不用文字的。一个人要在世上生活，必须还能阅读这些才行。"

点拨 人生的履历是可贵的，人们正是在不断的经历中获得经验和智慧。

📖 **给教育者的建议**

经验是一笔财富，获得经验会让人省时、省力。因此，教育者要适当放手，让孩子从经验中学习，在体验中成长。

5. 贴近顾客需求的选择

在美国中部的一个小城，有一家商业银行，从成立伊始到20世纪80年代末，业务发展一直很平稳，此后的两三年内，大量移民涌入，人口由原来的八万左右增加到十二万左右，但银行业绩反而不如从前。

银行董事长对此深为忧虑，特从外地聘请顾问与银行管理人员一同探讨业绩不佳的原因并寻求对策。大家各抒己见，有的认为服务方式应灵活多样，有的甚至建议迁银行总部等，各执一词，谁也说服不了谁，争论不休。

有一位顾问提出了自己的见解，他认为银行业绩不佳的根本原因，在于没有及时地适应小城的新变化。首先，小城人口增加了二分之一，但居住比以前更为分散，比较富有的住家由小城东区渐移至西区，而银行的营业点没有变化；其次，其他地区的银行争相在该城设立分支机构，使得竞争越来越激烈；第三，经营方式和办公设备相对落后；第四，员工素质没有提升。

针对这些情况，他建议，首先，在每个超级市场设立银行的营业点，因为人口居住虽然比以前更为分散，但大家都得去超级市场购物；其次，在适当的商场、机场和学校等公共场所和消费场所增设自动取(存)款机器，以方便客户；第三，协调与其他服务行业的关系，使银行信用卡在商场、餐厅、加油站等绝大多数消费场所都能使用；第四，提升员工素质，让每个员工都以热诚、喜悦的心态去服务顾客。

此家银行采纳了该顾问的建议，一年之后，业绩不但恢复，而且比以前提高。目前这家银行的业务也由一个小城向整个中部地区及全美延伸。

点拨 遇到问题，冷静分析，根据具体的现实情况采取有针对性的措施，这才是解决问题之关键。

6. 只有一个缺点

德皇威廉二世设计了一艘军舰。他在设计书上写道"这是我多年研究、经过长期思考和精细工作的结果"，并请国际上著名的造船家对此设计作出了鉴定。

过了几周，造船家送回其设计稿并写了下述意见：

"陛下，您设计的这艘军舰将是一艘威力无比、坚固异常和十分美丽的军舰，可谓空前绝后。它能开出前所未有的高速度，它的武器装备将是世上最强的，它的桅杆将是世上最高的。您设计的舰内设备，将使全部乘员感到舒适无比。您这艘辉煌的战舰，看来只有一个缺点：那就是只要它一下水，就会立刻沉入海底，如同一只铅铸的鸭子。"

点拨 做事只注重外在形式，而不考虑实用性和内在意义，将会犯致命的错误。

7. 活下来的人

一次，一艘远洋轮不幸触礁，沉没在汪洋大海里，幸存下来的九位船员拼死登上一座孤岛，才没有被大海淹没。

但接下来的情形更加糟糕，岛上除了石头，还是石头，没有任何可以用来充饥的东西，更为要命的是，在烈日的暴晒下，每个人都渴得嗓子快冒烟了。水，成了最珍贵的东西。

尽管四周都是水——海水，可谁都知道，海水又苦又涩又咸，根本不能用来解渴。现在九个人唯一的生存希望是老天爷下雨或别的过往船只发现他们。

等了很久，也没有一丝下雨的迹象，天际除了海水还是一望无边的海水，没有任何船只经过这个死一般寂静的岛。渐渐地，九个幸存的船员支撑不下去了，一个接一个地失去知觉，昏过去，直到死亡。

当最后一位船员快要渴死的时候，他实在忍不住扑进海水里，"咕嘟咕嘟"地喝了一肚子。船员喝完海水，一点儿觉不出海水的苦涩味，相反是甘甜无比，非常解渴。他想：也许这是自己渴死前的幻觉吧。于是，他静静地躺在岛上，等着死神的降临。

他睡了一觉，醒来后发现自己还活着，船员非常奇怪。于是，他每天不再受口渴困扰，终于等来了救援的船只。

人们化验这水发现，这儿由于有地下泉水的不断翻涌，所以海水实际上全是可口的泉水。

点拨 做事需要借鉴经验和常理，但千万不要被其所缚。

给教育者的建议

教育者不仅要给孩子传授知识，更要教给孩子解决问题的方法，培养其解决问题的能力。当孩子在实践中遇到问题时，要懂得变通，能具体问题具体分析，真正做到学以致用。

8. 瞎子打猎坐着喊

从前有个瞎子，他的邻居是一位猎人，打了飞禽走兽后，常请他去吃酒。席间，瞎子常向猎人请教打猎的秘诀，并把这些秘诀牢牢记在心里。后来，猎人去世了，瞎子觉得现在世界上只有他一个人懂得打猎。于是，他专门对学习打猎的人传授经验。一位年轻的猎人把他带上山，请他现场指导。

树林里跑出一头野猪，瞎子以为是一匹狼。便说："你知道打狼要打哪里吗？""狼是铜头铁腰麻秆腿。所以，棒打狼腿，猎物可得。"

年轻的猎人告诉他："刚才是一头野猪，听见人说话，早吓跑了。"瞎子赶紧说："野猪吗？你只能往它的嘴里打，因为它的皮肤，像铠甲一样，子弹打不透。"

年轻的猎人有些不耐烦了。当前面又出现一个猎物时，他轻轻喊了声"兔"，就悄悄摸了过去。瞎子把"兔"听成了"鹿"，高声喊道："要打卧鹿！不要打跑鹿！因为它在树林里乱跑乱跳，会把鹿茸撞坏。"瞎子的喊声把兔子吓跑了。

年轻的猎人再也不听瞎子胡说了，一个人到山上寻找猎物。瞎子还在那里滔滔不绝地讲述打狐狸、打獐子的要领。后来，他凭声音断定猎人确实走远了，就有些害怕起来。

山的那边突然传来一声虎啸，瞎子早把打虎的经验忘记了，掉头就跑，结果一下子掉进年轻猎人在他的指导下设置的陷阱。他大喊："救命啊！"

点拨 学习理论知识是为了运用，达到学以致用，而不是为了满腹经纶、好为人师。

9. 会跳舞的猪

有一头猪跑到菜园去跳舞，把菜园的青菜踩得东倒西歪，一片狼藉。猪的举动引来路人围观，猪于是跳得更加卖力。主人见状，怒不可遏地拿起木棍猛打那头猪，并气呼呼地说："这头笨猪看你干的好事！我非好好教训你不可……"遍体鳞伤的猪有些迷惑地抱怨："我昨天看麻雀在菜园翩翩起舞，大家都很开心地鼓掌，为什么我今天跳一下舞，就被狠狠痛打？"

点拨 不要盲目学习别人，而要客观、正确地认识自己的个性和特长，让自己的所学真正发挥作用，做回真正的自己，否则只能是一事无成。

📖 给教育者的建议

教育需要知行合一。教育者的职责不仅在于传授知识，更在于培养孩子的能力。如果我们培养出来的孩子只是空有理论知识，而缺乏实践操作能力，那将是教育的失败。同时，要注意按照孩子的天性进行教育，让孩子正确认识自己，选择适合自己的路，这样更有利于孩子发展潜能，在实践中找到用武之地。

三、亲子与师生的共同话题

杜威曾说："学校中求知识的真正目的，不在知识本身，而在学习获得知识以适应需要的方法。"这就说明学习是为了在实践中运用。对于学习知识和运用知识的关系，陶行知也说过："教育要'手脑并用'。在用脑的时间，同时用手去试验；用手的时间，同时用脑去想，才有可能去创造。手和脑在一块儿干，是创造教育的开始；手脑齐全，是创造教育的目的。"

可见，学用结合是真正有效的学习方式。那么，在实际教育中怎样操作呢？对此，杜威认为，在教学中教师不应该直截了当地注入知识，而应诱导孩子在活动中得到经验和知识。

活动在教育中的作用应该值得重视。活动之一的劳动，尤其是创造性的劳动可以激发孩子学习的兴趣。让孩子动手去做，就会使开始时看似反应比较迟缓的孩子得到应有的发展。就像苏霍姆林斯基所言，智慧体现在孩子的手尖上。活动的另外一种形式——游戏也应该引起注意。洛克曾说过："教导儿童的主要技巧是把儿童应做的事业都变成一种游戏似的。"这也印证了对儿童的教育要充分发挥活动的作用。

可见，为了孩子更好地学习并达到学以致用，教育者一方面需要改进传授知识的方式，如《教育——财富蕴藏其中》一书所指出的，"教师要从'独奏者'的角色过渡到'伴奏者'的角色，从此不再主要是传授知识，而是帮助学生去发现、组织和管理知识，引导他们而非塑造他们。"另一方面，教育者也要为孩子提供实践和体验的机会，使他们能够尝试解决各种现实问题，并从中获得有益的经验和提高处理问题的能力。

教育者不仅要传授知识给孩子，丰富孩子的头脑和精神，使孩子具备在实践中运用知识的条件，还要让孩子从做中学，通过实践获得知识、技能，形成能力，使孩子掌握这种很有效的学习方式。同时，教育者要引导孩子及时总结自己从实践经验中学到的知识，并把这些感性经验与课堂上的理论学习相结合。因此，"学"和"用"缺一不可，教育者要处理好二者的关系。

第九节　善于思考

一、内涵阐述

思维是在概念的基础上进行分析、综合、判断、推理等认识活动的过程，它是人类特有的一种精神活动，产生于社会实践之中。

一个人思维能力的高低，主要从他思维的深刻性、敏捷性、灵活性和独创性等方面进行判断。

思维的深刻性即对事物进行深入分析和综合，能抓住事物的主要方面，透过现象抓住本质，如概括能力、推理能力、理解能力、运用能力等。

思维的敏捷性指迅速而又正确的运算、判断能力。

思维的灵活性是指思路敏捷、不呆板、不固执、应变能力强、能从不同的角度提出问题和解决问题，比如举一反三、触类旁通等就是思维灵活性的具体表现。

思维的独创性是指不受思维定式的约束，能够突破常规而求异求新，最终取得出奇制胜的效果。

思考是进行得比较深刻、周到的一种思维活动。学习中，我们就需要善于思考，以培养和增强自己的思维能力。应特别强调独立思考的能力，因为学习是一个悟的过程，而悟是别人替代不了的。只有经过自己的大脑的思维运动，才能把所学内化为自己的东西。伟大的物理学家爱因斯坦曾说过："学会独立思考和独立判断比获得知识更为重要。不下决心培养思考习惯的人，便失去了生活的最大乐趣。"

无论是在学习还是生活中，我们都需要养成善于思考的习惯。只有善于思考，才会从事情的表面推出其实质，而不致被事情的虚假表象所蒙骗；只有善于思考，才会形成勇于质疑的品质，才会敢于质疑常规和权威，敢于挑战现实；只有善于思考，才会对自己进行反思，最终实现真正的自我教育；只有善于思考，才会推陈出新，增强创新精神。

二、一个故事一堂课

1. 行动出于智慧，而非惯性

楚庄王在攻陈之前，一边做准备，一边派人去陈国察看虚实。不久，侦察人员回来禀报说："现在恐怕不能伐陈！"

楚庄王问："为什么？"

侦察的人回答说："我看见陈国的城墙修得很高，护城河也挖得很深，再加上陈国的仓库里又积蓄了很多的粮食和财物。如果我军此时出兵，恐怕一时很难取胜！"

"那……该怎么办呢？"楚庄王看了看大臣们，问，"是不是应该停止伐陈？你们说呢？"

大臣宁国想了想，说："不，再没有比这更好的时机了。"

"为什么？根据现阶段侦察到的情况来看，陈国的防备力量很强，加上储备又足，我军确实一时难以得手。"楚庄王有些不相信他的话。

"陈国只是一个小国，但是其蓄积的粮食和财物却那么多，这说明它的赋税繁重，那么老百姓就必然会怨恨国君。城墙修得那么高，护城河挖得那么深，那么民力就会凋敝了。如果我们现在起兵伐陈的话，陈国唾手可得。"宁国胸有成竹地回答道。

"嗯，很有道理，马上出兵！"楚庄王高兴地同意了宁国的意见。

果然不出宁国所料，陈国的老百姓早就怨恨陈国国君的横征暴敛了，楚国大军一到，都无心抵抗，一战即溃，楚军大获全胜。

点拨 通过表象看本质，由此及彼，才能看清事情的真相，找到真正的解决之道。

2. 崇尚法治

齐桓公外出打猎，见到一个瘦弱的老人坐在自家门口唉声叹气，于是上前询问："老人家，有什么伤心的事吗？"

老人咕咕哝哝地说："……丢了马驹倒也算了……他们还都叫我'糊涂虫'……"

桓公有些摸不着头脑："到底什么事啊？"

老人回答说："我家母牛下了一头牛崽。我辛辛苦苦养了一年，把牛崽养到半大了。前几天，我把小牛牵到集上换了个马驹。不想刚回到家，乡里的地痞就来了。他说：'你家的母牛怎么会下马驹呢？分明是偷来的！'说完，就把我的马驹牵走了。村民们知道了，都笑话我，从此就叫我'糊涂虫'了。"

随从们听了，都笑起来，桓公也笑了，说："你怎么让他把马驹牵走了呢？"说完就回宫了。

第二天，桓公把"糊涂虫"的笑话讲给管仲听，末了还说："爱卿你看，我们齐国既有像你这样的聪明人，也有像他那样的'糊涂虫'。不是很有意思吗？"说到这里，他忍不住又笑起来。

可是管仲没有笑。他整整衣服、站直身子，严肃地说："主公啊！您错了，那个老人并不是'糊涂虫'，我们才是真正的'糊涂虫'啊！"

桓公一愣："此话怎讲？"

管仲说："如果我们的国家法律严明，吏治清明，还会出现这样诈取马驹的事情吗？就算有，老人也绝不会白白地让他把马驹牵走啊！他肯定会告官，正是因为他知道我们国家法治不力，官吏腐败，告官也没用啊！他哪里是糊涂？他是以这种方式给您敲警钟啊！可我们呢？齐国的社会风气到了这种地步，我们竟一点儿也不知道，不是糊涂到了极点吗？再这么发展下去，齐国就要完了，您、我都有杀身之祸啊！主公，请赶紧严肃法纪、修明吏治吧！"

点拨 善于思考和分析判断的人，看问题能由表及里，由点到面，从而明察事实，防微杜渐。

3. 酒瓶与潜艇的"姻缘"

1893年，一个叫莱克的美国青年历经千辛万苦，造成了一艘形状奇特的小型潜艇。它靠压载物沉入海底，用轮子滚动在海底行进。可这艘形同柜子的潜艇稳定性不佳。莱克苦思冥想，未得其解。

一天，他约了几个亲朋好友到海滩野餐，以便放松一下紧张的神经。酒足饭饱之后，几个人兴犹未尽，玩起了扔酒瓶的游戏。一场比赛开始了，接二连三甩出去的酒瓶伴随着"扑通"声一个接一个地沉入了海底。谁知，有一个扔得最远的瓶子竟伸着脖子浮在水面上左晃右荡，就是不沉入水中。原来，是一个伙伴搞鬼，他扔出去的是一个剩下半瓶酒的瓶子。机遇总会偏爱有心人。望着不沉的瓶子，莱克受到了启发，突然产生了灵感：要是增加潜艇的上部浮力，那潜艇不就可以稳定而不沉没了吗？正当大家意欲惩罚他的朋友时，莱克却兴奋地抓着他高声叫道："谢谢！太谢谢了！"

根据"酒瓶不沉"的原理，莱克马上对原来设计的潜艇进行了改革，发明了双壳体潜艇，获得了成功。

点拨 伟大的发明都是观察和思考的结果。

给教育者的建议

"学起于思，思源于疑。"教育者要培养孩子良好的思维习惯，要善于引导和启发孩子学会对事物进行深入分析，抓住事物的主要方面，透过现象看本质。

4. 赚钱智慧

两青年一同开山，一个把石块儿砸成石子卖给建房人，一个直接把石块卖给杭州的花鸟商人。三年后，卖怪石的青年成为村里第一个盖起瓦房的人。

后来，不许开山，只许种树，于是这儿成了果园。每到秋天，漫山遍野的鸭梨招来八方商客。他们把堆积如山的梨子成筐成筐地运往北京、上海，然后再发往韩国和日本，因为这儿的梨汁浓肉脆，香甜无比。就在村上的人为鸭梨带来的小康日子欢呼雀跃时，曾卖过怪石的人卖掉果树，开始种柳。因为他发现，来这儿的客商不愁挑不上好梨，只愁买不到盛梨的筐。五年后，他成为第一个在城里买房的人。

再后来，一条铁路从这儿贯穿南北，这儿的人上车后，可以北上北京，南抵九龙。小村对外开放，果农也由单一的卖果开始发展果品加工及市场开发。就在一些人开始集资办厂的时候，那个人又在他的地头砌了一道三米高百米长的墙。这道墙面向铁路，背依翠柳，两旁是一望无际的万亩梨园。坐火车经过这里的人，在欣赏盛开的梨花时，会醒目地看到四个大字：可口可乐。据说这是五百里山川中唯一的一个广告，那道墙的主人仅凭这座墙，每年又有四万元的额外收入。

当你在马路上散步的时候，当你坐在火车上向外眺望的时候，假如有一个相貌平平的人，说赚钱是一件很容易的事，仅需要一点点智慧就够了，你千万不要侧目，说不定他就是一个身价百万的人。

点拨 无论学习还是生活，都要有创新思维。善于思考和发现新事物，会获得比别人优秀的成果。

5. 反转你的脑

在课堂上，教授问学生："有两位工人，修理旧的烟囱，当他们从烟囱里爬出来的时候，一位很干净，另一位却满脸满身的煤灰，请问谁会去洗澡呢？"

一位学生说："当然是那位满脸满身煤灰的工人会去洗澡喽！"

教授说："是吗？请你们注意，干净的工人看见另一位满脸满身的煤灰，他觉得从烟囱里爬出来真脏。另一位看到对方很干净，就不这么想了。我现在再问你们，谁会去洗澡？"

有一位学生很兴奋地发现了答案："噢！我知道了！干净的工人看到脏的工人时，觉得他自己必定也是很脏的。但是脏的工人看到干净的工人时，却觉得自己并不脏啊！所以一定是那位干净的工人跑去洗澡了。"

教授看了看其他的学生，所有的学生似乎都同意这个答案。

只见教授慢条斯理地说："这个答案是错的。两个人同时从旧的烟囱里爬出来，怎么可能一个是干净的，另一个是脏的呢？"

点拨 想问题时要尽量拓展思路，避开思维陷阱。

6. 画画

有个小男孩到了上学的年纪，他背起书包，来到了向往已久的学校。

早上，老师开始上课，她说："今天，我们来学画画。"小男孩心想："好哇！"他喜欢画画。他会画许多东西，如狮子和老虎，小鸡和母牛，火车，以及船……他开始兴奋地拿出蜡笔，径自画了起来。

但是，老师却说："等等，现在还不能开始。"老师停了下来，直到全班都专心看着她。老师又说："现在，我们来学画花。"那男孩心里高兴，他喜欢画花儿。他开始用粉红色、橙色、蓝色蜡笔，勾勒出他自己想象中的花朵。但此时，老师又打断大家："等等，我要教你们怎么画。"她在黑板上画了一朵花，花是红色的，茎是绿色的。"看这里，你们可以开始学着画了。"小男孩儿看着老师画的花，又再看看自己画的，他还是更喜欢自己的花儿。但是他不能说出来，只能把老师的花画在纸的背面，那是一朵红色的花，带着绿色的茎。

另一天，小男孩进入教室，老师说："今天，我们用黏土来做东西。"男孩心想："好棒。"他喜欢玩黏土。他会用黏土做许多东西：蛇和雪人，大象和老鼠，汽车，货车……他开始捶揉一个球状的黏土。老师说："现在，我们来做个盘子。"男孩儿心想："嗯，我喜欢。"他喜欢做盘子，没多久，各式各样的盘子便出笼了。但老师说："等等，我要教你们怎么做。"她做了一个深底的盘子。"你们可以照着做了。"小男孩看着老师做的盘子，又看看自己的，他实在是喜欢自己的。但他不能说，他只是将黏土又揉成一个大球，再照着老师的方法做。那是个深底的盘子。

很快地，小男孩学会等着、看着，仿效老师，做相同的事。很快地，他不再创造自己的东西了。

点拨 单纯的模仿只会扼杀人的想象力和创造力。

7. 聪明的报童

某一个地区，有两个报童在卖同一份报纸，二人是竞争对手。

第一个报童很勤奋，每天沿街叫卖，嗓门也响亮，可每天卖出的报纸并不是很多，而且还有减少的趋势。

第二个报童肯用脑子，除去沿街叫卖外，他还每天坚持去一些固定场所，先给大家分发报纸，过一会儿再来收钱。地方越跑越熟，报纸卖出去的也就越来越多，当然也有些损耗，但很小。渐渐地，第二个报童的报纸卖得更多，第一个报童能卖出去的更少了，不得不另谋生路。

为什么会如此？第二个报童的做法大有深意。

第一，在一个固定地区，对同一份报纸，读者客户是有限的。买了我的，就不会买他的，我先把报纸发出去，这些拿到报纸的人肯定不会再去买别人的报纸。等于我先占领了市场，我发得越多，他的市场就越小。这对竞争对手的利润和信心都构成打击。

第二，报纸这东西不像别的消费品，有复杂的决策过程，随机性购买居多，一般不会因质量问题而退货。而且钱数不多，大家也不会不给钱，今天没零钱，明天也会一块儿给，文化人嘛，不会为难小孩子。

第三，即使有些人看了报，退报不给钱，也没什么关系，一则总会积压些报纸，二则他已经看了报，肯定不会去买别人的报纸，还是自己的潜在客户。

点拨 做事情要多动脑筋，形成自己独特的想法，求异思维更容易产生独特的收效。

给教育者的建议

要培养孩子思维的灵活性。因为创新、求异思维往往能出奇制胜，创造出新颖的社会价值。

8. 找个"冤家"做搭档

乔治·巴顿中校是美国陆军最优秀的坦克防护装甲专家之一。他接受研制M1A2型坦克的装甲任务后，立即找来了一位"冤家"做搭档——著名破坏力专家迈克·舒马茨工程师。两人各带一个研究小组开始工作。所不同的是，巴顿带的是研制小组，负责研制防护装甲；舒马茨带的则是破坏小组，专门负责摧毁巴顿研制出来的防护装甲。

刚开始时，舒马茨总是能轻而易举地把巴顿研制出的坦克炸个稀巴烂。但随着时间的推移，巴顿一次次地更换材料，修改设计方案，终于有一天，舒马茨使尽浑身解数也未能破坏这种新式装甲。于是，世界上最坚固的坦克在这种近乎疯狂的"破坏"与"反破坏"试验后诞生了。巴顿和舒马茨也因此而同时荣获了紫心勋章。

巴顿中校事后说："尽可能地找出问题，是为了更好地解决问题，事实上，问题并不是最可怕的，最可怕的是不知道问题出在哪儿。"

点拨遇到问题时，要多想想问题出在哪儿，才能找到解决之道。

9. 重筑新窝

英国成功者协会主席保罗·迈耶在年轻的时候，曾发誓要成为一名最伟大的诗人。

有一天，他独自在自家后院的花园里散步，满园的美景让他着迷。不知不觉，他踩到了一个硬东西，低头一看，原来是一个鸟窝。"这鸟窝怎么会跑到地上呢？"他暗想，"哦，一定是刚才那阵大风把它吹落到地上的。可是，鸟儿哪儿去了呢？"正当他对这个被毁的鸟窝伤感地沉思时，他突然听到了鸟儿的鸣叫，声音来自他的头顶。他抬起头一看，小鸟已经开始在枝头重筑新窝了，那样兴奋地叫着，好像大风从来没把它们的窝吹落一样。

保罗在那一瞬间，突然对自己从前极端热爱的诗歌兴趣全无。他想，我能为这个世界做点什么？于是他投身实业，成为一名成功的企业家。

点拨做事要想想是否适合自己，如果没有进展，就应该立即重新定向。

10. 森林里的变色蜥蜴

森林里，住着三只蜥蜴。其中一只看一看自己的身体和周围的环境大不相同，便对另外两只蜥蜴说："我们住在这里实在太不安全了，要想办法改变环境才可以。"说完，这只蜥蜴便开始大兴土木。另一只蜥蜴看了说："这样太麻烦了，环境有时不是我们能改变的，不如我们另外找一个地方生活。"说完，它便拎起包袱走了。第三只蜥蜴，也看了看四周，问道："为什么一定要改变环境来适应我们，为什么不改变自己来适应环境呢？"说完，它便借着阳光和阴影，慢慢改变自己的肤色。不一会儿，它就渐渐在树干上隐没了。

点拨怎样才能更好地与周围的人和自然和谐相处？多反思自己、改变自己去适应环境，比改变环境适应自己容易得多。

📖 给教育者的建议

不要给孩子规定什么，而要把选择和思考的权利还给孩子，让他们自己在解决问题中求策略，从中不断反思和提升自我。

11. 国王与猎鹰

一个夏日，国王带着他心爱的猎鹰出去打猎，途中口渴。"要是有泉水多好。"他边想边四处寻找。

高兴的是，他终于在一块岩石底下发现了一丝细流。他拿出杯子用了很长时间才接满，刚要喝，突然从空中传来一阵呼啸声，杯子被打落了，水洒了一地。国王很生气，抬头一看，却发现是自己心爱的猎鹰。国王重新捡起水杯，又去接水。他口渴极了，刚接了半杯水，他就端起水杯，猎鹰又冲下来，将水杯打落。国王又试了一次，但那猎鹰还是没有让他成功。国王发怒了。"这是最后一次，如果你还不让我喝，我就砍了你！"国王边接水边怒喝道。可是猎鹰又把水杯打落了。国王砍掉了猎鹰的脑袋。当他再去取水杯的时候，发现水杯在岩石缝间，无法取出来。"不管怎样，我必须喝到泉水。"他边想边沿石壁寻找泉水的源头。

最后他终于来到了目的地，那里确实有个小水潭，但是一条有剧毒的死蛇把整个水潭都填满了。

国王停下了脚步，他忘了干渴，想起了猎鹰。他对自己说："今天我吸取了一条惨痛的教训，那就是无论干什么，千万不要意气用事。"

点拨 不要意气用事。三思而后行，会避免不必要的失败和后悔。

12. 病狮

一头年老体弱的狮子，无力自行觅食，只好躺在洞穴中，他呼吸困难，说话有气无力，一副病入膏肓的样子。

这消息很快在兽群中传开了，大家都为病狮哀伤不已，他们一个接一个地来探望狮子。哪知道这头狮子就这样待在自己的洞穴中，轻而易举地把探望者一个个捉住吃掉。

狐狸对这件事有些怀疑，最后也来看个究竟。他站得远远地恭问万兽之王安好。狮子道："啊，我最亲爱的朋友，是你呀！为什么站得那么远？来，好朋友，在我这可怜的狮子耳边说句话吧，我快不行啦。"

"愿上帝保佑你！"狐狸说，"但请原谅我，我不能久留。老实说，我感到十分不安，我看到的都是走进洞去的脚印，而没有看到走出来的。"

点拨 做事忌鲁莽而行，否则会把自己置于不利之境。

13. 孔子与仲由

仲由至贾市闲游，见一买者与卖者争吵不休。卖者道："我一尺鲁缟价三钱，你要八尺，共二十四钱，少一个子也不卖！"买者争辩道："明明是三八二十三，你多要钱是何道理？"仲由正直，笑对买者说："三八二十四才对。你错了。"买者不服，争执不下，便要打赌。仲由性烈，当场以新买的头盔为赌注。买者也火气正旺，愿以脑袋做赌注。二人击掌为誓，均找孔子评理。孔子听了原委，笑对仲由曰："子路，你错了，快把头盔输给人家吧。"仲由一时气恼，愤然辞别师父，回家省亲。临行，孔子嘱曰："你此次探亲，当记两句话——古树莫存身，杀人莫动刃。"仲由应诺，毅然回了卞国。

仲由行在途中，忽遇雷雨，漫野荒凉，无避雨之所，唯见道旁立一古树，树洞硕大，足可栖身。仲由正欲避雨洞中，突忆师嘱：古树莫存身。便抽身离开古树。行不多远，一道闪电，随即"咔"的一声，古树被雷击断。仲由幸免于难，深谢老师不已。

寅夜时分，仲由方抵家中。他暗自思忖，我离家门久，妻子贞否？不如轻启门户，窥探一番。于是他跃入院墙，用刀尖拨开门闩，轻步床前，暗里一摸，竟有两个人头合枕而睡。仲由顿时怒从胆生，举刀欲砍，又忆起师嘱：杀人莫动刃。便放下刀，点灯一照，原来是妻、妹合床而眠。仲由吓出一身冷汗，多亏师父明鉴，才没有误杀亲人。

仲由在家只住一日，便回鲁城谢过师父指点之恩。他又大惑不解地问："老师，明明是三八二十四，您为何说二十三呢？"孔子笑曰："子路，你输了，头盔可以买到，若买缟人输了呢？"

点拨 凡事谋定而行，可以避免不必要的失误。

📖 给教育者的建议

培养孩子深刻、缜密的思维能力。让孩子学会分析，学会认识和改正错误，这本身就是引导学生自我教育的过程。

14. 上帝的笑

上帝造完人类以及万物以后，让他们在地球上按照各自的方式去生活，上帝只是用慈祥和欣慰的目光注视着一切。

忽一天，人跑来寻找上帝。

"你有什么事啊？我的孩子。"看着满脸委屈的人，上帝问道。

"这太不公平了！"人叫喊着回答，"您看，我跑不过马和兔子他们，也没有大象和牛的力气大，不能像鸟儿在天上飞，不能像鱼儿在水里游，上树摘果子不如猴子，捕食又没有老虎的爪子和牙齿……您说我该怎么办啊？"

"你的大脑比他们的都好，你可以思考啊！"上帝说道。

"可他们说，我一思考，您就会发笑。思考是没有用的。再说，好多问题我也想不明白。"

上帝笑了，他对人说："我的孩子，我知道有些问题你可能会想不明白，可是你的优势就是智慧的大脑啊！你的大脑有1350毫升，你足以用它去弥补各种不足。我保证，只要你凡事动脑思考，你会活得比他们都好，他们都将会为你所用，你将成为万物之灵。你要是不思考，也就无法生存了。孩子，你的大脑才是世上最宝贵的财富，你要好好利用啊！"

点拨 人与其他动物相比，最大的优势在于会思考，思考会弥补人的不足。

15. 背后有一只眼睛

一名文学系的学生米兰对小说非常着迷，立志成为一位优秀的小说家。一次他苦心撰写了一篇小说，请作家皮普批评。因为作家皮普正患眼疾，米兰便将作品读给皮普听。读到最后一个字，米兰停顿下来。看作家双目微闭，神态悠然，似乎仍沉浸在他刚才朗读的小说所描绘的情境当中。米兰当下轻咳一声，皮普问："结束了吗？"听语气似乎意犹未尽，渴望下文。

这一问，煽起米兰无限激情，他立刻灵感喷发，马上回答说："没有啊，下部分更精彩。"他以自己都难以置信的构思叙述下去。将小说的情节一步步延展，自觉语不能罢。

到达一个段落，皮普又似乎难以割舍地问："结束了吗？"

米兰更兴奋，更激昂，更富于创作激情。他不断地接续、接续……最后，电话铃声骤然响起，打断了米兰的思绪。

这时电话响了，找皮普有急事。皮普匆匆准备出门。"那么，没读完的小说呢？"米兰问。

皮普莞尔："其实你的小说早该收笔，在我第一次询问你是否结束的时候，就应该结束，何必画蛇添足呢？该停则止，看来，你还没能把握情节脉络，尤其是缺少决断。"

皮普又说："决断是当作家的根本，否则绵延逶迤，拖泥带水，如何打动读者？别说打动，像如此烦冗拖沓，岂不让读者心生厌恶？"

米兰追悔莫及，自认性格过于受外界左右，作品难以把握，恐怕不是当作家的料，于是不再痴迷小说。

很久以后，米兰遇到一位作家米歇尔，他羞愧地谈及往事，谁知米歇尔惊呼："你的反应如此迅捷，思维如此敏锐，勾画故事的能力如此强，这些正是成为作家的天赋呀！假如正确运用，作品一定脱颖而出。"

米兰又后悔了，怎么当初自己就没好好考虑那位有眼疾作家的话呢？怎么没想到别人的话也只是一面之词，一家之论，并非绝对正确的评判呢？怎么就没能客观对待此事呢？于是他又重操旧好，写起小说来。有此为鉴，米兰不再轻信旁言，凡事认真考虑，终于在小说界争得一席之地。

点拨 征求他人的意见是必要的，但不要轻信旁言，凡事要经过自己的大脑认真思考，从而形成自己正确的判断。

📖 **给教育者的建议**

培养孩子独立思考、独立判断的能力，这是防止孩子养成依赖的习惯，培养孩子创造能力的关键点。

三、亲子与师生的共同话题

在当今全球化、信息化进程加速的社会里，每个人都需要具备独立思考的品质。没有个体的独立思考，就没有集体的创造能力，就没有民族的创造精神。个体的独立思考既是一种能力，更是一种从小养成的习惯。这种习惯完全可以通过学校和家庭的教育活动加以培养。

对孩子进行思维训练是必要的。比如，在学习上，要让孩子把知识学活，就必须让孩子学会观察、理解、学会思考、概括、抽象思维。否则，不分巨细式的学习只能停留在低级的记忆水平上。

培养孩子独立思考、勇于质疑的习惯，首要的是转变教育者的教育观念。一个优秀的教育者应该充分认识到交流比传授更有效，启发比讲解更高明，要让孩子在体验中学会思考，鼓励孩子大胆发问。教育者也应当鼓励孩子竭力追求思考的积极性，使知识在深刻理解和运用的情况下不断发展。这样就能使孩子借助已积累的知识不断获取新的知识，这正是高度的教育技巧之所在。

一个优秀的教育者还善于通过培养孩子的观察能力激发孩子思考。苏霍姆林斯基认为，一个人如果没有活跃的思维，就不可能有较高的智力，而活跃的思维又离不开思考。他根据自己多年的教育经验总结出一个规律，即一个人智力发达的主要特点就是善于观察。只要爱观察、善于观察，就能够不断地思考。而只有孩子通过思考而不是通过记忆获得的知识，才能够真正变成他自己的知识。学习如此，生活又何尝不需要思考呢？

一个优秀的教育者还要善于为孩子提供思考的机会。教师的等待就是学生的机会。教育改革者李希贵在《为了自由呼吸的教育》一书中说："我们希望老师不要经不住课堂上的沉默，因为，只有活跃气氛而没有屏息思索和思维交锋的课堂不是健康的课堂。"这也给了所有教育者一剂清醒剂。

第十节　掌握终身学习的能力

一、内涵阐述

每个人在成长过程中都需要不断地学习。要提高学习质量，就需要掌握终身不断学习的能力。树立终身学习的理念，培养终身学习的习惯，至关重要。不妨从以下两大方面入手。

(1) **掌握信息，打牢基础**。随着社会的飞速发展，信息浩如烟海。学会收集信息、处理信息、选择信息、管理信息等，就成为21世纪最重要的学习能力。我们不可能也不需要记住所有的知识，但可以知道去哪里找到需要的知识，并且能够迅捷地找到；我们不可能也不需要了解所有的信息，但可以知道最重要的信息是什么，并且明白自己该怎么行动。因此，我们要学会掌握信息，让学习由死记硬背转向真正把握。那么，怎样才能有效掌握信息？一是博览群书；

二是利用现代化科技手段查阅和了解信息；三是学会和别人共同讨论交流；四是善于观察、勇于质疑；五是培养自学能力。掌握信息的过程，其实就是一个为学习打牢基础的过程。

(2) 科学用脑。大脑工作很有规律，整个大脑中活动都是分区进行的，不同的区域指挥着人体不同部位的活动。比如说话有言语区、写字有书写区、看东西有视觉区、听声音有听觉区，等等。而且每一个区的工作都有一定的时间限制，不能太久，各种活动必须不断轮换交替着进行。这就要劳逸结合，注意用脑卫生。如果一个人经常用脑过度，就会使脑组织的兴奋与抑制失调，出现各种各样的神经衰弱症状。可见，掌握学习与休息之间的脉动，是我们持续拥有无穷动力的秘诀。

总之，掌握信息、打牢基础、科学用脑都是为了更好地为学习服务，都是在为增强终身学习的能力做准备。

二、一个故事一堂课

1. 黑板上的解剖图

自上卫生课的第一天开始，黑板上就画有人体解剖图，标明了重要骨骼肌肉的名称和部位。整个学期那幅图都留在那里，不过老师从没有提起它。然而在临近期末的一次测验，同学们一进教室，就看见黑板擦得干干净净，上面只写了一道试题："列举人体各主要骨骼的名称和部位。"

全班同学异口同声提出抗议："我们从没学过这个。"

"这不是理由，"老师说，"那些知识已经写在黑板上好几个月了。"同学们勉强答了一会儿以后，老师便把试卷收集起来，撕得粉碎。"永远记住，"他告诫大家，"教育不只是学人家告诉过你去学的东西。"

点拨 学习的真正意义在于学会学习，要善于抓住时机学习，而不只是学别人告诉你去学的东西。

2. 士别三日，当刮目相看

吕蒙是三国时东吴将领，精通善战。虽然深得周瑜、孙权器重，但吕蒙十五六岁即从军打仗，没读过什么书，也没什么学问。因为这，鲁肃很看不起他，认为吕蒙这个人只不过是一介草莽之徒，四肢发达，头脑简单，没什么谋略可言。吕蒙自认低人一等，也不爱读书，不思进取。

有一次，孙权派吕蒙去镇守一个重地，临行前嘱咐他说："你现在很年轻，应该多读些史书、兵书，懂的知识多了，才能不断进步。"

吕蒙一听，忙说："我带兵打仗忙得很，哪有时间学习呀！"

孙权听了批评他说："你这样就不对了。我主管国家大事，比你忙得多，可仍然抽出时间读书，收获很大。汉时的光武帝带兵打仗，日理万机，仍然手不释卷，你与之相比，又有什么困难可言呢？"

吕蒙听了孙权的话十分惭愧，从此便开始发愤读书补课，利用军旅闲暇，遍读诗、书、史及兵法战策，如饥似渴。在不懈努力之下，吕蒙学识一步步提高，官职也越来越大，当上了偏将军。

周瑜死后，鲁肃代替周瑜驻防陆口。大军路过吕蒙驻地时，一谋士建议鲁肃："吕将军功名日高，您不应怠慢他，最好去看看。"

鲁肃也想探个究竟，便去拜会吕蒙。

吕蒙设宴热情款待鲁肃。席间吕蒙请教鲁肃说："大都督受朝廷重托，驻防陆口，与关羽为邻，不知有何良谋以防不测，能让晚辈长点见识？"

鲁肃随口应道："这事到时候再说嘛……"

吕蒙正色道："这样恐怕不行。当今吴蜀虽已联盟，但关羽如同熊虎，险恶异常，怎能没有预谋，做好准备呢？对此，晚辈我倒有一些拙见，愿说出来作个参考。"

吕蒙于是献上五条计策，见解独到精妙，全面深刻。

鲁肃惊喜之下，立即走到吕蒙身旁，拍着他的肩膀赞叹道："真没想到，你的才智进步如此之快……我以前只知道你是一介武夫，现在看来，你的学识也十分广博啊！远非从前的'吴下阿蒙'了！"

吕蒙笑道："士别三日，即当刮目相待。"

从此，鲁肃对吕蒙尊爱有加，两人成了好朋友。吕蒙通过努力学习和实战，终成一代儒将而享誉天下。

点拨 什么时候都不要怀疑自己的能力，只有正确地认识到自己的不足，然后制定目标，多下功夫，终会让人刮目相看。

给教育者的建议

如何让孩子打牢坚固的学习基础？引导孩子自己制定目标，让其学会提问和讨论，培养其自学能力，让其不断通过扩充阅读来丰富自己，这些都是必须要做的。

3. 让灵魂追上身体

有一位探险家，到南美的丛林中找寻古印加帝国文明的遗迹。

他雇用了当地的人作为向导及挑夫，一行人浩浩荡荡地朝着丛林的深处走去。那群土著的脚力过人，尽管他们背负笨重行李，仍是健步如飞。在整个队伍的行进过程中，总是探险家先喊着需要休息，让土著停下来等他。

一连过了三天，探险家虽然体力跟不上，但希望能够早一点到达目的地，一偿平生的夙愿，好好研究古印加帝国文明的奥秘。到了第四天，探险家一早醒来，便立即催促着打点行李，准备上路。不料领导土著的翻译人员却拒绝行动，这令探险家为之恼怒不已。

经过沟通，探险家终于了解到这群土著自古以来便流传着一项神秘的习俗：在赶路时，皆会竭尽所能地拼命向前冲，但每走上三天，便需要休息一天。探险家对于这项习俗好奇不已，询问向导，为什么在他们的部族中，会留下这么耐人寻味的休息方式。向导表情庄严地回答了探险家的问题："那是为了让我们的灵魂，能够追得上我们赶了三天路的疲惫身体。"

探险家听了向导的解释，心中若有所悟。他沉思了许久，终于展颜微笑，认为这是他这次探险中最好的一项收获。

点拨 要学会有张有弛。适当的放松和休息，就是一种身心的复原，会更有利于前进。

4. 压力

讲师拿起一杯水，然后问大家："各位认为这杯水有多重？"有人说200克，也有人说300克。"是的，它只有200克——那么，你们可以将这杯水在手中端多久？"讲师又问。很多人都笑了：200克而已，拿多久又会怎么样！

讲师没有笑，他接着说："拿一分钟，各位一定觉得没问题；拿一个小时，可能觉得手酸；拿一天呢？一个星期呢？那可能得叫救护车了。"大家又笑了，不过这回是赞同地笑。

讲师继续说道："其实这杯水的重量是一样的，但是你拿得越久，就觉得越沉重。这就像我们承担着压力一样，如果我们一直把压力放在身上，不管压力是否很重，时间长了就会觉得越来越沉重，从而无法承担。我们必须做的是放下这杯水，休息一下后再拿起，如此我们才能拿得更久。所以，我们所承担的压力，应该在适当的时候放下，好好休息一下，然后再重新拿起来，如此才可承担得久。"

点拨 学会适时调整心态，尤其面对压力时，要学会给自己解压。让大脑、身体、心情都得到放松，才能轻装前进。

📖 给教育者的建议

科学用脑才能保持充足的精力。在安排孩子一天活动时，一定要注意掌握这一点。

5. 李时珍晒书

李时珍，被尊为"医中之圣"。他一生喜爱读书，才华横溢。传说他的家乡有一名庸医，不学无术，常常假装斯文，购买了许多医书，以此来炫耀自己。有一年梅雨季节刚过，庸医命家人将藏书搬到院子里晒。各种古典医书摊开满满一院子，他自己洋洋自得，在院子里踱着方步。

这正巧被李时珍看见，他一时兴起，便解开衣襟，躺在晒书架子旁，袒胸露腹，也晒起"书"来。

庸医一见，莫名其妙，惊问道："您这是做什么？"

李时珍答道："我也在晒书呀？"

庸医问："先生的书在哪里呀？"

李时珍拍拍自己的肚皮笑着说："我的书装在肚子里。"

庸医听后，知道李时珍在挖苦他，惭愧得满脸通红。

点拨 通过不断阅读，把书上的知识变为己用，这是一种学习积累的过程。只有不断积累，才会让自己真正变得丰富、有内涵，而不会肤浅到只是为了炫耀。

6. 打赌

一位银行老板和一个有些文化的人打赌。

赌的是只要那个有些文化的人能住在一个屋里十五年，不和任何人交往，只是读书，老板就输给他两百万美元。

那个人答应了。于是一场为期十五年的赌赛开始了。银行老板每天派人给那个人送书送饭，起初他只要娱乐性的书，后来他开始读历史、传记和自然科学，再后来，他的阅读总是交叉进行的。

十五年期满时，银行家意外地破产了，他准备杀掉那个人以逃掉那两百万元的债务。但他却发现那个人早就走了，只留下了一张纸条，纸条上说：这十五年的读书生活已经给了他无比的财富，他根本不需要那些钱了。

点拨 博览群书，不断积累知识，知识就会变成财富。

7. 知识就是力量

征服了孤竹国后，齐桓公决定班师回国。

班师回国也不是件容易的事。孤竹国到齐国山高路远，丛林密布。十天之后他来到了那片大森林。森林里岔路甚多，而且都很相似，他们不久就迷路了。春天进军时，有位老猎户给他们领路，但老猎户不幸于秋天病死了。如今已是冬天，森林中的景物和春天已有很大的不同，他们谁也认不出回去的路了。桓公急得直跺脚，只好把大将们都召集起来进行商议，可谁也拿不准该走哪条路。最后，管仲说："我听说老马能认识路，我们现在不妨试一试。"

于是，他们放开一匹老马，不加约束，让它自己走，而部队远远地跟在它后面。走了很久，终于走出了森林，找到了他们认识的道路。

又过了几天，他们来到那片无人居住的荒山，遇到了另一个难题：缺水。春天时雨水较多，山谷里还有水；可现在是冬天，气候干燥，怎么也找不到水了。桓公派出几队人马，往各个方向去找水，可他们走了很远的路程，还是没有找到水。桓公只好再次召集大将，要大家出谋划策。隰朋说："有本古书上记载，蚂蚁夏天住在山的北面，冬天住在山的南面，如果蚂蚁洞口的土有一寸高，那么下面八尺处的地方就有水。不知道是否真的如此？"别人已经想不出更好的主意，于是桓公命令士兵们都到山的北面去找蚂蚁窝，找到了就往下面打井，果然挖到了水。

后来又经过了不少的磨难，历时一月，齐军终于回到了自己的国都。

点拨 点滴的积累达到一定程度，就会大有作为。因此，我们要注意储存知识和信息，达到学以致用。

📖 给教育者的建议

教育者应引导孩子储存和管理信息，博览群书是必要的，同时也可以利用现代科技手段查阅信息，利用信息求新知，最终实现把所学内化为自己的东西。

三、亲子与师生的共同话题

教会孩子学习，已成为全世界教育者的共识，也是世界教育改革的大势所趋。如何才能让孩子有效地学习？这就需要教育者发挥自己特有的作用，引导和启发孩子，教给孩子学习的方法，让孩子是有学习的能力，而不是仅仅传授知识。正如联合国教科文组织总部出版的《教育——财富蕴藏其中》一书中所言："教师的作用就不会混同于一部百科全书或一个供学生利用的资料库，一个有创造性的教师应该能够帮助学生在自学的道路上迅速前进，教会学生怎样对付大量的信息，他更多的是一名向导和顾问，而不是机械传递知识的简单工具。"

由此可见，孩子是否会学习，是否具有很强的学习能力，教育者肩负着重大的责任。为此，教育者首先需要激发孩子的学习兴趣，可以通过游戏、实践活动等来带动孩子学习的热情；其次要充分利用现代化多媒体及互联网技术引导学生进行学习，让他们获得更广泛的获取信息的途径；同时也要注意在教育上营造一个宽松、自由的环境，这样更有利于孩子充分发挥潜能，在学习中积累。这就需要教育者解放孩子的身心，让孩子劳逸结合，不要给孩子加压，而要按照孩子的年龄和大脑活动特点规定孩子的学习时间。这样才能让孩子更好地生活和学习。

第十一节 创新

一、内涵阐述

有创新思维的人，更容易胜人一筹。当今时代的精神就是创新精神。世界正在走向知识经济，创造性的活动正逐渐取代重复性活动。科技的发展，知识的创新，越来越决定着一个国家、一个民族的发展前途。缺乏创新精神，就会丧失竞争力，势必导致落后。

　　为此，教育需要培养创造型的人才。教育者应该从小对孩子进行创造性思维的培养。这样，也更有利于孩子有效地掌握所学，运用所学。创造精神就像是一双巨大的翅膀，孩子学到的知识能够运用得好，全依赖这双翅膀帮助它腾飞。

　　创新思维有三种表现：一是流畅性，比如能想出铅笔的多少种用途，越多越流畅；二是变通性，比如可以把一支铅笔归属于多个类别中去，越多越变通；三是独创性，比如能对一件事情发表出自己的独特见解。

　　创新通常是和观察、思考联结在一起的。伟大的发明家、科学家大多喜欢观察，并且在观察和思考中获得了巨大的发现。善于发问、勇于质疑的习惯，往往能帮助人更快地走向成功。因此，我们也应该养成敢问、善问的好习惯，勇于提出自己的见解和想法，这对培养创新思维非常重要。世界是多元化的，我们应该珍惜自己的存在价值，发挥自己的独特作用。只有这样，才能真正成为现代社会的一分子，成为社会的主人。

二、一个故事一堂课

1. 无事可做

　　19世纪中叶，俄国动物学教授鲁利亚因病在家休养。由于无事可做，就坐在窗前闲看风景。他注意到不少马身上有白斑，继而发现家畜身上某些部位容易有白斑，而另一些部位不容易有。最后又发现了家畜白斑的分布同家畜生活条件的联系。他据此写了一篇论文，题目就叫《由于无事可做》，发表在莫斯科大学的学报上。

　　无独有偶，德国的魏格纳也因生病在家，无事可做，看着墙上的世界地图，他偶然发现南美洲东部和非洲西部海岸线的相似。突然闪出一个念头，莫非当初这两块大陆是连成一块的？由此他提出了大陆漂移学说。

　　只要想做事，就不会无事可做。只要愿意思考，就不会提不出问题。

　　对于被动做事的人，才会有无事可做的时候。

　　点拨 有时看似无关紧要的观察和思考，也能得到新的发现。

2. 不同的观察

　　工程师罗勃特和逻辑学家查理是无话不谈的好友。一次，两人相约赴埃及参观著名的金字塔。到埃及后，查理仍然习以为常地写起自己的旅行日记。罗勃特则独自徜徉在街头，忽然耳边传来一位老妇人的叫卖声："卖狮子啊，卖狮子啊！"

　　罗勃特一看，在老妇人身旁放着一只黑色的玩具狮子，标价500美元。这位妇人解释说，这只玩具狮子是祖传宝物，因孙子病重，不得已才出卖以换取住院治疗费。罗勃特用手一举狮子，发现狮子很重，看起来似乎是用黑铁铸就的。不过，那一对狮子眼则是珍珠的。于是，罗勃特就对那位老妇人说："我给你300美元，只买下两只狮子眼吧！"

　　老妇人一算，觉得行，就同意了。罗勃特高高兴兴地回到了宾馆，对查理说："我只花了300美元竟然买下两颗硕大的珍珠！"

　　查理一看这两颗大珍珠，少说也值上千美元，忙问朋友是怎么一回事。当罗勃特讲完缘由，查理忙问："那位妇人是否还在原处？"

　　罗勃特回答说："她还坐在那里想卖掉那只没有眼珠的黑铁狮子！"

　　查理听后，忙跑到街上，给了老妇人200美元，把狮子买了回来。罗勃特见后，嘲笑道："你呀，花200美元买个没眼珠的铁狮子！"

查理却不声不响地坐下来摆弄琢磨这只铁狮子。突然，他灵机一动，用小刀刮铁狮子的脚。当黑漆脱落后，露出的是黄灿灿的一道金色印迹。他高兴地大叫起来："正如我所想，这狮子是纯金的！"原来，当年铸造这只金狮子的主人，怕金身暴露，便将狮子用黑漆漆了一遍，俨然如一只铁狮子。对此，罗勃特十分后悔。

此时，查理转过来笑着对他说："你虽然知识很渊博，可就是缺乏一种思维的艺术，分析和判断事情不全面、深入。你应该好好想一想，狮子的眼珠既然是珍珠做成，那狮子的全身会是不值钱的黑铁所铸吗？"

点拨 创造性的观察，会让人对事情的分析和判断更全面、更深入。

3. 原"音"毕露

第二次世界大战后，一个罪大恶极的法西斯分子潜逃在外，一直未落入法网，缉捕工作很艰难，时间也持续了很久。

一次，在一家小餐厅里，一位特工人员在等候用餐。对面坐下了一个男子，一面静静地等候，一面用手指若无其事轻轻地敲点着桌面。礼帽下一副深茶色的眼镜，将他的目光遮住，样子很平和。

"笃笃、笃笃、笃笃、笃笃"那位特工听着这有节奏的敲点声，突然心里一动：那个男人轻轻的敲点声，竟然如此令他仇恨、恐怖和难以忍受，而他对此又是那样的熟悉。平时喜爱音乐此时帮了他大忙，凭着他那颗警惕的心和特殊的感觉，他断定那人正在发自内心地默默唱着纳粹分子的军歌。这个有顽固残暴本性的人，肯定就是一直被追捕的纳粹分子！

结果正如特工分析的一样。纳粹分子由于这点小小的极难被人察觉的疏忽而暴露了原形。音乐帮了特工的大忙。

点拨 养成善于观察和动脑分析的习惯，往往能从小事中获得巨大的收获。

🔖 给教育者的建议

培养孩子的创造力，就要从培养其观察力和思考能力开始。

4. 宝贵的灵感

亨利•兰德平日非常喜欢给女儿拍照，女儿总想立刻看到父亲为她拍的照片。他就告诉女儿，照片必须全部拍完，等底片卷回，从照相机里拿下来后，再送到暗房用特殊的药品显影。而且，底片完成之后，还要照射强光使之映在别的相纸上面，同时必须再经过药品处理，一张照片才算完成。

他向女儿做说明的同时，内心深处却闪着小火花，难道没有可能制造出"同时显影"的照相机吗？当他将这种想法告诉别人时，对摄影稍有常识的人，都异口同声地说："哪会有可能。"并列举了一打以上的理由说："简直是一个异想天开的梦。"但他却没有因此而退缩。最后，他发明了"拍立得相机"。这种相机的作用完全依照女儿的希望，因而，兰德企业也就由此诞生了。

点拨 灵感和新的想法很重要，如果将其付诸实践，很可能就是一个创举。

5. 恼怒的发明

世界上第一台自动电话交换机的发明者是阿•勃•史瑞乔。他原是美国一位善于经营棺材的老板，他经营有术，生意十分兴隆，成为同行中的佼佼者。然而，也正因为如此，他受到同行们的嫉妒，大家想方设法要击败他。果然，过了不久，史瑞乔的棺材生意急转直下，门庭冷落，购买棺材的电话越来越少，这是为什么呢？

通过多方调查，史瑞乔才发现，他的棺材生意之所以糟糕，并不是他经营不善，而是电话局里的一个话务小姐受了贿赂，把凡是打给史氏棺材店的业务电话，全接到行贿店的老板那里去了。这使史瑞乔十分恼火。在恼怒中，他整天思索着如何对付那些不称职的话务小姐，他想着想着，越想越新奇，并想到：能否用机器代替那些话务小姐的工作呢？史瑞乔是一个具有一定科学知识并意志坚强的人。他下定决心研制一种不用人转接的电话交换机。经过艰苦的研究，史瑞乔终于在1889年制成了世界上第一台自动电话交换机。

点拨 遇到困难时，要迎头搏击，用自己的智慧回击它，这样才能出奇制胜。

📖 给教育者的建议

鼓励孩子敢想敢做。鼓励孩子勇于尝试，把自己的创意付诸实践，以在实践中得到检验。

6. 走出求同的圆圈

第二次世界大战后，美国建筑业大发展，泥瓦工供不应求，每天工资能涨到十五美元。

一个叫迈克的工人看到报上刊登了许多"征泥瓦工"的广告，而他登了一则"你也能成为泥瓦工"的广告，打算培训泥瓦工。他租了间门面，请了师傅，教材是一千五百块砖和少量的砂石。那些想每天挣十五美元的工人蜂拥而至，使迈克很快就获得了三千美元的纯利润，这相当于他自己去当泥瓦工两百天的收入。独特的思维方式使他迈进了管理阶层。

点拨 敢于脱俗、求异，就能创新。

7. 巨人之死

有一个巨人总是欺负村里的孩子。一天，一个17岁的牧羊男孩来看望他的兄弟姐妹。他问他们："为什么你们不起来和巨人作战呢？"他的兄弟们吓坏了，回答说："难道你没看见他那么大，是很难被打倒的吗？"

但男孩却说："不，他不是太大打不了，而是太大逃不了。"后来，这个男孩根据巨人的特点，用一个投石器杀死了巨人。

点拨 很多时候，我们遇到问题时容易先入为主地被困难吓倒，缺乏的正是逆向思维。

8. 拿破仑最后的失败

拿破仑最后的失败不是滑铁卢战役，而是败在一枚棋子上。

拿破仑在滑铁卢失败之后，被终身流放到圣赫勒拿岛。他在岛上过着十分艰苦无聊的生活。后来，拿破仑的一位密友听说此事，通过秘密方式赠给他一件珍贵的礼物——一副象棋。拿破仑对这副制而珍贵的象棋爱不释手，后来就一个人默默地下起象棋来，从而解除了被流放的孤独和寂寞。这位有名的囚犯在岛上用那副象棋不厌其烦地打发着时光，最终慢慢地死去。

拿破仑死后，那副象棋多次以高价转手拍卖。最后，象棋的所有者在一次偶然的机会中发现，其中一个象棋的底部可以打开，当打开象棋后，他惊呆了，里面竟密密麻麻地写着如何从这个岛上逃出的详细计划。可是，拿破仑没有在玩乐中领悟到这一奥秘和朋友的良苦用心。所以，他到死没有逃出圣赫勒拿岛。这恐怕是拿破仑一生中最大的失败。

拿破仑一生征战南北心机算尽，几乎要称霸欧洲，他用许多别人想不到的方法，征服了一个个国家，但是，他没有想到最后竟然死在了常规思维上。如果，他用征战的方法思考一下象棋解除寂寞之外的用意，很可能上帝会向他微笑。

点拨 任何时候都不要放弃思考，突破常规的思维，可以帮助我们另辟蹊径。

9. 成功来自创新

在一次体育课上，体育老师正在考核一群小学生有谁能跃过一米一五的横杆。几乎所有的学生都没有成功。轮到一名十一岁的小男孩时，他犹豫半天，一直在冥思苦想如何才能跳过一米一五。但时间不允许了，老师再一次催促他立即行动。

情急之中，他跑向横杆，却突发奇想，在到达横杆前的一刹那转过身体，面对老师背对横杆，腾空一跃，竟鬼使神差般跳过了一米一五的高度。他狼狈地跌落在沙坑中，体育老师微笑着扶他起来，并表扬他有创新精神，鼓励他继续练习他的"背越式"跳高，并帮助他进一步完善其中的一些技术问题。而这位小学生不负众望，后来他在1968年墨西哥奥运会上，采用"背越式"的奇特跳高姿势，征服了二米二四的高度，刷新了当时奥运会的跳高纪录，一举夺取了奥运会跳高金牌，成为蜚声全球、赫赫有名的体坛明星。

他就是美国跳高运动员理查德·福斯伯。

点拨 突破常规做法，敢于把自己的创意付诸行动，往往能取得成功。

10. 木梳与和尚

有一家公司，为扩大经营规模，决定高薪招聘营销主管。面试那天，招聘工作的负责人对众多应聘者说："为了能选拔出高素质的人才，我们出一道实践性的试题：想办法把木梳尽量多地卖给和尚。"

大多数应聘者感到困惑不解，有的人甚至拂袖而去。最后只剩下三名应聘者，甲、乙和丙。负责人没有多说，只是交代道："以十日为限，届时向我汇报销售成果。"

十天过去了，甲、乙、丙再次来到那家公司，分别向负责人报告他们各自的销售成果。

甲只卖出了一把木梳。他讲述了他的经历：游说和尚应当买梳子，没有效果，还惨遭和尚的责骂；好在下山途中遇到一个小和尚一边晒太阳，一边使劲挠着头皮，甲灵机一动，递上木梳，小和尚用后满心欢喜，于是买下一把。

乙卖出了十把木梳。他去了一座名山古寺，由于山高风大，进香者的头发都被吹乱了，他找到寺院的住持说："蓬头垢面是对佛的不敬。应在每座庙的香案前放把木梳，供善男信女梳理鬓发。"住持采纳了他的建议，那山有十座庙，于是主持买下了十把木梳。

丙卖出了1000把木梳。负责人惊问："怎么卖的？"丙说他到一个颇具盛名的深山宝刹，朝圣者络绎不绝。丙对住持说："凡来进香参观者，多有一颗虔诚之心，宝刹应有所回赠，以做纪念，保佑其平安吉祥，鼓励其多做善事。我有一批木梳，您的书法超群，可刻上'积善梳'三个字，便可做赠品。"住持大喜，立即买下1000把木梳。得到"积善梳"的进香者也很高兴，一传十、十传百，结果去那座寺院的朝圣者更多，寺院的香火更旺。

点拨 面对问题，要善于考虑各种解决的可能性，不受惯性思维的束缚，换个角度思考问题，可以获得更佳的效果。

11. 黑石头白石头

从前，在欠债不还便足以使人入狱的时代，有位商人欠了一位放高利贷的债主一笔巨款。

那个又老又丑的债主，看上商人青春美丽的女儿，便要求商人用女儿来抵债。

商人和女儿听到这个提议都十分恐慌。狡猾伪善的高利贷债主故作仁慈，建议这件事听从上天安排。他说，他将在空钱袋里放一颗黑石子，一颗白石子，然后让商人女儿伸手摸出其一，如果她拣中的是黑石子，就要成为他的妻子，商人的债务也不用还了；如果她拣中的是白石子，她不但可以回到父亲身边，债务也一笔勾销。但是，假如她拒绝探手一试，她父亲就要入狱。

虽然不情愿，商人的女儿还是答应试一试。当时，他们正在花园中铺满石子的小径上，协议之后，高利贷的债主随即弯腰拾起两颗小石子，放入袋中。敏锐的少女突然察觉：两颗小石子竟然全是黑的！女孩儿不发一语，冷静地伸手探入袋中，漫不经心似的，眼睛看着别处，摸出一颗石子。突然，手一松，石子便顺势滚落到路上的石子堆里，分辨不出是哪一颗了。

"噢！看我笨手笨脚的！"女孩儿呼道，"不过，没关系，现在只需看看袋子里剩下的这颗石子是什么颜色，就可以知道我刚才选的那一颗是黑是白了。"

当然，袋子剩下的石子一定是黑的，恶债主不能承认自己的诡诈，也就只好承认她选中的是白石子。

点拨 遇到困难，换一种思考方式，常常可以化难为易，取得令你意想不到的效果。

12. 皮鞋的来历

很久很久以前，人类都还赤着双脚走路。有一位国王到某个偏远的乡间旅行，因为路面崎岖不平，有很多碎石头，刺得他的脚又痛又麻。回到王宫后，他下了一道命令，要将国内的所有道路都铺上一层牛皮。他认为这样做，不只是为自己，还可造福他的人民，让大家走路时不再受刺痛之苦。

但即使杀尽国内所有的牛，也筹不到足够的皮革，而所花费的金钱、动用的人力，更不知有多少。虽然根本做不到，但因为是国王的命令，大家也只能摇头叹息。

一位聪明的仆人大胆向国王提出建议："国王啊！为什么您要劳师动众，牺牲那么多头牛，花费那么多金钱呢？您用两小片牛皮包住您的脚不也可以吗？"国王听了很惊讶，但也立刻明白了，于是他立刻收回命令，采用了这个建议——这就是皮鞋的由来。

点拨 改变某些观念和做法，你的人生也许就会发生改变。

13. 一剑砍断的罗马结

古罗马时代，一位预言家在一座城市内设下了一个奇特难解的结，并且预言，将来解开这个结的人必定是亚细亚的统治者。长久以来，虽然许多人勇敢尝试，但是依然无人能解开这个结。

当时身为马其顿将军的亚历山大，也听说了关于这个结的预言，于是趁着驻兵这个城市之时，试着去打开这个结。

亚历山大连续尝试了好几个月，用尽了各种方法都无法打开这个结，真是又急又气。

有一天，他试着解结又失败后，狠狠地说："我再也不要看到这个结了。"

当他强迫自己转移注意力，不再去想这个结时，忽然脑筋一转，他抽出了身上的佩剑，一剑将结砍成了两半儿——结打开了。

遇到难解的结时，有能力的人会尝试着取得主导权，改变游戏规则，来打开这个结。无法改变游戏规则时，就要跳出深深框住我们思想的形，只要超脱了这个形，就没有打不开的结。

点拨 遇到难解的结时，转移注意力，跳出束缚思想的框框，就会发现原来问题并没有那么难。

给教育者的建议

教育需要培养孩子的创新能力，这是社会对未来所需人才的要求。为此，教育要培养孩子求新、求异的思维能力。当孩子遇到问题时，就能从多方面考虑，换个角度想问题，而不是被常规和思维定式所束缚。

14. 木炭与沉香

有位青年遵父命去远方寻找宝物。

青年打造了一艘坚固的大船，在亲友的欢送中出海，他驾船渡过了险恶的风浪，经过无数的岛屿，最后在热带雨林找到一种树木。这种树高达十余米，在一片大森林中只有一两株。砍下这种树木，经过一年时间让外皮腐烂，留下木心沉黑的部分，会散发一种无比的香气，放在水中，不像别的树木浮在水面而会沉到水底去。青年心想：这真是无价的宝物呀！

青年把香味无以比拟的树木运到市场出售，可是没有人来买，这使他非常烦恼。偏偏在青年隔壁的摊位上，有人在卖木炭，那小贩的木炭总是很快就卖光了。刚开始的时候，青年还不为所动，日子一天天过去，终于使他的信心动摇。他想："既然木炭这么好卖，为什么我不把香树变成木炭来卖呢？"

第二天他果然把香木烧成木炭，挑到市场，一天就卖光了。青年非常高兴自己能想到这个主意，得意地回家告诉他的老父。老父听了，忍不住落下泪来。

原来，青年烧成木炭的香木，正是这个世界上最珍贵的树木"沉香"，只要切下一块磨成粉屑，价值就超过了一车的木炭。

点拨 盲目追随别人的人，不仅不能有所创新，还会失去自我。

15. 狒狒的雨伞

狒狒在密林里进行每天例行的散步。他在路上遇见他的朋友长臂猿。

"我的好朋友，"长臂猿说，"真奇怪，天气这么好，你竟然撑着雨伞。"

"是的，"狒狒说，"我感到非常恼火。讨厌的伞收不起来，卡住了。我本想带伞来散步，免得碰上下雨。但是，正如你看到的，我在这阴暗的影子下不能享受阳光。这太糟糕了。"

"有个简单的办法，"长臂猿说，"你只需在伞上挖几个洞，太阳就会照到你了。"

"好主意！"狒狒大声说，"我真得感谢你。"

狒狒跑回家，用剪刀在他的伞的顶部剪了几个大大的洞。当狒狒又出来散步的时候，温暖的阳光透过洞照了下来。

"多好啊。"狒狒说。

然而，太阳在云彩后消失了。先下了几滴雨，接着便是倾盆大雨。雨水透过伞上的洞落了下来。只一会儿工夫，倒霉的狒狒便浑身湿透了。

点拨 按照别人的想法行动，而不经自己大脑思考，是愚蠢的。

16. 青蛙的愿望

久居河边的一只青蛙，对自己的走路方式极为不满，四条腿用力，一蹦一跳的，看那些人，两腿直立行走，又高级又潇洒，要能像人那样走路该有多幸福啊！

青蛙于是不停地到河边寺庙中去拜佛许愿，盼望有朝一日能像人一样走路。年复一年，青蛙的诚意终于打动了神灵,青蛙的愿望实现了。

青蛙骄傲地站了起来,迈开两条长腿(原先的后腿),大步流星走了起来,可是它莫名其妙地离河边越来越远,怎么也走不回水边去,也无法再捕捉到食物,饥渴难耐的青蛙终于死掉了。

原来,青蛙站起来走路后,它的眼睛却只能望见后面,腿往前走,眼往后看,这样的怪物自然无法生存。

点拨 创新要张扬自己的个性,而不是盲目追求不适合自己的东西,否则将是一场悲剧。

📭 给教育者的建议

教育要培养孩子创新的能力,而不是制造只会模仿的机器。为此,就需要培养孩子敢问、勇于质疑、敢发表自己不同意见的习惯。

17. 总会有另一种观点存在

阿甘死后,升入天堂,在天堂入口——珍珠之门,他遇到了圣徒彼得。

彼得对他说:"很高兴见到你,阿甘,我们已经听到了许多赞扬你的话。但我不得不告诉你,这里已是人满为患,因此每个想进入天堂的人都得接受一次测验,通过测验的人才可以进入天堂。"

阿甘说:"彼得,能来这里我很高兴。不过没有人告诉我测验,但我还是希望能通过测验。但愿题目不要太难,毕竟生活本身就已经是一次足够难的测验了。"

彼得说:"我知道,阿甘。测验不是很难,只有三个问题:

1. 一个星期中有哪几天是以字母'T'开头的?

2. 一年有多少秒(seconds)?

3. 上帝的名字是什么?"

阿甘带着这几个问题离开了。第二天,他找到彼得,要回答问题。彼得向他挥了挥手说:"现在你还有机会再想一想,然后回答我。"

阿甘说:"不必了。你的第一个问题太简单了,答案就是今天(today)和明天(tomorrow)。"

彼得的眼睛睁得大大的,喊道:"阿甘,这可不是我意料中的答案。不过你言之有理,我想我没有把问题说清楚,好吧,我同意你的答案是正确的。"

"下一个问题呢?一年有多少秒(seconds)?"

"这个有点难,"阿甘说,"我想了又想,觉得答案应该是'12'。"

彼得惊得目瞪口呆:"'12'!天啊,你怎么能说一年只有12秒?"阿甘说:"是的,是'12',它们是1月2日(January Second)、2月2日(February Second)、3月2日(March Second)……"

"好了,好了,"彼得打断阿甘,"我知道你是怎么想的了,我明白你的意思了,这个答案又出乎我的意料,不过我还是算你对了。让我们来看最后一个问题,你能说出上帝的名字吗?"

"安迪(Andy)!"阿甘回答说。

彼得问:"你怎么知道上帝的名字是安迪?"

阿甘说:"你知道的,我们在教堂里常唱的那支歌,'安迪与我散步,与我谈话'(Andy Walks with me, Andy talks with me)。"

点拨 世界是多元的,我们不应该简单地追求唯一的标准答案。对同一个问题,你与别人的看法不同,这并不证明你是错的。

18.没有标准答案

很久以前，卡兰得拉接到他的同事的一个电话，他问卡兰得拉是否愿意为一个试题的评分做鉴定人。因为同事想给他的一个学生答的一道物理题打零分，而他的学生则声称应该得满分。这位学生认为这种测验制度不对，他一定要争取满分。因此老师和学生同意将这件事委托给一个公平无私的仲裁人，而卡兰得拉被选中了……

卡兰得拉到他同事的办公室，并阅读了这个试题。试题是："试证明怎么能够用一个气压计测定一栋高楼的高度。"

学生的答案是："把气压计拿到高楼顶部，用一根长绳子系住气压计，然后把气压计从楼顶向楼下坠，直到坠到地面为止；然后把气压计拉上楼顶，测量绳子放下的长度。这长度即为楼的高度。"

这是一个有趣的答案，但是这名学生应该获得称赞吗？卡兰得拉指出，这位学生应该得到高度评价，因为他的答案完全正确。另一方面，如果高度评价这个学生，就应该给他物理课程的考试打高分，而高分就证明这个学生知道一些物理学知识，但他的回答又不能证明这一点……

卡兰得拉让这个学生用六分钟回答同一个问题，但必须在回答中表现出他懂得一些物理学知识……这个学生在最后一分钟里，赶忙写出他的答案。答案是：把气压计拿到楼顶，让它斜靠在屋顶的边缘处。让气压计从屋顶落下，用秒表记下它落下的时间，根据落下的距离等于重力加速度乘下落时间的平方的一半，算出建筑物的高度。

看了这答案之后，卡兰得拉问他的同事是否让步。同事让步了，于是卡兰得拉给了这个学生几乎是最高的评价。正当卡兰得拉要离开他同事的办公室时，突然记得那位同学说他还有另外一个答案。于是卡兰得拉问是什么样的答案。学生回答说："啊，利用气压计测出一个建筑物的高度有许多办法。例如，你可以在有太阳的日子在楼顶记下气压表的高度和它影子的长度，又测出建筑物影子的长度，就可以利用简单的比例关系，算出建筑物的高度。"

"很好，"卡兰得拉说，"还有什么答案？"

"有呀，"那个学生说，"还有一个你会喜欢的最基本的测量方法。你拿着气压表，从一楼登梯而上，当你登楼时，用符号标出气压表上的水银高度，这样你可以用气压表的单位得到这栋楼的高度。这个方法最直截了当。"

"当然，如果你还想得到更精确的答案，你可以用一根弦的一端系住气压表，把它像一个摆那样摆动，然后测出街面和楼顶的g值(重力加速度)。从两个g值之差，在原则上就可以算出楼顶高度。"

最后他又说："如果不限制我用物理学方法回答这个问题，还有许多其他方法。例如，你拿上气压表走到楼房底层，敲管理人员的门。当管理人员应声时，你对他说下面一句话，'亲爱的管理员先生，我有一个很漂亮的气压表。如果你告诉我这栋楼的高度，我将把这个气压表送给您……'"

点拨 具有发散思维习惯的人，能够从多个角度看问题和寻求解决问题的不同方法。

🔖 给教育者的建议

教育要尊重孩子的个性，对孩子的创新思维要进行鼓励和支持，切不可单凭自己的标准来衡量一切。

三、亲子与师生的共同话题

创造精神已经成为时代精神的重要组成部分。创新能力对个人乃至国家、民族的发展都具有重要意义。

然而，在我国现有教育体制之下，很多孩子缺乏创造精神。杨振宁教授在国内讲学时曾说：中国学生与国外的学生相比，胆子小，老师没讲过的不敢想，老师没做过的不敢做。同样也是诺贝尔奖得主的朱棣文教授说：美国学生学习成绩不如中国学生，但他们有创新及冒险精神，所以往往能创造出一些惊人的成就。他还说，创新精神强而资质差的学生往往比天资强而创新精神不足的学生能取得更大的成绩。

创造是一个思考和动手的过程，是一种接近生活的特殊方法。孩子的思维没有定型，天生具有自由和易塑造的个性。他可能很快就被纳入社会化的思维体系，学会循规蹈矩，亦步亦趋；也可能从无意识的奇思妙想升华为有意识的创造性思维。这就要看教育者的培养。教育者如何培养孩子具有创造精神呢？

首先，要珍惜孩子的好奇心。教育者要鼓励孩子发问，并认真回答他们的问题。一旦孩子的好奇心受到重视和鼓励，他们就会更大胆、更快乐地探索未知。而真正的学习就是探索未知！

其次，训练和开发孩子的潜能。创造力的高低，既有先天的因素，也有后天条件或环境的影响。这就需要教育者正确对待孩子的特点和表现，创造良好的条件和环境为孩子提供创造的机会。

再次，教育者要做有心人，鼓励孩子大胆思考，独立思考，利用一切机会训练孩子的想象力，并让孩子学会在不经意的小事上捕捉到新的东西。

此外，孩子有时会缺少一些勇气、信心，教育者要对他们多加鼓励、支持。要引导孩子学会质疑，敢问善闻。让孩子在不断的实践中，由被诱导变为主动挑战和进取。当然，培养孩子的创新思维，还要重视对求异、发散思维的培养，要鼓励孩子勇于探索，标新立异，突破已知领域。

第十二节　乐观自信

一、内涵阐述

乐观自信，是指精神愉快，对事物的发展以及对自己充满信心，对生活保持积极的态度。

心理学家的研究证明，早期的自我概念消极将会伴随一个人终身而难以改变，这样的人在竞争日益激烈的社会中将会一事无成。因此，我们需要从小培养自信、自立、自强的能力，始终以积极乐观的心态来面对生活及学习。

很多孩子因为对自己的外貌、家庭状况、学习成绩不满意，从而产生自卑心理。他们很期望成为别人，羡慕别人的相貌、体型、才干、成绩……就是不能接纳自己。而一个不接纳自己的人也很难接纳别人，所以，通常他们的人际关系是破碎的。对他们来说，学会正确认识自己、悦纳自己、激励自己，在其成长过程中非常重要。

古希腊哲学家苏格拉底曾提出一个著名的命题："认识你自己。"那么，我们通过什么样的方式来认识自己？对于一个孩子来说，更多的是通过父母、老师或周围其他人的眼睛来看自己。因此，教育者对孩子的评价和鼓励就显得尤为重要。

世界是丰富多彩的，每一个人都有其独特性，而且正是因为每个人的独特性才使我们的世界更加绚丽多姿。如果世界上的人都像一个模子刻出来的，那不是太单调了吗？也许，每一个人的灵魂中都居住着自卑，我们需要做的是克服忧伤与羞涩，需要对自己和整个世界有更多的认识和爱。最后，我们将发现，丢弃的是自卑和胆怯，获得的是快乐和成功。

无论是生活还是学习，保持一个乐观积极的心态，可以让我们内心平静，处理问题时也能头脑清醒，更容易找到有效的解决方法。即使遇到挫折，也不会逃避或从此一蹶不振，而是能正视它，能换个角度想问题，能找到另一条出路。这才是生活的强者。具有这种人格的人，别人也更愿意与之交往。

总之，做一个乐观自信的人，在生活中找到属于自己的位置，发挥自己的特长，终可以超越自己，创造自己。

二、一个故事一堂课

1. 小花的依靠

有一朵看似弱不禁风的小花，生长在一棵高耸的大松树下。小花非常庆幸有大松树作为它的保护伞，为它遮风挡雨，每天可以高枕无忧。

有一天，突然来了一群伐木工人，两三下的工夫，就把大树整个锯了下来。

小花非常伤心，痛哭道："天啊！我所有的保护都失去了，从此那些嚣张的狂风会把我吹倒，滂沱的大雨会把我打倒！"

远处的另一棵树安慰它说："不要这么想，刚好相反，少了大树的阻挡，阳光会照耀你、甘霖会滋润你；你弱小的身躯将长得更苗壮，你盛开的花瓣将一一呈现在灿烂的阳光下。人们会看到你，并且称赞你说，这朵可爱的小花长得真美丽啊！"

点拨 只有自立自强才能够真正地展示自我，创造自我。

2. 痛感与生命

一位妇人，她几乎经历了一个普通女人所能经历的所有不幸，幼年时候父母先后病逝，好不容易找到了工作，又因不同意做厂里某领导人的儿媳而被挤出厂门。嫁了个当兵的丈夫，婆婆却对她十分苛刻，婆婆过世后丈夫又因外遇弃她而去。现在，她领着女儿独自度日，似乎过得十分平静。

一个阳光很好的日子，一位朋友去她家闲坐，女儿在一边玩耍。她们边聊天，边和小姑娘逗笑，不经意间触动了往事。朋友赞叹她遭遇这么多挫折却活得如此坚强平和，她笑笑，给朋友讲了一个故事。两个老裁缝去非洲打猎，路上碰到一头狮子，其中一个裁缝被狮子咬伤了，没被咬伤的那位问他："疼吗？"受伤的裁缝说："当我笑的时候才感到疼。"

"我也是这样的，"妇人对朋友说道，"我被狮子咬了许多口，但我的一贯原则是，忍着痛，笑也好，哭也好，只要有感觉就有生命，只要有生命就有灵魂，只要有灵魂就有生存的意义、希望和幸福。"

朋友惊讶地望着她沧桑无数的脸，仿佛那是一方视线极阔的天窗。

点拨 只有自信坚强的人才能笑对人生。

3. 推开椅子

王洪曾向朋友们说过她这样一段经历。

"有一位体育老师，教我们溜冰。开始时，我不知道技巧，总是跌倒。所以，他给我一把椅子，让我推着椅子溜。因椅子稳当，可以使我站在冰上如站在平地上一般，不再跌跤。而且，我可以推着它前行，来往自如，我想，椅子，真是好！于是，我一直推着椅子溜。

溜了大约一星期之久,有一天,老师来到冰场一看,我还在那推椅子呢!这回他走上冰来,一言不发,把椅子从我手中搬去。失去了椅子,我不觉惊慌大叫,脚下不稳,跌了下去,嚷着要那椅子。

老师在旁边,看着我在那嚷,无动于衷。我只得自力更生站稳了脚步。这才发现,我在冰上这么久,椅子也帮我学会了许多,但推椅子只是一个过程,要真学会溜冰,非把椅子推开不可——没有人带着椅子溜冰。"

世界上没有人可以支持你一生。别人可以在必要时扶你一把,但别人还有别人的事,他不能变成你的一部分来永远支持你。生命中的许多时候,你必须独自面对,因此,你不要忘记,你除了有椅子外,还有两条腿。

点拨学会自立,才能使自己抬头挺胸。

📖 给教育者的建议

培养孩子自立、自信、自强是教育的一大目标。为此,教育者应该激励孩子。

4. 没有背景就奔前景

赵刚读的是一个很不出名的大学,专业也很普通。毕业后,在人才市场里转了许久,也没找到一份合适的工作。

回到家中,他便牢骚满腹地跟父母抱怨自己没有一个有能耐的亲戚,没有一点儿社会背景,将来的发展肯定是寸步难行。

在灶间忙活的母亲缓缓地道出一语:"照你那么说,我跟你爸爸,还有那许多没念过大学的,就不用往前奔了?傻孩子,没背景就奔前景呗。"

"是啊,我和你妈妈省吃俭用供你读书,就是奔着你将来能有出息的……"父亲收拾着修了不知多少遍的农具在一旁补充道。

父母简单的话语,让赵刚满怀惭愧——其实赵刚的"背景"多厚实啊,父母对生活始终如一的认真、坚忍、达观、向上……这些优秀的品质,理应成为赵刚拥有更大前景的、最可依赖的资本啊……

每当赵刚小有成绩,并继续奋然前行时,他都忘不了母亲亲切的叮咛——没有背景就奔前景。

点拨怨天尤人是无能、懦弱的表现,只有保持积极的心态才能不断前行。

5. 名片

秘书恭谨地把名片交给埋头于文件堆中的董事长,一如预期,董事长不耐烦地把名片丢回去。很无奈地,秘书把名片退回给立在门外的业务员,业务员不以为然地再把名片递给秘书:"没关系,我下次再来拜访,所以还是请董事长留下名片。"

拗不过业务员的坚持,秘书硬着头皮,再进办公室。董事长火大了,将名片一撕两半,丢回给秘书。

秘书不知所措地愣在当场,董事长更生气,从口袋拿出十块钱,"十块钱买他一张名片,够了吧!"

岂知当秘书略带歉意地递还给业务员名片与十元钱后,业务员反而很开心地高声说:"请您跟董事长说,十块钱可以买两张我的名片,我还欠他一张。"随即,又掏出一张名片交给秘书。

坐在办公室里的董事长大笑,他离开办公桌走了出来:"和这样的业务员谈生意,一定很愉快！"

点拨 以幽默的态度对待挫折，会赢得更多的机会。

6. 敞开的窗

一位被捕的画家获准携带画笔和颜料进监狱。他跨入牢房的第一件事便是在墙上画了一扇窗，透过那扇窗可以看见湛蓝湛蓝的天。

进来送面包和水的看守冲上前去，试图把窗关上，却碰了个鼻青脸肿。

"我开了扇窗，"画家不慌不忙地回答，"这里太暗了。"

看守冷笑了几声，由于出了洋相而颇觉尴尬。他用讥讽的口吻说道："你开了扇窗？你是画了扇窗。这扇窗不是真的，只是你自己想象这是扇窗。"

画家依然镇定自若："我希望为牢房添些光，我这么做了。从我的窗里可以看到天。就连你，进来时也被光晃得睁不开眼。"

这一下，看守可动了肝火："你以为用凉水就能把我灌醉吗？这座监狱一扇窗也没有。一到这里你就休想重见天日！"

"然而在我的牢房里光可以透过敞开的窗照射进来。"画家说。

牢房的窗子敞开与否无关紧要，重要的是画家心灵的窗子是敞开的。透过这扇窗，可以看到外面美丽的风景。

点拨 即使身陷困境，也要在心中敞开一扇窗，让阳光照进来。

给教育者的建议

重视对孩子非智力因素的培养意义重大。比如，培养孩子积极乐观的生活态度，就有利于其正确面对困难和挫折，增强解决问题的能力。

7. 同样的一幅画

有位青年画家想努力提高自己的画技，画出人人喜爱的画。为此他想出了一个办法。

他把自己认为最满意的一幅作品的复制品拿到市场上，旁边放上一支笔，请观众们把不足之处指点出来。

集市上人来人往，画家的态度又十分诚恳，许多人就真诚地发表自己的意见。到晚上回来，画家发现，画面上所有的地方都标上了指责的记号。也就是说，这幅画简直一无是处。

这个结果对青年人的打击太大了，他萎靡不振，开始怀疑自己到底有没有绘画的才能。他的老师见他前不久还雄心万丈，此时却如此情绪消沉，待问清原委后哈哈大笑，叫他不必就此下结论，换一种方式再试试看。

第二天，画家把同一幅画的又一个复制品拿到集市上，旁边放上了一支笔。所不同的是，这次是让大家把觉着精彩的地方指出来。到晚上回来，画面上所有的地方同样密密麻麻地写满了各种记号。青年画家由此大彻大悟，以后在画坛上终有成就。

点拨 自己赏识自己，才能让别人找到赏识你的理由。

8. 有一种自卑叫自信

有一个人被公认是全班最胆小、最怯懦的人。大学毕业挥手告别之时，许多人预言十年后的相聚他将是失败者之一。

十年后的相聚如期举行。聚会到高潮,每人依次上台讲述自己的现状和理想,还有对目前生活的满意程度。大多数人目前的状况不如当年跨出校门时的理想,对目前生活满意者几乎没有。

他上台了:"我目前拥有数家公司,总资产上亿元,远远超过当年走出校门时的理想。如果说还有什么遗憾的话,就是我认为离那些我所欣赏的成功者还很遥远。是的,无论是在学校还是投身社会,我一直很自卑,感觉每一个人都有特长,都比我强。所以我要努力学习每一个人的特长,并且丢掉自己的缺点。但我发现无论我如何努力也总是无法赶上所有的人,所以我就一直自卑下去。因为自卑,我把远大理想埋在心底,努力做好手头的每一件小事;因为自卑,我将所有的伟大目标转化成向别人学习的一点点的进步。这样,永远让自己处在自卑之中,我就会获得源源不断的前进动力。"

从某种角度说,当自卑化成了谦虚,化成了上进的动力时,自卑又何尝不是一种自信呢?

点拨 正确认识自我,把劣势变为优势,方可做到自尊、自爱、自信。

9. 我很重要

第二次世界大战后受经济危机的影响,日本失业人数陡增,工厂效益也很不景气,一家濒临倒闭的食品公司为了起死回生,决定裁员三分之一。有三种人名列其中,一种是清洁工,一种是司机,一种是无任何技术的仓管人员,三种人加起来有三十多名。经理找他们谈话,说明裁员的意图。清洁工说:"我们很重要,如果没有我们打扫卫生,没有清洁优美、健康有序的工作环境,你们怎么会全身心地投入工作?"司机说:"我们很重要,如果没有司机,这么多产品怎能迅速销往市场?"仓管人员说:"我们很重要,战争刚刚过去,许多人挣扎在饥饿线上,如果没有我们,物资岂不要被流浪街头的乞丐偷光?"经理觉得他们说的话都很有道理,权衡再三决定不裁员,重新制订了管理策略。最后经理令人在厂门口悬挂了一块大匾,上面写着:"我很重要!"每天当职工来上班,第一眼看到的是"我很重要"四个字。

这句话调动了全体职工的积极性,几年后公司迅速崛起,成为日本有名的公司之一。

生命没有高低,任何时候都不要看轻自己,在关键时刻,你敢说"我很重要"吗?试着说出来,你的人生也由此揭开新的一页。

点拨 正确认识自我价值,才能找到自己的位置。

10. 麻雀与鸵鸟

有一天,一只鸵鸟与一只麻雀相遇,于是它们聊起天来。

"我们鸵鸟算是鸟类的巨人了,我是世上最强大的鸟。"鸵鸟自豪地说。

麻雀打量了鸵鸟一眼,不紧不慢地说:"你只管为你身体的高大强壮自豪好了,可是与你相比起来,小小的我更算得上是一只鸟。"

"难道我长得高大不好吗?难道我不是鸟吗?"鸵鸟斥问道。

"你会飞吗?你虽然高大无比,虽然也叫作'鸟',但是你却不能飞,这难道不是一个悲剧吗?"麻雀反问鸵鸟,然后飞走了。

鸵鸟低下头,开始思考麻雀的话。

点拨 不自知的人,总是自命不凡,贻笑大方。

11. 命运

一天,威尔逊先生在大街上碰到一个盲人乞讨,很可怜他,就给他一张大钞。正准备走,盲人拉住他，说：“您不知道，我并不是一生下来就瞎的，都是23年前希尔顿的那次事故！”威尔逊先生一惊，问道：“你是在那次化工厂爆炸中失明的吗？”

盲人激动地说：“是啊！当时，逃命的人群都挤在一起。我好不容易冲到门口，可是一个大个子在我的身后大喊：‘让我先出去！我还年轻，我不想死！’他把我推倒了，踩着我的身体跑了出去，我失去了知觉……等我醒来，就成了瞎子。”威尔逊先生冷冷地说：“事实恐怕不是这样吧？你说反了。”盲人一惊。威尔逊先生一字一句地说：“我当时也在希尔顿化工厂当工人，是你从我身上踏过去的。你说的那几句话，我永远也忘不了！”

盲人突然抓住威尔逊先生，爆发出一阵大笑：“这就是命运啊！不公平的命运！你在里面，却出人头地了；我跑了出去，却成了瞎子。”威尔逊先生用力推开盲人的手，举起了手中精致的棕榈手杖，平静地说：“你知道吗？我也是一个瞎子。你相信命运，可是我不信。”

点拨 起点相同的两个人，一个自暴自弃，一个自信自强，其结果便截然不同。

12. 一条腿的四星上将

七个月前在柬埔寨时，一块手榴弹片戳进了弗兰克斯少校的左腿。医生已确定为他做截肢手术。弗兰克斯毕业于西点军校，在校时是棒球队队长。他曾下定决心终身从军，但如今看来，退伍似乎是唯一的选择。尽管弗兰克斯感到自己仍有许多东西，比如作战经验、技术知识、解决问题的能力，可以贡献给部队，不过他也知道，受过重伤的军人很少有回到现役的：他们必须通过每年一次的健康考核，包括徒步行军两英里。弗兰克斯吃不准自己戴着假肢能否胜任那种事情。

有天在等候击球轮次时，弗兰克斯注意到一名队友滑进了第三垒。弗兰克斯击球时，他一棒把球击到了场中央。他挥手叫替其跑垒者让开，自己迈动僵硬的腿，开始了痛苦的跑步。他闭上了眼，拼命使自己往前冲，一头滑进了第二垒。裁判喊道：“安全入垒！”弗兰克斯欣慰地笑了，他不再怀疑自己了。

几年后，弗兰克斯率领一个中队穿越恶劣的地形进行战地训练。上司怀疑一位截肢者能否接受这种挑战，但弗兰克斯用行动做出了肯定的回答。今天，弗兰克斯已晋升为四星上将。

点拨 相信自己，用行动来证明自己的能力。

13. 黑气球的哲理

一天，几个白人小孩正在公园里玩，这时，一位卖氢气球的老人推着货车进了公园。白人小孩一窝蜂地跑了过去，每人买了一个，兴高采烈地追逐着放飞在天空中的气球。

在公园的一个角落蹲着一个黑人小孩，他不敢过去和他们一起玩，因为自卑。

白人小孩的身影消失后，他才怯生生地走到老人的货车旁，用略带恳求的语气问道：“您可以卖一个气球给我吗？”老人用慈祥的目光打量他，温和地说：“当然可以，你要一个什么颜色的？”小孩子鼓起勇气回答：“我要一个黑色的。”

黑人小孩子开心地拿过气球，小手一松，黑色气球在微风中冉冉升起，在蓝天白云的映衬下形成了一道别样的风景。

老人一边眯着眼睛看气球上升，一边用手轻轻地拍了拍黑人小孩的后脑勺，说：“记住，气球能不能升起，不是因为它的颜色、形状，而是气球内充满的氢气。一个人的成败不是因为种族、出身，关键是心中有没有自信。”

那个黑人小孩子便是基恩，后来成为美国著名的心理医生。

点拨 一个人的成功，不在于他的出身，关键是他心中有没有自信。

14. 自信威力无穷

麦克刚到报社当广告业务员时，不要薪水，只按广告费抽取佣金。他列出一份名单，准备去拜访一些很特别的客户，都是别人招揽不成功的。

第一天，他和十二个"不可能的"客户中的三个谈成了交易；在第一个星期的另外几天，他又成交了两笔交易；到第一个月的月底，十二个客户只有一个还不买他的广告。在第二个月里，麦克没有去拜访新客户，每天早晨，那拒绝买他广告的客户的商店一开门，他就进去请这个商人做广告，而每天早晨，这位商人都回答说："不！"麦克假装没听到，然后继续前去拜访。到那个月的最后一天，已经对麦克连着说了三十天'不'的商人说："你已经浪费了一个月的时间来请求我买你的广告，我现在想知道的是，你为何要这样做？"

麦克说："我并没有浪费时间，我等于在上学，而你就是我的老师，我一直在训练自己的自信。"那位商人点点头，接着麦克的话说："我也要向你承认，我也等于在上学，而你就是我的老师。你已经教会了我坚持到底这一课，对我来说，这比金钱更有价值，为了向你表示我的感激，我要买你的一个广告版面，当作我付给你的学费。"

点拨 自信的人往往有着顽强的意志，而顽强的意志往往是成功的关键。

15. 追随梦想

我有个朋友叫蒙提•罗伯兹，他在圣思多罗有座牧马场。我常借用他宽敞的住宅举办募款活动，以便为帮助青少年的计划筹备基金。

上次活动时，他在致辞中提到，"我让杰克借用住宅是有原因的。这故事跟一个小男孩有关，他的父亲是位马术师，他从小就必须跟着父亲东奔西跑，一个马厩接着一个马厩，一个农场接着一个农场地去训练马匹。由于经常四处奔波，男孩的求学过程并不顺利。初中时，有一回老师叫全班同学写报告，题目是'长大后的志愿'。

他洋洋洒洒写了七张纸，描述他的伟大志愿，那就是想拥有一座属于自己的牧马农场，并且仔细画了一张200亩农场的设计图，上面标有马厩、跑道等的位置，然后在这一大片农场中央，还要建造一栋占地4000平方英尺的巨宅。

他花了大量心血把报告完成，第二天交给了老师。两天后他拿回了报告，第一页上打了一个又红又大的F，旁边还写了一行字：下课后来见我。

脑中充满幻想的他下课后带着报告去找老师：'为什么给我不及格？'

老师回答道：'你年纪轻轻，不要老做白日梦。你没钱，没家庭背景，什么都没有。盖座农场可是个花钱的大工程；你要花钱买地，花钱买纯种马匹，花钱照顾它们。你别太好高骛远了。'老师接着又说：'你如果肯重写一个比较不离谱的志愿，我会重打你的分数。'

这男孩回家后反复思量了好几次，然后征询父亲的意见。父亲只是告诉他：'儿子，这是非常重要的决定，你必须自己拿定主意。'

再三考虑了好几天，他决定原稿交回，一个字都不改。他告诉老师：'即使拿个大红字，我也不愿放弃梦想。'"

蒙提此时向众人表示："我提起这故事，是因为各位现在就坐在这200亩农场内，坐在占地4000平方英尺的豪华住宅中。那份初中时写的报告我至今还留着。"他顿了一下又说，"有意思的是，两年前的夏天，那位老师带了30个学生来我的农场露营一星期。离开之前，他对我说，'说来有些惭愧。你读初中时，我曾泼过你的冷水。这些年来，我也对不少学生说过相同的话。幸亏你有这个毅力坚持自己的梦想。'"

点拨 相信自己，不断努力和坚持，就会梦想成真。

16. 珍珠

有一个自以为是全才的年轻人，毕业以后屡次碰壁，一直找不到理想的工作，他觉得自己怀才不遇，对社会感到非常失望。多次的工作碰壁，让他伤心而绝望，他感到没有伯乐来赏识他这匹"千里马"。

痛苦绝望之下，有一天，他来到大海边，打算就此结束自己的生命。在他正要自杀的时候，刚好有一位老人从附近走过，看见了他，并且救了他。老人问他为什么要走绝路，他说自己得不到别人和社会的承认，没有人欣赏并且重用他。

老人从脚下的沙滩上捡起一粒沙子，让年轻人看了看，然后就随便地扔在了地上，对年轻人说："请你把我刚才扔在地上的那粒沙子捡起来。"

"这根本不可能！"年轻人说。

老人没有说话，从自己的口袋里掏出一颗晶莹剔透的珍珠，也是随便地扔在了地上，然后对年轻人说："你能不能把这颗珍珠捡起来呢？"

"当然可以！"

"你应该明白，现在你自己还不是一颗珍珠，所以你不能苛求别人立即承认你。如果要别人承认，那你就要想办法使自己成为一颗珍珠。"

点拨 要正确地评价自己，切不可过高估计自己。而只有正确认识自我，才能不断地充实自我，才能使自己最终成为一颗珍珠。

给教育者的建议

帮助孩子学会认识自我、悦纳自我、自我激励，这些都是培养孩子健康身心所必需的，而妄自尊大和妄自菲薄都是毫无意义的。

17. 人生第一课

这是美国一家普通的幼儿园。

刚刚入园的儿童被老师带进幼儿园的图书馆，很随便地坐在地毯上，接受他们的人生第一课。

一位幼儿园图书馆的老师微笑着走上来，她身后是整架整架的图书。

"孩子们，我来给你们讲个故事好不好？"

"好！"孩子们答道。

于是老师从书架上抽下一本书，讲了一个很浅显的童话。

"孩子们，"老师讲完故事后说，"这个故事就写在这本书中，这本书是一位作家写的。你们长大了，也一样能写这样的书。"

老师停顿了一下，接着问："哪一位小朋友也能来给大家讲一个故事？"

一位小朋友立即站起来："我有一个爸爸，还有一个妈妈，还有……"幼稚的童声在厅中回荡。

然而，老师却用一张非常好的纸，很认真、很工整地把这个语无伦次的故事记录下来。

"下面，"老师说，"哪位小朋友来给这个故事配个插图呢？"

又一位小朋友站了起来，画一个"爸爸"，画一个"妈妈"，再画一个"我"。当然画得很不像样子，但老师同样认真地把它接过来，附在那一页故事的后面，然后取出一张精美的封皮纸，把它们装订在一起。封面上，写上作者的姓名、插图者的姓名以及"出版"的年、月、日。

老师把这本"书"高高地举起来："孩子！瞧，这是你写的第一本书。孩子们，写书并不难。你们还小，所以只能写这种小书；但是，等你们长大了，就能写大书，就能成为伟大的人物。"

人生第一课结束了，在不知不觉之中，孩子受到了某种"灌输"。应当如何看待这种灌输呢？

点拨 自信心应该从小培养和鼓励。

18. 老师的眼泪

上高中的时候，我们班只是个普通班，比起由尖子生组成的六个实验班来说，考上大学的机会不多，因此除了几个学习好的同学很努力外，大多数人都等着混个文凭，然后找个工作。

我们的班主任兼英语老师是个刚从师范学院毕业的学生，他非常敬业，每日催着我们学习学习再学习，作业作业再作业。但是说归说，由于抱着破罐破摔的想法，我们的成绩仍然上不去，在全校各科考试中屡屡落败。

直到高二的一次英语联考，我们班的成绩破天荒地超过了几个实验班的学生，这让我们接连兴奋了好几天。

发卷的时候到了，老师平静地把卷子发给我们。我们欣喜地看着自己几乎从没得过的高分，老师说："请同学们自己计算一下分数。"数着数着，我的分竟比实际分数高出20分，同学们也纷纷喊了起来，"老师给我们怎么多算了20分。"课堂上乱了起来。

老师摆了摆手，班上静了下来。他沉重地说："是的，我给每位同学都多加了20分，这是我为自己的脸面也是为你们的脸面多加的20分。老师拼命地教你们，就是希望你们为老师争口气，让老师不要在别的老师面前始终低着头，也希望你们不要在别的班的同学面前总是低着头。"

老师接着说："我来自山村，父母很早就去世了，上中学时我连红薯土豆都吃不起；大学放暑假，我每天到建筑工地拉砖，曾因饥饿而晕倒。但我就是凭着一股要强的精神上完师院，生活教会我在任何时候都不能服输。而你们只不过被分在普通班就丧失了信心，我很替你们难过。"

这时候教室里安静极了，同学们都低下了头。老师继续说："我希望我的学生们也做要强的人，任何时候都不服输，现在还只是高二，离高考还有一年多的时间，努力还来得及，愿你们不靠老师弄虚作假就挣回足够的分数，让老师能把头抬起来，继续要强下去。"

"同学们，拜托了！"说完，老师低下头，竟给我们深深地鞠了一躬。当他抬起头的时候，我们看到他流出了泪水。

"老师！"班里的女生们都哭了起来，男生的眼里也含满了泪水。那一节课，我们什么也没有学，但一年后的高考，我们以普通班的身份夺得了全校高考第一名。据校长讲，这在学校的历史上是从未有过的。

我们每一个学生都记住了老师的眼泪。

点拨 要相信自己的能力，通过努力抬起头来做人。

🖙 给教育者的建议

培养孩子的自信心和健全的人格，能为孩子一生的发展打下良好的基础。为此，教育者应该鼓励孩子树立起自信心，自我激励，不断进步。

三、亲子与师生的共同话题

培养孩子的自尊心是每位教育者的重要职责，而自尊心源于自信心的确立。自信心来自正确的自我认识，既不妄自尊大，也不妄自菲薄。只有正确认识自己，发现自己，才能发展自己。正如著名教育专家孙云晓所言："自知才能自信，自信才能自强，自强才有健康的人生。"

无论是家长还是教师，都应该告诉孩子：你的价值在于你本身，地球上有60亿人口，没有一个人和你一模一样！要让孩子认识到自己的独一无二，努力活出自己的价值，因为"天生我材必有用"！为此，教育者应该相信每个孩子都是天才，让孩子成为他自己。在马斯洛的自我实现需要理论中，所谓自我实现，是指"一个人能够成为什么，他就必须成为什么，他必忠实于他自己的本性"，"对于自我发挥和完成的欲望，也就是一种使它的潜力得以实现的倾向"。

只有当孩子认识到自己的价值，他们的学习和生活才更容易取得成功。那么，如何树立孩子的自信心，让其充分发挥自己的潜能呢？

首先，要让孩子体验成功，从而建立起自信心。上海闸北八中校长刘京海认为，学习困难的孩子的主要问题是他们存在一种失败者心态，他们学习的内部动力机制发展水平低，即自信心差，学习积极性差。因此，教育要反对制造失败，尤其反对让孩子反复失败。因为对学习困难的孩子来说，新的失败不但不能成为成功之母，反而成了他们更大的失败之母，尤为重要的是反复失败，导致孩子自信心下降，自我概念消极。由此可知，鼓励孩子成功，让孩子体验到成功，是树立孩子自信心的关键。

其次，要鼓励孩子勇敢挑战自己。在某些机会面前孩子会感到恐惧，教育者应该尽力帮助孩子明白此次挑战的意义，并提醒他个人的优势所在。

再次，培养孩子的独立意识和自立能力。培养自立能力，要从日常生活开始，比如可以让孩子自己承担一些责任，培养其责任意识，这样更有利于增强其主动性和积极性。此外，还应该珍惜孩子的第一次。比如，他第一次在公众面前表演，心理上有极大的负担。如果第一次就遭遇了难堪尴尬的局面，他的自信心恐怕就要大大受损了。这就需要教育者引导他，并给以鼓励，让他很好地发挥自己，以让他体验到成功。如果最后结果不太理想，要开导孩子，教会孩子从失落的情绪中走出。这样，对孩子以后的发展会产生积极的影响。

总之，让孩子认识自己，悦纳自己，保持乐观自信的态度，才能让孩子的身心健康发展，最终实现自立、自强。

第十三节 毅力顽强

一、内涵阐述

毅力是指坚强持久的意志，也可以理解为把一件事情做到底的精神。顽强的毅力是一种优秀的品质，但它不是与生俱来的，需要在生活的点滴中培养。具体如何做呢？

首先，我们应该明确目标，坚持不懈。爱因斯坦曾说："耐心和恒心总会得到报酬的。"生命中无论多难的事情，只要我们去做了，去坚持了，总会有所收获。人与人之间，弱者与强者之间，大人物与小人物之间，最大的差异就在于意志力的大小。

其次，遇到困难要勇敢面对不退缩。只有这样，才能找到有效的解决方法。正如唐代诗人刘禹锡所言："千淘万漉虽辛苦，吹尽狂沙始得金。"人的一生中，困难是难以避免的，关键是如何对待困难。逃避并不是解决之道，应该勇往直前，尽自己最大的努力去争取成功。

最后，要正视失败与挫折。一个人只要足够坚强，他就是无与匹敌的。贝多芬说："卓越的人一大优点是在不利与艰难的遭遇里百折不挠。"无论身处什么样的困境，都要保持清醒的头脑，要认真分析其原因。否则，一味沉迷于痛苦中，只会导致一而再再而三的失败，从此一蹶不振。

学习是一项巨大的工程，生活更是一项长跑运动，都不是靠一时的热情就能完成的，都需要我们付出持久的毅力和韧性。

二、一个故事一堂课

1. 残足创造的奇迹

丹普赛一出生便右足残缺，这使他在生活中很不方便，当然一些活动对于他来说也是"心有余而力不足"了。但是他特别喜欢踢足球，他的父亲为了不让他灰心、失望，就给他做了一只木制的假足，以便让他能穿上特制的足球鞋。这下成全了小丹普赛的梦想，他一天天辛苦地用他的木脚练习踢球，并努力在离球门愈来愈远的地方将球踢进去，日复一日，年复一年，他的球艺大有长进。

他变得很有名气，被新奥尔良足球队雇用。在全国联赛的决赛上，当丹普赛用他的跛腿在最后的4秒内，在离球门63米的地方破网时，全场观众欢声雷动，就连对手雄狮队的队员都激动地和丹普赛拥抱，他们说，我们并没有失败，我们共同参与创造了一个奇迹。

点拨 只要有顽强的毅力，没有什么事情不可能。

2. 由口吃到演讲天才

卡耐基少年的时候，由于舌拙口笨，每次演讲都遭到同学们的嘲讽，他感到非常自卑。在母亲的鼓励和启发下，卡耐基口中含两块小的卵石，然后高声朗读一篇演讲稿，读了几遍后，才将卵石取出来，再诵读，发现舌头轻松多了。他开心地想："只要按照这种方法训练，我一定会成功的。"一次把石头取出来的时候，他发现石头上有红色血迹，舌头也有点辣痛，原来，石头把舌头磨破了！

半年后，卡耐基踌躇满志，他已能流利地背诵很多演讲名篇，与父母说话也畅快多了。他自信地报名参加演讲比赛，由于缺乏大赛实战经验，紧张局促发挥不好，以失败而告终。他心情压抑，甚至想以死了却人生。但是在父母的激励下，他又挺了下来。

最后，他成为一代演讲大师，他的著作《卡耐基成功之道》畅销全球，成为演讲界的经典之作。

点拨 卓越的人往往能把自己的劣势变成优势。

3. 一流的跑者

在一次火灾事故中，他的哥哥被烧死，他的两腿也严重烧伤。

医生的建议是必须锯掉两条腿。父母为此悲痛欲绝，母亲流着泪说："我们已失去了一个儿子，现在难道连另一个儿子的腿也保不住吗？医生，能否把截肢的日期延后，我们再商议一下？"就这样，他父母一边往后拖着手术日期，一边向儿子灌输他有一天能够再走路的信念。

后来，手术终没能进行。当绷带拆除时，人们惊讶了：他的右腿几乎比左腿整整短三寸，左脚脚趾几乎全被烧掉，但他意志很坚定，即使历经极大的痛苦，还是逼迫自己每天运动。慢慢地，他逐渐康复，最后连拐杖都丢掉了，几乎像正常人一样开始走路，不久还能跑步。

他就这样坚持着一直跑，一直跑——那两条差点被锯掉的双腿，带着他写下了一英里的短跑世界纪录。他是谁呢？他就是葛蓝·卡宁罕。他曾被称为"全世界跑得最快的人"，还被选为20世纪最伟大的运动员。

点拨身体某方面的缺陷，并不能阻碍一个人的成功。

📖 给教育者的建议

对于身体有残疾的孩子，最重要的不是保护，而是要让其认识到自己的能力，通过自己的不懈努力，甚至付出多于常人数倍的努力，最终实现自己的价值。

4. 史泰龙的1885次

史泰龙出身贫苦，父亲是个酒鬼，母亲专横任性。十岁时父母离异，他因经常被同学欺侮而成了练拳对象，十三岁便辍学在家。

工作了五年后，他决心成为电影明星，尽管他知道自己有口吃的毛病，又没有文化，人长得也不帅。但是，他一有了想法和决心，就开始立刻行动。他找来好莱坞电影公司的记录本，开始一个一个去推荐自己。1000次的拒绝丝毫没有阻止史泰龙去实现做电影明星的梦想和决心。

有了1000次行动全部遭到拒绝的教训后，史泰龙根据实际体验写了《洛奇》的剧本，又走进一家又一家的电影公司。

到1600次的时候，终于有人愿意出钱买他的剧本了。这时，他身上只剩下40元现金了，可是当他听到电影公司不同意由他主演的时候，他急了："不！不！"他第一次拒绝了别人。

直到1885次的时候，史泰龙终于如愿以偿。

他主演了电影《洛奇》，一炮打响，使他成为超级巨星。史泰龙的片酬创造了好莱坞的新纪录，达到2500万美元。

点拨拥有坚忍不拔的意志，是成功的前提。

5. 骑牛表演

骑牛表演几乎是阿根廷的国戏。每当举行表演，露天赛场的看台上总是人山人海。场上欢乐紧张的情绪比国际足球大赛还要高涨。

公牛出场了，看台上立刻爆发出山呼海啸的喊声。这声音惊天动地，如同巨大的电流，使公牛浑身一颤。顷刻间，公牛像着了魔似的，野性大发，疯狂地上蹦下跳。这时，剽悍的骑手快步走过来，一个鹞子翻身骑上牛背。公牛更加疯狂了，它暴怒地摆动头颅，嘴里吐着白沫，前蹄用力地踢着地面，扬起一块块泥土。看那恶神一样的劲头，非要把背上的骑手掀下来不可。可是，剽悍的骑手镇定自若，两手紧紧抓住牛背上的鬃毛，双脚像钢钳一样夹住牛腰，人好似长在牛背上一样，任凭公牛暴跳如雷……

人们热情地为骑手鼓掌。姑娘把鲜花献给勇敢的人。

"简直不可思议！您怎么没从狂怒的牛背上跌下一次呢？"一个外国记者采访骑手。骑手微微一笑，回答：

"这很简单，因为，我从牛背上跌下过一百次！"

点拨无数次的失败铸就了成功。

6. 恒心和毅力是做事的基础

罗伯特·苏拉兹是迈阿密先驱报出版公司的荣誉总裁，同时也是《埃尔诺夫先驱报》——一份西班牙报纸的荣誉出版商。当年他来到迈阿密先驱报社大楼前，希望得到一份工作时，只带了五美元和一些装在一只小行李袋里的换洗衣物。社会救济部门每月可给他100美元，但他不愿意接受救济。

他终于被招聘到先驱报社做临时工，他的工资是每小时1.56美元，就这样每天要干十小时。他的班在凌晨五点结束。他被告知，如果还想工作，可以在五个小时内回来。回到家，妻子用冰块敷他受伤肿胀的前臂，他睡了三个小时。然后又回到报社，被叫去值第二轮十个小时的班。

三个月后，他得到了有规律的五天工作日。他在美国感到骄傲的一件事是，他给社会救济部门写信，告诉他们他将不需要任何救济了。

他能得到这份工作，是因为三个月来他每天都等在那儿，等待那份既辛苦又漫长的工作。虽然在美国的那头五个月是他生命中最艰难的岁月，但也是收获最大的日子。由于这样的经历，他不怕任何艰难困苦。

点拨 做事情无论大小，如果无恒心，将一事无成；如果先入为主地认为事情太难，也不会有任何结果。

📖 给教育者的建议

激发孩子的学习潜能，要从影响潜能释放的因素来考虑。为此，要重视挫折意识的培养。教育者要培养孩子顽强的毅力，以做到遇到困难不退缩，把一件事情做到底。这样的品质对于孩子的学习、生活都是大有裨益的。

7. 碰壁的鲹鱼

曾有一个有趣的实验，生物学家把鲹鱼和鲦鱼放进同一个玻璃器皿中，然后用玻璃板把它们隔开。开始时，鲹鱼兴奋地朝鲦鱼进攻，渴望能吃到自己最喜欢的美味，可每一次它都"咣"地碰在了玻璃板上，不仅没捕到鲦鱼，而且把自己碰得晕头转向。

碰了十几次壁后，鲹鱼沮丧了。当生物学家轻轻将玻璃板抽去之后，鲹鱼对近在眼前唾手可得的鲦鱼却视若无睹。即便那肥美的鲦鱼一次次地擦着它的唇鳃不慌不忙地游过，即便鲦鱼尾巴一次次拂扫了它饥饿而敏捷的身体，碰了壁之后的鲹鱼再没有进攻的欲望和信心了。

几天后，鲦鱼因有生物学家供给的鱼料依然自由自在地畅游着，而鲹鱼却已经翻起雪白的肚皮漂浮在水面上了。

美食唾手可得，鲹鱼却饥饿而死，这的确可悲可笑。然而，生活中我们是否也当过那一条"鲹鱼"呢？一点点风浪就使我们弃船上岸，一个小小的打击就使我们放弃了一切梦想和努力……许多时候，我们失败的真正原因在于：面对近在眼前的已被抽掉"玻璃板"的"鲦鱼"，我们没有去"再试一次"。

点拨 机会不会轻易走到我们面前，失败后不妨再试一次。有百折不回之心，方能出奇制胜。

8. 忍受极限

一位年轻人毕业后被分配到一个海上油田钻井队。在海上工作的第一天，领班要求他在限定的时间内登上几十米高的钻井架，把一个包装好的漂亮盒子送到最顶层的主管手里。他拿着盒子，满头是汗地登上顶层，把盒子交给主管；主管只在上面签下自己的名字，就让他送回去。他又快跑下舷梯，把盒子交给领班，领班也同样在上面签下自己的名字，让他再送给主管。

如此这般地，当浑身上下都湿透的他第三次把盒子递给主管时，主管看着他，傲慢地说："把盒子打开。"他撕开外面的包装纸，打开盒子，里面是两个玻璃罐，一罐咖啡，一罐咖啡伴侣。主管又对他说："把咖啡冲上。"年轻人再也忍不住了，"叭"地把盒子扔在地上："我不干了！"

这时，这位傲慢的主管站起身来，直视着他说："刚才让您做的这些，叫作承受极限训练。因为我们在海上作业，随时会遇到危险，就要求队员身上一定要有极强的承受力，承受各种危险的考验，才能完成海上作业任务。可惜，前面三次你都通过了，只差最后一点点，你没有喝到自己冲的甜咖啡。现在，你可以走了。"

点拨 成功往往就在于在最困难的时候再坚持一下，失败常是由于不能善终。

📖 给教育者的建议

不要让孩子习惯失败，因为一旦失败成为惯性，孩子就会变得麻木，失去奋斗的动力和激情。为此，教育者要鼓励孩子，相信孩子，给孩子体验成功的机会，让成功成为"成功之母"。

9. 必须有一方投降

那一年，他的父亲参加大西南剿匪的战斗。

父亲端着步枪刚从一座巨岩后拐出来，迎面撞上了一个也端着步枪的土匪。两个人同时将枪口对准了对方的胸膛。要想都保全性命，就必须得有一方投降。

双方对峙着，枪口对着枪口，目光对着目光，意志对着意志。

当时父亲的大脑中一片空白，只有一个念头支撑着他。

必须有一方投降，但投降的绝不能是我！

父亲眼睁睁看着那个土匪的精神垮掉，土匪扑通跪下去，连喊饶命。

父亲努力控制自己，才没有晕厥过去。押着土匪，见到自己人时，父亲再也坚持不住了，一屁股坐到地上。

父亲的这个故事永远印刻在了他的脑海里。这十几年来，不论遭遇多大的坎坷与挫折，他总是用父亲的那句话鼓励自己。

必须有一方投降，但投降的绝不能是我！

结果，他在最后取得了胜利。

点拨 与对手的竞争，有时不光是比实力，更是比意志与耐力。

10. 不可思议的力量

这个故事发生在美国南北战争之前。那时，大卫刚刚大学毕业，正准备向新的人生旅途迈开脚步。

一个下午，他来到叔叔的磨坊，发生了一件令他终身受益的事情。叔叔是个庄园主，拥有不少黑奴。他与大卫正在交谈的时候，磨坊的门轻轻地打开了，一名黑奴的女儿悄悄地走进来。叔叔瞧了小女孩一眼，立刻恶声恶气地喝道："你有什么事？"

小女孩儿轻声细气地说："先生，我妈妈让我来向您要一美元。""不行！"叔叔恶狠狠地叫道,"你给我滚回去。""是,先生。"小女孩说,依旧那样轻声细气。可是,她却仍然站在那里,一点儿也没有离开的意思。叔叔的火气更大了:"难道你聋了吗?我叫你滚出去,你听到了没有!你要是再赖在这儿的话,小心我打断你的腿!""是,先生。"小女孩还是那样回答着,可却依旧一动也不动,一双乌溜溜的大眼睛静静地看着他的主人。叔叔恼羞成怒了,他操起一根木棍,凶狠地朝小女孩走了过去。然而,小女孩却没有退缩,反而迎着他朝前走来,一直走到他的面前才站住。她仰视着他,眼睛里没有丝毫惧色,轻声而坚定地说道:"先生,无论如何,我都要拿到这一美元!"

点拨 有了明确的目标,还要执着追求。

☞ 给教育者的建议

意志力,看似绵薄实,则后劲十足。教育者要善于培养孩子的意志力,同时也要引导孩子把意志和目标联系在一起。意志需要目标来保证,如果没有目标,人的意志很容易出现断节。

11. 花生的秘密

一日,一个人去见一位智者。

"请问,怎样才能成功呢?"那个人恭敬地问。

智者笑笑,递给他一颗花生:"它有什么特点?"

他愕然。

"用力捏捏它。"智者说。

这个人用力一捏,当然被他捏碎的是花生壳,却留下花生仁。

"再搓搓它。"智者说。

那个人照着他的话做了,毫无疑问,花生红色的种皮也被搓掉了,只留下白白的果实。

"再用手捏它。"智者说。

他用力捏着,但是他的手无法再将它毁坏。

"用手搓搓看。"智者说。

当然什么也搓不下来。

"虽屡遭挫折,却有一颗坚强的百折不挠的心,这就是成功的秘密。"

点拨 屡经挫折,仍有一颗坚强的心,这就是成功的秘诀。

12. 砥砺的命运

一位铁匠收了一名孤儿为徒,以打铁铸剑为生。枯燥平淡的劳作使徒儿不安分起来,他郁郁寡欢,常暗自叹息自己的苦命、卑微和永无出头之日。

师傅看出了徒儿的心思,便想法启示他。一天,师傅得一铁杆,将其断为三截,留下其中最好的那截,另两截便投入炉火中焙烧。烧至火红,钳出来,师徒二人轮番锤锻,终于打制出宝剑的雏形。虽已成形,却甚为粗劣。师傅命徒儿留下一个,将另一个又投入火中烧红,再取出锻打。这一把剑坯经再三修形后,剑身笔直挺拔,剑面平顺光滑,但仍不是一把真正的宝剑。

夜里徒儿累了先睡了,师傅把剑又细致地砥砺了大半夜。第二天徒儿醒来时,师傅交到他手上的已是一把寒光闪闪、削铁如泥的利剑。

师傅让徒儿带上宝剑、剑坯和最初截下的那段铁杆去集市卖。很快,剑坯卖出去了,得三两银子;过了一会儿,一个农夫买走了铁杆,得一两银子;而那把宝剑因为它的品质和师傅的惜售,价钱扶摇直上。徒儿顿有所悟。本是三块相同的顽铁，锤炼和砥砺却改变了它们的命运和价值。

点拨 人与铁其实是一样的，只有经过顽强的锤炼和砥砺才能改变自己的价值和命运。

13. 泥泞留痕

鉴真和尚刚刚剃度遁入空门时，寺里的住持见他天资聪慧又勤奋好学，心里对他十分赞许，便让他做了寺里谁都不愿做的行脚僧。每天风里来雨里去，吃苦受累不说，化缘时还常常遭人白眼，受到讥讽挖苦。鉴真对此愤愤不平，索性大睡不起。住持明白他的意思，带他来到刚下过雨的房前的路上，路面泥泞不堪。

住持问道："你昨天是否在这条路上走过？"鉴真说："当然。"住持问："你能找到自己的脚印吗？"鉴真十分不解地说："昨天这路又平坦又坚硬，小僧哪能找到自己的脚印？"住持又笑笑说："今天我俩在这路上走一遭，你能找到你的脚印吗？"鉴真说："当然。"住持听了，微笑着拍拍鉴真的肩说："泥深的路才能留下脚印，世间芸芸众生莫不如此啊！那些一生碌碌无为的人，不经风不沐雨，没有起也没有伏，就像一双脚踩在又坦又硬的大路上，脚步抬起，什么也没有留下。而那些经风沐雨的人，他们在苦难中跋涉不停，就像一双脚行走在泥泞里，他们走远了，但脚印却印证着他们行走的价值。"

点拨 不经历风雨、没有起伏的人生，很难真正留下什么。而只有在苦难中不断跋涉的人，才会体验到行走的价值。

14. 浮生若茶

一个屡屡失意的年轻人来到普济寺，慕名寻到老僧释圆，沮丧地对老僧释圆说："像我这样屡屡失意的人，活着也是苟且，有什么用呢？"

老僧释圆吩咐小和尚说："施主远途而来，烧一壶温水过来。"

少顷，小和尚送来一壶温水，释圆老僧抓了一把茶叶放进杯子里，然后用温水沏了，放在年轻人面前的茶几上说："施主，请用些茶。"

年轻人看到茶叶静浮于水中，他呷了两口，细细品了品，摇了摇头说："这是什么茶？一点茶香也没有呀。"

老僧释圆微微一笑，吩咐门外的小和尚说："再去膳房烧一壶沸水过来。"少顷，小和尚便提来一壶壶嘴吱吱吐着浓浓白气的沸水进来，释圆起身，撮了把茶叶放进杯子，向杯子里徐徐注入沸水。茶叶在杯子里上下浮沉。那绿绿的一杯茶水，沁得满屋生香。

释圆笑笑说，用温水沏的茶，茶叶就轻轻地浮在水之上，茶叶怎么会散发它的清香呢？而用沸水冲沏的茶，茶叶沉了又浮，浮了又沉，茶叶就释出了它的清香。世间芸芸众生，又何尝不是茶呢？那些不经风雨的人，弥漫不出他们生命和智慧的清香，而那些栉风沐雨、饱经沧桑的人，则溢出了他们生命的一股清香。

点拨 人生如沏茶，只有饱经沧桑，才能弥漫出生命和智慧的芳香。

15. 怕痛的石头

有个著名的雕刻师傅准备塑造一尊佛像让人膜拜，精挑细选后，看上其中一块质感上乘的石头，没想到才拿起锉刀敲琢几下，这块石头就痛不欲生，不断哀号："痛死了，痛死了，呀，不要再刻了，饶了我吧！"师傅只好停工，任其躺在地面，另外再找了一块质感差一点的石头，重新琢磨。只见这较差的石头，任凭刀琢棒敲一概咬紧牙根坚忍承受，默然不出一语，师傅更加卖力，精雕细琢下，果然雕成了极品。大家惊讶为杰作，决定加以供奉，供善男信女日夜顶礼膜拜。从此，该庙宇香火鼎盛，远近驰名。不久，无法忍受雕刻之痛的前一个石头，被人废物利用，铺在通往庙宇的马路上，人车频繁经过，又要承受风吹雨打，实在痛苦不堪，内心亦愤愤不平，质问庙里这尊佛像，说道："你资质比我差，却享尽人间礼赞尊崇，我却每天遭受凌辱践踏，日晒雨淋，你凭什么？"佛像只是微笑说："谁叫你当初受不了苦，没敲几下，就哇哇叫！"

点拨 能承受住苦难的人，才能成大器。

📖 给教育者的建议

让孩子在体验中成长。体验失败和挫折，未必不是好事。因为，通过吸取失败的教训，可以增强处理问题的能力，可以预防二次失败。

三、亲子与师生的共同话题

我们的社会需要勇敢、能积极应对风险的人才。一个人要想适应社会的需求，就必须具有顽强的毅力。

然而，现在有些孩子，由于父母及祖辈的过度疼爱，变成了温室里的花朵，经不起风雨和挫折：考试成绩不佳，就要离家出走；人际关系处理不好，就想到自杀……这样脆弱的心理素质，怎能不让人担忧？这就需要在教育上、在培养习惯上下功夫。

孩子的毅力需要培养，假期营地训练、体育活动或劳动项目等社会实践活动都是必要的。但更重要的是在日常生活中进行点滴培养。要从孩子的习惯抓起，让孩子养成做事、学习坚持到底的习惯。比如，教会孩子遇到困难要克制痛苦，避免连锁反应；看清真相，积极行动，努力实现目标。同时，也要让孩子认识到失败也是一种探索。教育者应该给孩子体验失败的机会，让孩子在失败的体验中吸取教训，锻炼和丰富自己，增强独立解决问题的能力。这也是教育的重要目标。

第十四节　成功

一、内涵阐述

成功就是达成预期目标。

一个人要想成功，就必须通过合理有效的途径来实现。成功与以下六个因素密切相关。

1. 克服困难，摆脱失败

失败是指预定的目标没有达到或者达不到，或是受到打击，或是陷入困境等。但失败不是一种静止的局面，它还会发生转化，不是向好的方向就是向更坏的方向发展。这就需要我们树立积极进取的态度，仔细分析失败的原因。有时失败是由于没有看清方向，换条路走往往可以反败为胜，一味坚持则会受到更严重的打击，导致恶性的连锁反应。

2. 好的习惯

好习惯往往是成功的基础。孩子正处于身心的发展期，没有定型，这就需要良好的习惯来塑造。良好的行为习惯是人的能力和素质的生长点，能为实现人的全面发展和成功提供支撑性平台。好的习惯可以决定一个人的命运。

3. 坚定的信念

信念是生存的基础。面对困难时，坚定信念，咬定青山不放松，坚信有转败为胜的可能。正如林语堂所言："人生不可无希望，无希望则无成，生活就没有情趣。"而我国伟大革命家薄一波也告诫我们："如果把人生比作杠杆，信念则好像是它的'支点'，具备这个恰当的支点，人才能成为一个强而有力的人。"

4. 积极的态度

有人曾说，态度决定一切。说的就是要树立积极的态度，否则根本没有成功的机会。

5. 目标和毅力

明确的目标和顽强的毅力足以让人踏上成功之路，因为没有比人更高的山，没有比脚更长的路。

6. 选择适合自己的路

选择适合自己的路是成功的关键。要根据自己的兴趣和才能来决定发展方向，切不可盲目和好高骛远。

二、一个故事一堂课

1. 一碗水与一条命

在古印度，一名死囚在临刑前突然被告知，如果他能端着满满一碗水绕着皇宫走上一圈，国王就会赦免他。

消息传出后，很多百姓都围着皇宫看热闹。皇宫周围是高低不平的石子路，还要走几十级上上下下的台阶。

闲人们在起哄，再走三步就要摔了！拐过墙角就要洒水了！但死囚却好像根本什么都没听到，他死死地盯着碗里的水，一步一步走了大半天才挪回了出发点。

人群沸腾了，国王也非常高兴，他问死囚："你怎么就能一点水都不洒呢？"死囚回答说："我端的哪里是水，分明是我的命啊！"

点拨 人的潜能是不可估量的，只要坚定意志，就能克服困难，最终取得成功。

2. 一个人与一辆牛车

星期六，杰克驾着自己家的牛车，拉了些土豆到城里去卖，他和往常一样沿着村东边的小路驾车，虽然那条路有点窄，但确实比较近，可以早一点到城里。

杰克的牛车正不疾不缓地走着，迎面突然驶来一辆飞驰的汽车，杰克急忙拉牛闪避，谁知路边正好有一个大坑，牛一下站立不稳，向坡下滚去。杰克一下失去了知觉。等他醒来时，发现自己被压在牛车下面，沉重的车轮和车身压得他喘不过气来，而且更令人害怕的是，他的下半身竟完全失去了知觉！他看不到自己腿上发生了什么事，但他知道，这是一条偏僻的小路，如果不能在天黑之前爬到路上求救的话，他会失血过多而死。而且在这个昼夜温差很大的小镇，天一黑他也会被冻死的。想到这个，杰克心中涌上了巨大的恐惧。他试了试向上推动压在身上的牛车，牛车只轻微晃动了一下，又压在他身上，他忍不住呻吟了一声，心中恐惧更甚。

"我不想死。"这个念头在杰克心中无比热烈地升起。他尽可能地立起身向上，并调整手臂的位置，扶住牛车的边缘，心中默数。"一、二、三！"牛车略微移动了一下，使他的手臂感到更加自由，但这一举耗费了他太多的体力，他闭上眼，喘息了一会儿，就开始了第二次尝试。就这样，在第四次的时候，那辆牛车被他举了起来！他挣扎着爬到路上，被路过的行人发现送到了医院。

后来，杰克的朋友杜瓦解释说，杰克的故事令大家都感到不可思议，因为那个牛车至少也有几百斤，一般健康的人要举起它都是很困难的事，更何况杰克处在当时那样恶劣的条件下，又受了重伤。杰克自己也感到困惑，他感到平时自己是不可能有那么大的力量的。受他们询问的科学家贝姆对此作出了答复。原来，人在濒于险境时，心跳加快，肾上腺素分泌增加，会在一瞬间内爆发出接近几倍于平常体力的力量，这也许是造化赋予人自救的一种本能吧！

点拨绝境能逢生，就在于关键时刻不放弃希望，此时能迸发出无穷的力量让人脱险。

☞ **给教育者的建议**

学习成绩差的学生，就好比是生活中身处困境的人，其实他们都有不可估量的潜能。教育者要充分开发那些被忽视的孩子的潜能，要相信每个孩子的身上都蕴藏着巨大的发展潜力。

3. 上帝不敢辜负信念

15世纪中叶的一个夏天，航海家哥伦布从海地岛海域向西班牙胜利返航。经历了惊涛骇浪的船员都在甲板上默默祈祷，上帝呀，请让这和煦的阳光一直陪伴我们返回西班牙吧。

但船队刚离开海地岛不久，天气就骤然变得十分恶劣了。天空布满乌云，远方电闪雷鸣，巨大的风暴从远方的海上向船队扑来。这是哥伦布航海史上遭遇的最大的一次风暴。哥伦布知道，或许就要船毁人亡了。他叹口气对船长说："我们可以消失，但资料却一定要留给人类。"哥伦布钻进船舱，在疯狂颠簸的船舱里，迅速地把最为珍贵的资料缩写在几张纸上，卷好，塞进一个玻璃瓶里加以密封后，将玻璃瓶抛进了波涛汹涌的茫茫大海。哥伦布自信地说："也许是一年两年，也许是几个世纪，但它一定会漂到西班牙去，这是我的信念。上帝可以辜负生命，却绝不会辜负生命坚持的信念。"

幸运的是，哥伦布和他的大部分船只在这次空前的海上风暴中死里逃生了。1856年，大海终于把那个漂流瓶冲到了西班牙的比斯开湾。上帝不会辜负生命的信念，上帝没有辜负哥伦布的信念。

点拨人有了信念，就有了前进的动力和方向。

4. 别开枪，我有成功的预感

普拉格曼是美国当代著名的小说家。

1944年8月的一天午夜。两天前他在战役中受伤，双腿暂时瘫痪了。为了挽救他的生命和双腿，舰长下令由一个海军下士驾一艘小船，趁着夜色把他送上岸去战地医院医治。不幸的是，小船在那不勒斯海湾中迷失了方向。那名掌舵的下士惊慌失措，差点要拔枪自杀。普拉格曼镇定自若地劝告他说："你别开枪，我有成功的预感。虽然我们在危机四伏的黑暗中飘荡了四个多小时，孤立无援，而且我还在淌血……不过我认为即使失败也要有耐性，绝不要堕入绝望的深渊。"没等他把话说完，突然前方岸上射向敌机的高射炮的爆炸火光亮了起来。原来他们的小船离码头还不到三海里。

脱险之后，普拉格曼在回忆中这样写道："自从那夜之后，此番经历一直留在我的心中。这个戏剧性事件竟包容了对生活真谛的认识的整个态度，因为我有不可征服的信心，坚忍不拔、绝不失望，即使在最黑暗危险的时刻，我相信命运还是能把我召向一个陌生而又神秘的目的地。"

点拨 树立信心，心中永存希望，这往往是成功的秘诀。

5. 心中的球洞

詹姆斯·纳斯美瑟少校梦想着自己的高尔夫球技突飞猛进—— 他发明了一种独特的方式以达到目标。在此之前，他打的和一般在周末才练上几杆的人差不多，水平在中下游之间，90杆左右。而他也有七年时间没碰球杆，没踏上球场。

无疑在这7年间，纳斯美瑟少校一定用了令人惊叹的先进技术来增进他的球技—— 其实这个技术人人都可以效法。事实上，在他复出后第一次踏上高尔夫球场，他就打出了叫人惊讶的74杆！他比自己以前的平均杆数还低20杆，而他已7年未上场！真是难以置信。不仅如此，他的身体状况也比7年前好。

纳斯美瑟少校的秘密何在？

纳斯美瑟少校这7年是在德国战俘营中度过的。7年间，他被关在一个只有4尺半高、5尺长的笼子里。

绝大部分的时间他都被囚禁着，看不到任何人，没有人和他说话，也没有任何体能活动。开始几个月他什么也没做，只祈求着赶快脱身。后来他想他必须找到某种方式，使之占据心灵，不然他会发疯或死掉，于是他学习建立"心象"。

他选择了他最喜欢的高尔夫球，并开始打起高尔夫球。每天，他在梦想中的高尔夫乡村俱乐部打18洞。他体验了一切，包括细节。他看见自己穿了高尔夫球装，闻到绿树的芬芳和草的香气。他体验了不同的天气和状况—— 有风的春天、昏暗的冬天和阳光普照的夏日早晨。在他的想象中，球场、草、树、啼叫的鸟、跳来跳去的松鼠，球场的一切都历历在目。

他感觉自己的手握着球杆，练习各种推杆与挥杆的技巧。他看到球落在修整过的草坪上，跳了几下，滚到他已选择的特定点上，一切都在他心中发生。

在真实的世界中，他无处可去，所以在心中他步步向着小白球走，好像他的身体真的在打高尔夫球一样。在他心中打完18洞的时间和现实中一样，一个细节也不能省略。他一次也没有错过挥杆左曲球、右曲球和推杆的机会。

一周7天，一天4个小时，18个洞，7年，少了20杆，他打出74杆的成绩。

点拨 身处困境不可怕，可怕的是从此一蹶不振，而可贵的是不失去信念。

6. 永不放弃的选择

维克托·弗兰克尔什么罪也没有，只因为他是犹太人，就被投入了纳粹德国某集中营。每天他都在积极思考，用什么样的办法能逃出去。他请教同室的伙伴，伙伴嘲笑他：来到这个地方，从来就没人想过活着出去，还是老老实实干活吧，也许能多活几天。可维克托不是这样的想法，他想到的是家有老母妻儿，自己一定要活着出去。

积极地思考终于给他带来了机会。一次，在野外干活，趁着黄昏收工时刻，他钻进了大卡车底下，把衣服脱光，乘人不注意，悄悄地爬到了附近不远处的一堆赤裸死尸上。刺鼻难闻的气味，蚊虫叮咬，他全然不顾，一动不动地装死，直到深夜，他确信无人，才爬起来光着身子一口气跑了70公里。

世上没有绝望的处境，只有对处境绝望的人。这位幸存者后来对人们说："在任何特定的环境中，人们还有一种最后的自由，就是选择自己的态度。"

点拨 任何时候，都不要放弃自己选择的态度。态度决定一切。

7. 手指创造的奇迹

横跨曼哈顿和布鲁克林之间河流的布鲁克林大桥，堪称地地道道的机械工程奇迹。1883年，富有创造精神的工程师约翰·罗布林雄心勃勃地欲着手这座雄伟大桥的设计。然而桥梁专家们却劝他趁早放弃这个天方夜谭般的计划。罗布林的儿子，华盛顿·罗布林，是一个很有前途的工程师。他确信大桥可以建成。父子俩构想建桥的方案，琢磨着如何克服种种困难和障碍。他们设法说服银行家投资该项目，然后他们怀着无可遏止的激情和无比旺盛的精力，组织工程队，开始建造他们梦想的大桥。

然而大桥开工仅几个月，施工现场就发生了灾难性的事故。约翰·罗布林在事故中不幸身亡，华盛顿的大脑严重受伤，无法讲话也不能走路了。谁都以为这项工程会因此而泡汤，因为只有罗布林父子才知道如何把这座大桥建成。

然而尽管华盛顿·罗布林丧失了活动和说话的能力，他的思维还同以往一样敏锐。一天，他躺在病床上，忽然一闪念想出一种能和别人进行交流的密码。他唯一能动的是一根手指，于是他就用那根手指敲击他妻子的手臂，通过这种方式由妻子把他的设计意图转达给仍在建桥的工程师们。整整13年，华盛顿就这样用一根手指发号施令，直到雄伟壮观的布鲁克林大桥最终落成。

点拨 没有人能随随便便成功，只要以坚韧的决心和意志来面对困难，就会创造奇迹。

给教育者的建议

教育不仅要传授知识，更要培养孩子坚定的信念。拥有信念，对自己和生活充满希望，保持积极的态度，这些都是走向成功必备的品质要素。

8. 老鼠学飞

小老鼠看到燕子在天空中自由自在地飞翔，很美慕。有一次，它碰到一只刚会飞的小燕子，就问道："燕老弟，天空中的食物一定很多吧？""多。"燕子说。"那你是怎么会飞翔的呢？""只要天天练，不怕跌，总会飞的。"小燕子说完后就像一支黑色的箭投向蔚蓝的天空。

小老鼠从此胸怀大志，刻苦飞行。开始，它在地上跳跃，可是只能跳半尺高。后来，他突然间醒悟了：站在高墙上跳跃。第一次，跌伤了一条腿。第二次，又跌伤了一条腿，趴在地上不能动弹了。

这天，小燕子飞过这里，问："你怎么趴在这里一动不动呢？"小老鼠睁眼看是小燕子，气愤地骂道："骗子！你教的好法儿！"小燕子又好气，又好笑，说："你没有翅膀怎么会飞呢？你不是会打洞吗？还是发挥你的特长吧。"

点拨 充分发挥自己的特长，更可能取得成功，甚至事半功倍。一味模仿和跟随别人，只会失去自我。

9. 矮黄蜂1号

博格斯身高只有1.6米，在东方人里也算矮子，更不用说在身高两米都嫌矮的NBA了。据说博格斯不仅是现在NBA里最矮的球员，也是NBA有史以来破纪录的矮子。但这个矮子可不简单，他是NBA表现最杰出、失误最少的后卫之一，不仅控球一流，远投精准，甚至在高个队员面前带球上篮也毫无畏惧。

博格斯是不是天生的好手呢？当然不是，他的成功是意志与苦练的结果。博格斯从小就长得特别矮小，但他非常热爱篮球，几乎天天都和同伴"泡"在篮球场上，当时他就梦想有一天可以打NBA，因为NBA是每位篮球手心中的天堂，也是所有爱打篮球的美国少年最向往的梦。每次博格斯告诉他的同伴："我长大后要去打NBA！"所有听到他的话的人都忍不住哈哈大笑，因为他们认定一个1.6米的矮子绝不可能打NBA。然而，他们的嘲笑并没有阻断博格斯的志向，他用比一般高个人多几倍的时间练球，终于成为优秀的篮球运动员，也成为最佳控球后卫。

在NBA里，人们都觉得只有两米高的人才能去打球，博格斯不怕人笑，所以创造了自己的奇迹，天生我材必有用，哪一个人不是最有价值的人呢？

点拨 每个孩子都是天才，充分认识到自己的价值，努力下功夫，都会取得成功。

10. 百合花

在一个偏僻遥远的山谷里，有一个高达数千尺的断崖。不知道什么时候，断崖边上长出了一株小小的百合。

百合刚刚诞生的时候，长得和杂草一模一样。但是，它心里知道自己并不是一株野草。它内心深处，有一个坚定的念头："我是一株百合，不是一株野草。唯一能证明我是百合的方法，就是绽放出美丽的花朵。"有了这个念头，百合努力地吸收水分和阳光，深深地扎根，直直地挺着胸膛。终于在一个春天的清晨，百合的顶部结出了第一个花苞。

百合的心里很高兴，附近的杂草却很不屑，它们在私底下嘲笑着百合："这家伙明明是一株草，偏说自己是一株花，看来它顶上结的不是花苞，而是脑袋长瘤了。"公开场合，它们则讥讽百合："你不要做梦了，即使你真的会开花，在这荒郊野外，你的价值还不是跟我们一样。"

偶尔也有飞过的蜂蝶鸟雀，它们也会劝百合不用那么努力地开花："在这断崖边上，纵然开出世界上最美的花，也不会有人来欣赏呀！"

百合却说："我要开花，是因为我知道自己有美丽的花；我要开花，是为了完成作为一株花的庄严使命；我要开花，是由于喜欢以花来证明自己的存在。不管有没有人欣赏，不管你们怎么看我，我都要开花！"

在野草和蜂蝶的鄙夷下，百合努力地释放内心的能量。有一天，它终于开花了，它那灵性的白和秀挺的风姿，成为断崖上最美丽的风景。这时候，野草与蜂蝶再也不敢嘲笑它了。

百合花一朵一朵地盛开着，花朵上每天都有晶莹的水珠，野草们以为那是昨夜的露水，只有百合自己知道，那是因为深深的喜悦凝成的泪滴。

年年春天，百合努力地开花、结籽。它的种子随着风，落在山谷、草原和悬崖边，终于，整个山谷都开满了洁白的百合。几十年后，人们千里迢迢来到这个山谷，欣赏百合开花。后来，那里被人称为"百合谷地"。

点拨 面对别人的不屑，不要太在意。拿出勇气证明自己，才是最有力的反驳。

给教育者的建议

帮助孩子建立健康的自我意识，引导孩子自我发现，自我创造，自我超越。

11. 不会跑的马

一个十几岁的男孩看到一个老农把一匹高高大大的白马拴在一个细细短短的木桩上，非常惊讶。"它会跑掉的！"男孩儿担心地对老农说。

老农呵呵一笑，十分肯定地告诉男孩儿："才不会哩！"

男孩儿说："为什么不会呢？这么细的小木桩，马打一个响鼻儿就可以把它拔出来。"

老农压低声音(似乎是怕被马听到)："跟你说，当这匹马还是小马驹的时候，就给拴在这个木桩上了。一开始，它不肯老老实实地待着，尥蹶子撒野地要从那木桩上挣出来。可是，那时它的劲儿太小，折腾了一阵子还是在原地打转转，它就蔫了。后来，它长足了膘，也长足了劲儿，却再没心思跟那个木桩斗了——那个木桩硬是把它给镇住了！有一回，我来喂它，故意把饲料放在它刚好够不着的地方，我寻思，它肯定要伸脖子拼命去够，它一够，那木桩子非拔出来不可。可你猜怎么着？它只是'咳咳'叫了两声，脑袋就蔫耷了——你说，它多乖！"

其实，约束这匹马的不是那截细细短短的木桩，而是它用奴性构筑的牢狱，用惯性打造的枷锁。

点拨 惰性如同枷锁，不仅束缚人的手脚，更会束缚人的斗志。惰性一旦成为习惯，人就会停滞不前。

📖 给教育者的建议

要培养孩子自立、自强、勇于挑战现实和自我的品格，而不是让孩子一味依赖，对现实变得麻木不仁。

12. 游向高原的鱼

水从高原由西向东流下，渤海口的一条鱼逆流而上。

它的游技很精湛，因而游得很精彩，一会儿冲过浅滩，一会儿划过激流，它穿过了湖泊中层层的渔网，也躲过无数水鸟的追逐。它逆行了著名的壶口瀑布，堪称奇迹。又穿过了激水奔流的铜峡谷，博得其他鱼的众声喝彩。它不停地游，最后穿过山涧，挤过石罅，游上了高原。

然而，它还没来得及发出一声欢呼，瞬间却被冻成了冰。

若干年后，一群登山者在唐古拉山的冰块中发现了它，它还保持着游动的姿势。有人认出这是渤海口的那只鱼。

一位年轻人感叹，说这是一条勇敢的鱼，它逆行了那么远那么长久。

一位老者为之叹息，说这的确是一条勇敢的鱼，然而它只有伟大的精神，却没有伟大的方向，它极端逆向的追求，最后得到的只能是死亡。

点拨 凡事都要考虑其可行性，否则，事倍功半。

13. 选定一把椅子

意大利著名男高音歌唱家卢西亚诺·帕瓦罗蒂回顾自己走过的成功之路时说："我的父亲是一个面包师，当我还是孩子时，他就开始教我学习唱歌。他鼓励我刻苦练习，培养嗓子的功底。后来，在我的家乡意大利的蒙得纳市，一位名叫阿利戈·波拉的专业歌手收我做他的学生，那时，我还在一所师范学院上学。在毕业时，我问父亲：'我应该怎么办？是当教师还是成为一名歌唱家？'"

"父亲这样回答我：'卢西亚诺，如果你想同时坐两把椅子，你只会掉到两个椅子之间的地上。在生活中，你应该选定一把椅子。'"

"我选择了。我忍住失败的痛苦，经过七年的学习，终于第一次正式登台演出。此后我又用了七年的时间，才得以进入大都会歌剧院，现在我的看法是：不论是砌砖工人，还是作家，不管我们选择何种职业，都应有一种献身精神。坚持不懈是关键。选定一把椅子吧。"

点拨 选定目标，坚持不懈，终能成功。三心二意只会一事无成。

给教育者的建议

教会孩子做事要有正确的方向和明确的目标。

14. 最后一条西裤

一位美国人来到裁缝店，要求小裁缝照他的尺寸做一条西裤。眼看学徒期满，小裁缝正迫不及待地要出师门，另谋出路，根本没有心思去精工细做。结果，最后一条西裤被他做得粗糙不堪。

美国人摇着头走出店门，师傅才惋惜地告诉徒弟："那美国人是到中国聘一批缝纫技术工的，为了把你推荐出去，好不容易才把人家请到店里来考核。令我想不到的是，你那么精巧的手艺却做了一条那么粗的裤子。"

我们又何尝不是如此心态：起初对工作、对生活、对爱情充满热忱，时间一长便变得漫不经心，消极应付。关键时刻因为没有尽力去做，结果失去大好良机。在成功的人和事面前，常有人这样叹息：当时如果……早就……

其实，很多人不是没有机会成功，只是在成功之前，他们并不知道成功即将来临。所以，在学习期间，我们应该把每条"裤子"做好，更应该做好最后一条"裤子"。

点拨 每个人都有机会成功，只是有些人没有把握住机会。

15. 新钓具

杰瑞米与一些朋友去加拿大旅行，在一次钓鱼的准备中，他坚持要买一根重型的钓鱼竿和线轴。当一些人看见他的新钓具时，跟他开玩笑："你打算捉一条鲸鱼吧？"杰瑞米毫不理会这些听起来打消他信心的言辞。

有一个人的鱼线被挣断了，那人抱怨说他应该准备重一些的钓具。之后，杰瑞米的线突然被拉紧了，是一条大鱼！45分钟以后他把战利品拖上了船，一条32磅重的大家伙！人们都肃然起敬，因为杰瑞米教给他们一个道理：如果你想钓一条大鱼，那你要先准备好钓大鱼的工具。

点拨 要时刻准备着，因为机会总是青睐那些有准备的人。

给教育者的建议

要培养孩子从小事做起，认真对待每一件事情，其实这就是在为成功做准备。

16. 两匹马的命运

两匹马各拉一辆大车。前面的一匹走得很好，而后面的一匹常常停下来。于是人们就把后面一辆车上的货挪到前面一辆车上去。等到后面那辆车上的东西都搬完了，后面那匹马便轻快地前进，并且对前面那匹马说："你辛苦吧，流汗吧，你越是努力干，人家越是要折磨你。"

来到车马店的时候，主人说："既然只用一匹马拉车，我养两匹马干吗？不如好好地喂养一匹,把另一匹宰掉,总还能拿到一张皮吧。"于是,他便这样做了。

点拨 一个人的行为表现就是其人格的外显。没有好的人格,工作和生活都会受到阻碍。

📖 **给教育者的建议**

教育的核心是教会孩子做人。教育者应该塑造孩子健全的人格。

三、亲子与师生的共同话题

在教育上,让学习困难学生体验成功是一个重大的主题。上海闸北八中校长刘京海提出,成功是成功之母。对于学习"困难"的学生,成功的积极意义要远远大于失败,因为新的失败往往不能成为差生的成功之母,恰恰成为他们更大的失败之母。可见,帮助学习困难的孩子实现成功意义重大。

许多经典心理学实验证明,反复成功可提高人的成就动机,因此提高孩子的内在积极性很有必要。学习困难孩子形成的原因,主要是他们在学习过程中,反复失败形成了失败者心态。为此,教育者要积极为他们创造成功的机会和条件,诱导他们尝试成功;同时实施鼓励性评价,促使其发现自己、发展自己,看到自己的力量,找到自己的不足,满怀信心地不断争取成功。

教育也应该重视和利用非智力因素的力量。要培养孩子的自信心、意志力、成功动机等成功心理和自我学习、自我教育的学习内部动力机制。这就是教育的手段,也是教育的目标。

其实,不仅是学习"困难"的孩子而是所有的孩子都需要成功的体验,不仅在学习上而且在生活上,每个孩子都需要有成功的感受。教育的本职任务,就是要使孩子成为学习的成功者,并为其成为社会的成功者做好基本素质的准备。

从培养孩子的习惯入手,塑造孩子健康的身心,让孩子有理想、有信心、有道德、爱学习。当孩子遇到困难,教育者应当和孩子共同学会面对失败和挫折,在挫折面前,与孩子互相支持,共同努力,帮助孩子锻炼强健的应对挫折的能力。

教育者哪一句话,哪一个行动,在什么时候会影响孩子的一生,其实并不确定,但只要我们用心换心,一定能使孩子成功。

下 篇
学习习惯和学习个性的养成

第三章 终身学习的五大习惯

人的一生，就是学习的一生。有些学习是显在的、主动的，有些学习则是隐在的、被动的，是潜移默化的。两类学习在不同的领域起着不同的作用。学习并非越显在、越主动，就越好。正确、及时地发现具有重大意义的隐在的、被动的学习，将之提升为更有效、更高效的显在的、主动的学习，将大大提高学习的效果和价值。

所以说，培养学习的习惯，特别是有目的、有计划的显在学习的习惯，对每个人一生的发展和提高，对在事业、家庭、社会活动等各方面获得成功都具有重大意义。

第一节 主动学习的习惯

一、定义和内涵

主动学习，意指把学习当作一种发自内心的、反映个体需要的活动。它的对立面是被动学习，即把学习当作一项外来的、不得不接受的活动。

主动学习的习惯，本质上是视学习为自己的迫切需要和愿望，坚持不懈地进行自主学习、自我评价、自我监督，必要的时候进行适当的自我调节，使学习效率更高、效果更好。

具体地说，主动学习的习惯主要包括六个方面的内涵。

(1) 把学习当成自己的事情。这主要体现在处理好学习的每个细节，尽量不需要别人的提醒，做好自我管理。当然，不是每个人都是天生的"爱"学习者，所以培养主动学习的习惯，有时也需要别人的提醒和帮助。

有一段时期，荣登"中国少年榜"的全才少女黄思路每天晚上睡得晚，早晨又想提前半个小时起来早读。可是，她听见闹钟响后没有马上起来，结果又沉沉睡去，如果不叫她，上学就要迟到。每天如此，闹钟便形同虚设。母亲王晶让女儿把闹钟设定推迟半小时，按正常时间起床，这样睡得充足一些。开始女儿不愿意，每天晚上总说保证第二天能早起，可是第二天还是迷迷糊糊醒不来。妈妈没收了闹钟，说："既然闹钟起不了作用，就别用了，我可不当你的'闹钟'！"

没有了依赖心理，思路睡到清晨便很警觉，听到一点点动静就醒过来了，又马上翻身起床，生怕一觉睡过头。几天之后，妈妈把闹钟还给女儿，思路此时已经能准时起床了。

(2) 对学习有浓厚的兴趣，可以抓紧时间学习。鲁迅说，他只是把别人喝咖啡的时间用在了读书上。他还说，时间就像海绵里的水，只要愿意挤总会有的。事实上，**一个人如果养成了主动学习的习惯，他就永远不会抱怨时间不够用**，因为随时随地，只要有空闲，他首先想到的事情总会是学习，这样就能把零散的时间都利用起来。

苏联昆虫学家柳比歇夫没有过人的天赋，也没有优越的环境，命运似乎注定了他将度过平凡的一生。但是，他创造的"时间统计法"却拯救了自己，让他成为时间的主人。在82年的人生旅程中，他每天睡眠10个小时左右，并且长期参加娱乐活动、体育锻炼和社会工作，但这丝毫没有妨碍他创造出惊人的科技成果：他一共出版了70余部学术著作，写了12 500张打印稿的论文和专著，内容涉及遗传学、科学史、昆虫学、植物保护、进化论和哲学等领域。

他是怎么做到的呢？原来他从1916年元旦开始直到1972年去世时一直坚持进行时间统计，每天核算，一天一小结，每月一大结，年终一总结。每天的各项活动，包括写作、看书、读报、休息、散步、娱乐等全都准确记下来，误差甚至不超过5分钟。通过统计，他发现自己每天做工作的"纯时间"大约有7个小时，最高纪录是11.5个小时。他把每天的有效时间算成10个小时，分成3个单位，分别从事两类工作。一类是创造性的科研工作，另一类是其他活动，所有计算过的工作量都尽量保证按时完成。正是由于科学严格地管理、计划和使用时间，才使得他的"勤"快造就出了神话。

(3) **对自己的学习及时有效地进行评价**。一个人在学习过程中，不仅学习水平在不断变化，其兴趣和爱好也在不断地变化。对这些方面进行评价和审视，不仅有利于保证学习的速度和质量，更重要的是能保证学习方向的正确。

1977年诺贝尔化学奖获得者普里高津幼时的"理想"可不是化学家，而是钢琴家。然而这也是曾就读于莫斯科音乐学院的母亲朱丽叶"醉翁之意不在酒"的安排。

1921年，普里高津一家刚移居到一片混乱的德国时，母亲为了使孩子们不受外界环境的影响，决定教他们学习音乐。尽管音乐世界是美妙的，但一首曲子上百遍的练习对于好动的普里高津来说还是非常枯燥的，因此他常常在家里搞一些恶作剧。母亲为此头痛不已，她对普里高津严肃地说："在几个孩子中，最有音乐天赋的是你，现在也表现最好，但是你喜欢音乐吗？想过要成为一名杰出的钢琴家吗？"他低下了头。母亲告诫他，不论做什么事都要专心致志，弹钢琴尤其如此。在母亲的严格教育下，他专心学习钢琴，这不仅使他免受混乱生活的干扰，也使他具备了良好的修养。

1929年，举家迁往布鲁塞尔后，普里高津进入雅典中学学习。这是一个以严格的古典课程著称的学校，与浪漫的音乐世界毫不相同。在这里，他的兴趣反而变得广泛，他开始喜欢上了考古学、文学和哲学，眼界开阔了很多。母亲看到他在其他方面有突出的才干，就任其自由发展。由于对化学特别感兴趣，普里高津终于有一天来到母亲房中，说出了自己想成为化学家的理想。母亲微笑着说："小时候让你学习音乐是为了使你摆脱外界环境的干扰，培养你的情操，教你学会做事一定要专心，至于你长大选择什么为目标，希望你自己把握，如今你已经做了决定，妈妈很高兴，尊重并支持你。"

(4) **主动调节自己的学习行为，以适应不同的环境和需要**。我们身边的环境并不由我们自己决定，**当一个人总在抱怨周围的环境是多么不公的时候，他的注意力十有八九已经脱离了学习本身，他的能力也将浪费在抱怨中**。适应不同的环境，不仅是主动学习的表现，也是锻炼多种能力和丰富人格力量的机会。

1969年诺贝尔化学奖获得者之一、英国有机化学家巴顿出生于一个富足之家，从小又是集众多宠爱于一身的独子。上小学后，由于老师不可能像家里的长辈那样对他百般呵护，他十分不适应，与同学的关系紧张，经常发生矛盾，学习成绩自然也很糟糕。父亲认为这种状况不利于巴顿的成长，于是在他十岁的时候，把他送到一所寄宿制学校学习。

该校实施军事化封闭管理，学生们都过军营式的生活。早晨起床铃一响，所有的学生都要以最快的速度起床、穿衣服、叠被子、刷牙、洗脸，然后出操，即便是冬天，学生们也只能用凉水洗漱。学校的伙食勉强能算得上"粗茶淡饭"，与家里优裕的生活相比，巴顿可谓从"天堂"掉进了"地狱"。巴顿受不了学校条件的艰苦，所以每逢周一上学的时候，总要大哭大闹，希望父亲给他换个学校。母亲和姑姑对他父亲的做法也很不理解，但他父亲始终坚持自己的想法，认为磨难和锻炼对巴顿这样从小娇生惯养的独生子女来说，是十分有益的"营养剂"，只有这样，孩子才能学会独立生活。

巴顿长大后回忆起这段生活，不无感慨地说："这样的生活使我学会了忍耐和自我锻炼，培养了我坚强的身心和健全的人格。"

(5) 遇到困难坚持不懈。多数人的学习不会一帆风顺，遇到困难能够坚持下去，是主动学习的重要内容。

日本著名的化学家、1981年诺贝尔化学奖得主福井谦一家境小康，作为家里的独子，父亲对他寄予厚望。但是在一次化学测验中，他又一次不及格。那天他手足无措，不知道该怎样把画满"×"的试卷拿到父亲面前。一直徘徊到太阳落山了，他依然在冥思苦想，不知道怎么进家门。实在没有办法，他只好硬着头皮推开了家门。他用低得只有自己才能听得见的声音对父亲坦白了成绩。

父亲听了很失望，嘴上却说："孩子，没关系。这次考砸了，下次再努力争取好成绩。"

"爸爸，我……我不想再读书了。"福井谦一终于把思考了一下午的话说了出来。

"如果你真这样想的话，就太让我失望了。"父亲语重心长地说，"本来以为你是个刻苦的孩子，没想到一碰到困难就退缩不前了。"

"可是爸爸，或许我不是块读书的料。我想去参军。"福井谦一说出了自己思考了很久的想法。

"孩子，不管你干什么，都必须要读书。不读书，你就没文化，以后什么也干不成。"父亲耐心地开导他说，"无论你做什么事，都可能遇到挫折。总是退缩可不行，必须勇敢地去面对它、克服它，才能真正超越。孩子，你要记住——没有比人更高的山，没有比脚更长的路。"

父亲的一番话终于打动了福井谦一，他表示自己确实不该现在放弃，要努力学习。

于是，他开始制订学习计划，安排好自己的时间，从头开始补起。努力了一个月，又一次化学测验，他还是不及格。这次他没有灰心，他觉得自己底子差，想一步登天是不可能的，还要从打好基础开始。第二次化学测验，他终于及格了。半个学期后，他的成绩扶摇直上。第二个学期，他已经当上了化学课代表，还参加了化学竞赛。

(6) 正确对待别人的帮助。常常有人抱怨自己的学习成绩不好是因为父母帮助得不够，或者是父母没给自己请到好家教之类。其实，如果我们稍微细心观察，就能发现，越是学习好的学生，越是有思想的人，对别人直接帮助的需求就越少，越能更多地自己埋头钻研。别人的帮助，对他们来说主要是提供不同的信息，拓展自己的视野。

在伟大的科学家们的生涯中，往往在年幼时期由于偶然的机会接触到某种信息启发了他们的头脑，从而对他们的命运产生重大影响。

爱因斯坦在《自述》中说："在12岁时，我经历了另一种性质完全不同的惊奇。这是在一个学年开始时，当我得到一本关于欧几里得平面几何的小书时所经历的。这本书里有许多断言，比如，三角形的三个高交于一点，它们本身虽然并不是显而易见的，但是可以很可靠地加以证明，以致任何怀疑似乎都不可能。这种明晰性和可靠性给我造成了一种难以形容的印象。至于不用证明就得承认公理，这件事并没有使我不安。如果我能依据一些其有效性在我看来是毋庸置疑的命题来加以证明，那么我就完全心满意足了。比如，我记得，在这本神圣的几何学小书到我手中以前，有位叔叔曾经把毕达哥拉斯定理告诉了我。经过努力，我根据三角形的相似性成功地'证明了'这条定理。在这样做的时候，我觉得，直角三角形各个边的关系'显然'完全决定于它的一个锐角。在我看来，只有在类似方式中不是表现得很'显然'的东西，才需要证明。而且，几何学研究的对象同那些'能被看到和摸到的'感官知觉的对象似乎是同一类型的东西。这种原始观念的根源，自然是由于不知不觉存在着几何概念同直接经验对象的关系，这种原始观念大概也就是康德提出那个著名的关于'先验综合判断'可能性问题的根据。

在12~16岁的时候，我熟悉了基础数学，包括微积分原理。这时，我又幸运地接触到一些书，它们在逻辑严密性方面并不太严格，但是能够简单明了地突出基本思想。总的说来，这个学习确实是令人神往的；它给我的印象之深并不亚于初等几何，好几次达到了顶点——解析几何的基本思想、无穷级数、微分和积分概念。我还幸运地从一部卓越的通俗读物中知道了整个自然科学领域里的主要成果和方法，这部著作几乎完全局限于定性的叙述，这是一部我聚精会神地阅读的著作。当我17岁那年作为数学和物理学的学生进入苏黎世工业大学时，我已经学过一些理论物理学了。"

这段颇长的自述是我们理解爱因斯坦科学思想形成发展的重要资料。几何学给爱因斯坦思维带来的奇妙性，使他来不及按部就班，竟一口气把《圣明几何学小书》学到最后一页。

在爱因斯坦步入自然科学领域的最初几步，有一个人是很重要的，虽然很难说他在思想上对爱因斯坦有什么大的影响，但正是他把打开自然科学殿堂大门的第一把钥匙递给了爱因斯坦。他就是来自俄国的大学生塔尔梅，那本让爱因斯坦终生难忘的"神圣的几何小书"便是他送给爱因斯坦的。一开始，塔尔梅总是和爱因斯坦谈论数学问题，越谈就越引起爱因斯坦对数学的浓厚兴趣。对学校枯燥教学方式厌倦的爱因斯坦干脆自学起微积分。学习医学的塔尔梅不久后也不是爱因斯坦数学上的对手了，但他依然热情地为爱因斯坦介绍当时流行的种种自然科学书籍和康德的哲学著作，如布赫纳的《力和物质》、伯恩斯坦的《自然科学通俗读本》。

可见，对于伟大的头脑，最有效、最有帮助的往往不是直接去教他们如何去学习，而是能够启发他们思维的信息和资源。

二、培养要点

培养主动学习的习惯，**首先要培养学习的兴趣**。只有这样，才能主动去寻找和发现自己感兴趣的学习资源，并能战胜学习中遇到的种种困难。

1938年诺贝尔物理学奖获得者费米小时候特别爱读书，接受能力很强，学校所开设的课程怎么也"喂不饱"他。他就去找"零食"——课外书来读。著名的露天市场每逢星期三就在百花广场开市，收藏家们常常会在这里发现古书、印刷品、艺术品以及各种各样的古物。费米也加入了收藏家们的行列，矮矮的个头每逢星期三就在百花广场上穿梭。他在这里收集到不少"宝物"，买到了很多物理学方面的书。

有一天，费米从百花广场带回关于数学物理的两本著作，他告诉姐姐，他要马上读这两本书。当读到兴奋之处，他自语道："这本书是多么有意思，你们一点也想象不出来。我正在学习各种波的传播！""妙极了，它解释了行星的运动！"读到论海洋潮汐的循环一章时，他的情绪达到了顶峰。

当他读完全书，再次走到姐姐面前时，像发现"新大陆"似地说："姐姐，你知道吗，这本书是用拉丁文写的，我还没有注意到呢。"姐姐摇摇头笑了。

费米的勤奋、好学和上进，深深地感动了邻居阿米迪教授。教授很快看出这孩子是块好"料子"，非常喜欢费米。

有一回教授半开玩笑地说："费米，我给你出几道题做好吗？"

"太好了，您快出吧！"费米跃跃欲试。

教授自知题目显然高出费米的水平，并不期望他能全部解答出来。可是令教授吃惊的是，费米一会儿就全部解答出来了。他缠着教授出一些更难的题目"过过瘾"；教授出了一些他自己还未解出来的题目给费米。奇迹出现了，费米居然又全部解答出来了！教授连连点头赞赏不已，慨叹后生可畏。教授把自己所有的有关物理和数学方面的书，按合理的顺序一本一本地送给费米学习。费米如鱼得水，尽情地在物理和数学的知识海洋里遨游。

在老教授阿米迪的精心培养和帮助下，费米得到了在学术界初试锋芒的机会。中学结业时，他写了论文《论弦的振动》。这篇论文令担任主考的罗马工程学院的教授们都困惑不解，无法解释如此年幼的费米何以会有如此广博的知识和深刻的见解。

其次，把学习当成自己的事情。独立、认真、扎实地做好学习中应该做的每件事情，解决好学习中遇到的每个问题。

捷克斯洛伐克著名分析化学家，"极谱学"创始人，1959年诺贝尔化学奖得主海洛夫斯基，小时候对待学习的态度之认真，就很让人钦佩。

有一天，海洛夫斯基从学校里回来，愁眉苦脸的，吃晚饭的时候也心不在焉。妈妈发现他不开心，就问他怎么了。这时候他才抬起头来看着大家，仿佛明白了一点什么似的，说："没什么，只是老师布置的一道题我做错了，现在还没找出错在哪儿。"饭后一家人又出去散步。回到家，海洛夫斯基又开始思考那道错题。这时候，姐姐弟弟们正在玩游戏。过了一会儿，弟弟来敲门，邀请他一起玩，他说要先把那道题做出来。又过了一会儿，姐姐也过来邀请他一起玩，他仍在演算题目。姐姐热心地说："我的数学和物理一向很好啊。要不我帮你把它做出来，这样你就可以和我们一起玩了。"他说："不，姐姐。我要自己把它做出来。我想我已经找到一处错的地方了，一会儿就能做完。我不太熟悉这种方法，有些地方可能弄错了。不过，我能行。还是我自己来吧。"果然，他很快就把题目做了出来，然后快乐地和姐姐弟弟们一起玩游戏去了。

再次，学会进行自我评价。自我评价是每个主动学习者必须掌握的基本步骤之一。有正确的自我评价，才能弄清楚自己的学习状况，既知道自己的优势，也知道自己的缺陷。这样既有利于发挥自己的长处，也有利于对自己的弱势进行改善和提高。

多伊西出生于1893年，正值美国经济危机时期，当时成千上万的工人失业，而很多方面不可或缺的工程技术人员却没有受到太大影响。于是身为工程师的父亲认为孩子长大后必须做工程师才能保住"铁饭碗"。因此在多伊西上中学的时候，父亲就严格管教他，要他学好学校里的刻板课程。但是多伊西爱好广泛，既对生物、化学和物理类的课程感兴趣，也对伦理学、哲学方面的书籍感兴趣。而他却既能把精力投入到自己感兴趣的知识领域中去，又能对学校课程应付自如。所以在整个中学时代，他的成绩都是中等偏上。他父亲也觉得很正常，没有过多干涉他的学习兴趣。

但是到了他上大学的时候，父亲坚持让他进工程学院。到了大学里，应付课程就没有中学那么容易了，他第一学期的课程只能勉强保证每门功课都及格。这让学院里的老师们都大为惊讶，因为多伊西是个手不释卷的学生，这样的成绩太不可思议了。于是导师问他为什么，他说："我对学校规定的课程都没有兴趣，我平时看的书多数不是必修课和选修课。"导师更加奇怪："你既然不喜欢工程学，为什么又报考工程学院呢？"他说，那是父亲的主意。于是导师把情况汇报给学校，及时让他转入了应用科学院，学习生物化学。而后，他的成绩直线上升。最终，这次改专业给他带来了巨大成功，他于1943年获得诺贝尔生理和医学奖。

此外，还要根据情况的变化调节自己的学习目标和行为。世界处于不断的变化之中，只有能及时应对变化的人，才能时时处处得心应手。

中国科学院院士杨叔子先生说，他小的时候由于一开始接受的是传统的私塾教育，所以语文学得很好，但是数学不好。开始学数学的时候，四则运算的加法、减法和乘法都能理解，但是无论如何也理解不了除法。后来，他就冥思苦想，过了好多天才突然豁然开朗，终于明白了除法的奥妙所在。此后，又通过不断地独立思考，解决一个又一个理科学习的困难，最终成为国内著名的科学家。

另外，要有百折不挠的勇气。世界上的聪明人不可谓不多，但成功者却相对寥寥，究其原因，多数人并非智力不及，而是没有面对一再受挫的勇气。

爱迪生发明电灯丝的过程，先后实验了1600多种金属材料和6000多种非金属材料，都没有成功，别人问起的时候，他却说："我已经成功地证明了这些材料不能用作灯丝。"最后，经过实验他用碳化纤维做出了世界上第一盏具有实用价值的电灯，它能持续发光达45小时之久。

最后，要正确看待外来帮助。人们遇到困难的时候，常常想得到别人的援助。失败时回首从前，也喜欢说："如果那时候某某能帮我一把，我现在就不会是这个样子了。"很多人的成功似乎确实是由于在某个时刻得到了别人的帮助，但一个人的成功终究要靠自己。正如机遇总是垂青有准备的头脑，别人的帮助也是留给有准备、肯努力的人的。

三、自我评估

进行自我评估，就是评价自己是否已经养成了主动学习的习惯，还有哪些方面需要改进和提高。

考察自己是否形成了主动学习的习惯，可以从需求水平、积极程度、适应能力、毅力、意志和独立性等几个方面进行。

需求水平：

- 你是否对自己在学校里学习的每门科目都热情高涨？
- 对于学习的课程，你觉得它们更像是负担，还是更像能解决心中疑惑的信息来源？
- 你会由于自己提出了一个疑问无法解答，而去找些可能相关的书来看，以求解决自己的问题吗？
- 你常常觉得学校里学习的东西不够用吗？
- 你喜欢学别人都不会，甚至可能都没听说过的知识吗，即使你学的东西学校里的任何课程都不教，对自己的成绩看起来也不会有任何帮助？
- 你经常自己动手做实验，或者做一些有趣的小东西，包括玩具、手工艺品和小发明吗？

积极程度：

- 你是否因为某个老师讲课质量不高、老师本身不讨人喜欢、课程内容没有意思而不喜欢某门课？

- 你对特别喜欢的科目，是否经常超出学校学习的进度提前自学，甚至提前到了高年级才可能学习的部分？
- 如果父母或者老师不能或者不愿意回答你的某些问题，甚至批评你的问题太离谱或者愚蠢，你会坚持自己去弄懂问题的答案吗？
- 如果有的科目，你的成绩很差，你是任其自然，还是坚信自己能学好？
- 如果你的成绩在班里一直都不算好，你觉得自己的学习有没有希望？
- 如果你的成绩不错，是常常觉得学习太简单、似乎没什么意思呢，还是常常自己找些有难度的题目来挑战自己呢？
- 对于作业和考试中出现的错题，你怎么对待？

适应能力：

- 对于一门新开设的课程，过了一个多月甚至一个学期了，你依然觉得没有头绪，常常记不住它的知识点吗？
- 某门课你原来学得还不错，会因为突然换了一个你不喜欢的老师而成绩下降，甚至变成"老大难"科目吗？
- 到了一个新的学校后，你会因为陌生的环境而影响学习吗？

毅力：

- 你能坚持每天先做完作业再玩吗？
- 如果电视里正在播放你喜欢的电视节目，而你做作业又遇到了个一时解决不了的难题，你会放下手里的作业去看电视吗？
- 自己制订的学习计划，你总能彻底执行吗？

意志：

- 如果周围的同学都说某门学科是副科，不值得花太多时间，而你又特别喜欢，你还愿意继续花很多时间学习它吗？
- 你认为自己是否必须努力学好现在的所有课程？
- 你是否对所有的功课都全力以赴，以达到自己的学习目标？
- 对于成绩比较差的科目，你是否觉得自己可能根本无法学好它，还是觉得自己需要再想想别的办法，下点苦工把它学好？
- 你能为了提高某门功课的成绩，每天专门拿出一个小时来学习它，连续坚持两个月吗？

独立性：

- 如果做作业遇到了难题，你会自己解答，还是去问别人，包括父母、老师和同学等？
- 你有学习课外知识的偏好吗？
- 你会因为某件事情引起了自己的兴趣，而暂时放下手头的事情，一定要弄出个究竟来吗？

第二节　不断探索的习惯

一、定义和内涵

不断探索，就是在未知的领域里，凭借自己的兴趣爱好、凭借自己的发现和寻找进行学习，多方寻求答案，解决疑问。

探索来源于兴趣，但不是"三分钟热度"。爱因斯坦说，兴趣是最好的老师。一旦产生了兴趣，就会产生弄清楚事物来龙去脉的冲动。这种冲动不是昙花一现，当它指引着一个人坚持不懈地去努力寻求原因时，就成了真正的探索。

诺贝尔物理学奖得主、美国加州理工学院物理系教授费曼天性好奇，自称"科学顽童"。他在普林斯顿大学念研究生时研究蚂蚁怎样通报信息的故事，充分说明了这个称号对他名副其实。

为了弄清楚蚂蚁是怎样找到食物，又是如何通报食物在哪儿的，他着手做了一系列实验。如找个地方放上些糖，看蚂蚁需要多长时间能够找到，找到之后又如何告诉同伴。然后用彩色笔跟踪画出蚂蚁行进的路线，看究竟是直的还是弯的。通过这些实验，他发现蚂蚁是嗅着气味回家的。后来，当他发现蚂蚁成群结队地"光顾"自己的食品柜时，他运用自己发现的规律成功地改变了蚂蚁们前进的路线，保住了自己的食品。

探索的兴趣不因外界的关注与否而受到加强或者减弱。并不是所有人都关注的事情才有价值，有时候"真理掌握在少数人的手中"。"随大流"很容易，但是能够"耐得住寂寞"，做坚持真理的少数人就难了。

迄今为止，一生中两次获得诺贝尔化学奖的科学家只有一位，桑格。桑格是英国科学家，分别于1958年和1980年获得诺贝尔化学奖。虽然获得了如此"傲人"的成就，但是很多人都想不到，桑格在中学时代远远不是什么"天才"或者"神童"，他的成绩甚至属于"平庸"一类，而且在获得工作机会的过程中也曾经差一点因为"平庸"被拒之门外。

桑格从小受到父亲和哥哥的影响，喜欢生物学。他经常和哥哥去野外采集和制作动植物标本，一起读生物方面的科普书籍。因为热爱生物学，并将大部分精力投入其中，他的生物学知识远远比同龄的伙伴多。但是当时学校里并不考生物学，所以他的生物学对提高自己的成绩并没有什么作用。他的学习成绩一直很"平庸"，而且他内向的性格也使得他在学校里很少能引起老师和同学的注意。从小到大，他在学校里得的唯一奖励就是"全勤奖"，从来没有显示出过人的才华。

1939年他毕业于剑桥大学，1940年英国剑桥分子生物学实验室主任佩鲁兹在聘请他到自己领导的实验室工作之前，佩鲁兹征求过一些权威人士和一些一般人士的意见。那些人对桑格的评价正面的不多，也没表示出多少赞美。当佩鲁兹选择桑格的时候，还有很多人感到不可思议，觉得不应该选这么一位没什么影响和资历的年轻人到如此有名的实验室。

那么桑格究竟用什么打动了佩鲁兹呢？原来佩鲁兹主要看中了这位年轻人的闯劲和思想解放，还有他的化学专业背景，这都是剑桥分子生物学实验室所需要的。桑格虽然并不突出，但是他的思维很有原创性，在硕士论文里提出了连博士课题都很少具有的创意和思想。

探索还来源于怀疑。没有疑问，就没有探索。对于别人提出来的观点，不假思索地接受很容易埋葬探索的机会。

科学世家的"小公主"、居里夫妇的女儿伊伦·约里奥·居里，与丈夫一起获得1935年的诺贝尔化学奖。她小时候非常好动，淘气得像个男孩子，但是自从参加由母亲居里夫人及其好友朗之万、佩兰等人制订的合作教育计划，她的淘气变成了对未知事物强烈的爱好和探索精神。有一次，物理学家朗之万给孩子们出了一个问题：把一条金鱼放进一个装满水的鱼缸里，然后把溢出来的水接在另一个缸子里，结果却发现这些水的体积比金鱼的体积小，为什么？

孩子们七嘴八舌议论纷纷。伊伦没有参加讨论，而是在想浮力定律——浸在水中的物体所排开水的体积应当与物体体积相等。可是这个定律怎么到了金鱼身上就不灵了呢？又想，朗之万是知识渊博的大物理学家，总不会是他弄错了吧？

一回到家，她就向妈妈问这个怪问题。居里夫人想了想后，笑笑说："伊伦，你动手做一下，试试看就知道了。"伊伦一定要弄出个究竟，想证实自己的想法是正确的。于是她从实验台上取了个缸子，又弄了条金鱼，开始做实验，结果竟然是溢出水的体积与金鱼的体积一样。

"奇怪呀！为什么朗之万说体积不相等呢？"伊伦想了半天，最后好像下了很大的决心。

第二天一上课，她就质问朗之万，为什么给他们提出一个错误的结论，并详细地描述了自己的实验经过和结果。朗之万听完，赞赏地笑了："伊伦，你是个聪明的孩子。通过这个小谎言，我想告诉孩子们——科学家说的话不一定就对，只能相信事实，严谨的实验才是最可靠的证人。"

越是原创的探索，需要付出的时间和耐心就会越多。因为很多问题在书中是找不到答案的。

昆虫对于大多数人来说并不陌生，但对昆虫进行研究性观察的人并不多。著名的昆虫学家法布尔的成功，就源于他对昆虫进行了原创性的研究观察。

有一次，他走在路上，突然看到许多蚂蚁在搬运几只死苍蝇。他觉得这是一个观察和研究蚂蚁生活习性的好机会，于是便不顾是不是干净，趴在地上专心致志地一口气观察了四个小时，手脚都麻了也丝毫没有觉察。

还有一次，几个农妇早上去摘葡萄的时候看见法布尔躺在路上，眼睛盯着一块石头出神。下午回来的时候，看到他竟然还在那里躺着。她们不由得惊呼："天啊！我们该为他祷告了。"她们不明白他怎么能对着一块石头看了整整一天，怀疑他是不是疯了。其实他是在观察石头上的昆虫。

就是靠这么顽强地持久观察和探索，法布尔才完成了其巨著《昆虫记》。

有些探索存在危险。尽可能全面地了解自己行为可能存在的危险，对于进行科学探索和保证自己及周围人的安全十分重要。

休伯尔于1981年获得诺贝尔生理学与医学奖。与获得这个巨大的荣誉不同的是，他还曾经差点把自家院子炸上天，制造了一起不大不小的"恐怖事件"。

在休伯尔15岁的时候，他在自家地下室里配制了一种粉末，为了进行实验，他还专门来到比较空阔的院子里，把盛着粉末的纸盒放在草地上，小心翼翼地划了一根火柴，投到了纸盒里。哪料到他的手还没来得及离盒子远一点，那些粉末就爆炸了。休伯尔完全被吓傻了，他的手和脸都像被炭涂过一样。他的父母从屋子里跑了出来，他便开始向父母解释是怎么回事。话还没说完，院子外面就传来了警笛声。原来是邻居听见巨大的爆炸声，以为遭到了恐怖分子袭击而报了警，没想到是虚惊一场。休伯尔的父母满脸尴尬地向警察和邻居道歉。

休伯尔知道事情闹大了，一直耷拉着脑袋，等候父母暴风雨般的责打。而且对他来说最糟糕的恐怕还不是责打，而是往后再也不能做自己心爱的实验了。没想到，送走众人后，父母没有责打他，更没有禁止他继续做科学实验，只是很严肃地告诉他："以后要想做科学实验，就必须遵循科学规则，绝对不能想当然，否则会造成比今天的状况更加严重的后果。"

父母的宽容和通情达理，使得这次事件不仅没有给休伯尔造成不可挽回的损失，而且还让他明白了严肃认真的科学精神的重要性。

探索有时候也需要献身精神。"不入虎穴，焉得虎子"，所以探索有时候需要"明知山有虎，偏向虎山行"的气概。不过有一点要特别强调，需要献身的探索并不是鼓励不顾危险，一味蛮干，而是同样要进行必要的防护，做到尽可能地周密安排。危险的发生只是由于太多复杂的因素和变数的存在，而无法完全避免罢了。下面两位女科学家就是很好的例子。

英国著名女人类学家古道尔从小喜欢生物。中学毕业后，她对研究黑猩猩产生了强烈的兴趣。后来她不畏艰险，只身深入热带森林，在森林中工作了十年之久。正是这种热爱，使她长期地、深入地对黑猩猩的生活行为进行了观察和研究，获得了极其宝贵的第一手资料。用这些资料，她写出了《人类的近亲》《我在黑猩猩中的生活》等著作，为人类学的研究作出了宝贵贡献。

动物学家齐伊·亚当森从26岁起深入东非肯尼亚的热带丛林中，直到69岁在一次观察野生动物时遇害为止，一共在那里度过了43个春秋。她以亲手捕获和驯养的一头小狮子"爱尔莎"为题材，写了《野生的爱尔莎》一书，内容真实动人。

二、培养要点

培养不断探索的习惯，首先要对周围某些事物、现象，对听到和看到的观点、看法有浓厚的兴趣。如果周围的任何事物和现象都引不起你的丝毫兴趣，不能令你有所感触，不能让你心动，那就不可能产生真正的探索。探索首先来源于兴趣。

安培是法国物理学家，出生于里昂。他发现了右手定则和安培定律，创立了分子电流学说。他在电磁学中发现了一些重要原理，为电动力学奠定了初步基础。后人把电流强度单位定为"安培"，以纪念他的功绩。

安培智力超群，在幼年时就非同凡响。在五六岁时，他便表现出非凡的记忆力。有一天，安培的父母在家里议论半个月来的收支情况。父亲拿着账簿，向母亲报一笔一笔的收入。安培不让爸爸报下去了，他要报给妈妈听。小安培没有去拿账簿，就随口把几十笔收入和总数一股脑儿地报了出来。父亲惊了，他立即翻看账本，发现儿子报的数与账面上记的丝毫不差。原来，小安培以前听他爸爸与别人说过这些账目，他自己又看过一次账本，这样就把账记住了。

从此以后，爸爸便开始着力培养小安培的记忆力和计算力。过了不久，小安培在计算方面表现出非凡的天赋。一般的加、减、乘、除运算，他不需要列算式，用口算很快就解决了。他帮助父亲算账时，父亲这边算数，他那边脱口而出，其答案准确无误。

安培13岁时就能够理解难度极大的锥曲线的原理了。18岁时，他通晓了拉丁语、意大利语和希腊语。他潜心研究数学和物理学，整天手不释卷。他自学了狄德罗等编著的20卷法文版《百科全书》，不知熬了多少个不眠之夜。安培20多岁时，便受聘担任了物理学教授。

除了兴趣，最好能有物质的条件和准备，如相应的场所和工具。比如对于实验科学，如果能有一个实验室，是再好不过的。

圣诞节快到了，别人家的孩子都在吵闹着要圣诞礼物，可12岁的小约翰一声不吭，只在家里摆弄那些瓶瓶罐罐。他也盼望得到一份礼物，一份很特殊的礼物。

圣诞节越来越临近，约翰的父亲老范思一直没有提起圣诞礼物的事。

圣诞节的前一天，约翰实在耐不住性子了，他拉着爸爸的衣袖问："爸爸，您给我买的圣诞礼物呢？"

父亲没有马上回答，他慈祥地看着儿子，指指桌子上的瓶瓶罐罐，反问道："乖孩子，你这是干什么呀？"小约翰狡黠地笑了："好玩呗！"

老范恩想了想，对小约翰耸了耸肩，两手一摊，说："孩子，放心吧！爸爸会给你礼物的。"

小约翰兴奋地眨了眨眼，冲着爸爸笑着说："爸爸，那我可等着啦！"

老范恩虽然爽快地答应了儿子的要求，但心里却在犯嘀咕，我的小约翰在搞什么名堂？一有时间就摆弄这些瓶瓶罐罐，不是把这个瓶子里的水倒进那个瓶子里，就是把那个瓶子里的水倒进这个瓶子里，还掺和些颜料粉，摇呀摇的，脸上带着几分欣喜，瞧他劲头还很足！老范恩思忖着，自言自语道："我该送些什么样的礼物给我的孩子呢？"老范恩慢步走到窗前，他看到了窗边的书架，突然眼睛一亮，"对，也许它可以帮我的忙。"

老范思走到书架旁，随手抽出了一本书，"嗯，可不可以送他一本书呢？"他寻思着，顺眼一看——《居里夫人故事集》。翻了翻，一行文字跃入了他的眼帘："经过长期的艰辛的实验操作，居里夫人终于露出了幸福的微笑——镭，诞生了！""实验操作？"看着看着，他似乎突然明白了什么，"噢，对了！我的小约翰是不是也想搞这些玩意儿？"他越想越高兴，拍了拍自己的脑袋瓜："嗨，有了。"小约翰一直耐着性子等父亲的礼物，可是他总在家里忙乎着。圣诞树、圣诞糖果虽然早就准备好了，然而却总不曾听到他说："这，就是给你的圣诞礼物！"约翰差点要埋怨父亲不守诺言了。

圣诞的钟声终于敲响了，客厅里灯火辉煌。约翰的父母身着节日盛装，一人捧着一个很精巧的木盒子，庄重地放在客厅里。约翰心想："这是些什么东西啊？"父亲神秘地对他说："孩子，你不是等着我们给你圣诞礼物吗？这就是给你的特殊礼物。"说着，把两个木盒子递给发愣的小约翰。约翰好奇地接过盒子，急忙打开看："啊，一套化学试验仪器！"他不禁叫了起来，圆圆的眼珠闪闪发亮。他高兴极了。父亲吻了吻他的前额，郑重地问他："满意吗？孩子！"约翰高声答道："这正是我需要的，真是棒极了！"

第二年，约翰过生日时，父亲又送上一份特殊的礼物——一座特制的小工棚实验室。小工棚内配备了工作台、煤气和自来水管等一整套的实验用品。那天，约翰高兴极了。他跑到父亲面前，撒娇地搂着父亲的脖子吻了又吻，说："爸爸，您真伟大！"于是，这个小工棚就成了约翰的第一个实验室。

在父亲的启发诱导下，约翰渐渐与科学结下了不解之缘。1982年，他获得了诺贝尔生理与医学奖。

培养不断探索的习惯，还需要不断丰富自己的信息资源。信息资源，既包括人的方面的资源，也包括知识方面的资源。就人的方面的资源来看，**遇到一位能够看到你潜力的伯乐，他能带你走上一条成功的道路。**

与弗兰克同获1924年诺贝尔物理学奖的赫兹，小时候受到了叔叔的有益影响。赫兹的母亲在教育孩子方面很有一套，经过仔细观察，她发现孩子对诗文等文学方面的知识接受能力不强，但对数理方面的知识却有深厚的兴趣，接受能力也特别强。于是，她想到了赫兹的叔父，当时著名的电磁学家海因里希·鲁道夫·赫兹，希望儿子能多多跟叔叔学习知识，开发他在这方面的潜能。

母亲开始经常带赫兹去叔叔家，让他有机会接受叔父的影响和教育。经过几次接触，叔父发现了赫兹在数理方面的特殊才能，很乐意从繁忙的工作中挤出时间来对赫兹进行系统的早期启蒙教育。赫兹也非常喜欢叔父，对叔父的教诲也认真接受，知识长进很快，对数理科学的浓厚兴趣也得到进一步发展，掌握了一些初步的数理逻辑方法。

尽管赫兹的叔父年仅37岁就英年早逝，但他已经成为赫兹心中的榜样，并在赫兹一生的发展中起到了巨大的作用。

而就知识方面的资源来看，遇到一条有价值的信息，很可能打开你的思维之门，帮助你走向成功。现代遗传学的奠基性工作——DNA分子双螺旋结构的最终确立，就是从不同的角度解释一张DNA分子衍射图谱中获得的。

沃森和克里克致力于DNA分子结构的研究已经有相当长的时间了，但是始终无法得到满意的解释。他们最初预测DNA分子是三螺旋结构，但无论如何也得不出正确的计算结果。后来，他们偶然得到了一位物理学家拍摄的一张DNA分子的衍射图谱。这位物理学家并没有考虑这份衍射图从生物学的角度来看会有什么价值。而这对沃森和克里克来说却是意外的收获，因为通过对衍射图数据的计算，可以从几个参数来证明它们决定了DNA分子螺旋情况。经过计算，他们俩最终建构出了DNA分子的双螺旋结构，并且发表了短短一千多字的论文。正是这短短一千多字的论文所阐述的重大发现，使两人后来一起荣获了诺贝尔生理与医学奖。

爱因斯坦用一个圆代表一个人拥有的知识。他说，圆越大，你的知识就越多，而同时圆接触到的外界也越大，未知也就越多。所以，丰富自己的信息资源，能够使自己从更广博的角度来认识周围的世界，提出更多问题，扩大探索的空间，提高探索的深度。

培养不断探索的习惯，还要对新事物有开放的心态。迄今为止，中国科学院最年轻的院士卢柯是目前我国纳米领域的领头人。他走上研究纳米技术的道路似乎出于偶然，**而偶然背后的必然原因却是对新事物的开放心态**。

有一天他正好没有什么事情，听说有个外国专家要做纳米技术方面的演讲，于是就抱着听听看的态度顺便去听了报告。没想到，越听越上瘾，越听越觉得有意思，后来干脆转向了纳米技术的研究。正是由于这一转向，既为他打开了一个前所未有的广阔空间，也为他获得巨大的成功提供了可能。

三、自我评估

评估自己的探索习惯，可以通过下面一些问题进行。

- 你能够列举出自己感兴趣的问题吗？列举得越多越好。
- 对于上面你列举出的问题，你试过去解答它们吗？用什么方法去尝试的？有多少最终获得了满意的答案？
- 你提出过创新性的想法吗？这些想法中有哪些得到了别人的赞赏，哪些别人不以为然？
- 你有时候会被一个偶然的现象所吸引，并且长时间地观察和研究这个现象，直到得到满意的解释为止吗？
- 你和别人争论过对一些热点社会现象的看法吗？你的争论有没有鲜明的特色？
- 你常常喜欢动手做实验来验证别人的某些观点或者在学校里学习的知识吗？
- 对社会上流传的热门专业，各种媒体每年评出的"十大科技新闻"，新闻里报道的最新发现之类的消息，你是否留意？有没有通过各种手段，如搜索互联网、报纸、杂志，或者咨询老师等深入了解这些信息？
- 你身边有引领你发展潜力和发挥优势能力的人吗？
- 你进行过探险活动吗？遇到过真正的危险吗？那些危险是否本可以避免？
- 你曾经因为进行某些探索，例如拆卸家里的闹钟之类的物品而遭受父母的训斥吗？训斥之后，你依然去做，还是变得不敢再做这些事，以至于现在也没有什么动手的兴趣了呢？
- 你常常关注一些对提高学习成绩似乎一点儿用处也没有的信息吗？如果别人认为你不务正业，你是什么态度？
- 你到陌生的地方进行过探险吗？在探险的时候，你是否有种莫名的恐慌？还是觉得到处都是能引起惊奇的事物和现象？

第三节　自我更新的习惯

一、定义和内涵

自我更新，就是不固守已经掌握的知识和形成的能力，从发展和提高的角度，对自己的知识、认识和能力不断地进行完善。

自我更新，需要不断地对自己掌握的知识和能力进行联系、推敲、质疑和发展。打开任一学科的任意主题的综述类论文，我们都能看到这样的现象，所有的科学发展，最初几乎都显得非常幼稚，甚至很多观点简直幼稚得可笑。但是，**正是从这种幼稚开始，一个严密的科学体系逐渐建立了起来**。对于具体的人来说，最初产生的认识和能力在更高水平的人看来往往也是幼稚的，但是所有高水平的人也是从幼稚开始发展的。**明确自己的认识存在发展的空间，即存在"幼稚"的一面，是进行自我更新的前提**。

牛顿经典力学定律确立宏观世界的运动规律，不可谓不"完善"。到了20世纪初，物理学界甚至有人认为，物理学的大厦已经宣告接近尾声，20世纪的物理学家已经基本无事可做。但是，当居里夫妇发现了镭以后，随着放射性物理研究的开始，人们发现物理学大厦远远不是要完工，而是恰恰相反，只不过才处于打地基的阶段。当爱因斯坦的相对论提出以后，量子力学理论开始建立起来的时候，整个物理学大厦不过是把原来盖茅草屋的地基换成了钢筋混凝土的地基罢了。20世纪的物理学家忙活了一个世纪，现在不知道的事情反而比知道的事情多了很多，他们远远没能享受到无事可做的"清福"，反而忙得焦头烂额了。

个体的发展与人类整体的发展，在认识发展上遵循完全相同的规律。所以，**知识越渊博的人，往往更谦虚**——因为他们清楚自己不知道的更多；**而一知半解的人反而显得很骄傲**，似乎无所不知，因为他不知道的比知道的要多得多。

自我更新首先要有追求的动力。没有发展动力的人，即使有好的天分，有好的条件，也不一定能够获得良好的发展。生活条件优越的人，不一定能够发现自己条件的优越，相反却更可能在优越的环境中无法找到追求的动力和目标。

乔治·汤姆生的家庭条件非常优越，他的父亲约瑟夫·汤姆生是1906年诺贝尔物理学奖得主。因此他从小就受到了良好家庭得天独厚的影响和熏陶，他的天资也很不错，但是父母总觉得他身上缺乏一种自我向上的力量，似乎没有什么发自内心的动力，也没有追求目标。

他14岁那年，父亲获得了诺贝尔物理学奖，但他对此似乎无动于衷，丝毫没有什么感觉似的。母亲觉得这是教育他的绝好时机，于是决定和他好好谈一次。她把儿子叫到身边，很庄重地说："乔治，你现在已经14岁了，是个小男子汉了，你爸爸14岁的时候已经读大学了，现在已经成了大科学家。你爷爷14岁的时候，还是个摆书摊的。你不觉得应该向爸爸好好学习吗？"平时觉得无所谓的汤姆生，这次却待在了那里，他从来没有想过这些事情。母亲的话就像一道闪电，照亮了他的眼睛。他低下头，为自己不思进取的行为感到惭愧。当他再次抬起头来的时候，语气坚定地说："妈妈，您刚才说得对，我明白了，我以后一定不会让您失望的。"

从此乔治·汤姆生刻苦学习，以优异的成绩从三一学院毕业，并于1937年也获得了和父亲相同的荣耀——诺贝尔物理学奖。

自我更新还需要广泛探索。

在二十四史中，《史记》被誉为"群史之领袖"。这部史学巨著就是西汉时期著名的大史学家、大文学家司马迁及其父亲司马谈"父子相继纂其职"撰成的。

司马谈针对历史学除了孔子在四百多年以前删编过《春秋》之外，几乎一片空白的事实，立志整理出一部历史书来。他利用皇家图书馆的便利条件，熟读前代历史和经典文献。但是，由于古代书籍本来就少，加上秦始皇推行高压统治，只留下一点断简零篇，不少史事的记载还互相矛盾、真假难辨。所以，司马谈经过深思熟虑，鼓励司马迁到全国各地走一走，察看各地的地理和风土人情，观瞻当地的历史遗址，搜集书本上没有记载的奇闻轶事。

儒家遵奉"父母在，不远游"，司马谈不但鼓励20岁的儿子远游，而且和儿子做了一次长谈，他告诉儿子自己在编修史书时总会为缺乏材料而感到为难，急需要有人帮助搜集材料，但自己作为太史令，职责不仅仅是修史，还要负责其他事宜，所以希望司马迁能够代替自己完成这一夙愿。

司马迁特地从皇家图书馆借来了一张地图，父子俩详细地研究了出行的路线、一路上应当注意的问题、有哪些可能的线索，以及怎样才能搜集到可靠材料的方法。司马迁为了不忘记父亲的教诲，还专门用简牍一条条记上，装入行囊。

临行前，司马谈得知董仲舒已经向当朝皇帝提出罢黜百家、独尊儒术的建议，皇帝也已经接受，准备下诏颁令天下。司马迁听父亲说了之后，表示一定博采诸子百家之说，不拘泥于一家一宗。虽然为了不忤皇帝的旨意，要突出撰写儒家的历史，但对其他各家也要全面记述，自己此行在搜集材料方面，一定要注意这个问题。

在这次对大江南北的游历和实地考察过程中，司马迁饱览了名山大川，体会到了祖国的伟大、山河的壮丽。由于他深入民间，广泛地接触到劳动人民，博采各种口碑传说，收集的材料十分翔实可靠。

回到长安，父子俩将近三年不见，司马谈从儿的言谈之中发现司马迁的变化十分神速。三年时间里，他不仅掌握了许多自己也没有听说过的史实，而且对下层人民特别关注，形成了自己的历史观。

整理工作结束之后，司马迁接受朝廷派遣，出使西南(即今天的四川和云贵地区)传达诏令。司马谈得知后十分高兴，认为这是一次难得的机会，可以了解西南夷人的风俗，熟悉巴蜀的历史。像上次一样，司马谈为儿子制订了详细的游历考察计划。

后来，司马迁果然担任了太史令，最终撰写完成了名垂青史的《史记》。

司马谈对司马迁的教育，除了把自己的知识传授给儿子，让他从小跟随名师，更重要的是激励了儿子的事业心并为他提供"行万里路"的机会。如果司马迁只学书本知识，不出门饱受长途旅行之苦，他也不可能写出《史记》这样万世流芳的鸿篇巨制。

自以为是和举止轻浮是妨碍自我更新的绊脚石。

德国北部的奥耳登堡的春天生机盎然。一个披着金发的小姑娘趴在草地上，正出神地看着采蜜的小蜜蜂们。

"表哥，你过来呀！你说这些花是甜的吗？蜜蜂为什么总是在花上采蜜，不到树叶和树枝上呢？"

"当然是甜的，就像奶酪。"贝吉乌斯自信地说："树叶和树枝也是甜的，只不过没有花儿好看呗，蜜蜂们才不喜欢。"

"不对！树叶和树枝怎么么会是甜的呢？"

"当然是甜的，只是……只是你太小，不懂呗！"贝吉乌斯故作神秘地耸了耸肩膀。

"你也只不过比我大七个月嘛！"

"反正是甜的，信不信由你。我说是甜的就是甜的，以后我要用树枝做奶酪！"

"吹牛！你只会说大话，上次你不是要从石头里榨出油来吗？可你连数学都考不及格，还想用石头榨油？真不知害羞。"

"哼，学数学有什么用，一点意思都没有，我不学数学照样能用树枝做奶酪，用石头榨油！我今天就做给你看。"

贝吉乌斯装模作样地干了半个小时，就借口去找更好的石头，偷偷地溜去看赛马了。结果，等待他的是表妹的嘲讽。

贝吉乌斯的爸爸是一家化工厂的老板，觉得儿子总是做一些不务正业的事情，将来一定不会有所成就，三年以后就把他送到一所著名的大学去学习化学，好继承庞大的家业。

暑假里，贝吉乌斯得意忘形地回到了奥耳登堡。一年不见，表妹已经长得更加美丽动人了，他回想起小时候和表妹在一起玩耍时，大家都说他们是天生的一对的情景，对表妹的爱慕之心更加炽烈了。

他为了达成自己的愿望，好说歹说，缠着妈妈在家中举办了一次盛大的舞会。那天晚上，客厅里灯火辉煌，宾客盈门，每一个角落都洋溢着欢声笑语。当舞会进入高潮的时候，酒气醺醺的贝吉乌斯蹒跚地走向风姿绰约的表妹，当众大声问道："表妹，你愿意嫁给我吗？"

表妹抬头厌恶地瞪了他一眼，然后扭过身去，用手帕捂着鼻子，对他说："我永远也不嫁给你这样一个不值得骄傲却又很骄傲的人，永远也不嫁给你这样一个自以为是的人！好吧，我也许会嫁给你的，你从前不是说要用树枝做奶酪，从石头里榨出油来吗？反正你现在学化学，那就等你从石头里榨出油来，或者把树枝做成奶酪的时候再考虑吧！"

表妹的话像晴天霹雳，在众目睽睽之下，贝吉乌斯的脸"唰"地红了，他感到万分羞愧，恨不得在地板上找一个洞钻进去。

这时，妈妈走过来，抚着他的头发，深情地说："孩子，我真替你难过，你应该从现在开始改过自新，我相信你能变好的！"

一连几天，贝吉乌斯都失眠了，表妹的话总是在耳边回绕。他闭门不出，怀着失恋后的痛苦，在痛苦中回忆了自己所走过的生活道路，想着妈妈殷切的目光和信任的话语，逐渐醒悟过来，深刻检讨自己的所作所为，他认为自己以前放荡轻浮的行为不是一个真正的人应该做的事。于是他把自己错误的行为和原因找出来，挂在书桌前：(1) 高傲自负；(2) 不谦逊，目中无人；(3) 轻浮放荡；(4) 缺乏毅力和自我反省精神。

从此，贝吉乌斯潜心专注于化学的学习，把表妹的忠告深深地埋藏在心底，化为决心与行动，一扫过去那种狂妄自大的恶习，变成了一个埋头苦干的青年。

当他1931年站在诺贝尔化学奖的领奖台上时，他又回想起表妹的那一番话，从心底里感谢她的劝告。

永葆自我更新的激情，还要不为荣誉所累。居里夫人对待荣誉的态度很发人深省。

1903年，为了表彰居里夫妇在提炼化学元素的过程中获得的卓越成就，英国皇家学会把该会的最高荣誉——戴维奖章，颁发给他们。授奖仪式结束后，居里夫妇带回来一个分量很重的金质奖章。

在遗失过一次之后，他们把奖章作为特殊礼物赠给了女儿伊伦。

一天，她的一个女朋友来做客，看到他们的女儿正在玩弄戴维金质奖章，不由大吃一惊："哎呀，居里夫人，这奖章代表着极高的荣誉，您怎么能让孩子随便玩呢？"居里夫人却笑了笑说："我是想让孩子们从小就知道，荣誉就像玩具，只能玩玩而已，绝不能永远守着它，否则将一事无成。"

二、培养要点

首先，要让自己心态开放。 有的人习惯说"不"，对于新信息总是拒于千里之外。诚然，社会上有不少新信息、新事物非常轻浮，需要拒绝，但若以此为由，**将自己尚且了解不多的东西也轻易拒绝，实际上这是在封闭自己。** 心态开放，就要对一切新信息和新事物持有开放的心态。对于它们当中的糟粕，要给予有力的反驳和批判；对它们当中先进和有价值的信息，也要充分深入地认识、理解和运用。

日本在19世纪进行的"明治维新"，为暮气沉沉的日本注入了新的活力，从此日本踏上了现代化的起跑线，综合国力突飞猛进，仅用25年时间就赶上了西方发达国家，逐步废除了与列强签订的一系列不平等条约，成为亚洲唯一的现代化强国。日本近代的崛起，正是通过开放心态，积极吸收先进文明而实现的。

国家、民族的发展如此，人的发展也是同样的道理。随着科技的发展，人的认知视野会越来越广阔，面对层出不穷的新事物，盲目排斥是不必的，开放心态，进而取其精华、弃其糟粕才是明智之举。

其次，培养对新事物、新现象的敏感性。 能够敏感地发现新事物的不同之处，对于自我更新非常重要。

1928年9月的一天早晨，英国伦敦圣玛丽医院的细菌学家弗莱明像往常一样，来到了实验室。

在实验室里一排排的架子上，整整齐齐排列着很多玻璃培养器皿，上面分别贴着标签写着：链状球菌、葡萄状球菌、炭疽菌、大肠杆菌等。这些都是有毒的细菌，弗莱明收集它们，是在寻找一种能够制服它们，把它们培养成无毒细菌的方法。尤其是其中的一种在显微镜下看起来像葡萄球状的细菌，存在很广泛，危害也很大，伤口感染化脓，就是它在"作怪"。弗莱明试验了各种药剂，力图找到一种能杀它的理想药品，但是一直没有成功。

弗莱明来到架子前，逐个检查着培养器皿中细菌的变化。当他来到靠近窗户的一只培养器前时，他皱起了眉头，自言自语道："唉，怎么搞的，竟然变成了这个样子！"原来，贴着葡萄状球菌标签的培养器里，盛放的培养基发了霉，长出一团青色的霉。

他的助手赶紧过来说："这是被杂菌污染了，别再用它了，让我倒掉它吧。"弗莱明并没有马上把这培养器交给助手，而是仔细观察了一会儿。使他感到惊奇的是，在青色霉菌的周围，有一小圈空白的区域，原来生长的葡萄状球菌消失了。难道是这种青霉菌的分泌物把葡萄状球菌杀灭了吗？

想到这里，弗莱明兴奋地把它放到了显微镜下进行观察。结果发现，青霉菌附近的葡萄状球菌已经全部死去，只留下一点残迹。他当即决定，把青霉菌放进培养基中培养。

几天后，青霉菌明显繁殖起来。于是，弗莱明进行了试验，用一根线蘸上溶了水的葡萄状球菌，放到青霉菌的培养器中，几小时后，葡萄状球菌全部死亡。接着，他分别把带有白喉菌、肺炎菌、链状球菌、炭疽菌的线放进去，这些细菌也很快死亡。但是放入带有伤寒菌和大肠杆菌等的线，这几种细菌照样繁殖。

为了试验青霉菌对葡萄状球菌的杀灭能力有多大，弗莱明把青霉菌培养液加水稀释，先是一倍、两倍……最后以八百倍水稀释，结果它对葡萄状球菌和肺炎菌的杀灭能力仍然存在。这是当时人类发现的最强有力的一种杀菌物质了。

1929年6月，弗莱明把他的发现写成论文发表。他把这种青霉菌分泌的杀菌物质称为青霉素。

弗莱明发现青霉素似乎是偶然的，但却是他细心观察的必然结果。让人感到遗憾的是，当时青霉素还无法马上用于临床治疗，因为青霉素培养液中所含的青霉素太少了，很难从中提取足够的数量供治疗使用。如果直接用它的培养液来治病，那一次就要注射几千甚至上万毫升，这在实际上是无法办到的。因此，弗莱明只好暂时停止了对青霉素的培养和研究工作。但是他的发现，却为后来的科学家开辟了道路。

1945年，弗莱明因在青霉素发现利用方面作出的杰出贡献，与佛罗理和钱恩共同获得了诺贝尔生理学及医学奖金。

第三，要善于进行反思。学会用一整套的方法反思自己的行为得失、自己的思想水平和境界层次，对于个人的自我更新的意义重大。在反思的过程中，对自己的成见要持客观的批判态度，而不是像得到燕石的宋国愚人那样"敝帚自珍"，抱残守缺，对别人的评论和意见不屑一顾。

宋国有一个愚蠢的人，他在山东临淄附近捡到一块颜色像玉的石头，其实这不过是一块普通的燕石，由于这个人没有见识，他惊喜得不得了，以为捡到了值钱的宝贝。他双手捧着这块燕石，一会儿把它贴在脸上，一会儿用手小心地抚摸。回到家里以后，还一个劲儿地盯着燕石看了又看，舍不得放手。

晚上，这个人要睡觉了，只好把石头放进柜中。他刚躺下一会儿，觉得心里很不踏实，于是起身从柜中取出"宝贝"，把它放在枕头下，这才安心地睡去。可是他睡着以后，迷迷糊糊在梦中发觉有人偷走了他枕头下的"宝贝"，于是他又从梦中惊醒了。他翻开枕头一看，那"宝贝"在枕头下面安然无恙。可是这个人依然不放心，于是又将石头紧紧握在手中钻进被子里，将石头捂在胸前，这才睡着。就这样折腾了一夜，他好不容易熬到第二天天亮。

总是将宝贝握在手里也不是个办法，于是他请来工匠，用上好的牛皮做了一只装燕石的箱子。这皮箱共有十层牛皮。愚蠢的他先用十层上好的丝绸将石头仔细包裹好，然后小心翼翼地把它放进皮箱里收藏起来。这样，他才满意了。

过了些日子，外地有一个客人听说这个人得了至宝，特地找到他家里请求观赏一下宝石。于是这个宋国人在虔诚地斋戒7日之后，穿上端庄的礼服，又举行了隆重的祭祀，这才当着客人的面，十分郑重地打开一层又一层皮革做的箱子；解开一层又一层丝绸巾系成的包裹。那个外地客人这才好不容易地看到了这个宋国蠢人所谓的"宝石"，禁不住捂着嘴"嗤"的一声笑起来，竟笑得前仰后合。宋国人大惑不解，瞪着一双傻呆呆的眼睛望着客人问："你为什么如此发笑？"

这位客人止了笑，认真地对他说："这只不过是一块燕石，和普通的砖头瓦片没多大区别。"

宋人听了大怒。他指着客人说："胡说！你这是商人口中说出的话，你安的是骗子的心！"

那个外地客人受辱后扫兴地走了。而这个宋国的蠢人则把这块燕石更加严密地藏起来，更加倍小心地守护着它。

一个人缺少知识并不可怕，怕的是像那个把燕石当成宝玉的宋国人一样，既孤陋寡闻，又不懂装懂，听不进别人的忠告，做了蠢事还自以为得计。

第四，扩大自己的视野。这是自我更新的重要源泉。自我更新，不是毫无因由发生的。要进行自我更新，必然是因为有所发现，而要有所发现，必须扩大自己的视野。

伽利略十岁生日时，父亲给他一架望远镜。有一天，伽利略使用他的望远镜时突然抱怨说："爸爸，这东西不好，不用它还可以看得清楚，用了它每样东西都变得那么小。"父亲笑笑，轻轻地将望远镜筒倒过来。原来伽利略把望远镜用倒了，他从缩小的那头看，当然无法看到放大的东西。正确地使用望远镜，景物大了，视野也变大了。

有些人被见识所局限，常常以为自己觉得了不起的事情，别人也都会认为了不起，其实他们自以为了不起的事，可能是尽人皆知的微不足道的小事。

第五，虚心。虚心也是自我更新需要的重要素质。

有一天，柳公权和几个小伙伴举行"书会"。这时，一个卖豆腐的老人看到他写的几个字"会写飞凤家，敢在人前夸"，觉得这孩子太骄傲了，便皱皱眉头，说："这字写得并不好，好像我的豆腐一样，软塌塌的，没筋没骨，还值得在人前夸吗？"柳公权一听，很不高兴地说："有本事，你写几个字让我看看。"

老人爽朗地笑了笑，说："不敢，不敢，我是一个粗人，写不好字。可是，人家有人用脚都写得比你好得多呢！不信，你到华京城看看去吧。"

第二天，柳公权五更便起了，独自去了华京城。一进华京城，他就看见一棵大槐树下围了许多人。他挤进人群，只见一个没有双臂的黑瘦老头赤着双脚，坐在地上，左脚压纸，右脚夹笔，正在挥洒自如地写对联，笔下的字迹似群马奔腾、龙飞凤舞，博得围观的人们阵阵喝彩。

柳公权"扑通"一声跪在老人面前，说："我愿意拜您为师，请您告诉我写字的秘诀……"老人慌忙用脚拉起小公权说："我是个孤苦的人，生来没手，只得靠脚巧混生活，怎么能为人师表呢？"小公权苦苦哀求，老人才在地上铺了一张纸，用右脚写了几行字：

"写尽八缸水，砚染涝池黑；博取百家长，始得龙凤飞。"

柳公权把老人的话牢记在心，从此发愤练字。手上磨起了厚厚的茧子，衣肘的补丁补了一层又一层。经过苦练，柳公权终于成为著名的书法家。

第六，重视别人的意见，主动纳言。这对自我更新意义非凡。

齐威王的相国邹忌相貌堂堂，身高8尺，体格魁梧，十分漂亮。与邹忌同住一城的徐公也一表人才，是齐国有名的美男子。

一天早晨，邹忌起床后，穿好衣服、戴好帽子，信步走到镜子面前仔细端详全身的装束和自己的模样。他觉得自己长得的确与众不同、高人一等，于是随口问妻子说："你看，我跟城北的徐公比起来，谁更漂亮？"

他的妻子走上前去，一边帮他整理衣襟，一边回答说："您长得多漂亮啊，那徐先生怎么能跟您比呢？"

邹忌心里不大相信，因为住在城北的徐公是大家公认的美男子，自己恐怕还比不上他，所以他又问他的妾，说："我和城北徐公相比，谁漂亮些呢？"

他的妾连忙说："大人您比徐先生漂亮多了，他哪能和大人相比呢？"

第二天，有位客人来访，邹忌陪他坐着聊天，想起昨天的事，就顺便又问客人说："您看我和城北徐公相比，谁漂亮？"客人毫不犹豫地说："徐先生比不上您，您比他漂亮多了。"

邹忌如此做了三次调查，大家一致都认为他比徐公漂亮。可是邹忌是个有头脑的人，并没有因此沾沾自喜，认为自己真的比徐公漂亮。

恰巧过了一天，城北徐公到邹忌家登门拜访。邹忌第一眼就被徐公那气宇轩昂、光彩照人的形象征服了。两人交谈的时候，邹忌不住地打量着徐公。他发觉自己长得不如徐公。为了证实这一结论，他偷偷从镜子里面看看自己，再回过头来瞧瞧徐公，结果更觉得自己长得比徐公差。

晚上，邹忌躺在床上，反复地思考着这件事。既然自己长得不如徐公，为什么妻、妾和那个客人却都说自己比徐公漂亮呢？想到最后，他总算找到了问题的结论。邹忌自言自语地说："原来这些人都是在恭维我啊！妻子说我美，是因为偏爱我；妾说我美，是因为害怕我；客人说我美，是因为有求于我。看起来，我是受了身边人的恭维赞扬而认不清真正的自我了。"

三、自我评估

评估自己的自我更新习惯，可以通过下面一些问题进行。

- 你常常反思自己的思想、行为、观点吗？
- 你对新闻里的热点消息喜欢一探究竟，还是不以为然，很快淡忘？
- 对别人的批评意见，你经常为自己找理由辩解吗？
- 对一些不可思议的事情，比如UFO，你认为只是别人的恶作剧，还是觉得值得细细研究？
- 在日常生活中，你曾经发现过一些反常的现象，并努力作出比较科学的解释吗？
- 你是否经常和父母、老师、兄长等探讨一些问题，从他们那儿获得一些新鲜趣闻？
- 如果你对自己的某个看法深感得意，而有个人却不以为然，你一般会怎么想？
- 你有没有做得特别拿手的事情？如果有，那么你觉得自己是否已经达到几乎无人能够超越的水平？
- 你喜欢高谈阔论吗？喜欢说些豪言壮语表达自己的志向高远吗？
- 对自己特别喜欢的学科，你是经常超前学习，还是保证能够在同学们中间领先就满意了？
- 你喜欢美慕和夸奖你的朋友，还是喜欢胜你一筹的朋友？为什么？
- 如果你的学习成绩不是很理想，你愿意超前学习，探索学校里还没有教的知识吗？

第四节　学以致用的习惯

一、定义和内涵

常常听到有学生抱怨学校里学的东西没有用，果真如此吗？学不致用，当然无用；学以致用，自然会有用。在我国现阶段的学校教学中，可能由于种种原因，老师并不能经常引导学生把刚刚学到的知识与生活实践联系起来，很少给学生出一些生活类的题目，把一段时期学习的某个专题，甚至多种学科的多个专题的知识结合起来，进行综合运用。但是，这并不代表知识本身是没有用的。

知识，来源于整个人类的生产生活实践，是人们在解决实际问题的过程中不断发展和完善起来的。所以，就知识本身而言，它必然是有用的。之所以会产生"知识无用论"，一方面由于教师对知识的运用引导得不够，更重要的一方面是学生自己在探索知识的可用性上没有下功夫。当然，这并不是指责现在的学生不努力。在当前的教育制度下，学生的学业负担过重、压力太大等，也是导致不能学以致用的原因。现在我们不是去追究原因是什么，而是要把讨论的重点转向怎样做到学以致用上来。

"学以致用"的精髓，一方面在于把间接的经验和知识还原为活的、有实用价值的知识。这个还原的过程需要有一双敏锐的眼睛和始终思考的心灵。**一双敏锐的眼睛，让你去观察现实**

世界里的现象是什么样子的。而始终思考的心灵，则让你不断去发现现象背后隐藏的规律。

诺贝尔物理奖获得者费曼小时候，父亲常在周末带他去卡次基山，在漫步丛林的时候，父亲说："看见那鸟儿了吗？那是只斯氏鸣禽。"(费曼那时猜想其实父亲并不知道这只鸟的学名) 他接着说，"在意大利，人们把它叫作'查图拉波替达'，葡萄牙人叫它'彭达皮达'，中国人叫它'春兰鹅'，日本人叫它'卡塔诺·特克达'。现在你仅仅是知道了世界不同地区的人怎么称呼这只鸟，可是终了还是一点也不了解它。我们还是要仔细瞧它在做什么吧——那才是真正重要的(于是费曼很早就学会了"知道一个东西的名字"和"真正懂得一个东西"的区别)。"

父亲又接着说："瞧，那鸟儿在啄自己的羽毛，它为什么要这样做呢？"

费曼说："大概是它飞翔的时候弄乱了羽毛，所以要啄着羽毛再梳理整齐吧。"

父亲问："如果是那样，那么在刚飞完时，它们应该很勤快地啄，而过了一会儿后，就该缓下来了——你明白我的意思吗？"

"明白。"费曼答道。

"那让我们来观察一下，它们是不是在刚飞完时啄的次数比较多。"不难发现，鸟儿们在刚飞完和过了一会儿之后啄的次数差不多。

费曼说："哎呀，我想不出来。你说道理在哪儿？"

"因为有虱子在作怪，"父亲说，"虱子在吃羽毛上的蛋白质。虱子的腿上又分泌蜡，蜡又有螨来吃，螨吃了不消化，就拉出来黏黏的像糖一样的东西，细菌于是又在这上头生长。"最后他说，"你看，只要哪儿有食物，哪儿就会有某种生物以之为生。"费曼觉得鸟腿上未必有虱子，虱子腿上也未必有螨，父亲的故事在细节上未必对，但是在原则上是正确的。

又有一次，父亲摘了一片树叶，树叶上有一个C形坏死的地方，从中线开始，蔓延向边缘。"瞧这枯黄的C形，"他说，"在中线开始比较细，在边缘时比较粗。这是一只蝇，在这儿下了卵，卵变成了像毛毛虫似的蛆，蛆以吃树叶为生。于是，它每吃一点就在后边留下了坏死的组织。它边吃边长大，吃的也就越多，这条坏死的线也就越宽。直到蛆变成了蛹，又变成了黄眼睛、绿翅膀的蝇，从树叶上飞走了，它又会到另一片树叶上去产卵。"同上一例一样，费曼还是认为父亲说的细节未必对——没准儿那不是蝇而是甲壳虫，但是他指出的那个概念却是生命现象中极有趣的一面，生殖繁衍是最终的目的。不管过程多么复杂，主题却重复一遍又一遍。

父亲培养了费曼留意观察的习惯。一天，费曼在玩马车玩具。在马车的车斗里有一个小球。当费曼拉动马车的时候，注意到了小球的运动方式。费曼找到父亲，说："爸，当我拉动马车的时候，小球往后走；而我把它停住的时候，小球往前滚。这是为什么？"

"因为运动的物质总是趋于保持运动，静止的东西总是趋于保持静止，除非你去推它。这种趋势就是惯性。但是，还没有人知道为什么是这样。"这其实是很深刻的理解，父亲并不只是给费曼一个名词。他接着说，"如果从边上看，小车的后板摩擦着小球，摩擦开始的时候，小球相对于地面来说其实还是往前挪了一点，而不是向后走。"费曼跑回去把球又放在车上，从边上观察。果然，父亲说得没错。

"学以致用"的精髓，另一方面在于动手。理论上行得通的东西，在实践中做起来可能远远比想象的复杂得多。"纸上得来终觉浅，绝知此事要躬行"，动手做一做，比单纯的"纸上谈兵"要来得更具体、更全面，也更直观。对于技术性的工作，最优秀的往往不是学历高的人，而是有操作倾向、操作能力和操作经验的人。

一天，发明家爱迪生把一只灯泡交给他的助手——普林斯顿大学数学系毕业生阿普顿，要他算出玻璃灯泡的容积。阿普顿拿着灯泡琢磨了好长时间，用尺子围着灯泡上下左右量了好一阵，又在纸上画出好多的草图，写满了各种尺寸，列了许多道算式，算来算去还没有算出结果。爱迪生见他算得满头大汗，就对他说："我的上帝：你还是用这个方法算吧！"他在灯泡里倒满了水递给阿普顿说："把这些水倒进量杯里，看一看它的体积，就是灯泡的容积了。"阿普顿听了顿时恍然大悟，于是很快就测出了灯泡的容积。

在"学以致用"的过程中，人们能够充分发现自己的潜力。很多人对自己没有信心，认为自己这也不行，那也不行，肯定什么也做不好。可是，这里有个问题：你试着去做过吗？**你做的时候是浅尝辄止，还是不断地尝试屡败屡战呢？**有些问题貌似很复杂，其实真正去做的时候却会发现并不太难。对于真正复杂的问题，又不可能一蹴而就，如果浅尝辄止，只能加重自己的失败意识，更加没有信心。**所以，多做，就会发现自己能做的事情很多；少做，就会发现能做的事情很少。**

北京师范大学教育学院的郑新蓉教授讲过这样一个真实的故事。

我国的某个教育代表团访问美国的某个大学城时，当地一个小学校长送给代表团的成员每人一本画册。打开一看，全是这个城市最著名的建筑物，有古老的教堂，有历史悠久的图书馆，有别具风格的艺术博物馆，也有最新科技实验楼群……每幅图下，都用文字说明这座建筑物坐落的位置、修建的时间，建筑设计人的姓名以及该建筑物的设计风格。这位校长告诉我们，这是一幅很好的导游图，有了它，你们就知道我们城市的历史、主要建筑和城市规模，中国代表团的成员在感激的同时，不解地问道：

"你们学校有城市建设、规划和导游的任务？"

校长说："没有哇。这是我们学生的作品，是他们的作业。"

中国代表团的成员这才细细地看这本画册，许多建筑物的确明显是孩子的手法，很稚气，不够老练，不够专业。

中国代表团的同行兴趣更大了："图画下的文字是谁帮助完成的？"

"也是他们自己。"校长答道。

"孩子们是如何知道某个建筑物的历史和设计过程的？"

校长答道："他们可以去图书馆、建筑博物馆和建筑设计院访问。"

中国代表团的成员感慨万千，原来孩子们有这么大的创造潜力，同样是十岁左右的小学生，我们的学生对自己的城市社区知道多少？对自己生活其中的环境了解多少？我们的学生去图书馆、博物馆和设计院的机会有多少？但是这也说明：只要有自由的时间和机会，人的创造力的确是惊人的，哪怕只是"不起眼"的孩子。

二、培养要点

养成"学以致用"的习惯，**首先要经常观察和思考。**观察和思考是一切智慧的源泉。现象和规律都是客观地存在着，就像苹果园里的苹果年年都会往下掉，**被砸中的人也不计其数，却只有牛顿因此发现了万有引力定律，**这就是观察和思考的效果。可以说，几乎所有的发现都来源于细心的观察和思考。

我国著名的地质学家李四光十分爱观察，走到哪里就观察到哪里。一次，他在大连疗养，路过马栏河桥时，偶然看到一个形态奇特的山峰，一道道的山梁呈弧形绕上山顶。登高鸟瞰全貌，犹如莲花花瓣围绕着中心的莲蓬。这激起了他的思考，经过研究，终于得出了地质构造体系的新类型，命名为"莲花状结构"。

1834年8月的一天，英国物理学家斯科特·罗素正骑着马在河边散步。突然间，有两匹马拉着一只小木船，以每小时13公里的速度从他的身旁驰过去。罗素侧目小船，发现一股激浪从那小船的船头上卷起，顷刻间便离开船头向前流去。这种波不像平常见到的波浪那样一波未平，一波又起，却有着明显的波峰波谷。为了找到这种特殊波的运动规律，罗素扬鞭催马，一步不舍地紧追这只小船，仔细地观察1尺多高3尺来长的激浪。追了四五公里，直到小船在运河转弯处拐弯，激浪消失时，他才掉转马头停下来。不久，罗素在这次观察的基础上，经过精心的研究，提出了有名的"孤立波"理论。

心理学家陈鹤琴教授从1920年冬开始对自己的第一个孩子进行观察，把其身心变化的各种刺激反应逐日进行文字和摄影的记录。根据808天的具体观察和记录，他分析了孩子的身体发展、动作发展以及模仿、游戏、好奇、惧怕、言语等各个方面，于1925年写成了《儿童心理之研究》。

其次，要学会"做"。"做"是这一习惯的核心，我们要不断动手去做实验，验证自己提出的想法和观点。

玛丽亚·戈波特·梅耶是继居里夫人之后获得诺贝尔物理奖的女科学家！她在原子核研究上有重大建树，在固态理论、统计力学，尤其是介于它们之间的边缘学科——相变理论方面也作出了举世瞩目的贡献。

玛丽亚是独生女，她在六岁时就立志要像爸爸一样做个教授。她喜欢观察事物，每时每刻都细心地观察着周围的一切。有一天，玛丽亚的母亲戈波特夫人亲自把茶沏好，把小茶碗放在精致的小碟上，然后吩咐仆人们端到客人面前。仆人中有一个上了年纪的妇人，端碟子的手常常因为激动而颤抖。光滑的茶碗在碟子里轻轻移动，难免要洒出一点茶来。她就难为情地说："人老了，手脚不灵了。"为了避免把茶弄洒，再端上来时，她就格外小心地用双手捧着。可碟子像有意找别扭似的，反而倾斜了，茶碗一滑，洒出的热茶差点儿烫着手。她就更难为情了："人老了，手脚不灵了。"

当时玛丽亚和表哥们始终在客厅里，男孩子们都在尽情玩耍，玛丽亚却用她那双聪慧、敏锐的眼睛静静地看着这一切，她被茶碗碟子吸引住了。她看到，仆人每次端茶碗时，开始茶碗在碟子里很容易滑动，可是热茶洒在碟子里后，尽管仆人的手摇晃得更厉害，碟子倾斜得更明显，茶碗却像粘在碟子上一样，一动也不动了。"这是怎么回事呢？我一定要弄明白。"玛丽亚悄悄地溜出了客厅，开始做起实验来。

"咦，玛丽亚呢？"戈波特夫人焦急地问孩子们，"亲爱的孩子们，你们看见玛丽亚了吗？""我知道她在哪儿。"十岁的克莱顿洋洋得意地说。昨天在玩捉迷藏的游戏时，他无意中发现了玛丽亚的秘密实验室。"好吧，克莱顿，你去把她找来。"克莱顿飞快地向储藏室跑去，他愣住了，玛丽亚不在。她在哪儿呢？克莱顿沿着走廊边走边想。当他路过厨房时，无意中看见玛丽亚正在摆弄着茶碗和碟子。"哈，我可捉住你了。怎么，不当教授，改行当家庭主妇了？"克莱顿很喜欢这个表妹，总想法子逗她。

"才不是呢！"玛丽亚丝毫不在意表哥的话。"我发现了一个秘密。"玛丽亚低声地很神秘地说。

"什么秘密？"克莱顿顿时被吸引住了。

"只要先在茶碗和碟子之间洒一点水，这样，茶碗就再也不会滑动了。"玛丽亚洋洋得意地将自己的"研究成果"告诉表哥。

"小丫头的鬼把戏，我不相信。洒上水后更容易滑。上次妈妈擦了地板后，我差点滑了一跤。"克莱顿对玛丽亚的秘密大失所望。

"不信你试试。"克莱顿半信半疑地拿茶碗和碟子试了试，果真如此。

两个小家伙正七嘴八舌地议论时，玛丽亚的父亲戈波特先生来找他们了。他们把茶碗和碟子的秘密告诉了戈波特先生。"爸爸，这是为什么呢？""这是因为有摩擦力的缘故，你长大了就会知道了。""我长大了一定要把所有的问题弄清楚，像您一样当教授。""对，"戈波特先生兴奋地举起了玛丽亚，望着茶碗和碟子意味深长地说，"你长大后一定能当教授的！"

玛丽亚从对茶碗和碟子的"研究"开始，逐渐对物理学发生了浓厚兴趣。长大以后，不仅成了一位名教授，而且在1963年荣获了诺贝尔物理学奖。

除了实验，"玩"也是"做"的重要方式之一。人喜欢的"玩"有两种方式，一种是纯粹为了轻松，什么也不想做，属于"娱乐休息"的玩。还有一种是探索性的玩，凡事想弄个究竟，想玩出点花样。同样是玩游戏，有的人能从玩中学会自己编游戏程序，而有的人则沉溺于其中，荒废青春年华。所以从本质上来说，玩也不是完全一样的，区别的关键在于在玩的过程中，**大脑是被游戏牵着走**，还是在为游戏设计规则、进行改进和提高。

一位母亲兴奋地讲起她儿子"玩"出来的幸运和机会。

儿子从小就特别爱玩电子游戏机。我们认为太耽误学习，也影响身体，可是他仍旧钟情电子游戏，我们的各种劝说和阻挠也无效，玩游戏机的"恶习"一直伴孩子读中学、考大学，直到孩子大学毕业。我们一直认为，假如孩子不迷上游戏机，一定能考上清华大学，而不是别的学院；另一方面，孩子从小就爱玩游戏机，我和他爸爸从来就认为这是不务正业。可是再三限制的同时我们也知道，孩子的游戏是越玩越精，成了同龄人中的高手，没有他不知道的游戏软件。

这两个月，儿子同时被几家国外的大公司选中，并许诺高薪聘用。我们自然非常高兴，因为现在大学毕业生找工作很难。一天，儿子在聊天中透露，各大公司争相聘用他的原因就是他的游戏机"玩"得太好了。他不但能玩市场上已有的各种游戏机，还能"玩"正在设计中的最新的游戏软件，并能提出改进、完善和发展新的游戏软件的思路和构想。而各大游戏软件制作公司缺的就是这种既有专业知识，又有"玩"游戏经验的人才。儿子无比感慨地讲道，没想到我的工作居然是"玩"出来的！他还感谢我们父母没有千方百计地"纠正"他玩游戏机的"恶习"。

知识是动手操作的生长点。任何动手操作的成功，都离不开知识。在探索性的动手过程中，可能我们刚开始并不很清楚里面的规律和蕴含的知识，但是操作的过程只有符合了规律之后才能成功。所以，**对于动手操作来说，最终总结出其中蕴含的规律性的知识非常重要**。只有这样，操作才能更高效地推广利用。

三、自我评估

评估自己学以致用的习惯，可以参考下面一些问题进行。

- 对于平时学到的知识，你能把它们记住，较好地运用于解答具体题目吗？
- 你经常把学到的知识与日常生活中的现象联系起来吗？
- 你尝试过设计家用的局部电路吗？
- 你运用学习的知识进行过小发明创造吗？
- 生活中有些不太方便的事情，你试着想办法使之变得方便吗？
- 在玩的过程中，你会突发奇想，产生一个很有趣的想法，并立即付诸行动吗？

第五节 科学管理知识和处理信息的习惯

一、定义和内涵

在知识社会里，信息浩如烟海，会游泳者生，不会游泳者亡。这里的"游泳"就是指管理知识与处理信息。

可以肯定地说，21世纪最重要的学习能力就是学会管理知识和处理信息。具体说，你不可能也不需要记住所有的知识，但你可以知道去哪里找你需要的知识，并且能够迅捷地找到；你不可能也不需要了解所有的信息，但你可以知道最重要的信息是什么，并且明确自己该怎么行动。

科学管理知识和处理信息，首先要学会反思。孔子之所以成为千古圣贤，得益于"一日三省吾身"。中国之所以有改革开放的巨变，得益于对历史与现实的反思。人类之所以向往和平与发展并越来越重视环境保护，也得益于对历史与现实的反思。具体到我们每一个人的真正进步，无不得益于对过去的反思。所以说，人之所以为人，反思是特别重要的特点之一。

教育家陶行知在重庆创办育才学校的时候，要求全校的学生养成每天自省的习惯。用他的话来说，就是做到每天四问，第一问，你的身体有没有进步？第二问，你的学问有没有进步？第三问，你的工作有没有进步？第四问：你的道德有没有进步？在这当中，应该做到五个字，第一个字是"一"，专一的"一"；第二个字是"集"，收集的"集"；第三个字是"钻"，钻研的"钻"；第四个字是"剖"，解剖的"剖"；第五个字是"韧"，坚韧的"韧"。陶行知归纳的四问五字，就是需要我们每天反思的内容与方法。

其次，要学会有效地利用计算机和网络，同时要在了解的基础上避免对计算机和网络的不良运用。要学会管理知识和处理信息，不使用计算机和互联网几乎是做不到的。

计算机的功能有很多，如游戏、绘图、统计、阅读电子出版物、看电影或动画片、听音乐，等等。互联网的功能远远胜过计算机。当我们的计算机与世界上无数计算机连接起来，它给孩子及家庭带来一种全新的生活。

除了计算机能做的，互联网还能为我们做什么呢？

据中国社科院大众传媒与青少年发展中心主任卜卫研究员的介绍，互联网至少有五大功能：第一，帮助我们学习使用信息资源的技能；第二，为我们建立一个环球交流网；第三，增加青少年接触世界的途径；第四，学会勇敢地表达自己；第五，增加与父母、朋友的交流。

二、培养要点

反思是培养科学管理知识和处理信息习惯的重中之重，那么要怎样进行反思呢？

首先，要多思考。做错了题或写错了字，要自己主动思考，而不是急于去向老师、父母和同学问正确答案。因为**学习是一个"悟"的过程，而"悟"是别人替代不了的**。做完了作业，首先要自己检查，自己反思总结。

其次，要多复习。读书学习有一个把书变薄再变厚的过程，即读完厚厚的书或学完长长的课，经过反思会悟出最紧要的东西，这就是把书由厚变薄。抓住最紧要的东西，加以联想、引申、升华，薄薄的东西便逐步加厚，又成为一本厚书。但是，这已经不是原来的书，而是学习者个人独创的书。

刘京海认为，小学阶段最重要的学习习惯有两个，即上课认真听讲和独立完成作业；中学阶段应养成两个新的习惯，即认真预习和复习。他在上海闸北八中实践的体会是，凡有这四个学习习惯的学生，无一人学习成绩不好。细想一下，这四个习惯的核心就是打好基础学会反思。

再次，要多动笔。俗话说，好记性不如烂笔头。由于写作比讲话往往更深刻、更理性、更严谨，多动笔便成为反思的基本方法之一。譬如，写日记、写读书笔记等方法，值得大力提倡，这对自己的成长有特殊意义。

青少年的成长过程是自我意识发展的过程，是个人与社会互动的过程，必定伴随着酸甜苦辣，而这些都需要自己去一一品味。因此，日记成了最知心而忠实的朋友。可以说，**日记是我们反思成长的最佳伴侣**。

最后，有效利用互联网。计算机和互联网有如此大的作用和影响，那么怎样健康有效地利用互联网呢？

8～11岁年龄段。这个年龄段，往往已经拥有较多的互联网络使用经验。为了完成学校作业，需要查阅网上百科全书、下载有关数据和图片。有时候也开始交网上笔友，与远方的亲戚、网络朋友通信。这个阶段也是青少年渴望独立、形成价值观念的关键时期。但是对于不良文化、误导信息和有害信息等还缺乏必要的甄别能力，因此需要从父母那里得到指导。例如，建立明确的使用规则；没有父母的允许，不在网上订购产品或发出有关自己及家庭的任何信息；如果发现不寻常的信息，要马上告诉父母；与父母讨论网上匿名等网络文化现象；控制上网的时间，放一个闹钟在身旁。

12～14岁年龄段。这个年龄段处于上网相当活跃的时期，学会了搜索大批感兴趣的信息资源，例如浏览大学图书馆、网上杂志和报纸等，可以通过各种方式向权威人士提问，参与互动小组，与其他人分享经验和兴趣。这个阶段要注意的问题是：要明确网络法律及规则以及上网的时间限制；尽可能和父母一起上网；设计一个上网计划，并请求父母从旁监督；下载电子游戏时，要避免暴力、色情类等不健康的游戏。

15～18岁年龄段。在这个阶段，已经学会利用网络世界提供的无限资源解决现实问题，如发现工作机会、选择大学、学习外语等课程，发现新的、有用的网址和结交新的朋友。这时可以试着帮助家里解决一些问题，在网上找到解决问题的方法，如查询网上购物信息、确定旅游路线等；还可以帮助身边更小的孩子和其他不熟悉计算机和网络的同学使用计算机和互联网络。

三、自我评估

评估自己的科学管理知识和处理信息的习惯，可以参考下面一些问题。

- 如果作业中出现了错题，你首先是要自己思考，力求解决问题吗？如果暂时不能解决，你宁愿先放一下，还是去问老师、父母或者同学？
- 做完作业后，你一般是立即合上作业本，做其他事情？还是先检查一遍，确定无误后，再开始做其他事情？
- 看书的过程中，你觉得只要理解知识的要点，明白例题是怎么解决的就行了吗？
- 你会在看书的过程中，联想起以前学习的内容和自己的相关经历吗？
- 你常常总结和归纳学过的知识和做过的习题、作业吗？
- 你经常写读书笔记吗？
- 你经常把自己平时的心得和"灵感"记录下来并加以整理吗？
- 你有写日记表达自己的思想、观念，记录自己的得失，表达自己的心情和情绪的习惯吗？

应用计算机和互联网的评估：

- 你会用计算机处理普通的文档吗？比如记日记、写通知、写作等。
- 你会用计算机制作图形图像吗？
- 你会运用计算机里的统计工具做一些简单的日常工作吗？比如记录自己的收支状况，帮助老师统计考试成绩等。
- 你会用计算机阅读电子文档、听音乐、看电影、看多媒体光盘吗？
- 你能够运用互联网搜索一些有用的材料吗？比如电影、多媒体材料、学习资料、电子书等。
- 你会用互联网帮助自己解决问题吗？比如查找家庭出游线路、咨询身体健康状况、寻找购物信息等。
- 你能通过互联网了解一些社会信息吗？比如热点新闻、人才市场的供求状况、喜欢的大学及专业的具体情况等。
- 你能控制自己上网的时间和规律吗？
- 你经常上网玩游戏以至于忘记时间，甚至为此与父母关系紧张吗？
- 你愿意让父母了解自己的上网情况，甚至与父母一起上网，接受他们的监督吗？
- 你会在网上交朋友吗？会与别人聊天，解答自己的疑问吗？
- 你访问过暴力、色情类等内容不健康的网站吗？对这些网站你持什么样的态度？

第四章　在校学习的三大核心习惯

第一节　将课本读活的习惯

一、树立正确的课本观

1. 什么是正确的课本观

课本，课本，一课之本。

说课本是学生的"一课之本"，相信大家都不会反对。的确，我们每上一堂课，预习、听课、复习、作业，哪一个环节少得了它？

但说到课本是老师的"一课之本"，有人也许会犯嘀咕：很多课上得特别好的老师，讲课从不看课本，连教案都很少翻开，却出口成章，字字珠玑。这样看来，课本对老师也没什么作用啊！

这只是表面现象。老师在做教学准备时，早已将课本的内容融会贯通。教学上的炉火纯青，正是他们努力钻研课本的结果。一个在课堂上只会照本宣科的老师通常不会受欢迎，就是因为他们没有弄通课本，只做了表面文章。

我们要学好每一堂课，老师要上好每一堂课，都必须以课本为本。

现在的考试虽然越来越强调能力和技能，但这些能力和技能仍然来自课本。在考试中常有类似的情况发生，很多题似乎从未见过，但细看就会发现它们都是对课本例题的重新组合，有的甚至只变动了一两个条件。此时若**对例题记忆清晰，一下子就能发现变化，找到解题的关键，问题自然迎刃而解**。相反，若对例题没有印象，就只能一步一步从最基本的分析开始，不仅花费时间，还不一定有好的效果。

无论哪一种考试，涉及的知识点基本都不会超出课本的范围。很多成绩好的学生，往往对做过的习题和课本上的例题相当熟练，对课本的知识点和技巧运用自如，正是因为坚持了"以本为本"。

但要注意，"以本为本"不是死抠课本，也不等于机械地记忆课本上的知识和内容，而是在真正理解的基础上，把课本上的基本知识和基本方法融为己有。

一本薄薄的几十页的课本，看似貌不惊人，却是编著者们历经数年辛勤耕耘的结果。他们所想到的远远超出了他们所写出来的，简单地说，就是"文字之外还有文字"。

"以本为本"必须看到"文字之外的文字"。课本上的知识看起来是静止的，是"死"的，其实每一句话都经过了千锤百炼，涵盖的信息量极其丰富。课本就像是一座巨大的宝藏，细细挖掘，才能把课本上的知识转化为属于自己的知识，而不是仅停留在表面的文字上。

2. 我们建议这样树立课本观

树立正确的课本观，是利用好课本的先决条件。它绝不是嘴上说说那样简单，关键还在于思考和行动。

1) 要带着目的读课本

有很多人问，为什么自己很认真地看课本，细细读每一句话，就是没有效果呢？他们很可能是在漫无目的地读课本，这样很容易被字面意思束缚住思想，停留在文字表面。**没有目的，就没有思考；没有思考，就难得有收获。**带着目的看课本，有如下两个问题需要明确。

问题一：有目的和没目的区别很大吗？

是的。

阅读目的直接影响阅读的方式和态度。举个简单的例子，同样是看漫画，如果是为了打发时间、消除无聊，很少有人深入欣赏；如果是为了提高欣赏水平，描摹作品，人们一定会仔细揣摩每一处细节，而不像前者那样蜻蜓点水。

很多学有所成的人，都将"带着目的读课本"视为宝贵经验。清华大学有这样一位学生，上初中时，他不懂得带着目的读课本，虽然看得很认真，效果却不好。后来，他在老师的点拨下调整了方法，首先大致浏览，目的是为了对课本内容有整体的了解；再细致地看一遍课本，目的是进一步弄清比较陌生或难理解的地方；最后纵览全局，目的是为了理清纲要，把各部分联系起来。这样，他看课本的效率大大提高，学习成绩自然也提高了。

有的同学拿到课本，不假思索就从第一页读起，看着很认真，实际却好比**弓箭手随手射出手中的箭，前面没有靶子，只不过是在瞎忙！**我们如果不清楚自己的阅读目的，即使读完了整本课本，也未必能有收获，只会白白浪费时间。

所以，打开课本之前，问问自己，我为了什么而翻开眼前的书？磨刀不误砍柴工，搞清目的再读课本是值得的。

问题二：阅读目的一般有哪几种？

通常人们的阅读目的主要是，为了掌握新的"信息"；为了寻找重要的细节；为了解答某一个特定的问题；为了评估正在阅读的书籍；为了应用资料；为了娱乐等。

我们学生阅读课本一般属于前五种目的，最后一种由于课本本身缺乏娱乐性，一般出现在课外阅读中。

2) 这样能分清不同的目的

分清不同的目的，能帮助我们有针对性地读课本，使效率更高。我们看看有哪些问题需要注意。

问题一：学习任务就是读课本的目的吗？

不完全是。

学生的每一天、每一节课，都对应着具体的学习任务，有学习内容的内在要求，也有老师的明确规定。学习任务有时候就是读课本的目的，但大多数情况下，目的隐藏在任务背后。比如完成课后练习题是一个学习任务，但**这个任务本身不是目的，它背后隐含的目的是巩固知识**。至于需要巩固的是哪一个具体的知识点，在不太清楚的情况下可能需要再对照课本加以确认。这样也便于准确地完成学习任务。

所以，最好是先理清学习任务，再确立读课本的目的。

问题二：如何确定读课本的目的？

学习环节不同，读课本的目的也不同。

比如在预习的环节，我们读课本的目的主要是为了了解下一课将要学习哪些新内容；而在作业这个环节，面对一道习题不知从何下手，读课本的目的就是为了查看某一个细节或某个特定的问题。

学习阶段不同，目的也不同。

学习是有阶段性的，每一个学期都可分为新课学习阶段、学期复习阶段、备考阶段等。不同阶段有不同的学习目的，这些目的直接决定我们怎么读课本。

比如学习新课阶段，读课本的目的是为了更详尽地掌握知识；而在复习阶段，读课本是为了使分散的知识变得系统。

读课本的目的还因人而异。

人与人之间的差异决定了每个人的学习要求、学习目的以及读课本的方法不同。比如，基础好一些的学生对自己的要求可能会高一些，在学习达到某个层次之后，就会要求更高层次的学习。

3) 慎防走入误区

很多同学由于没有树立好的课本观，没有正确地对待课本，在学习上走了弯路，实在令人感到遗憾。现在，我们看看都有哪些常见的误区。

误区一：有参考书就可以不看课本了

很多人有了参考书，就放弃了课本，这很不明智。

参考书的编写依据仍然是课本。有的参考书针对性确实较强，但毕竟只是一家之言，不可能全面体现课本的所有教学要求。过分依赖参考书，把课本丢在一边，势必造成学习上的漏洞。况且，现在的参考书五花八门，要选出最合适的那一本，并不是一件容易的事情。

误区二：做题可以代替看课本

埋首于题海，放弃看课本，常常会劳而无功。

以做题目代替看课本(或其他学习行为)，总会事倍功半。试想，做题的目的是为了巩固知识，把课本丢开，能巩固什么知识呢？一个人掉进水里，拼命挣扎却不看方向，最后可能离岸越来越远。**课本是学习的方向，远离课本，必然意味着学习的失败。**

误区三：多看课本就是重视课本

很多学生都很重视课本，经常翻看，一学期下来，课本都翻烂了，学习成绩仍然不太理想。这种现象除了可能是学习的其他环节出了问题外，最大的可能就是对待课本不得法。

多看课本并不一定是真正的重视课本。重视课本是一种好的学习意识，但这种重视还蕴藏着很多技巧。我们在后文将详细地介绍课本利用方面的问题。

误区四："以本为本"就是只看课本

现代社会的信息更新和传递是无止境的，课本的更新效率相对较低。只看课本，很可能会局限学习的视野。真正的"以本为本"，不仅仅要钻研课本，达到教学的要求，获得好的学习成绩，更要以开放的心态，广泛吸取课外知识，让自己看得更远，飞得更高。

3. 评估与发展

下面的表格可以帮助我们来了解自己目前的状态，评估自己处于哪个级别。如果你想达到优秀级别，最好先找准自己现在的级别，与下一级别的要求仔细对照，结合上文的建议找到改进的方法，及早实施。

	及　格	良　好	优　秀
自测对照描述	了解课本是学生的一课之本；知道带着目的读课本很重要；常常看课本，但思考不够充分，不太明确自己读课本的目的；很少看课外书或了解课外知识；对读课本的误区了解较少，有时会钻牛角尖。	认识到课本是学习的方向，要取得好的成绩，必须重视课本；明确考试强调的能力和技能来自课本，"万变不离其宗"；明确阅读目的影响阅读效果，能根据个人实际学习情况确定读课本的目的，并加强思考；了解读课本的误区，但不能完全避免。	坚信"以本为本"，从书本上知识和技巧的掌握和熟练运用出发，提高自己的学习；明确不死抠课本，读课本时要读到"文字之外的文字"；以开放的心态，广泛吸收课外知识，扩大视野；明确读课本的误区，且很少走弯路。
自我评估			
整改计划			

二、不同课本不同读法

1. 不同课本不同读法最有效

随着年级增高特别是刚进入初中或高中时，我们会发现要学习的科目一下子变多了，各科的课本也以不同的面貌出现。语文课本的内容越来越丰富多彩，数学课本上却总是有好多难以理解的公式，历史课本好像在讲故事，政治课本上又有一大堆需要回答的问题……各种课本五花八门，简直让人眼花缭乱。

面对数量众多而又风格迥异的课本，很多同学都感觉有点"慌"，心里发虚。其实大可不必。有一个诀窍可以帮助我们读好每一科的课本，即对不同的课本，采取不同的读法。

很多人得益于这个诀窍。有一位清华学子，在上中学的时候，总是用一种方式读所有的课本，花费了很多时间，效果却不理想。后来，在老师的指点下，他改变了阅读方式，开始用不同的方法读不同的课本。

读历史课本时，他先通读课文，了解时间、事件等基础知识，再仔细挖掘课本中每一句重要的叙述，然后给自己出题，并作出答案。他发现，这样读一遍历史书，比以前读十遍都更有效。

读理科课本时，他的方法和读历史课本很不一样：先看懂每一个概念、定理、定律，再搞懂它们的由来，然后动笔算书上的例题，和书本上例题的步骤进行比较，思考例题如何体现定理。这样，课本的精华就被他汲取得差不多了。

其实，要读好课本并不是多么困难的事，只要找对了方法，我们也可以像这位清华学子那样，利用好课本，提高学习成绩。

很多人其实也很重视课本，但他们阅读方法不当，**总是用一种固定的方式阅读所有的课本，常常把自己弄得疲惫不堪，头脑茫然，越来越糊涂**。如果及时转向，用不同方法来读不同的课本，就能避免走弯路了。

2. 我们建议这样读课本

我们正在或将要学习的科目主要包括语文、数学、外语、政治、历史、地理、生物、物理、化学等。各科课本的内容和语言风格差异较大。有时候，一个科目的课本中课文的内容也有较大差别(如语文)。因此,我们不再以科目来分类,而直接按照课文的类型来分,大概将它们分为叙述性课文、论证性课文、分析性课文、描述性课文四大类。

不同的课文有不同的读法,具体讲解如下。

1) 叙述性课文这样读

叙述性课文以叙述性的内容为主,语文课本中的很多课文、历史课本中的大部分内容都属于这一类。

可能有的同学已经体会到了,叙述性的内容本身并不难理解,可课文中对那些叙述性内容的分析却常让人感觉头疼。我们以历史课文为例,来看看读这一类课文有哪些问题需要注意。

问题一:死记硬背就行了吗?

从表面上看,历史课文就是在叙述一些历史事件和人物,无非就是交代这些事件发生的时间、地点、人物、原因等,没什么波澜起伏,也没讲什么大道理。因此,很多学生学习历史的时候,对课文的内容一律采取死记硬背的方法,结果却不那么满意,为什么呢?

原因就在于他们没有理解课文这样写的目的。

阅读历史课文,了解史实是一方面,但这只是最起码的要求。**最重要的还是去了解书中所记载的一系列人物、事件的相互关系(包括因果关系和时间关系等)。掌握了这些关系,才算达到了阅读的目的。**

问题二:分析难懂就可以不看吗?

很多人觉得课文中对叙述性内容的分析太枯燥,很难以理解,所以经常采取跳过的方法,将这部分内容忽略不计。这种做法其实很不明智。

虽然这类分析不是出现在课本的醒目角落,内容也不太多,但它其实是最重要的。它常常深刻地指出了历史事件、人物之间的关系,或者隐藏了历史与政治、经济乃至文化间的联系,对我们理解历史有很大的帮助。

对于这类分析,看不懂也不要轻易放掉。如果觉得困难比较大,可以向老师请教,或者是自己去查一查相关的资料。

问题三:每一遍都要读得很仔细吗?

不是的。

阅读历史课本,第一遍要求非常仔细。第二遍时不必过多地注重一字一名,但一定要按照顺序阅读,读每一个章节时重点关注的应该是时间、地点、事件,以及它们之间可能存在着的一切内在联系,把这些联系弄明白了,学好历史也就不会有大问题了。

2) 论证性课文这样读

这一类课文以论证性的内容为主。典型的论证性课文就是我们的政治课文,语文课本中有一部分议论文也属于这一类。

我们以政治课文为例,来看看读论证性课文需要注意以下几个问题。

问题一:观点是最重要的吗?

是的。观点是论证性课文的重中之重。

政治课文的阅读应该着重在课文本身所阐述的观点。假定你正在阅读某一节,观点可能就是这一节的标题,也可能出现在一节中的重点段落,或者是结尾处。**从某种意义上来说,整个篇章存在的价值就在于这些主要的观点。观点就是灵魂,掌握了观点,就等于抓住了论证性课文内容的要害。**

问题二：结论和论据怎样读最有效？

把结论和论据对照着读最有效。

政治课文通常有一些结论性的观点，编著者会用很大的篇幅去论证这些结论。我们可以先读结论，再去有意识地看课本上的论据，可以尝试着分析这些论据属于哪一类，是事实、数字还是说理，想一想编著者为什么这样写，这样相互对照着看，你会发现效果很不一样。

3) 分析性课文这样读

分析类课文都是以比较严肃的笔触一步步进行分析和推理，主要以传播科学知识为主，这类课文主要包括各门理科类学科(如数学、物理、化学、地理和高中的生物等)内容。

对于这些课本的阅读，应该注意下列问题。

问题一：初学者怎么办？

初学者一定要重视"原始积累"。

很多同学在最初学习几何的时候，感觉几何抽象、难学，这是很正常的心理现象，因为他们的大脑里还没有相应的知识体系，接受新知识就会感到困难。学习一门新学科一般要经历一个原始积累阶段，在该阶段要强化记忆、反复感悟、反复理解。当达到一定层次后，就自然会做到游刃有余。

问题二：如何掌握知识点和潜在规律？

具体来讲，我们可以试着将每页课文中所含有的知识点或蕴藏着的潜在规律都提炼出来，以问题的形式写在页眉上。这样做，一方面可以避免复习时一些知识点被落掉(初学一门课程时，概念较多、基础知识较零碎，复习时往往会顾此失彼)；另一方面可以使学习更具有针对性，避免平均用力。

然后，精读每一页课文。复习时，首先将每页页眉上写的问题当成考题来检查自己对本页基础知识的理解、记忆情况。对能准确、流利回答的问题，就算通过；对不能流利回答或回答不好的问题，要针对性地复习一下，直到能准确、流利地回答为止。如果将这些问题都掌握到位，就说明本页内容被掌握了。

问题三：记现象、背结论，就万事大吉了吗？

很多同学在理科学习时倾向于了解实验、记住结论，或者记住现象、记住结论，做题时就死套结论，这样学习就是死学，把知识学死了，把课本读死了。

在读课本时，很多人只了解"是什么"，却很少想想"为什么"。比如当课本上介绍怎样测量课本中一张纸的厚度时，不少同学很自然地就会想到运用"累积法"，用课本的总厚度除以总张数，却不想想为什么能用这样的方法，还有哪些问题可以运用这种方法来解决。**长此以往，就会限制我们发散性思维的发展。**

4) 描述性课文这样读

描述性课文主要指语文课本中的诗歌、散文、小说等。阅读这类课文要注意以下两个问题。

问题一：一定要获得充分的感受吗？

是的。这是阅读描述性课文不能缺少的重要环节。

我们要调动自己所有的感觉器官充分感受，感受作者的感受，感受文中的情与景，感受书中的真、善、美。

举例而言，在读到"枯藤老树昏鸦，小桥流水人家，古道西风瘦马，断肠人在天涯。"这样的诗句时，我们如果能发挥自己的想象力，在头脑里勾勒出一幅充满诗意的图画，能更加贴近作者的心理，深刻理解他的作品。

问题二：如何获得最佳阅读效果？

细细品味，才能达到最佳的阅读效果。描述性课文常常意蕴深刻，内涵丰富，因此读这些文字时要每字每句地读。

比如我们读到的是一首美妙的诗歌如戴望舒的《雨巷》，细细品读"她是有丁香一样的颜色，丁香一样的芬芳，丁香一样的忧愁，在雨中哀怨，哀怨又彷徨……"这样的语句时，是不是犹如亲历了诗人的感受呢？

3. 评估与发展

下面的表格可以帮助我们来了解自己目前的状态，评估自己处于哪个级别。如果你想达到优秀级别，最好先找准自己现在的级别，与下一级别的要求仔细对照，结合上文的建议找到改进的方法，及早实施。

	及　　格	良　　好	优　　秀
自测对照描述	重视课本，经常反复阅读课文； 基本了解不同科目课本的特点，能够对不同类型的课文进行较准确的分类； 比较熟悉课文，基本了解课文的重点，不愿深究难点； 很少看课外书，看也基本只是翻翻而已，不觉得看课外书跟读课本有多大关系。	能有意识地针对不同课文采取不同的读法； 对课文内容非常熟悉，能快速反应出课本的重点； 努力弄清楚课文所讲的内容，对课本上的每一句话都进行充分思考； 有时看课外书，大多数时候也像读课文一样区分着读。	面对不同课文，能快速反应出适合的读法，并灵活运用； 对课文的重点、难点十分熟悉，并能在短时间内准确建构知识体系； 遇到问题能主动跟老师和同学交流，结合自己的实际不断调整； 经常看课外书，能自觉根据不同内容找到适合的读法。
自我评估			
整改计划			

三、追求动脑，感悟每个知识点

1. 悟出来的，才是自己的

孙悟空、猪悟能、沙悟净，这几个名字大家都很熟悉，唐僧给他的三个徒弟以"悟"字取名，就是要他们领会、悟彻佛教空门，一心向佛。我们学习也要讲求一个"悟"字，要深刻领悟课本中的知识点，把它们一一吃透、弄精，最终转化为自己的东西。

然而有的同学在阅读课本时，走马观花，对知识点似是而非，往往是"山间竹笋，嘴尖皮厚腹中空"；有的同学只是将知识点简单地复制到大脑里，而没有在大脑中进行深加工，常常是"墙上芦苇，头重脚轻根底浅"。这都是没有动脑感悟的结果。

要解决学习上的这些"偷工减料"问题，阅读时就要很好地把握、领悟每章、每节的每一个知识点，将其内化在自己心中。**这就要求我们必须积极动脑，能站在编著者的立场上走进去，也能通过自己的独立思考走出来。这样就可以把编著者的思维过程转化为自己的思维过程，把编著者的智慧转化为自己的智慧了。**

很多人受益于此法。一位北大学子就有亲身体验。他在研读课本时，通常先翻到目录，把章节的知识脉络理清，在头脑中形成一定的知识框架；然后把具体章节一字不落地看一遍，以求细致理解每一个知识要素；接下来总体浏览一遍书上已标出的知识点，以加深印象；最后翻到目录，检验是否对每一章节的内容都了然于心，然后进行查漏补缺。这样，书本上的知识就全变成他自己的了。

由此我们可以看出细心阅读课本、动脑领悟知识点的益处，只要这样做了，我们也能像这位北大学子一样取得好的学习成绩。

如果我们在阅读课本时，追求动脑筋，真正做到了步步为营，对每一个知识点都经过自己的思维进行消化吸收。那么，对课本知识的把握就可以成竹在胸，知识自然也就成了我们的个人资产。

2. 我们建议这样感悟知识点

当我们面对不同科目、不同风格的课本，怎样才能有效地阅读课本以深刻理解、掌握基本知识点，从而获得最佳学习效果呢？

著名数学家华罗庚提倡读书要"由薄到厚"和"由厚到薄"，许多专家认为这个过程可以分为三个阶段，具体的操作包括如下三点。

1) 把书读"薄"

刚开始的时候，把学习内容概略地读一读，也叫概读。概读有利于统览学习材料，有助于后续学习中的理解和概括。**了解知识的概要，对书的初步感觉就是"薄"。**

下面让我们看看在此过程中，有哪些问题需要注意。

问题一：概读就是随意地过一遍课本吗？

不是的。概读虽然只要求了解知识的概要，但不等于随意浏览。

概读需要有目的地去读，要知道全书或某章节分成几个部分，每部分的主要内容是什么。每一章节分成几小节，学习哪几个概念，有几个规律，解决什么问题，对知识点做到心中有数。

问题二：目录、前言等内容可忽略不看吗？

不可以。概读时一定要有意识地注意书的目录，目录体现了书本的内容和脉络。掌握了目录，就掌握了知识的大概。

此外还要注意读前言、章节的导引段落、总结段落和知识间的转折语句，它们往往揭示了知识的主要内容和知识的内在联系。这就需要我们把这些信息迅速剪辑下来放到脑中，以利于后面有针对性地学习。

2) 从"薄"到"厚"

这是读书的主要阶段，在前面概读的基础上，静下心来，细细地一句一句地读，重要的语句、看不明白的段落要反复地看。

下面让我们看看在此过程中，有哪些问题需要注意。

问题一：怎样有意识地细读呢？

首先要弄清楚"课本上写的是什么"。这就需要抓关键词去理解其含义，对内容本身进行辨别；其次将关键词与易混淆的词区别开来，即把是什么与不是什么区分开来，达到对知识的准确把握。

其次思考"课本上这样写的根据是什么，即为什么"。很多情况下，书上表述的是作者的思维结果，这就需要我们去思考其推理过程，联想以前学过的知识找到根据的具体内容。

再次要思考"课本上是怎么想起来写这个内容的"。编著者写一句话都要经过一个思维判断过程，我们读它时也要产生一系列的心理活动，去思考、分析其原因所在。

最后要思考"课本上这样写的目的、意图是什么"。当我们读到一句话时，它并不一定是最终的结果，这就需要我们推知编著者的目的、意图，再往下看就相对容易了，同时还能检测出自己所想是否与著者吻合。

学会独立思考，从这四个方面着手，不要轻易地、想当然地接受课本上所写的观点和操作方法，凡事多问几个为什么，不断培养和增强自己的思维水平，这样就把书读活了。

问题二：有必要进行知识的扩散吗？

是的。很有必要。

细读要有所发现，要进行知识的扩散，类似的加以比较，问其异同，把认识引向深入。有时候，自己和课本上的观点会有出入，甚至有矛盾的地方，这时候提出自己的质疑，能够加深对知识的理解。

在这样细读的过程中，对每一个知识点都加以研究，同时要和以前的知识相联系，搞清楚知识点间的推理关系，形成一个知识网。这时就会有很多自己的理解和思考在里面，这样就又把书读"厚"了。

问题三：能用自己的观点代替书中的概念吗？

不能。在从"薄"到"厚"的过程中，需要我们进行发散式思维，发挥自己的聪明才智去理解和感悟知识点。但有一点一定要注意，那就是切忌用自己的观点代替书中的概念，而把书的原意读偏了，我们所说的"厚"，是在正确理解课本的前提下的"厚"。

3) 再从"厚"到"薄"

经过前一个阶段的细读，对书中的内容已大部分理解透彻了，接下来就要再读，以从复杂的知识体系中抽出精髓，即知识框架，将其巩固到我们的头脑中，并力求做到最佳重组。此时书的感觉就是：主要内容越来越少，书越来越薄。

下面让我们看看在此过程中，有哪些问题需要注意。

问题一：再读时，对所有知识点都一视同仁吗？

不的。再读主要用浏览、略读的方式进行，快速概略地阅读教材，熟悉的知识一览而过，生疏的、模糊的知识则应多花点时间唤起记忆，疑难的地方就要下功夫弄通弄懂。

问题二：构建知识框架重要吗？

是的。知识框架就像我们人体的骨骼一样，没有它的支撑，所有的知识零部件都将是一盘散沙。

再读时，需要我们从具体的知识中跳出来，从高处回看知识的整体，理清知识间的逻辑关系，提出知识的脉络，列出知识的结构提纲，使知识条理化。这样构建知识框架，既能对知识点做到一个都不能少，又能避免轻重主次不分的问题。

问题三：基础知识可以忽略吗？

回答是否定的。我们必须领悟"基础知识"。所谓"基础知识"，是系统知识的依据和出发点，是理解和运用知识体系时反复运用的东西，是知识的核心内容。

领悟"基础知识"就是发现基本内容并理解基本内容和一般内容之间的关系。这不是别人能告诉你的，一定是你自己的发现。做到了这点，又会感觉书在你心里变"薄"了。

如果要把课本上的内容真正变成自己大脑里面的内容，就让它这样在你心里从"厚"到"薄"再到"厚"，最后再变"薄"。

3. 评估与发展

下面的表格可以帮助我们了解自己目前的状态，评估自己处于哪个级别。如果你想达到优秀级别，最好先找准自己现在的级别，与下一级别的要求仔细对照，结合上文的建议找到改进的方法，及早实施。

	及　格	良　好	优　秀
自测对照描述	仔细阅读课本，对基本知识点能在理解的基础上进行记忆和把握； 比较熟悉课本的知识结构，但没有深刻、透彻思考知识点间的推理关系，没有对前后知识进行比较联系； 能运用所学、所记忆的知识解答概念题、细节题，能基本做到学有所用。	有意识地阅读课本，通过独立思考理解知识点，能很好地领悟、掌握基本知识点； 对课本的知识结构很熟悉，能快速反应课本的重、难点，能对前后所学进行横、纵相对比联系； 能熟练运用所掌握的知识解答各类试题。	有目的地阅读课本，能读出"文字之外的文字"，深刻把握知识点，对知识点如数家珍； 对课文的重难点十分熟悉，并能快速、准确地建构知识框架，将知识点变成面、变成体； 做题时能看出出题者的意图，能以不变应万变，能举一反三。
自我评估			
整改计划			

四、重视笔记

1. 善于记笔记，才是有效的学习方法

随着年级的增高，学习时间紧张了，需要读的课本也越来越多了，如何在有限的时间和众多的书本中进行有效学习，这就需要提高我们的读书质量，而提高读书质量最有效的办法，就是做好读书笔记。

俗话说，好记性不如烂笔头，可见做读书笔记的重要。拿语文课本来说，有时候，我们读到一篇好文章，会发现有好多东西值得我们再回味。一句优美的词句让我们怦然心动，这时候需要用笔来让这种心动延续；一句蕴含哲理的话让我们深以为是，这时候需要用笔来写出自己相似的心情。除了这些细节需要动笔，更多的时候，我们看完了一本好书，总觉得有些东西一时间溢满胸怀，一定要抒发出来，这其实就是读后感，一篇好的读后感一定是要在书刚读完最有激情的时候写出来的。可是**如果你没有读书动笔的习惯，这种激情一旦消失，就很难再有**。

而这些，难道不正是我们有效学习语文的方法吗？我们的写作能力、思维能力、感悟能力都能在其中得到锻炼，而这些不正是学习语文的重要能力吗？

除了语文课本，其他课本的阅读也一样需要做笔记。

总之，不管是读什么书，及时做笔记都是最好的读书方法。它除了能帮助我们记下书本身的精华，更重要的是记下我们读书后迸发出的思想火花，这种火花对我们来说才是最重要的，而唯有笔墨，才能将这些一闪即逝的火花捕捉住。

所以，如果你要读书，就请记笔记。

读书要做笔记，是许多北大清华学子共同的经验，比如一个清华学子就受益于此。他读书的时候，不管有什么思索、感悟、启发，都会随时写下来。因为，他认为这都是一些灵感或者思维火花，可能只是一闪而过，如果不在此时把它们抓住，以后可能再也不会有了。记下来之后，他还会时不时地拿出来翻翻。他的语文成绩一直很好，很大程度上就是得益于此。他的文学素养和作文功底一直以来都得到师生的一致好评，高考时，他的语文主观题只

扣了两分。

由此看来，读书做笔记确实是非常必要的学习习惯，也是行之有效的学习方法。

2. 我们建议这样做笔记

笔记是我们每一个学生自制的有力学习工具之一。要使这一工具变得更为精良，我们在制造它的时候，就不可太随意，而是要以最认真的态度，使它成为学习道路上披荆斩棘的一把利刃。如何来做呢？在所有的学习环节中，最需要看课本的就是预习和复习了。在这两个环节做好相应的笔记是做读书笔记的重要方面。

(1) 预习时，我们都会大量地读课本，这时需要做笔记。下面我们来看看需要注意的问题。

问题：怎样有效地做预习笔记？

记下你认为是重点的东西。

记下你认为比较难的知识点。

记下你的疑惑，并记下你对此的思考，以便更有针对性地解决问题。

记下你的收获，这便是你的思想火花之一。

(2) 复习时会更有针对性地看书，在复习看书的过程中要记的笔记大多是在预习和听课后新产生的东西。下面我们来看看有哪些问题需要注意。

问题一：有必要做复习笔记吗？

是的。有的同学认为，前面已有预习和听课笔记了，复习时再做笔记似乎是多余的。其实不然，因为复习过程就是我们重新唤起记忆和整理知识的过程，也会产生新的认识和问题，这就需要记笔记。

问题二：复习时的读书笔记记什么？

● 记下新增加的知识点。也就是对于原来同一个点的理解有了更丰富的认识。

● 记下被遗忘了的或者是重记感觉模糊了的知识。

● 记下新产生的问题和疑惑。随着读书的深入，对问题的探究也会深入，在此过程中，可能就会产生一些新的问题，甚至是与前面知识相矛盾的地方。这也是复习时要做笔记的重要内容。

● 记复习提纲。这时站得更高，看问题也更全面，对课本宏观把握的能力增强，写提纲式的笔记就变成了一种重要的学习方法。

(3) 每一门不同的学科，都带着明显的本学科特点，需要采用不同的形式记笔记，不能一概而论。那么，对于每一门具体科目，相对比较合适的笔记到底该怎样记呢？

第一，语文。语文学科的特点主要是侧重于培养学生对于语文的一种悟性，它基本上没有"死"知识。无论是对于词句驾驭能力，还是对文章的分析阅读能力，或者是作文的能力，很多都需要体现一个"活"字。而且，它的一些知识点真的是需要从点滴的积累开始。

下面我们来看看需要注意的问题。

问题：做语文笔记需要技巧吗？

是的。很多同学认为，语文笔记就是摘抄，无须技巧和多样的形式，其实这是个误区。要想学好语文，除了多动手，还要有学习技巧，尤其体现在多样的笔记上，我们提倡的形式有如下几种。

● 批语式：就是在原文顶端的空白处，加上眉批(也叫书头笔记)，或是在原文后面加入尾批，在行与行之间加旁批，在佳期妙处加旁点，在最精辟处加旁圈等，总之，是凡有所思，都可以随时随手在书上加上批语。

- 摘录式：就是摘录原文的重要处、精彩处、论点、结论、佳句、警句或重要的资料等，目的在于积累，以便日后使用。
- 全抄式：就是将原文一字不改地抄下来。这是一种需要下功夫也比较耗时间的做笔记方式。
- 随笔或日记式：就是将心得当随笔或是日记来写，这样的笔记最能直接锻炼写作能力。

第二，数学、物理、化学。这几科科目的特点有相似之处，笔记也就有些相类似的记法。

下面我们来看看有哪些问题需要注意。

问题一：如何统揽数理化课本中的杂碎知识点？

这就需要做专题笔记。因为数理化中的概念、公式等较多，要想系统掌握，就得借助笔记。而这几门学科教材的编排都体现出了明显的专题性特点。所以，专题式笔记是这几门学科的重要笔记形式。

问题二：做数理化笔记，需要和题型相结合吗？

是的。我们知道数理化的知识是直接为不同题型服务的，那就需要我们做归类法笔记。因为对于数理化这几门科目来说，在整个学习中始终贯穿着这样一个特点，**一个理论常应用于某几种特定的题型**，那么就把这几类题型的代表性题目做个归类笔记；或是某一类题目总是会用到哪几个特定的定理和规律，就把这几个定理或是规律也做个归类。

第三，政治。政治这门学科有它明显的学科特点，即观点非常明确。

下面我们来看看有哪些问题需要注意。

问题一：政治笔记怎么记？

针对政治的学科特点我们建议做提纲式笔记，就是提要笔记，即把原文的基本内容、中心思想，用自己的话加以概括，也可以引用原文，并加上自己的一些说明。如果采用提纲的方式，一本政治教材的观点可以非常简洁而清晰地呈现在笔记本上，只要记住了这些基本的理论，政治考试的题目就是万变不离其宗。

问题二：专题式笔记适合政治吗？

适合。我们做政治笔记也可以用专题式笔记。对于政治课本来说，专题性特点也很明显。**我们可以针对个人不同的喜好和具体的不同内容，灵活采用不同的笔记形式，最终的目的是更好地梳理知识结构，便于加深理解和复习之用。**

第四，历史。历史课本的知识比较庞杂，要想理清知识结构，就需要我们记笔记。

下面我们来看看需要注意的问题。

问题一：以什么形式记历史笔记最佳？

按年代的顺序来记，这也是最常用的形式。但是，单纯地按年代记笔记意义不大，容易形成一本流水账。在遵循年代顺序的同时，掺杂专题会好一些。比如在学习秦朝历史时，可以在尊重这一个特定朝代的同时，注重这个朝代的政治制度、经济发展与经济政策、思想文化状况与文化政策、军事措施以及对外战争等。这样的笔记泾渭分明，非常有条理。

问题二：历史笔记还可采用其他形式吗？

是的。我们做历史笔记时，也可以用不同的社会内容来梳理知识。这种笔记一般会打乱年代的顺序，比如就中国历史上的城市发展史来说，就不是每个朝代都需要提到的。

我们做历史笔记时，也可以采用对照法来记。对于中学阶段的历史，可以从宏观的角度出发，对中与外、古与今等方面来进行对照，但这种笔记一般用于复习时。

第五，外语。外语知识比较零散，而且一些语言习惯和我们的母语不同，所以有的同学不知从何学起，做笔记更是无从下手。

下面我们来看看需要注意的问题。

问题：外语笔记有章可循吗？

有的。有的同学认为，学习外语不像学历史，时间、地点分明，记笔记也有章可循，对记外语笔记摸不着头脑。其实，外语学习中，单词的用法是重要的内容，而且彼此容易弄混，因此在学习的过程中就要注意把它们区分开来，在笔记中明确记下各自的细微差别是很重要的。除此之外，还应记录与汉语语言习惯相异的语言知识。**通过这种循序渐进的点滴积累，就会找到适合自己的英语学习方法。**

以上是几门主要科目比较适合的笔记形式。希望同学们在做笔记的过程中也能真正做到分清各科不同的特点而"对症下药"。

最后，笔记需要归纳整理和消化吸收。做笔记不是目的，而是有效学习的手段。随时对笔记进行总结和归纳是我们在学习中保持清醒的重要方法。

下面我们来看看需要注意的问题。

问题：笔记记在本子上就万事大吉了吗？

有些同学记了笔记后，就将其束之高阁，此后不再问津。而笔记是我们学习中需反复利用的工具，我们还需要定期对其进行归纳总结，对重点、难点消化吸收，对疑点来个大扫除，绝不留后患。要善于利用笔记，常翻常新，温故知新，利于实际解题，防止纸上谈兵。

3. 评估与发展

下面的表格可以帮助我们来了解自己目前的状态，评估自己处于哪个级别。如果你想达到优秀级别，最好先找准自己现在的级别，与下一级别的要求仔细对照，结合上文的建议找到改进的方法，及早实施。

	及　　格	良　　好	优　　秀
自测对照描述	认真记笔记，基本能把握知识的结构体系； 记笔记后，进行了相应的消化吸收，但缺乏系统的归纳总结； 复习中利用笔记相对较少，没有充分发挥笔记的作用。	有意识地记笔记，能很好地记录重、难、疑点； 记笔记后，重新归纳整理，基本消化吸收了所学知识点； 能有效利用笔记，在实际运用中能发挥笔记的应有作用。	有目的地记笔记，知识点详略得当，重、难、疑点清楚； 记笔记后，进行细致的归纳整理，达到梳理知识、优化知识结构的目的，知识完全消化吸收了； 经常翻阅笔记，巩固记忆和强化理解，当接受新知识、解题时得心应手。
自我评估			
整改计划			

五、利用好辅助工具

1. 利用好辅助工具，学习效果才能达到最佳

俗话说，"工欲善其事，必先利其器"。对于读好课本这件事来说，要利用的"器"很多，比如物质准备上的课本、笔和笔记本，环境上的安静的空间、合适的书桌以及适宜的光线，还有心理上的准备，如果心情激动或情绪烦躁都是不利于读书的。除此之外，还要有读书

所需的辅助工具，即与所读课本相匹配的工具书、资料、参考书及其他媒介工具等。它们正是读好课本最重要的"器"。

利用好相关的辅助工具，有助于更好地看课本，获得最佳的学习效果。

在看书中利用好辅助工具的最高层次应该是既充分发挥这些工具的作用，又不过分依赖它。做到了这一点，辅助工具便成了一个学生看课本的强劲翅膀，带着它在阅读中寻找到自己最想要的那片天——最佳的读书效果。

对此经验，也有来自北大、清华等名校学子们的证言。他们说，在看课本的时候，不管是预习还是复习，总不可能没有一丝的疑惑，有的疑惑是属于遗忘性的，比如前面学过的某些概念性的东西，只要再翻开前面的课本看看就可以了，但有的问题就不是那么简单了，比如预习中的生字词，就需要词典的协助。另外在看书的过程中还可能发现一些自相矛盾的观点，要分清这些观点孰是孰非，就需要利用合适的参考书来作对照。他们还特别提到，在预习英语课本的时候，有一样辅助工具功不可没，那就是借助于电子词典来解决拦路虎——生词。不过他们也认识到，电子词典上面的词语解释都比较简短，例句也几乎没有，对于全面理解词语的意思作用不是很大。所以，在深入学习时，还是用大部头的英文词典。总之，辅助工具的使用，让他们在看书学习时受益匪浅。

可见，辅助工具的使用在读课本时的重要作用。

有了辅助工具，在阅读的时候就更有可能将书读"懂"、读"透"、读出"新"意，这样的"读"才是最有效的"读"。而没有辅助工具，要做到这一点显然是很难的。

所以，要认识到辅助工具的作用和地位，从而重视对它们的运用。

2. 我们建议这样利用辅助工具

对于我们学生来说，最常用的读书工具大致有四种：工具书、参考书、听课笔记、电子辅助工具等。面对各种读书辅助工具，我们应该选择最适合自己的，既用出最高效果，又不能过分依赖它们，那我们该怎样做呢？

我们提倡，辅助工具的选择要精而勿滥，利用要充分而忌盲从。

1) 怎样利用工具书

工具书，一般包括汉语字典、汉语词典、百科全书、英语词典等。当我们阅读课本遇到疑问，就可以查阅工具书来释疑解惑，它就像一位无声的老师。

下面我们来看看需要注意的问题。

问题一：有必要拥有一本工具书吗？

是的。有的同学认为，阅读课本遇到生字或生词时，把它记下来，老师讲课的时候自然就会讲到它，用不着查词典。其实不然，**一本工具书在手，我们就可以随时查阅，等老师讲解的时候就可以加深理解、巩固记忆。而且经常查阅工具书，还可以培养我们的自学能力。**

问题二：工具书绝对权威吗？

不一定。有时候因为印刷、时间、疏忽等问题，工具书也会出错。我们在查阅工具书时，会发现问题，或是没能解决疑问，这时要高度怀疑和注意，最终要以课本为依据，再就是要与老师讨论交流，争取获得最正确的认识。

2) 怎样利用参考书

各种各样的参考书五花八门，它们是最容易让人眼花缭乱的学习辅助工具，我们要慎重选择，合理利用。

下面我们来看看需要注意的问题。

问题一：应选择什么样的参考书？

面对各种各样的参考书，一定要选最合适的。既紧扣课本，又符合你的实际接受能力。一般应在老师的指导下进行选择，因为老师对你的实际情况比较了解，同时还要注意选择高质量的、权威的参考书。

问题二：参考书越多越好吗？

不是的。参考书不要多，有一本主要的也就可以了。**如果参考书太多了，会在其上花过多的时间和精力，反而冷落了课本，这样就本末倒置了**，而且有些参考书粗制滥造，观点也互不相同，读多了反而会误导你的思维，即所谓的"尽信书不如无书"。

问题三：读课本遇到疑问，要马上看参考书吗？

不是的。在用参考书的时候，不要一开始看书就把参考书翻开，遇到问题先独立思考，实在有困难的时候再求助于参考书。不能让参考书左右你的思维，我们利用参考书的目的是开拓思维，让其发挥锦上添花的作用。

3) 怎样利用听课笔记

听课笔记，这常常在复习性看书中最能起作用。这小节内容会在后面的章节讲述，在此就不再赘述。

4) 怎样利用电子辅助工具

电子辅助工具包括，电脑和DVD等多媒体工具、复读机、电子词典等。在利用这些现代辅助工具提高读书效率的过程中，要注意控制自己的娱乐欲望，小心电视看起来没完没了，更要小心陷入电脑游戏的泥潭而不能自拔。要避免辅助工具变成影响学习的不良诱惑。

下面我们来看看需要注意的问题。

问题一：应该封杀中小学生利用电脑网络吗？

电脑网络开拓了青少年的视野，但难免鱼龙混杂，而中小学生的自控能力又比较差，因此很多家长和老师主张对电脑进行封杀。其实不然，只要合理引导孩子接触网络，他们可以在网上查阅有用的信息，可以得到名师的指导，可以互相交流学习经验，可以学到课本上没有的知识，让网络真正成为促进学习的有效工具。

问题二：看电视有助于学习吗？

很多人认为电视上的教学节目并不能吸引孩子的注意，其实这种观点是错误的。教学虽然有些枯燥无味，但通过媒体展现出来的要比在课堂上更加具体一些。因为媒体的制作并不受现实条件的限制。电视中的情景英语就是一例。电视中的科技博览也能使孩子对科技的奇妙产生兴趣，引起他们的学习欲望。

问题三：怎样引导学生利用电子媒介？

要培养学生独立思考的能力。很多同学不愿意自己动脑解决问题，总是求助于网络，这对他们的智力是一种莫大的损害。为此，家长和老师都要与他们共同探讨，让其有选择地、适时地利用求助手段。

学生不要把娱乐媒介当作课堂的延续，因为这样只能远离课堂而逐渐产生厌学心理。我们要通过这种寓教于乐的形式，充分丰富和拓展自己，而不要依赖这些媒介。

3. 评估与发展

下面的表格可以帮助我们来了解自己目前的状态，评估自己处于哪个级别。如果你想达到优秀级别，最好先找准自己现在的级别，与下一级别的要求仔细对照，结合上文的建议找到改进的方法，及早实施。

	及　格	良　好	优　秀
自测对照描述	学习时基本能找到适合自己的辅助工具，做到了合理利用，对解决课本上的"拦路虎"基本起到了应有的作用；借助辅助工具，学习起来不太吃力，成绩也有长进。	学习时能找到适合自己的辅助工具，能结合课本同步学习，很好地做到释疑解惑；通过辅助工具，学习成绩稳步提高，也增强了学习的信心和动力。	学习时能选择最合适的辅助工具，精而不滥，充分利用其进行排疑解难和深入学习；凭借辅助工具，拓宽了知识面，更加激发了学习的热情，培养和增强了自学能力，学习成绩扶摇直上。
自我评估			
整改计划			

六、重视课外读本

1. 重视课外读本，为个人全面发展积蓄力量

有的同学可能会想，读活课本，把课本读好不就可以了吗？我们学习任务繁重，恨不得一分钟当两分钟用，重视课外读本不是自找麻烦吗？

看起来的确是。重视课外读本，确实意味着减少了花在课本上的时间，但我们若把所有的时间都放在学校的课本上，却可能变成读死书、啃死书，学习效果也不一定好。重视课外读本和我们要把课本读活的初衷并不矛盾。

课外读本能帮助我们扩大知识面。课本写得很好，但由于篇幅和内容的限定，知识的范围仍然相对狭小。课外阅读正好能打破这个狭小范围，以多样的形式和丰富的内容把我们的视线引向更广阔的知识海洋。

课外读本也是对学校学习的重要补充。从某种程度上说，阅读课外读本是我们学校学习的外部延伸。很多学习成绩好的人大都会博览群书，特别是那些某一门成绩特别突出的学生，平时一定会看许多与之相关的课外书。他们在阅读课外读本的时候掌握了更多的知识和学习方法，并且运用到课本的阅读中，发生了相辅相成的奇特效应。

课外读本还能培养我们的人格气质。那些与众不同的人，并不是因为外表出色，而是有一种自内而外的气质渗透在其一言一行中。他们大多喜爱读书。一个人要想不断地完善自己，读书是最有效的方法之一。

我们的学习时间非常紧张，如果不讲方法，将大量的时间花在了阅读课外课本上，就会有舍本逐末之嫌，反而会耽误学校的学习。所以，阅读课外读本也不是说拿到一本书就看，而是有目的、有选择、有方法的，否则就会变成雾中行船，茫然不知所向。

2. 这样阅读课外读本对学习最有帮助

阅读课外读本不是乱看一气，也要讲究方法。要让课外读本发挥最大的功用，有一些问题是需要注意的。

1) 阅读之前，要先"选"

阅读课外读本，首先要学会"选书"。选书很关键，需要注意哪些问题呢？

问题一：手头有什么书就看什么书吗？

这样做可能会有危险。

我们选书，首先要看书的内容是否健康、积极。阅读内容好的书，能使我们长知识，受启

迪；阅读内容不好的书，不仅浪费时间，还可能使身心受害。

我们对课外读本的内容进行选择时，可以参照以下几个原则。

充斥暴力和色情的，坚决不看。看这些书，只会带来危害，它们对身心处于急剧变化期的学生具有强大的破坏力。

内容过于灰暗晦涩的，最好不看。这些书容易侵蚀人的内心，使我们的心态变得消极，对人生的发展都很不利。

闲聊混时间的，不要看。像那些千篇一律的口袋言情小说，基本没有什么营养值得吸收。

把这几种书排除之后，其他的书都可以涉猎，但前提是不影响学校学习。

问题二：好书都能读吗？

这里有一个是否"合适"的问题。并不是所有的好书都适合我们现在阅读，一定要选"合适"的课外读本来读。

(1) 适合我们的年龄特点，比如现在让我们天天看幼儿的连环画就已经不合适了；

(2) 适合我们的阅读水平，比如让我们现在读马克思主义的经典著作就不太合适，不但觉得晦涩难懂，还会提前失去对这些好书的阅读兴趣。

问题三：有必要看版本吗？

是的，好的版本非常重要。一本外观精致美观，手感舒服的书，会让人拿起来就舍不得放下，直接影响人们的阅读兴趣。

我们可以从以下几个方面选择到更好的版本。

出版社：著名出版社的书，质量可能会高一些。

作者：同类型或内容相似的书，"大家"的书保险系数相对要高一些。

装订和印刷：以不影响阅读为最低标准。

外观：外观好的书常常更让人有翻阅的兴趣。

2) 有方向、有重点、有记忆

什么都看，很可能等于什么都没看。任何一个认真对待学习的学生，都不可能用无限的时间来阅读无限的课外读本。如果不把阅读限定在一定的范围内，进行有重点地阅读，并有意识地记忆，很可能使阅读变成走马观花，对学习没有任何作用。有方向、有重点、有记忆的阅读，才能让课外读本在阅读者身上留下痕迹。

问题一：阅读的方向在哪里？

(1) 兴趣。良好的兴趣能陶冶人的情操，有时还能成为打开人生另一扇门的契机。如果你有好的兴趣爱好(不一定是学校所学的课本知识)，不妨以此作为课外阅读的方向。

(2) 专业。有的同学对将来要学的专业已经有所考虑，很早就开始留心，对于他们来说，选择与专业方向有关的课外书是非常好的，但前提是不能偏废其他学科的学习。

问题二：精重要，还是博重要？

精与博并不矛盾。

读书不仅要注意学识博大，还要注意精深。博是精的基础，精是阅读的方向。博而不精则杂，精而不博便孤。

处理好博与精的关系，就是看书既要有重点，又不能陷入狭窄的阅读圈子。

问题三：看完了就算数吗？

这样做会让我们失去很多东西。对一些有价值的东西，不能看完就算数，而应消化吸收，最好是有意识地记忆，让它们变成自己的。

我们在阅读课外读本时，总会遇到对我们来说有价值的东西，能否抓住其字里行间闪耀的智慧之光，就看我们是否进行了有效的记忆。比如我们看到一些优秀的文章诗篇，可以将它们背诵下来，"腹有诗书气自华"，这样的积累不但能增添个人魅力，还可能在我们今后的人生之路上起到意想不到的作用。

问题四：有价值的东西都要记忆吗？

与课本知识的记忆相比，对课外读本的记忆会随意和轻松一些。学生的时间有限，可以根据自己的实际情况有选择地记忆，而不一定什么都记。比如有些数据、诗句、文章要清楚地背诵，而有些历史掌故，只要熟悉即可。

此外，我们还可以采取读书、看报、网上浏览等方式为记忆积累素材，或者动笔摘录一些有价值的内容来加深印象。对于记忆过的知识，可以经常用在实际的生活和学习中。

3) 为读活课本服务

为读活课本，阅读课外读本一是为将要到来的学习做铺垫，二是对已经学过的知识进行补充或参考。这就意味着我们要把对课外读本的阅读放在课堂学习环节之前，并且在内容上比相应的课本学习更广更深。它与课前预习不一样，后者的对象是课本知识，前者的对象则更为丰富和多变。

问题一：为什么课外读本能为读活课本服务呢？

举一个例子，当我们要学习《从百草园到三味书屋》时，可以提前将鲁迅的《朝花夕拾》找来看一看，从中了解一些关于鲁迅的生平、时代背景、思想和行文风格。虽然不是多么深入的研究，却会给学习这一课带来很大的启发。

同样地，当我们学习与苏轼有关的内容时，可以看看林语堂写的《苏东坡传》，也可以看看《唐宋八大家散文》等类似的书，对苏轼及他所代表的中国传统文化产生更深刻的认识，发现很多课本没有体现、但与课本知识又无法割裂的东西。

所以，阅读课外读本实际上为读活课本提供了相关的知识储备、参考和补充。很多同学都觉得，课本知识显得有些单薄，某些细节常常让人觉得模棱两可或者似是而非，这时候，阅读相关的课外读本，能帮助我们彻底弄清心中的疑虑，使课本知识"活"起来。

问题二：看得越多越好吗？

要选最合适的，不要贪多。

既然是为读活课本服务，随着科目的不同和课程进度，确定到底要读哪方面的课外读本是首要的任务。在进行相关的课外阅读时不要贪多，读一本比较合适的足够了。这本书只要对所要学的知识针对性强，内容相对丰富、权威就可以了。

如果你实在不知道什么课外读本更好，不妨去请教一下相关的科任老师。

4) 坚持很重要

阅读课外读本的好处是显而易见的，但不是每一次阅读都有立竿见影的效果。它所起到的作用需要时间上的投入和量的积累，也就是说，必须要坚持，才会有量到质的蜕变。

问题一：课外读本是"需要"还是"重要"？

对我们来说，课外读本不仅是"需要"，而是很"重要"。

很多人以为，课外读本只是课堂学习的补充，就像工具一样，自己需要的时候，用用就可以了。这种做法是很"功利"的，把课外阅读当作了纯粹的工具，以对待工具的态度来对待课外阅读，对于看过的内容肯定是用过就撂手了，而不会深入地思考。同时，为了解决某个具体的问题才翻开课外读本，而我们科目众多，问题不一，会直接导致所接触的课外读本五花八门，这种阅读只能是蜻蜓点水，难有实质性的收获。

问题二：怎样才能避免一曝十寒？

阅读课外读本应该如细水长流一般的坚持，如果你觉得有困难，不妨参考下面的几种方法。

(1) 订阅一份或是几份课外读物。这既能在一定程度上保证阅读的系统性，又能起到一种督促作用。想想看，一份杂志总是在固定的时间送到自己手上，你总是会翻开看看。每一期继续下去，阅读也就坚持下来了。

(2) 把课外阅读作为每天的固有安排写在日程表上。如果你常常忘记课外阅读，那就把它写在每一天的日程表里。"照章办事"总是会有规律些。

(3) 让家人来帮你共同坚持。在很多家庭里，每天晚上都会有一段时间共同阅读。利用这段时间与父母家人分享阅读，不仅能使你的课外阅读按时进行，而且还能获得宝贵的交流机会。

3. 评估与发展

下面的表格可以帮助我们来了解自己目前的状态，评估自己处于哪个级别。如果你想达到优秀级别，最好先找准自己现在的级别，与下一级别的要求仔细对照，结合上文的建议找到改进的方法，及早实施。

	及 格	良 好	优 秀
自测对照描述	知道阅读课外读本很重要；常常是抓来就看，不太具备选择课外读本的能力；泛泛地读，不太有目标，阅读时很少注意重点；懂得应将超前阅读与课堂学习相结合，但很少做到；看看就算了，很少记忆；有需要了才去看，为了解决某个问题就会去寻找相应的课外读本，不太能坚持。	明确阅读课外读本的重要性；已经初步具备分辨和选择课外读本的能力，偶尔有些小偏差；能有针对性地进行课外阅读，有一定的重点；在进行新的课堂学习前，能有意识地进行一些超前阅读；能有意识地记忆一些自己感兴趣的知识点；大部分时间都能坚持课外阅读，偶尔会偷懒。	十分清楚阅读课外读本与读活课本之间相辅相成的关系；善于为自己选择内容好的、适合自己的、版本好的课外读本；课外阅读针对性很强，有方向，有重点；自觉超前阅读，将所获知识与课堂知识融会贯通；自觉记忆，掌握了很好的方法，并将所得知识运用到生活中去；养成了坚持课外阅读的良好习惯，有自己的阅读计划和安排。
自我评估			
整改计划			

第二节 悟透每堂课内容的习惯

一、搞好预习

1. 搞好预习，才能听好课

在日常的学习中，许多同学会有这样的体验，学的是同样的课本，面对的也是同样的老师，可自己听课的效果就是没班上的同学好；同学们抢着回答老师的问题，自己还在云里雾里；同学们当堂就把课本知识弄通了，自己却还要花很长时间在课后慢慢琢磨……这是为什么呢？

其实，上课时听不懂老师所讲，理解不了课文所囊括的知识，很可能与课前没预习，或者没有预习好有关。

凡事预则立，不预则废。预习是一个很重要的学习习惯。几乎每一个成绩优秀的学生都很重视预习，北大环境学院2002级的蔡俊从初一开始就养成超前预习的习惯，在一个学期刚开始，甚至在学期开始前的寒暑假，就借来课本进行预习。起初，他试着预习数学，发现效果很好。于是他把这样的习惯推广到所有的科目，成绩上升很快。

超前预习使学习不再是负担和受罪，反而能激起预习者浓厚的学习兴趣，提高听课效率，增加自信心。因为进行了超前的预习，就会基本知道这门课将要学的是什么，以及这门课的重、难点是什么。**带着一些自己解决不了的问题去听课，听课就有了侧重点，听课的效率自然而然提高了。**

也许有些同学会疑惑："我也养成了预习的习惯了呀，我每天都抽出时间来提前看课文，但为什么成绩还老上不去呢？"要找到这其中的原因，就应该检查一下平常自己的预习行为。如果只是为了应付老师的要求，使预习成为一种"走过场""摆空架子"，这样的预习是没有效果的。

"学而不思则罔"。在预习的时候，要调动全身心去思考，比如思考教材的主要内容，思考一本书的重点章节、重点课，思考每篇文章的重点、难点，等等。只有不断地思考，才能在预习中有所收获，才能在随后的听课中提高效率。

预习的目的是明确的，就是为了能在上课时卓有成效地听课，顺利地识记知识。因此，我们除了在预习中思索课本知识，也要不断寻找适合自己的预习方法，只有方法得当，形成适合自己个性特点的预习习惯，才能获得更好的听课效果。

2. 这样预习最有效

通常，我们把预习分为学期前预习、阶段性预习和课前预习，这三种预习要求不同，各有侧重。交叉运用，可使预习更有效。

1) 学期前预习应该这样做

每个课本都是一个系统的知识体系，各知识点间联系紧密。这就要求我们在新学期开始之前对整本教材做一个宏观把握，对本学期即将学习什么心中有数，避免知识在学习中七零八落。

学期前预习就像在心中织一张知识的网，把课本的知识点有机地连接起来，以便在今后的课文学习中不断探索它们之间深层次的联系。

有很多学生会有这样的感觉：每一个学期开学发了新书之后，我也把一本书翻过了一遍，为什么我的学习成绩并不好呢？要做到有效预习，应该注意这样一些问题。

问题一：学期前预习从何时开始？

对学生而言，每年都有寒假、暑假两个较长的休整期，很多人认为这是专供学生娱乐、玩耍的，是紧张的学期学习后的彻底放松，以至于经过紧张的考试之后，马上抛开书本，彻底地松懈下来，玩得不亦乐乎。其实，这种做法对学习是不利的。

假期的适当休息放松固然重要，但利用这段时间对学习进行总结和准备则更重要。如果从寒暑假就开始学期前的预习，不仅时间宽裕，心态也会更从容。虽然我们不是笨鸟，可先飞总不会有错。

问题二：没有新课本怎么办？

对于这一点，有些同学可能有些犯难，没有课本怎么预习呀？

唯一的办法只有借或者买。如果有认识的人刚刚升上了高一级的年级，找他们借阅课本是最好的方法。因为他们的课本上一定有学习中做下的笔记，而这些笔记在你预习的时候能起到解惑的作用。

当然，如果没有办法借到，那就只有买新的。

总之，不管是以什么样的方式，课本的准备是必需的物质前提。

问题三：怎样才能进入学习状态？

在寒暑假里，没有老师的督促，家长的要求也会相应降低一些，许多学生的心思放到玩上收不回来，就算是人坐在了书桌前，心仍然是浮躁的。这样的学期前预习是不会有好的效果的，反而容易让人陷入一种心态上的疲惫：一天都拴在了书上，又毫无所得。

面对这种情况，我们可以制订一个严格的假期时间表，把假期的前几天单列出来，彻底地玩个够，比如和父母出去旅游等。其余的时间就应该把心思放到学习上，静下心来好好地预习。

问题四：学期前预习需要做笔记吗？

课本的知识量是很大的，如果走马观花地读一遍，回头会发现知识是零散的，理不出头绪来，不容易把握整本书的内容。此时，就应该做个预习笔记。

预习笔记不一定要面面俱到，只要记下书中的知识要点，找出这些知识点的内在联系及规律就可以。这样，整本书的知识框架就很清楚了。

问题五：需要参考资料吗？

学期前预习接触的内容是全新的，因此有时候需要相应的参考资料。特别是文科类科目，有一些历史背景和文化背景，需要参阅其他的文章和材料才能读懂。但是参考书不要过多，一本足矣。

2) 阶段性预习应该这样做

阶段预习也可以说是章节预习，是指预习一章或一个单元的知识内容，初步建立起这部分的知识结构。**阶段预习可以帮助我们明确重点和难点，有利于全面掌握知识。**

一位北大西班牙语系的学子刚步入初中时，在猛然增多的课本知识面前感觉十分茫然，即便通过课堂学习后，还是一团乱麻。这时，他按照章节和知识块来进行预习，在学习新课之前，将每一章的知识在心中构成一张条理清晰的网，记下有困难的问题，再去听课。经过课堂的补充，整个网就丰富起来了，他对知识的理解也更深刻了。

那么，做好阶段预习要注意哪些问题呢？

问题一：周末最适合预习吗？

与学期前预习相比，阶段预习的内容没那么多，但却需要更深入一些，因此也需要有相当充分的时间保证。

在周末休息时，可估计下周老师能否进行新单元的教学，如果有可能，就应该提前在周末进行预习，以不变应万变，以免当老师开始讲授新单元后，自己抽不出时间来进行预习，或者只能匆忙地进行预习，影响了预习的质量。

问题二：阶段预习只要掌握各课的重难点就够了吗？

如果只满足于掌握各课的重难点，那么，对于这个单元知识的掌握是零散的，就像一盘散沙，不利于识记。

阶段预习要注重找出本单元各课的联系，理清各知识点的层次关系，也就是说，要想一想为什么这些课文能放到一起，它们有什么共通点。比如在语文课本中，会分出议论文、小说、诗歌等单元，在预习议论文单元时，每一篇文章我们都可以通过找观点、找论据等手段阅读，这样，整个单元的基础知识就算掌握了。

问题三：如果有疑问，需要记下来吗？

阶段预习面对的是具体的知识，预习过程中当然会遇到一些疑惑，此时就应该用铅笔标识出来，在老师的讲授中寻找答案。

不明白的问题最好记下来。带着问题上课堂，学起来会更有针对性，而且在自己找到答案时，信心会不断得到增强，进入良性学习状态。

如果在预习时没有提出任何问题，这说明预习没有做到位，还需要不断地思考。只有思考，方能有所收获。

3) 课前预习应该这样做

课前预习是指在每一节新课之前的知识准备。它既可以是时间上的提前，也可以是课程进度上的提前准备。那么，课前预习时需要注意些什么问题呢？

问题一：用课间十分钟来预习好吗？

课间十分钟是用来调节紧张的课堂学习，使我们身心得到适当放松，以便以好的状态进行下一节课的学习的。因此，**课间时间不能被学习所占用，可以出去呼吸新鲜空气，放松一下紧绷的神经**。

况且，课间十分钟对一篇课文的预习来说，时间的确太短了。如果上课铃响了，自己还没看完，则会更加重自己的紧张，打断思路，效果更糟。

问题二：课文中每一字、每一句、每一幅图都不放过吗？

课文一般都图文并茂，有文字、图、表格等，都是组成课文不可或缺的要素，它们相互联系，是组成一篇课文、说明一个道理的有机体。**预习时要在细、透、深上下功夫，要仔细地阅读**，遗漏了其中任何一个，都会造成理解的困难或是偏差。

北大德语专业的金怡在做课前预习时，会把书本内容全部详细看一遍，插图、插图下面的标题或解说、每页底部的注脚等都不放过，效果很好。

问题三：遇到绊脚石可以绕道走吗？

在新课的预习过程中，我们时常会遇到一些新词语、新公式等，也会时常遇到之前学过的而现在又模糊了甚至已经遗忘了的知识，我们称之为"绊脚石"，这种现象在英语学习中特别容易出现。

学习路上的绊脚石越多，对于我们的学习影响越大，预习的时候就必须要搬掉，不然，石头越积越多，最后变成山，我们就翻不过去了。

比如在预习英语新课时，遇到新的单词，就应该随时利用手边的工具书，弄懂它的意思，为理解整篇文章扫清障碍。当遇到已经遗忘或者模糊的单词时，就要及时复习，弄清楚其意义及用法，及时弥补知识的缺漏。

问题四：课后练习有必要做吗？

课后的练习题大部分都是针对基础知识设计的，一般不会很难。我们认真预习之后，再认真地把课后的练习题做一遍，就能巩固我们对新知识的识记及理解，提高预习效果。

对于个别很难的题，我们不一定非要解答出来，可以认真思考，记下想不通的地方。等到老师讲解时再做个对照，找出当初自己思考时的错误或不足之处，这对于提高自己的解题能力很有帮助。

3. 评估与发展

下面的表格可以帮助我们来了解自己目前的状态，评估自己处于哪个级别。如果你想达到优秀级别，最好先找准自己现在的级别，与下一级别的要求仔细对照，结合上文的建议找到改进的方法，及早实施。

	及　　格	良　　好	优　　秀
自测对照描述	主动阅读新课，保证课前每课都能预习过； 明确要学习的内容，能描绘出知识网； 能利用工具书扫除障碍，补习旧知识； 能做一部分反映基础知识的课后练习题。	按时进行预习，至少保证有两次预习过程； 对文章有整体把握，并能初步找出重点、难点； 能及时阅读与新课相关的知识，扩展知识面； 能较快速地完成基础练习题，主动思考较难的题。	保证充裕的预习时间，三种预习方式交替使用； 系统提出新课的重点、难点，对疑点有自己的深入理解和探索； 能分析、概括新课内容，对基础知识的内在联系有自己的见解； 通过思考、讨论能做好全部课后练习题。
自我评价			
整改计划			

二、读透老师

1. 读透老师，是提高听课质量的关键

作为一名学生，除了一天八小时的睡眠外，我们的大部分时间都花在课堂上，上课听讲成了学习环节中最重要的一环。预习、复习、作业等环节都是围绕着上课来展开的。**听课质量的高低，直接影响着学生的学习成绩。**然而，在课堂上，我们却经常会看到以下不和谐的一幕。

老师讲课时，有的同学不断地点头，听得津津有味，可有的同学却摇头挠耳，做小动作；有的同学不断回应老师的提问，可有的同学却眼光呆滞，昏昏欲睡……

同在一个课堂，究竟是什么造成这种迥异的学习状态呢？

学生在课堂上要保持不走神，就要努力读透老师，这是提高上课质量的关键。读透老师，就是对老师的话进行思考，琢磨出老师话语之外更多的话，丰富知识量，提高课堂学习的兴趣。

相对于老师的知识量来说，课堂的时间是极其有限的，在45分钟里，他们不能把所想到的话全部表达出来，而是精选出最核心、最重要的来讲。这些话表达的只是知识的核心部分，甚至有时候只是一个结论、一个观点。只有读出这些话外的话，才能构成一个完整的知识块。**优秀学生与普通学生的区别就在于，从老师的一句话中，优秀学生能听到话外的话，而一般学生只满足于听到结论、记住结论、那道题目是否会做。**

在学习中，很多学生都抱着"老师讲什么，我就听什么"这样的观念。比如老师说："伽利略参加礼拜时，看到教堂里的摆灯在风的吹拂下摆动，由此发明了摆钟。"如果学生只记住了这个现象和结论，没有去思考伽利略是怎么由吊灯的摆动想到发明摆钟的这一问题，这个知识对自己就没有多大用处了。

如果长此以往，对知识缺乏思考，会造成学习上的困难：课堂上听老师分析得头头是道，觉得什么都听懂了，可是一旦自己做题时，又感到无从下手；还有的学生题目当时会做了，过

两天又不会做了；有的学生小测验考得不错，但到大的综合考试就不行了。

要知道，**无论一个学生的天赋有多高，若缺少老师的专业指导，成绩也不会很好**。每一个学习优秀的学生，都很重视从老师的指导中学习思考和推理的过程，他们都是读透老师的榜样。

只要我们在课堂上努力地思考老师的语言，努力去推测老师的言外之意，就能获得更多的信息，掌握的知识也就更牢固。

2. 这样"读"老师最透彻

我们的大部分时间都是在课堂上度过的，而在课堂上，除了老师留给的少量练习与思考的时间外，大部分时间我们都在"听"，这就需要我们在听的时候，刻意去"读"老师，读出老师的思想。

在"读"老师的过程中，通常会遇到一些问题，让我们无从下手、难以处理。

问题一：课前已经知道的知识，就可以不听了吗？

有些同学由于预习做得好，课上大部分知识都已经了解得差不多了，听起课来比较轻松。此时，有些同学就觉得老师讲的东西听不听无所谓了，开始分心去做别的事情，这是很不好的习惯。

课堂时间有限，老师所讲的知识是连贯的，如果觉得自己懂了这部分知识而分心去学别的，等到老师讲到别的知识时，自己没有发觉，也就错过了。况且，条件也不允许老师为你一个人再讲一遍。

另外，就算自己认为新知识掌握得很好了，但由于知识面的局限，实际上自己所掌握的知识也未必就能达到老师所理解的高度。由于知识面较广，经验也更丰富，老师对整篇文章的把握会更好，对知识点的理解会更深刻。若在充分掌握新知识的基础上，再认真听老师分析一遍，自己的收获会更大，甚至还会有耳目一新的感觉，这对于知识的记忆、迁移和应用帮助很大。

所以，无论你准备得是否充分，成绩好坏，听课时都需要你的专注投入，一丝不苟。

问题二：自己不喜欢的老师，他的课就可以不听了吗？

有些人因为某一位老师长得不好看，脾气比较暴躁，或者曾经批评过自己，所以总是看老师不顺眼，甚至讨厌他，连带着也不愿意听他讲课。

考试考察的是所学科目的全部，学校不会因为你不喜欢某个老师而为你搞特殊，对你网开一面，不计这个科目的成绩。况且，学校的课程是针对学生的全面发展所开设的，落下任何一科，都会影响学生的健康成长。

因此，**我们要坚决杜绝因不喜欢某一位老师而不听课**。如果出现这种现象，我们要做的就是强调学习的目标，认识到这些学科的重要性。比如，如果不能学好这门学科，你将拿不到毕业证；或者是没法进入你想要去的那所大学，甚至可能连大学的门槛都进不去；或者这样也许会让身边那些爱你的人失望。总之，**随时提醒自己听课的目标，让它明确而强烈，这样能促使自己喜好学习**。

问题三：老师讲的每一句话都要思考，时间够吗？

也许有的同学会说，老师讲的每一句话都要仔细思考，时间会不会来不及呢？有这种忧虑是正常的，但因为有这种担忧而放弃课堂上的思考，则是过虑了。

老师在讲课时，只能用语言、板书、表情、手势等来教授内容。相对于这些表达来说，我们的思维会快很多。而且，靠背教案的老师并不是好老师，虽然老师在课下已经进行了大量的思考，但仍然还需要大量的临场发挥。在讲完一句话后，讲下一句话之前，也会有一个思考的过程，在这个时间里，我们可以想到的内容要多于这句话，甚至想得很远。

有经验的老师在讲授重、难点时，还会特意放慢语速或者停顿一下，留点时间给学生思考。这时，我们完全有理由思考得更深刻。

总之，**时间是有的，但需要我们去"挤"**。如果在课堂上懒懒散散、放任自流，就感觉不到这些时间的存在，只会将其白白地浪费掉。

问题四：跟不上老师的讲课进度怎么办？

课堂上，有些同学通常不能迅速理解老师的话，总是在老师讲到下一句话时，还在慢慢琢磨着上一句话，等到想通时，老师已经讲到很远了，结果跟不上老师的讲课进度。

当老师提到某一概念或某一知识，如果不能马上在大脑中迅速准确地调出相应的概念或知识，就会出现理解不了的现象，这主要是对基础知识掌握得不熟练造成的。这时，要提醒自己课后迅速挤出时间，进行有计划的复习，要能迅速准确地复述出基础知识。

当然，有时跟不上讲课进度与有些同学反应较慢有关。不过这些同学也不要泄气，因为人的大脑越用越灵活。在课堂上，要尽量让大脑转得快一些，如果大脑每秒钟能转100圈，决不能让它只转到99圈，要争取转到101圈，千万不能磨磨蹭蹭。**刻意锻炼，会使我们大脑更好用，反应更快**。

问题五：可以向老师质疑吗？

金无足赤，人无完人。通常老师是智慧的象征，但作为普通人，他们也有出错的可能，比如可能因为表达习惯问题而出现歧义，还有可能记错或者将知识弄混，甚至由于思考得不周全、不深入而对某些问题持错误的观点。所以，作为学生，也不能太过于迷信老师。

如果在老师讲课的时候，发现老师有了明显的错误，尽可以向老师提出自己的疑惑。**听课时懂得向老师质疑，才更有利于学得真知**。

这并不是说，让所有的学生都变成一个专门挑刺的人。而是说，要试着学习做一个"不轻信"的人，无论是学习，还是以后做事，发出自己的声音，提出自己的质疑，都是一个人必需的素质。

对于错误，老师是很乐意改正的。毕竟，教书育人是他们的职责，若因为自己的错误而"误人子弟"，他们会很难过。所以，我们大可不必担心指出老师的错误而遭到讨厌。相反，有些老师还特别喜欢质疑自己的学生，毕竟，只有经过思考，才能提出疑问。老师最愿意看到的，就是自己的学生爱思考、勤思考。

有时候，有些老师会故意在课堂上出错，让学生指出来，然后再纠正，以提高学生的学习兴趣，增强他们的自信心，活跃课堂氛围。但有些老师并不乐意学生当堂指出他的错误，认为那是刁难他，使他难堪，下不了台。在质疑这些老师时，要注意场合和方式，比如可在上课的间隙，举手把老师叫到身边，悄悄地向老师提出，或者课下私自找到老师，提出你的疑惑与见解，这样，师生关系会更融洽。

3. 评估与发展

下面的表格可以帮助我们来了解自己目前的状态，评估自己处于哪个级别。如果你想达到优秀级别，最好先找准自己现在的级别，与下一级别的要求仔细对照，结合上文的建议找到改进的方法，及早实施。

	及 格	良 好	优 秀
自测对照描述	课堂上注意力较集中，不做与课堂无关的事； 适应老师讲课进度，不出现思维滞后现象； 听懂老师讲课，并发现自身知识缺欠； 偶尔怀疑老师的说法，但通常不能确定自己的对错。	课堂上注意力集中，积极进行思考； 跟紧老师讲课进度，准确理解老师讲课内容； 听懂老师讲课，能回忆出相应的知识点； 对于老师的怀疑，能自行推理，确定答案。	课堂上聚精会神，积极思考，并有意识记忆知识； 超前于老师讲课进度，能预知老师下一句话所讲内容； 对老师的每一句话，能迅速想出很多相关的知识； 敢于质疑老师，并同老师展开积极讨论。
自我评价			
整改计划			

三、充分利用课堂上的"零碎时间"

1.充分利用课堂上的"零碎"时间，提高听课效率

在课堂上，有些反应速度比较快、接受能力比较强的同学，在听老师讲课时，常会觉得很轻松，时间太充裕，以致无所事事。但一旦考起试来，成绩并不是很理想，与其良好的上课感觉相差太远，这是为什么呢？

目前，"满堂灌"式的课堂越来越不受欢迎了，每一个老师都不会45分钟内一直都在说，他们都会留出一定的时间让学生思考、做题、发言。因此，课堂里会存在一些"零碎"的时间。

如果一个人在课堂上感觉到无所事事，说明他没有充分利用好课堂的"零碎"时间，让这些宝贵的课堂时间在百无聊赖中白白地浪费掉了。

集腋成裘，聚沙成丘。每一个"零碎"时间虽然都很短暂，但珍惜每一个短暂的时刻，充分利用这些零散的时间段，就能产生更好的听课效果，收获更多。当你在课堂上觉得力气没用完，似乎还有一股劲没用出来，以至还有时间来发呆或者想别的事情，那么，你可以制定一些近景性目标，明确在这些"零碎"时间里，要完成什么任务，达到什么效果，让自己充实起来，促使自己利用好课堂每一刻。

也许有些同学会想，课堂这么紧张，不能让大脑45分钟都紧绷绷的吧，趁着学有余力，好好利用这些难得的"零碎"时间休息休息，让大脑放松放松，劳逸结合嘛。其实，这是给自己的惰性找借口。

老师刚讲过的知识，如果趁热打铁多想一想，不但有利于理解和记忆，提高课堂听课率，还可以减少课外复习的时间，课外就能有更多的休闲时间。况且，相对于课下自己独自学习，在课堂上与同学、老师一起学习同一个内容，彼此相互比较，相互促进，加上老师的监督，学习效率会更高。

因此，当堂知识当堂消化，课堂内能做好的，决不要拖到课堂外，自律性较差的同学更应该如此。

老师面对的是整个班几十个学生，他不可能针对每个人的情况调整讲课进度，只能针对大部分学生的情况制订教学计划。因此，反应速度较慢的学生可能觉得完成老师的任务本身就很难，对他们而言，"零碎"时间就根本不存在。

造成课堂"零碎"时间过少甚至没有，除了反应较慢外，主要还是基础知识没有掌握好导

致的。出现这种现象，可以在课下多花点时间巩固复习，把基础知识掌握牢固了，在解决问题时就能快速再现，减少解决问题的时间。

要知道，时间是挤出来的。课堂上45分钟说长不长，说短也不短，它最容易抓住，也最容易失去。**只要方法得当，每一个同学都可以战胜惰性，拥有更多更长的"零碎"时间**。充分利用这些分散的时间段，可以把学习搞得更好。

2. 这样利用"零碎"时间最充分

课堂上，针对每一个科目内文章结构特点，每一个老师的课程设计都会有所不同，授课风格迥异。因此，每堂课上存在的零碎时间也通常不一样。现以数学为例，讲一讲在哪些教学环节中容易出现"零碎"时间，怎样才能利用好它们。

数学的授课通常分为以下几个步骤：复习上一节课的基本概念，对新课基本知识的讲解，讲解例题，学生做题，课堂小结。在各个环节中，我们该怎么办呢？

问题一：老师复述上节课知识时，他说什么我们就只听什么吗？

通常情况下，老师在上新课之前，都会复述一遍上节课学过的基本知识，比如基本的概念、定理、公理、法则、公式等基础知识，帮助学生复习旧知识，巩固记忆，同时也以此导入新课。

老师在复述这部分内容时大都只能把这些基本知识说一遍，或者板书一遍，没有时间进行更深入地分析讲解，此时所展现出来的就是一棵知识树的枝干，没有绿叶的衬托，显得干巴巴的，听起来也枯燥无味。而且有的同学课下复习到位，把这些知识都记得滚瓜烂熟了。如果只满足于老师说什么，自己就听什么，的确很轻松，但却很有可能不由自主地去想别的事情。

老师在讲解这些公理、定律、公式等基础知识时，我们可以回忆它们是怎么推导出来的，在推导过程中用到了哪些知识。这样做就像给知识树增加绿叶，使原本光秃秃的树枝繁叶茂，此时，学习就会更有味，也更有效了。

问题二：老师在板书时，我们做什么最好呢？

在讲解新课的基础知识时，老师都会重新把它们写到黑板上，强调这些知识的重要性，这样就比较容易产生"零碎"时间。但大部分同学在这段时间里都在照葫芦画瓢，一笔一画地抄板书。

其实大脑的反应速度远比手写快，在老师板书时，我们如果将这些概念迅速记几遍，基本上就可以将它们记住了。如果此时自己抄板书，就达不到这一效果。

也有的同学认为，将笔记记好了，课后好复习。事实上，如果对知识理解透了，即使记得有点乱，自己看时，大脑里也不感觉乱；如果对知识理解得不透彻，即使写得有条理，自己看的时候，大脑里往往还是会很乱。

另外，还有些同学既不记笔记，也不去记忆，认为记了也会忘掉，忘了就等于没记，所以平时就干脆不去记，只是等到临考时突击记一下以便可以应付考试。**突击记住也许对付一次考试还行，但是，对自己大脑内知识结构的形成、对知识的领悟、对知识的运用、对能力的培养等都是十分不利的**。

问题三：老师在讲解例题时，只要求会做就够了吗？

对于每一个新概念、新公式等，老师都会举出一两个例子来进行讲解，以便巩固记忆、帮助理解和练习运用。这些例子大都是比较容易的，大多数学生稍加分析就能做出来，这时只要求听懂、会做意义不大。

调查发现，有些同学做完这些简单的题后，不知怎么利用剩下的时间。做别的题或看书吧，时间又不够；不做任何事情吧，又觉得这是在浪费时间。于是在矛盾中他们做也不是，不做也不是，反倒在不知不觉中让时间白白地浪费掉。

利用这段时间，我们可以仔细观察这些例题，看看它是从什么角度考察概念的，还可以利用这些基础知识给自己出题，这对于全面、透彻地理解这些知识很有利。此外，还可以再把这些概念记几遍，加深它们在脑子里的印象。

问题四：老师在板书难题的解题过程时，我们要抄写吗？

对于课本上已经写得很明确的解题过程，没有必要再把它抄写一遍。

有些同学会认为，好记性不如烂笔头，这是从小到大，父母、老师时刻都会提醒我们的话。没错，在笔记本上记下来会加深印象，不过当你花很多时间去书写的时候，也就没有心思去思考了。毕竟，记下思考的火花才是最有用的。况且，你此时记下的多半是书上已有的内容。

在老师板书解题过程时，我们可以跟着老师的解题步骤思考每一步，想想老师为什么要这样写，理由是什么，有时还可以将想到的问题写在书上相应的位置，这样就可以形成自己整体的解题思路。**形成解题思路，比把解题过程抄上十遍二十遍更有效。**

问题五：同学上黑板前演算时，我们就等着看热闹吗？

为了搞活课堂学习氛围，增加师生互动性，督促学生动脑思考，有些老师常常请同学上黑板前演算。这时，我们常常会看到这样的情形：

在老师点名时，有些同学埋着头，有的同学则趁机东张西望；

有些同学庆幸没有叫到自己，在底下独自窃喜；

有些同学来回盯着黑板前的同学，专挑他们演算的失误之处，等着看同学的笑话。

老师让同学演算，最重要的目的就是检查他们的听课效果，并辅导他们，而不是使他们难堪，出洋相。没有被叫上的同学，也不要闲着，而要思考要如何才能将这些题目也解答出来。当然，我们并不赞成照着黑板上的题目从头到尾一题题卖力演算，而是主张同学们在头脑中思考，形成解题思路即可，如果还有时间，再选择其中一两道题，具体写出解题步骤。

问题六：老师做课堂小结时，我们可以不听吗？

每节新课讲授完之后，老师都会对本节内容作一个小结。此时，有些同学认为这些内容刚学过，自己还记忆犹新，没必要再听一遍。于是就开始做起了课后练习题，或者干些别的事情。这样做是不可取的。

老师的课堂小结是对新课内容的概括，所总结的都是本课的重点、难点，都是需要学生课下识记的。这些内容不仅要仔细地听，而且在听的时候，要刻意去记忆，把听到的往大脑里放，形成一个有机的知识框架。

问题七：老师留出时间让我们思考与提问，自己就等着下课铃吗？

下课之前，老师都会留出一点时间，专门回答学生们的疑问。有些同学就认为此时该课已结束，开始彻底松懈起来，眼望窗外。特别是在上午或下午的最后一节课，他们会更焦急地等待下课铃响，思量着放学之后如何玩耍，心早已飞出教室。

老师把这点时间留出来，其意不仅是要解答我们的困惑，更重要的是，提醒我们去思考，去回忆，以便巩固所学内容。

有很多同学并没有领会到老师的意图，开始赶着做作业。利用这段时间做作业无可厚非，但却违背了老师的初衷。况且，这短短的几分钟也不能做出多少题目来，还不如课下再抽出一块完整的时间完成作业来得有效。

3. 评估与发展

下面的表格可以帮助我们来了解自己目前的状态，评估自己处于哪个级别。如果你想达到优秀级别，最好先找准自己现在的级别，与下一级别的要求仔细对照，结合上文的建议找出改进的方法，及早实施。

	及　　格	良　　好	优　　秀
自测对照描述	学有余力，能发现课堂上有许多"零碎"时间； 课堂上积极思考，想透老师的每一句话； 课堂上思想适度紧张，偶尔出现空闲时间； 能主动培养对知识的兴趣； 对于重点知识，能积极联想。	能发现课堂上的"零碎"时间，并有意识地去利用好； 积极思考新课知识，当堂知识当堂消化； 思想较紧张，大脑适度运转； 较好地掌握知识体系，对课堂知识做到举一反三。	无意识填充"零碎"时间，觉得课堂时间相当短； 有意识记忆知识，牢固记忆新课基础知识； 大脑整堂课都在快速运转，没有停歇； 对知识体系有较强的概括能力，能熟练表达出来，对重点知识有独到的见解。
自我评价			
整改计划			

四、积极回答老师提出的问题

1. 积极回答老师的问题，全身心参与课堂互动

在幼儿园、小学的教室里，时常会看到孩子们高高地举起手，积极地抢着回答老师提出的问题，被选中的孩子会表现得很兴奋，没有被选中的孩子甚至失望得直摇头；而在中学的教室里，这样的课堂氛围越来越少，有时候一个问题提出来，大家都各忙各的，很少有人搭理，甚至有些同学还故意把头埋得低低的，害怕老师提问自己。以至老师们常常感叹：积极回答老师的提问只对小学生有效。

上课积极回答问题是一个正确对待学习的人最正常也最频繁的行为，许多成绩优秀的同学也都很重视老师的课堂提问，并热情地参与其中，在与老师的讨论与交流中学习新知识。

北大数学系的一个学子在刚进初中时，由于环境比较陌生，他很害怕回答老师的提问，不自觉中就成了课堂的旁听者，课堂上总是无精打采。但随着对环境的逐渐适应，他改变了上课的观念，无论上什么课都积极地回答老师的提问，使本来被动的听课变成了一种积极、互动的活动，不仅拉近了和老师、同学的关系，更重要的是，他的语言表达能力也越来越强了。

上课积极回答问题是一种非常好的锻炼自己的方式。开始时可能会不好意思，没有信心，但只要鼓足勇气，回答一两次，老师就会鼓励你，同学也会对你刮目相看。有了这种自信以后，上课就能经常回答老师提出的问题，这样上课就变得很有乐趣。

在学习中，虽然许多同学都认识到积极回答老师提问的诸多好处，却仍然不愿意站起来大胆地回答。他们可能会觉得，如果别人都懂了，就自己一个人不懂，本来别人不知道的，要是自己一回答，别人不就知道我"笨"了吗？

其实，**因为害怕别人说自己"笨"而放弃锻炼的机会，实在是得不偿失。**

老师让学生回答问题，其目的绝不是找到你的错而嘲笑你、打击你；相反，他是为了检查和强化你对知识的掌握情况，如果你对知识的理解错了，他会有针对性地为你纠正错误。在整个班级几十个人中，就你得到了单独辅导，这是多么难得的机会啊，你应该感到欣慰、自豪，而不是担心与难堪。

对老师的提问持消极态度，甚至抵制心理对搞好学习是非常不利的。然而少数同学却容易走向极端，他们为了抢表现、抢风头，不假思索就随意作出回答，这样对学习也没有促进作用。思考是

智慧的源泉。每做一件事情，只有亲自动脑思考，方能收获更多，回答老师的提问也不例外。

2. 这样回答问题最有效

在课堂上，学生要注重老师的课堂提问，把回答老师的提问当作学习的一个重要环节，促进自己的知识学习，锻炼语言表达等能力，需要注意以下几个问题。

问题一：从来就没被提问过，所以就可以不重视吗？

有很多同学错误地认为，认真听课就是为了防备老师课堂上提问。常听有的同学说："某某老师在课堂上经常提问我，我就认真听，某某老师课堂上从来不提问我，我就不怎么听。"

怀有这样的学习态度是不可取的。

由于老师常会提问自己，所以重视课堂学习，重视老师的提问，有时候也能将知识学好。但怀着这种心理去学习是危险的，一旦老师不常提问自己，或者遇上不太喜欢课堂提问的老师，这样的学生就失去了学习的动力，彻底松懈下来，严重降低了学习的效率。

学习毕竟是自己的事，要知道，我们上课听讲是为了学到知识，用知识武装自己，而不仅仅为了回答老师的提问，蒙混过关。只有真正重视起课堂学习，端正学习动机，才能把学习搞好。

问题二：提问时，我们可以抢老师的话吗？

贝贝自小就很聪明，反应快，在小学六年级的时候，老师的问题刚提一半，他就能猜想到老师后边的话，于是马上大声地把后面的话或者答案说出来，还以为这样老师会欣赏他，同学也会羡慕他。一段时间下来，同学们都故意躲开他，老师也不怎么喜欢他。他很郁闷，这是为什么呢？

如果抢老师的话，常常会打断老师讲课，有时候甚至还会让他们产生紧张感，影响他们上课的情绪，有些老师会难以接受。因此，即使你很乐于和老师互动，也要耐心地等待老师把问题提完后，再提出自己的答案及想法。

另外，**老师辅导的不单是你一个人**，他面对的是整个班的学生。在教室里，每个学生都有公平接受辅导的权利。如果你时常抢老师的话，就会影响老师讲课的完整性，影响其他同学的听课质量，这对他们是不公平的。

问题三：回答错误时，自己感到很难堪怎么办？

我们的身份是学生，学生最大的任务当然是学习，很多问题是因为我们不懂所以才要学习。既然是不懂，犯错误就是最正常不过的现象了，这有什么觉得难堪的呢？

只要经过自己仔细思考，答案的对错并不重要，重要的是自己已经勇敢地站起来了，勇敢地说出了自己的想法，表达了自己的见解。大家都在争分夺秒学习，都憋足了劲想考个好分数，能上所好大学，没有谁愿意花时间与精力来嘲笑你。所以，大胆地回答问题吧，即便是错了也不要紧。

问题四：为了抢答，我们可以不假思索吗？

我们刚刚说过，回答问题的时候不要怕答错，但这并不意味着可以在课堂上胡言乱语。对于老师提出来的问题，无论我们给出的答案是否正确，都必须是严肃的、经过了仔细思考的。

在有的课堂上，有一些同学对于老师的问题回答得的确很迅速，但别人一听就知道他根本没有经过大脑，像和尚念经那样有口无心。这种所谓的积极回答是每一个学生都应该要坚决避免的，在这种积极背后，反应的是一种不负责任的学习态度。

所以，积极回答问题要建立在积极思考的基础上。

问题五：回答时声音很小，很紧张怎么办？

有些同学平常很健谈，和同学私下聊天时，滔滔不绝，出口成章。可一旦站在讲台上，或者从座位上站起来，面对全班同学，他就会紧张、吞吞吐吐，声音小得连自己都听不见，更不用说让老师、同学听见了。

良好的语言表达能力是一个人的重要素质之一，辩论者般的雄辩常常能让人耳目一新，容易使你在人群中脱颖而出，让人发现你，欣赏你。

在社会交往中，口头表达的重要性是不容置疑的，每一个人或迟或早都会有独自向众人陈述自己观点的时候。与其到时言不达意，还不如现在利用课堂进行有效训练，锻炼自己的胆量与气魄。

想一想，在一个几十人的群体里，只有你一个人的声音传出来，或者只有你一个人站起来回答问题，这是一种多么难得的锻炼胆量的机会？况且，**同学和老师都是自己亲密的人，对于自己的任何不足，他们都可以帮助指正，而且是善意的。**

问题六：别人在回答的时候，自己就等着看笑话吗？

在别人回答问题的时候，有些同学觉得没自己的事了，就开始学习别的内容，甚至和同学聊天说话，如果别人答错了，他会幸灾乐祸，趁机笑话别人。

课堂是一个连贯的学习过程，容不得半点分神。如果你专注于找别人的错，等着看别人难堪，就不会有时间思考怎样才能把问题回答好，因而也容易分心。

等着笑话别人的人，虽然可以得到暂时的心理快感，但最后等到的却是自己的无知与知识的贫乏。

在别人积极回答问题时，我们也不能让大脑停下来，要不断地思考：若换作自己，自己将从哪些方面来回答，自己的回答方式就一定比别人的好吗？好在哪里？如果不如别人回答得好，就想想自己为什么没想到，这样就会清楚自己的缺陷与不足，可以在课后进行补足。

把自己的思路与别人的回答进行比较，在相互学习中取长补短，非常有利于纠正知识理解的偏差，查缺补漏，增长智慧。

3. 评估与发展

下面的表格可以帮助我们来了解自己目前的状态，评估自己处于哪个级别。如果你想达到优秀级别，最好先找准自己现在的级别，与下一级别的要求仔细对照，结合上文的建议找到改进的方法，及早实施。

	及 格	良 好	优 秀
自测对照描述	认识到回答老师提问的好处，积极回应老师的大多数提问；别人回答时，自己能听出主干，找到关键点；自己发言时，基本能表达大意。	重视老师课堂提出的问题，积极回答老师的提问；对于别人的回答，自己能分出其中的对与错；发言时，知识结构严谨，条理清晰。	把回答提问看作学习的一个环节，每次回答都有所收获；对每个问题都有自己的思路，并与别人的进行对照、比较；发言条理清晰，语言丰富，声情并茂。
自我评价			
整改计划			

五、有效地记笔记

1. 有效地记笔记，将课堂内容系统化

一些同学上课时做笔记很认真，整整齐齐的，看起来很有美感，有时候还被老师拿起来当作模板展示，可最后考试成绩却不怎么样。而有些同学的笔记看起来杂乱无章，别人看不懂，似乎连他自己看起来都困难，但成绩却出人意料的好，这是为什么呢？

笔记不是拿来当展览品装饰课桌的，而是为了更好地听课，理解课本知识。因此，记笔记不在全，不在美观，而在于内容精辟、实用。

学会记听课笔记是上好课、听好讲座的基本功之一，对于学生来说尤其如此。一份好的听课笔记，记下的是老师讲课的脉络与精华，留下的是自己的见解与思考过程，基本能概括整个课堂内容，将所学知识系统化。借助这样的笔记，不仅可以深入地理解课文，还可以巩固对知识的记忆。

在每个人的心目中，尽管好课堂笔记的标准不尽相同，但好笔记有一个共同的特点，都融入了个人的思考，每一句每一字都被赋予了特定的意义。

我们常常会听到周围有人感叹，说课堂要记的东西太多，抄得腰酸手痛的。言下之意，记笔记花去了太多的精力，成了件痛苦的事情。在这种身心俱疲的状态下听课，效果能好到哪儿去呢？

其实，记笔记并不需要那么累，可以先仔细听老师讲，在理解的基础上有选择地记下来。这样，不仅脑动，手也动了起来，劳逸结合，既有效地锻炼了思维能力，也加强了书写能力，提高书写速度。

在长期的学习过程中，许多成绩优秀的学生通过不断地摸索，都养成了一整套记笔记的方法与技巧，把笔记整理成一份自己独特的学习资料。

一位北大学子从初二开始，就在做笔记方面做到"对症下药"，根据不同科目特点作出不同形式的笔记。比如：做英语笔记时，重点记单词新的用法、与汉语语言习惯相异的地方；做物理笔记时，重点记录物理题中经典题目。通过摸索着做这样的笔记，他逐渐领悟出所学科目的特点，找到了适合自己的笔记形式，促进了该学科的学习，起到了事半功倍的功效。

正如这位北大学子那样，每个人都可以根据个人的爱好及特点，摸索出一套有效的、适合自己实际情况的记笔记方法。

2. 这样记笔记最有效

尽管每个人记笔记的风格各异，记下的内容也不尽相同，但有一些基本原则是必须遵循的。否则，课堂上辛辛苦苦记下的笔记只会成为一种负担，对更好地学习没有多大帮助。

做课堂笔记，我们要时刻注意的问题包括以下几方面。

问题一：老师的每一句话，自己都要记下来吗？

记听课笔记绝不是把老师的每一个字都记下来。

有时候，老师为了说明一个问题，讲清一个道理，常常会旁征博引，如果此时要想把老师所说的话全部记下来，工作量很大，会占去很多的时间和精力，影响对知识的理解，而且即使记下来，也常常会因无法从旁大的信息量中找到精髓而懊恼不已。因此，**上课的时候，关键在理解**。要找出老师话中的重难点，并在笔记上记下来，其他细枝末节听一听就可以了，或者你认为有必要记的，下课以后再补充，以免漏听。

课堂上，有些老师的语速比较快，或者喜欢用长句子，甚至常常说一些口头语，这时我们可以不记老师的原话，而是按自己的语言习惯记下来。经过这样的语言转换，记下的基本上都已经内化成自己的东西了。

记笔记可以不拘一格，只要自己能看明白，能画图的就画图，能标注的就标注，有的甚至可以记在课本上的空白处。

问题二：老师的板书，都要一字不漏地复制吗？

有些老师出于对学生不放心，只要是认为比较重要的知识，都会写在黑板上，认为板书越多越好，越细越好。

如果老师的板书太多，而学生却忙于"奋笔疾书"，就很有可能跟不上老师讲课的进度，有时记下的连自己都不理解，这样的笔记也就白记了。

上这种老师的课，要学会有选择地记，而不是老师写一句，自己就抄一句。可以先听老师的思路，记下讲解的重要步骤就行。也就是说，要抓住重难点记，而不是低级地复制板书。

当然，要抓住老师板书的重点部分，首先必须对课堂内容有宏观的把握，知道哪些内容是重点，哪些内容是难点。这就要求我们要做好课前预习，对重点知识做到心中有数。

问题三：老师没有板书习惯，我们就可以不记笔记吗？

和前面所提到的老师不同，有的老师只重讲不重记，于是有些同学也干脆不记了。一节课下来，黑板上常常空空如也，他的笔记本也洁白无瑕。

老师在课堂上不写板书，并不意味着他所讲的就不重要。相反，由于不写板书，老师讲课的思路会更清晰，知识的信息量通常也会更大。面对如此大的信息量，如果没有及时记下来，有些知识马上就会被遗忘，一堂课下来，感觉听到了很多，但真正记住的却很少。

有一位学子在读初三时，就碰到了这样一位历史老师，他上课根本不需要课本，也不需要教案，可他讲的内容却字字珠玑。但要命的是他从来不写板书。这时候，就要先集中精力听，听他的思路，听他思考、分析、论证的过程。如果他讲的内容课本上有相关的地方，就先在课本相应的地方标下来，并进行适当的补充。对于书上完全没有的内容，就尽最大的能力和最快的速度记下来，能记多少算多少，下课了再和同学一起对照补充完整。

问题四：课堂上产生的疑问及想法，有必要记下来吗？

大家可能都会有这样的经历，有些问题困扰自己已久，苦思冥想很久也想不出答案。但事隔不久，自己却在偶然间想到了很好的解决方案，但它们就像灵光一现，很容易就会淡忘，此时，记下来是最好的选择。

偶然间蹦出来的想法、见解，通常都是精辟的，而且都是自己悟出来的，是属于自己的独特的东西，记下来，聚到一起就是一笔财富。

课堂上，通过听老师的讲解，你可能会突然有了新认识，或者有了新方法，又或者有了新联想、新问题，都可以记下来，这是最宝贵的笔记内容之一。如果你笔记本上记下了很多新想法，即使是一些荒诞的疑问，也都说明你不光在听老师讲，自己也在不停地思考，已经达到了会听课的境界。

问题五：老师即兴发挥的知识，记下来有用吗？

靠背台词演戏的演员不是好演员，靠背教案上课的老师也不是好老师。老师和演员一样，都需要大量的临场发挥。许多优秀的教师在讲课时，大都会摆脱教案中条条框框的束缚，根据知识的特点和学生的理解情况，在大思路不变的前提下，加入许多即兴发挥的东西，这时，有心的学生就得赶快记下老师的补充，这也是老师在讲课时闪现的智慧的火花。

学会引进他人的智慧，是学习的重要任务之一。**每一个获得成功的人都注重在平常的工作、学习中吸取他人的优点，把它们转换成自己的能力。**老师即兴发挥的知识，也许课下他再也记不起来，但它们却是老师真正的智慧，理解了这些知识，就等于引进了老师的智慧。

问题六：课上的笔记，课下需要再整理吗？

由于时间紧，老师不可能预留特定的时间供学生记笔记，在边听边记的过程中，有的同学会漏掉一些重要的知识，如果课后不加整理，就会出现知识的缺陷，严重影响知识的系统性。

另外，有些同学记下的笔记内容十分繁杂，东一句西一句，杂乱无章，对于这样的笔记，就更不能丢掉课后整理这一环节。只有理顺、理清思路，分清它们之间的层次关系，才能在复习时一目了然。

为了便于课后整理，有不少同学在做笔记时，把笔记本一折为二，左边的用来记听课笔记，右边的空白处就留下来随时补充相关的知识，这样的笔记方式很值得借鉴。

对笔记的再整理，可以促使我们再次回忆课堂内容，并加入自己更多的思考，使自己对知识的理解更深刻，掌握更系统。也正因为如此，整理笔记要及时，如果上课学习的内容已经忘得差不多了，再重新回忆、思考就会有一定的难度。

问题七：课堂笔记应该束之高阁吗？

如果记完笔记之后就将它束之高阁，记了不看，那要笔记干什么？

记笔记不仅在记的时候要力求高质量，更重要的是要好好利用它们，把纸上的知识变成自己脑子里的东西。这就需要对笔记进行复习和归纳，把它们真正消化。

许多同学一学期下来，记下了几大本笔记，但他们却懒于翻阅，笔记反倒成了一种摆设。其实，只有时常过目，才能牢记在心。**只要有空，就可以翻一翻笔记，看看当时都记了些什么，想到了些什么，这对消化吸收并应用于以后的做题和学习实践很有帮助。**

况且，对于自己记下的感悟，如果就此让它们存在于你的小本本上，而不是经常拿出来回味，那么曾经的思想火花可能就这样熄灭在你那个本上了，就跟从未被发现一样，那是多么可惜啊！

3. 评估与发展

下面的表格可以帮助我们来了解自己目前的状态，评估自己处于哪个级别。如果你想达到优秀级别，最好先找准自己现在的级别，与下一级别的要求仔细对照，结合上文的建议找到改进的方法，及早实施。

	及　格	良　好	优　秀
自测对照描述	认识到笔记的重要性，认真记课堂笔记； 认识到各科内容结构不同，有意识地做不同的笔记； 笔记基本能反应课堂内容； 能结合笔记进行复习，把笔记当成学习资料。	跟上讲课进程，有选择地进行笔记； 能针对学科特点，熟练做相应的科目笔记； 笔记思路清晰，知识结构严谨，层次分明； 能时常整理笔记，补充相关知识，丰富笔记信息。	在理解的基础上记笔记，每一字每一句都经过自主加工； 能让笔记与课本各有侧重，相得益彰； 笔记有特色，反映出许多思维亮点； 时常翻阅笔记，能温故知新。
自我评价			
整改计划			

六、有针对性地复习

1. 有针对性地复习，积极消化课堂内容

在课堂上，有不少学生觉得老师所讲的知识自己都理解了，可到了第二天，老师在讲课中再提及这个知识点时，他却已记不起来了，或者记得模糊不清，只能愣在那儿慢慢去回忆，或者慌忙拿起课本"哗哗"地往前翻，等找到了、弄懂了，回过头来听课时，已不知老师讲到哪儿了。

遭遇过这种经历的学生，通常下了课就把课本摔到一边，等第二天上课时才翻出来。课下没复习，学过的内容没理解、没记住，第二天上课思路跟不上也就不难理解了。

哲学家狄慈根曾说过：复习是学习之母。复习是学习中的重要环节，它是预习、上课后的再学习。认真做好复习，就可以把课堂知识真正消化掉，深深地印在脑海里。**丢弃了复习，学习就等同于往竹篮里倒水，你不断地倒，它却不断地流，你倒多少，它就流多少。**

对于学生来说，几乎每天都要学习五六门课的内容，如果不注意有效地复习，一天下来，脑袋里就会混乱成一片。因此，课后对知识进行整理与复习，对巩固学习效果是十分必要的。

也许有的同学会说，他每天也抽出时间来复习，可对于课堂上老师提及的旧知识，依然经常记不起来。为此他们很纳闷，认为复习对自己没有多大帮助，甚至认为自己脑子笨，不是学习的料，开始放弃学习。

我们每天学习的科目多，新内容也不少，这就要求我们在有限的时间内，要兼顾到每一科目的复习，利用最少的时间，取得最优的复习效果。因此，在学习中强调复习，把复习抓好，并不需要一味蛮干，而是要掌握一定的技巧，遵循一定的规律。

为了提高复习效率，北大的一位学子一直坚持采用针对性复习法。在课堂上发现已经忘却或者记忆不清的知识，他马上提笔记在一个本子上，课后立马补上；晚上复习的时候，他不会打开书本就马上复习，而是先确定课程的重难点，然后侧重看这些部分，避免平均用力，把太多的时间花在简单的知识上，而重难点部分却没有足够精力去弄透。

每一个人的学习程度不同，理解能力也不尽相同，复习时所要加强的知识部分也不相同。只要我们刻苦用功，就可以找到适合自己的复习方法，有针对性地进行复习，把所学知识"学"进大脑，铭记不忘。

2. 这样复习最有针对性

在学习过程中，我们通常需要进行课后复习、阶段性复习和期末复习。这三种复习层层深入，各有特点，运用时需要灵活掌握。

1) 课后复习应该这样做

顾名思义，课后复习就是每次上课后的复习，内容主要是当天学的知识。大多数老师都不会对课后复习进行具体的指导，复习的数量和水平由学生自行把握。

由于课堂时间紧，老师不可能每一节课都抽出时间来检查学生的复习情况。因此，要做好课后复习，学生要培养高度的自觉性，否则，就只能等着考前"临时抱佛脚"了。

课后复习要抓好，需要解决好以下几个问题。

问题一：当天的知识可以第二天再复习吗？

大脑的遗忘是有规律的，它表现为"前快后慢"，也就是说，刚学的知识如果不复习，几天之内就会忘掉一大半，如果趁热打铁当天进行复习，就不容易忘得那么快了。

有人说，学习的过程就是不断跟遗忘做斗争的过程，而战胜遗忘最重要的武器就是复习。因此，无论怎么忙，每天都要抽一定的时间复习当天学过的东西。如果实在没有时间，可以平躺在床上，闭上眼睛努力回忆老师当天讲课的重点内容，到回忆中断的时候，拿出课本和笔记再看一遍。

总之，不管采用什么方法，课后复习的间隔时间不要超过24小时，当天的知识一定要当天复习。

问题二：开夜车复习效果好吗？

除了上课外，学生每天还要预习、复习、做作业，有许多同学忙不过来，只好加班加点，靠开夜车来完成复习任务，这样打疲劳战的学习效果是不会太好的。

复习是对当天学习内容进行重新整理的过程，不仅需要一定的时间保证，而且需要有清醒的头脑进行思考。**晚上开夜车学习时，反应一般都会比较缓慢，不利于深入理解知识。况且，开夜车常会造成第二天的疲劳，上课想睡觉，影响听课质量。**

因此，要合理安排时间，尽量不开夜车，要保证充足的睡眠时间。

问题三：若遇到疑惑，可以跳过吗？

不可以。

课后复习本身就是对课堂内容的再思考、再体悟，加深对已学知识的理解，发现并补充课堂未讲的知识，起到查缺补漏的作用。如果一发现疑惑就跳过，那么不懂的地方就会越来越多，到时想再补全就困难多了。

一根筷子易折断，一把筷子难折断。在复习过程中，一旦遇到疑惑就要仔细思考，各个突破，一个一个地解决掉。

有些同学在复习中遇到不懂的地方，从来就不思考，而是马上记下来，等着第二天咨询老师。他们认为记下的问题越多，表明复习就越仔细，老师也就越喜欢自己。殊不知，没有经过自己的思考，轻易就获得答案，理解也不会很深刻。

不要过分依赖求助老师或同学，他们的帮助只是暂时的，不可能代你学习，代你思考。况且，在考试中遇到问题时，你不可能还等着求助吧？

遇到不理解的知识时，可先调动脑筋思考一下，就算最终还是解决不了，但在充分思考的基础上咨询，理解起来就更容易、更全面，也更深刻。

2) 阶段性复习应该这样做

阶段性复习是学习一定时间后，集中一段时间对较多的知识进整体复习，如果时间允许，老师会安排时间进行专门指导，如单元复习。

有的人在课后进行了及时的复习之后，从此就高枕无忧地等着考前再翻看，到时他却发现，原来知识并没有像他以为的那样牢记在心，似乎一切都要重新来过。为什么会这样？

要牢记知识，就需要时常翻起来看看，做好阶段性复习。那么，阶段性复习需要把握好哪些问题呢？

问题一：没有制订计划，阶段性复习能起到最佳效果吗？

如果留意，我们会发现，成功人士在做任何事情时总有自己明确的计划。复习也如此，那些成绩优秀的学生都会有自己的复习计划。

对于阶段性复习，大多数老师都会安排一定的时间进行指导，不过也有些老师不安排复习。此时如果自己没有明确的阶段性复习计划，一旦离开了老师的指导，复习的随意性比较大，甚至可能会丢三落四，效果就会大打折扣。

制订一个详尽的阶段性复习计划，比如什么时候开始复习、怎么复习、复习到什么程度等，不仅对自己有一个督促的作用，更可以指导自己有效地复习。

问题二：如果自己制订了复习计划，还需要跟着老师复习吗？

有些同学学习自觉性较高，对每个学期的学习都做了详尽的安排，对复习也做了切实可行的计划，而且符合自己的学习特点和理解程度。因此，他们就抛开了老师的指导，独自奋战，按部就班地，按自己的计划进行复习，结果成绩却没有多大起色。

虽然老师带领进行的阶段性复习针对的是一般的学习水平，也许不能充分体现出你的个性需要，但也不能轻视。因为经验的关系，老师复习的思路常常更加合理，也更加全面，在主动进行自我复习时，一定要充分吸取老师复习思路中的精华。

问题三：需要写复习小结吗？

温故而知新，通过课后复习和阶段性复习之后，我们对知识的理解更深刻、更全面了，这时常常会发现一些规律性的东西，此时应该记下来，因为它们很可能就是一种经验，是你自己对知识的真实理解。

经常写复习小结，还可以督促自己有意识地对知识进行梳理、思考，有利于从宏观上把握知识，提高知识运用能力。

3) 期末复习应该这样做

每个学期期末考试之前，大家都会经历一次较大规模的复习，对整个学期的学习进行一次梳理和总结，以期望取得令自己满意的成绩。通常情况下，每个老师都很重视期末复习，会对复习提出具体的要求和安排。

期末复习质量的高低，关系着期末考试成绩的优劣。作为一名学生，在进行期末复习时要着重解决哪些问题呢？

问题一：期末复习就是重新将课本看一遍吗？

每个学期学习的内容是很多的，通常都会学习到许多不同的知识块，比如数学课上，不仅学到有理数，还学到无理数。复习时，就要求我们不仅要重温各部分的具体内容，更要找到它们之间的联系。

记得一位教育学家说过一段有趣的话："**一堆砖头，如果乱放着，只不过是一堆垃圾；而如果它们排列整齐，就能建成大厦。**"期末复习的过程，实际上就是找到各知识点之间的某种联系，把它们合理整理起来，建立有机的知识体系。

课本上记载的知识量比较大，但各个知识点比较零散，如果复习只是重新看一看课本，背背书本上的知识，那么大脑里记下的只能是毫无关联的知识块，甚至只是一个个知识点，这样是构不成牢固知识网的。

通过一个学期的学习，我们已经记下了许多笔记，也学习了许多参考资料，这些都是重要的学习资料。复习时，我们可以好好利用它们，思考很多课本之外的知识，考出更好的成绩。

问题二：期末复习等于做复习题吗？

期末复习一个重要的目的就是考好期末考试，但这并不是说，期末复习就等于只是做做复习题而已。

期末试卷要考查的，是学生对课本知识的理解与灵活运用程度，虽然试卷版面有限，要考查的内容不多，但我们却不能预先知道要考哪些知识。要想考好，必须掌握整个课本的知识。每一个复习题体现出来的知识点都是有限的，期望通过做题把课本的全部知识复习一遍，那是不可能的。

做复习题固然重要，它可以提高我们运用某个知识点的熟练程度，但倘若脱离课本知识的复习，单纯追求做题的数量，则本末倒置，对考试帮助不大。

问题三：复习事关考试排名，我们有必要跟同学交流经验吗？

有的同学认为，期末复习之后，就要进行考试，此时如果跟同学们讨论交流，自己的复习收获就被同学们"窃取"，如果他们考得比自己好，自己不就惨了吗？所以期末复习期间决不和同学交流。抱着这种想法一味闭门复习是不可取的。

众人拾柴火焰高。与同学交流复习经验，不光同学能学到你的经验，你也能学到他们身上的闪光点，相互促进，共同成长。而且，在相互交流中，学习兴趣也会大大提高。

班级内部排名只是暂时的，主要目的是相互促进学习。如果同班同学都把内部排名看淡一点，相互协作，共同把学习搞好，就可以让大家在学校排名中脱颖而出，这不是很好吗？

3. 评估与发展

下面的表格可以帮助我们来了解自己目前的状态，评估自己处于哪个级别。如果你想达到优秀级别，最好先找准自己现在的级别，与下一级别的要求仔细对照，结合上文的建议找到改进的方法，及早实施。

	及 格	良 好	优 秀
自测对照描述	做到当天内容当天复习，巩固课上的学习收获； 能找出课本的重点和难点知识，借助他人之力可以将其理解清楚； 认真复习，能找出并补习课堂上没弄懂的问题； 针对复习中的疑问，乐于请教，积极消除困惑。	有一套合理的复习计划，有针对性地看教科书、笔记本等； 借助参考资料，能自主将重难点知识理解透彻； 找出知识之间的内在联系，从整体和系统上掌握知识； 善于请教，善于讨论，合作学习。	课后复习、阶段性复习和期末复习都做到位，对课本知识做到心中有数； 对重点和难点知识有自己深入的理解，能自如运用； 能牢固地掌握知识系统，能自然复述出来； 对知识系统有自己的新体会，对运用有自己的办法。
自我评价			
整改计划			

第三节　动脑筋做题的习惯

一、先复习再做作业

1. 先复习再做作业，提高作业效率

有的同学总是一下课或者一回家就急急忙忙地打开作业本，一边翻书、看笔记，一边做作业。这样重视作业固然很好，但方法却有待商榷。这样做作业，一旦离开了课本或笔记这两根拐杖，就可能大脑空白、一脸茫然，完成作业也就困难起来。

之所以会这样，原因就在于他们做作业之前没有复习。

有的同学可能会问，复习是为了巩固知识，做作业也是为了巩固知识，这也要分孰先孰后吗？

因为先复习再做作业最能提高作业效率。做作业前重温当天学过的知识，该看的再看一遍、该背的先背下来、该理解的先理解透彻，再将作业中要涉及的知识点复习一遍，把这些知识都融入大脑，然后动笔做作业，做作业的效率想不提高都难。

也有的同学可能会反问，我每天回家都先复习再做作业，但做作业时仍然要不断翻课本才能把题做好，这是为什么呢？

是因为没有做好复习。**有些人对作业之前的复习敷衍了事，对知识理解不深或记忆不牢，做起题来自然磕磕碰碰，质量不高，效率也低。久而久之，不光作业失去了原本的意义，还会影响其他学习环节的学习效果。**

许多优秀的学生都长期坚持先复习后作业，他们不仅复习当天课堂上的知识，还将相关的知识点聚在一块，进行集中复习。比如，在做英语作业中关于过去完成时的题目之前，他们不但对过去进行时进行复习，还要温习过去进行时和一般过去时的知识，明确它们之间的联系与区别，加深对这三者的认识，然后再做题，准确率就会高很多。

所以，先复习后做作业，不仅是复习与作业谁先谁后的问题。更重要的是，要端正观念，切实把复习做好。如此，才可抛开一切参考资料，充分调用脑海中的所有知识，从头到尾一鼓作气将作业做完，最大限度地发挥作业的用处。

2. 我们建议这样培养先复习后做作业的习惯

先复习后作业，是一种良好的学习习惯，有的同学为此获益匪浅，但也有同学收获甚微。为什么相同的习惯，却有不一样的效果呢？

培养先复习后作业的习惯，提高做作业效率，需要注意以下几个问题。

1) 解决一些认识上的问题

思想是实践的前提，思想的成熟程度决定着实践的贯彻与否。要使先复习后做作业的习惯能更快地提高成绩，我们首先要解决一些认识上的问题。

问题一：为了追求作业速度，可以不复习马上做作业吗？

如果不复习而马上做作业，非但不能提高作业速度，反而会降低做题速度，影响质量。

作业之前，把所有该掌握的东西都掌握了，做作业时起码不用频繁地翻书对照、参考，速度自然会提高。另外，掌握了知识再做作业，思路会更清楚明白，思维会更活跃、更顺畅，对于知识的理解运用更为娴熟是必然的，这样做题，速度当然会快。

所有做错的作业，除了粗心，都是因为对知识的理解不透所致。 先复习再做作业，因为对知识有了更进一步的领悟，在做题的时候，思考得就会更加深入，不仅做起题来更流畅，做题的正确率也会更高。

问题二：做作业只是为了完成任务吗？

先复习后做作业，最重要的一点也是最基本的要求是，认真把复习做好，在深刻理解所学内容的基础上做作业。

如果只是把做作业当作完成任务，那你就是为了做作业而做作业，而且为了早点完成这个"任务"，一定是急急忙忙地赶着做，抱有这样的心态做作业的人，通常也会把复习当任务，恨不得三下五除二就把当天的内容复习完，然后赶紧完成"最重要的任务"——作业，于是复习成了走过场。走马观花地翻一遍，作业的效果自然会大打折扣。

要真正把这种好的习惯在日常学习中很好地延续下来，一定要先从思想的高度认识到，作业绝不是为了应付任务。

2) 解决好实践中的问题

离开了实践，即使想得有多么美好，也只能是海市蜃楼，可望而不可即。既然解决了认识上的问题，甩掉了思想包袱之后，我们就必须切切实实地抓好实践。

问题一：有必要把先复习再作业列入计划吗？

对于一个学生来说，学习的环节也不过是预习、上课、复习、作业等，但它们之间有些是绝不可以先后颠倒的。比如，预习就不可以放在听课之后，复习也不可以放在听课之前，而有些环节可以由学生自己来掌握。比如，课后可以先复习再做作业，也可以先做作业再复习，还可以边做作业边复习，每一种方式都可以将作业做完，但从实际收获的效果来看，只有先复习后做作业效果最好。

在学习之初，有些同学并不能严格地按先复习后作业来进行，有时候感觉时间紧，或者想赶早把作业做完，于是就把复习环节省略掉了。以这样的态度做作业，很难快速形成习惯并固定下来。

如果你自制力不强，易受外界因素的影响，在培养先复习后作业习惯之初，可以把它们按顺序安排在你的作息时间表上，确定下来后，不找任何借口，在任何条件下都要严格地按计划进行学习，久而久之，自然就可以做到先复习再做作业了。

问题二：作业之前，只需要复习本堂课内容吗？

有些同学在作业之前，先把当天所学的课堂内容仔细复习一遍，理解清楚了，但在做题时却常常被以前学过的知识卡住，以致做题速度很慢，也经常出错。

作业要考查的基本知识有两块，一块为当堂课学习的知识；另一块为与本堂课知识密切相关的旧知识。因此，要想把作业做好，除了要复习本堂课内容外，还需要翻翻题目中涉及的旧知识，虽然这些旧知识并不是题目考查的主要对象，但它们是解题的基础。离开了它们，非但解不了题，甚至读懂题意都会有困难。

任何时候，不打无准备之战，这是避免犯错误的法宝，做作业也是如此。做作业之前，要对题目所涉及的内容做全方位复习，在知识上做好充分准备。

问题三：一旦遇到不懂之处，就马上翻开书本查找吗？

有些同学在做作业时，一遇到疑惑，马上就翻开书本查找，这样容易形成一种心理暗示，没复习好不要紧，反正待会做的时候再看书就知道了。在这样的前提下，事先进行的复习也不过是走走形式，不会真正掌握好知识。所以，在做作业之前，要告诉自己：抛开课本和笔记，我一样能出色地完成作业。

做作业需要一气呵成，如果确实遇到了难以解决的问题，也不要急着翻书，而是等这门课的作业全部完成后，再去查找、补查复习不到位的地方。这样，我们就能借助作业找到自己的薄弱点，进行有针对性的复习，补足知识上的缺陷。

3. 评估与发展

下面的表格可以帮助我们来了解自己目前的状态，评估自己处于哪个级别。如果你想达到优秀级别，最好先找准自己现在的级别，与下一级别的要求仔细对照，结合上文的建议找到改进的方法，及早实施。

	及 格	良 好	优 秀
自测对照描述	每次做作业之前，主动对当天课堂内容进行复习； 知识准备较充分，做作业时信心较足； 不借助资料，可以完成大部分作业题； 能通过做作业准确找出自己某个知识的缺陷，及时补足。	做作业之前认真复习，主动补习与作业相关的旧知识； 知识掌握全面，做过的题谁对谁错心中有数； 不借助资料，可以完成全部作业题； 能快速看出出题思路，发现题目考查的重点知识。	积极复习，能明确各相似知识点之间的区别，为准确答题做准备； 形成系统的知识网，感觉做题充满乐趣； 作业一气呵成，速度快，准确率高； 能快速看到题目涉及的知识，并有针对性地进行复习。
自我评价			
整改计划			

二、做题过程中有意识地动脑

1. 做题过程强调有意识动脑，增加做题收获

没有思考的学习，始终只是对知识的死记硬背，成不了大智慧。做题也一样，离开了做题过程的有意识动脑，做作业的收获将少之又少。

平时有些同学在做作业时，不讲究做题的方法与技巧，乱打乱撞，一味地追求速度，结果稀里糊涂就把作业做完了。可一旦回过头来，却觉得很陌生，记不起当初是怎么想起来这么做的，似乎做了很多题，自己却一无所获。

做题收获的多少，取决于做题过程中有意识地动脑的程度。做题时思考得越深、越全面，收获就越多。

我们曾做过一组实验，让学生们就同一道题提问，结果发现，成绩非常优秀的学生都能提出许多问题，而成绩差的同学往往提不出问题。由此说明，真正优秀的学生，平时做题时能积极主动地思维，强调有意识地动脑。

我们强调有意识动脑，并不意味着做题时可以天马行空，胡思乱想，而是需要针对解题的不同步骤，采用不一样的思考方式。只有思考得法，才能提高做题的速度，保证解题的准确性。

我们常常会发现这样的"神人"，他们看完题目后，马上就提笔答题，而且答题过程一气呵成，思路清晰，表面看起来，他们似乎没有经过任何思考就能把题目答好。他们真的那么"神"，不用思考就能把题答好吗？

其实，并不是他们"神"到不用思考，而是他们掌握了思考的技巧，把握好了思考的方向和度，解题的速度自然而然也就提高了。

在平常的做题过程中，我们可以有意地强化不同的思考思路。比如，读题时，我们可以边读题边思考，由题干想出许多相关的知识点；写解题步骤时，可以思考需要哪些步骤，哪些可以省略，形成精炼的解题法；检查题目时，可以总结自己从中获得了些什么。通过这些不同方向的思维，做题就不再枯燥无味，而变成了内涵丰富、趣味无穷的工作。

总之，强调做题过程中有意识地动脑，就要求我们应该独立做题，遇到困难，要自己开动脑筋，多想办法，坚定意志去完成。实在解决不了的问题，可以问问同学和老师，但决不能抄袭。

2. 做题过程中这样思考收获更大

解题过程分为读题、写解答步骤和检查题目这三个步骤，只要我们每一个步骤都能做到有效思考，做题的收获也就更大。

1) 我们建议这样读题

读题时的效果，解题的第一步的好坏，关系到做题质量的高低。如果读题时没有把题意弄明白，就很难把题目做出来；如果题意理解失误，曲解了题意，那么做出来的题肯定是错误的。由此可见，读题对于解好题有着重要的作用。

要快速准确地理解题意，我们需要注意以下几个问题。

问题一：读题时需要一边读题一边思考吗？

读题时，如果一边读题一边思考，不仅能提高解题速度，还能加深对知识的理解与记忆，增强知识的运用能力。

大多数情况下，我们都是读一遍题，甚至反复读很多遍题之后，把题目的条件都记住了，

然后再开始思考怎么做题。而有些同学读题时，不光记住题干，更注重思考，思考这些题干背后的意义。因此，通常在读完题目时，解题思路也就形成了，解题速度更快。

另外，养成边读题边思考的习惯，看到题目的条件时，就会思考由此得出的相应知识，比如，当看到"$a//b$"这个条件时，马上会想到：①两直线平行，同位角相等；②两直线平行，内错角相等；③两直线平行，同旁内角互补。这样，在做题过程中不仅仅是把题做出来，还顺带对基础知识进行了复习，而且这样的复习灵活性强，理解和记忆都更加深刻。

问题二：读题时，可以天马行空胡乱思考吗？

我们强调读题时思考，其目的之一就是为了快速把题目做出、做对。因此，读题过程中的思考全部是为做题服务的，必须按一定的路子进行思考。

有些同学在读题时，没有严格地按照题目的条件进行有效思考，下结论或提出问题过程中自己添加条件。比如在读到"4台机器1小时加工2000个零件"时，就提出"3台机器1小时能加工多少个零件"这样的问题。题中并没有涉及3台机器，提出这样的问题对于解题没有任何作用，属胡乱思考型。

强调读题时进行思考，并不意味着可以天马行空胡乱思考。虽然我们的思维速度很快，即使胡乱思考也不会花去很多时间，但胡乱思考会混淆题意，扰乱我们的思路，影响做题效率，久而久之还会影响我们的思维习惯，导致思维毫无章法、缺乏重点。

问题三：根据题目思考出的东西太少，就可以放弃边读题边思考吗？

通过以上讲述，我们已经知道，无论对于提高做题效率，还是巩固基础知识，边读题边思考都发挥了重要的作用。如果读题时思考不出来，或者思考出的东西太少，那么不仅不能放弃边读题边思考的做法，更要采取各种措施进行强化。

读题时，要求我们看到条件就想起相关的知识，得出相关的结论，而且这些大多都是基础知识。如果想不起来，或者想到的东西太少，就说明我们对基础知识掌握得还不够，还需要不断地加强对基础知识的记忆。

只有熟练掌握了各个知识点，明确它们之间的联系，才能在看到条件时，想起足够多的相关知识，为解好题服务。

2) 我们建议这样写解题步骤

解题步骤是我们对题目深入思考的外在表现，是别人检查我们做题好坏的依据。因此，写解题过程时需要注意如下两个问题。

问题一：每一道题都要一步一步地写出解题步骤吗？

翻开同学们的练习册，我们会发现许多同学一题题地认真做完，仔细地写下每一道题的解题步骤，整本练习册都写得满满的，而且很整洁、美观，可他们的成绩并不都很优秀，甚至一些同学成绩还很一般；而有些同学练习册稀稀朗朗，有的写得很多，有的则寥寥几字，甚至什么都不写，可学习成绩却非常优秀，这是为什么呢？

学生的学习时间有限，抽出来做题的时间也很有限，而题目是永远也做不完的。如果要把整本甚至几本练习册的题目都做完，并且写下全部解题步骤，这是一个大工程，需要花费很多时间和精力，把人累得够呛不说，收获却不一定会很大。

练习册甚至课本上的练习题中，会有一些非常简单的，甚至重复的题目，对于这些题目，我们只要在读题时形成解题轮廓就行了，没有必要把每一个解题步骤都写出来，那样会浪费很多宝贵的学习时间。

所以，许多优秀的学生并不很"乖"，他们并没有一一写下所有题目的解题步骤，对于很简单的或者已经熟练了的练习题，他们最多写下解题思路，惜墨如金；对于经典的题目，他们会泼墨如水，细致完整地写下解题步骤，甚至还洋洋洒洒地附上自己的想法及其他解题思路等。

问题二：写解答过程时，需要思考每一步怎么写吗？

在现在的中、高考试卷批改现场，每一位老师都会面对如山的试卷，眼睛都看累了，整个人都显得很疲惫，如果学生答题啰唆，条理不清，还涂涂改改，不免会让老师更加烦躁，容易判低分；如果遇到的卷面整洁，而且答题要点突出，过程精炼，老师精神就会振奋起来，通常给出的分数也相对会高一些。**而要做到精炼答题，就需要平时做题时，认真思考如何写解题步骤。**

脑海中形成解题思路后，要继续深入思考，形成一个清晰的解题轮廓，然后按这个轮廓写解题步骤，写每一步时都要想想这一步有没有必要，要保证写出的每一个字句都有其存在的必要性，让人一眼就看清你所表达的内容。

3) 我们建议这样检查题目

检查题目是做题的最后一个环节，是对做题的自我检查。通过检查做题的过程或结果，有时可以发现自己做题的失误之处，也可以从中总结出做题的收获。

检查题目时，我们建议要始终关注以下两个问题。

问题一：检查就是对对答案吗？

有些同学认为，检查就是对对答案，所以每次做完题后，马上翻开参考答案进行对照，或者急急忙忙地找同学对答案。其实，这并不是最主要、最有效的检查方式。

在检查题目时，不能光靠对答案来发现自己做题的正误，要强调自己的主观思考，培养离开参考答案自主检查的能力。要知道，平常我们可以对答案，发现并纠正自己的错误，但考试呢？考试时我们不能对答案，难道就没有办法检查了吗？

检查的方法很多，比如数学中可以将答案代入验证，也可以检查解题步骤，看有没有疏漏或者错误的地方，等等。总之，不管用什么方法，不要做完题之后就匆匆忙忙对答案，可以先自己仔细检查一遍，培养自我发现错误的能力。

问题二：有必要总结做题收获吗？

有些同学一个接着一个做题，表面看起来很认真、很卖力，做之后似乎满脑子都是题，但却说不上从中得到了什么，只是感觉到稀里糊涂地就把题做完了。这是一种事倍功半的做题方法。

要改变这种现状，就需要多对做过的题进行总结，找找自己从这些题中获得了什么，是巩固了知识点？还是学到了新的解题方法？等等。这样日积月累，学习的收获就会越来越多，解题就会越来越得心应手。

因此，做题时我们可以树立这样的意识观念，如果做完一道题，自己说不出甚至感觉不到从该题中获得了什么，那就意味着自己没有真正地将这道题做出来。

3. 评估与发展

下面的表格可以帮助我们来了解自己目前的状态，评估自己处于哪个级别。如果你想达到优秀级别，最好先找准自己现在的级别，与下一级别的要求仔细对照，结合上文的建议找到改进的方法，及早实施。

	及　　格	良　　好	优　　秀
自测对照描述	养成边读题边思考的习惯，但想出来的知识不多； 时常需要读两遍以上题目，然后才思考解题思路； 写解题步骤时经常犹豫不决，时常涂涂改改； 主动对答案，重做错题。	读到题目条件时，能想起全部相关知识，但所花时间过长； 每次读完题之后，时常需要花些时间思考解题思路； 写解题步骤时能较快完成，保持卷面清洁； 常常能脱离参考答案，自主进行检查，纠正做题的失误。	由题目条件能迅速想出全部相关知识； 读完题目，解题轮廓立即形成，读题与提笔写解题步骤之间间隔时间很短； 写解题步骤时能一气呵成，思路清晰，简洁精炼； 自主检查题目，重视做题收获的总结。
自我评价			
整改计划			

三、对做过的题进行反思

1. 对做过的题进行反思，事半功倍

做错的题会一错再错，做对的题又老忘记……很多同学为此倍感困扰，怎样才能避免类似的情形发生呢？

对做过的题进行反思，这是一个行之有效的好方法。

反思做过的题，在很多同学看来似乎有些费力不讨好，有空余的时间还不如多做两道题呢。这样想就大错特错了。

因为无论题目做对还是做错，只要进行反思，我们的大脑都会经历新一轮的思考。

一道题做对了，我们可以问问自己是真的掌握了知识点，还瞎蒙乱碰出来的？能不能找着更好的解题方法？这道题是一般的题目，还是值得花大力气总结的经典题型……

一道题做错了，我们可以问问自己为什么会错？能不能找着正确的解题方法？自己在知识点的掌握上还有什么遗漏？是否有必要再做些有针对性的练习……

这些思考既能帮助我们快速地总结出解题的规律和技巧，更能检测出我们在学习上的薄弱环节，有利于对症下药。**只要反思到位了，这种表面的浪费实际是帮我们节省了时间，提高了学习的效率。**

这一方法被很多的优秀学子视为宝贵的学习经验。一位北大的学生在上中学时，数学成绩很不好，做了大量的习题，成绩也没有提高。在老师的指导下，她开始对做过的题进行反思。不管对错，每道题都不放过。经过这样的努力，她的数学成绩果然有了质的飞跃。

我们发现，不少同学也是很喜欢做题的，而且常常一做完题就迫不及待地对照答案，错了的就更正，对了的就不再看了。这样看起来没有浪费时间，却不会有多大的效果。

"学而不思则罔"，做题也一样。与其花费大量的时间和精力投身于题海之中，还不如花少量的时间来反思做过的题。掌握了这种事半功倍的方法，学习效率自然能大大提升。

2. 我们建议这样反思

简单来分，做过的题分为两类：一类是做对的，一类是做错的。我们反思时，这两类题的侧重点是不同的，要注意的问题也有所不同。

1) 做错的题我们这样反思

同学们一般都比较重视做错的题，会认真地对错题进行分析，从中汲取教训。但往往花了很大的力气，却得不到好的回报，这就是方法的问题。要使我们的反思更加有效，我们应注意以下几个问题。

问题一：怎样总结做错的原因？

有的同学反思错题时，只是简单地看看标准答案，了解一下解题思路，而忽略了分析错题的原因。这样的做法是不明智的。

在总结原因的时候，我们首先要查明错误出在哪里，做一个标记，这样能使错误更加明显。再仔细地思考为什么会做错，是基础知识掌握得不够牢固、解题方法出了错、没看清题意，还是其他原因。然后，把自己分析的原因写在旁边。这样做，一方面可以弥补自己的不足点，加深印象；另一方面可以使日后的复习更具有针对性。

问题二：如何找到正确的解题方法？

找到题目考查的知识点，才可能找到正确的解题方法。

我们阅读题目时，要先仔细地阅读条件，从条件中找到知识要点(把具体的条件变成抽象的理论)；再认真地看问题，把条件和问题联系起来，分析两者之间的关系，从中发现出题者的意图，找到最为关键的知识信息点。沿着这样的方式，才可能找到正确的解题方法。

问题三：找到一种正确的方法就万事大吉了吗？

我们采用不同的方法解答同一道题时，会发现有的方法很快就能得出正确的答案，有的方法则花了很长的时间还得不到正确答案。

因此，解题方法的得当，往往会关系到我们解题的正确率和速度。有时候，即使我们掌握了知识点，但方法运用不当，也会使整个解题过程变得十分复杂，浪费不必要的时间。当我们找着一种正确的方法时，还要思考是否有其他更好的方法。好的解题方法应该是又快又准的。

问题四：需要专门备一个错题本吗？

备错题本非常有必要。我们复习时，只要翻看错题本就行了。这既节省了时间，又增强了记忆。

但要使错题本做得到位，最好是以下面的形式将错题记录下来。

题目；

错题的解答过程；

分析做错的原因；

正确的解答过程；

小结。

这样，错在哪儿、为什么错就一目了然了，复习起来十分方便。

2) 做对的题我们这样反思

我们知道做错的题是需要反思的。做对的题也需要反思吗？**当然，做对的题也是有必要反思的**。通过反思做对的题，我们能够总结解题经验，深入了解知识点。为了使反思更有效，我们要注意几个问题。

问题一：还需要认真读题吗？

很多同学在重新读题的时候，只是很匆忙地看了一下条件和问题，马上就去看解题方法了。可是，这样的读题方式往往得不到好的功效，反而常常起到反作用。

我们通过认真读题，能够找出出题者的意图，出题者的意图是解题的突破。只要掌握了意图，解题思路就清晰了。在重新读题时，我们要认真分析条件和问题的关系，弄清楚出题者要考查哪些知识，找出他的意图。

通过这些经验的积累，在做题时，只要看条件和问题，就可以立即知道解题的着手点了。

问题二：还要寻求新的解题方法吗？

有些同学十分注重结果，只要能得出正确的答案，过程怎样都不重要。其实，过程才是最重要的，没有过程就没有结果。

许多题目的解法不是只有一种，特别是理科题。我们找到一种正确的解题方法后，还要思考是否能从其他的角度来解题。从其他的角度来思考，如果是正确的解法，要想想各种解法之间的联系和区别；如果不是正确的解法，要思考不能这样解答的原因。

问题三：需要把解题方法全部背下来吗？

不需要。运用解题方法，一个重要的原则就是灵活。

有些同学知道解题方法很重要，于是就把解题方法给死记了下来，在做题的时候直接套用所记的方法。结果当然不令人满意了。为什么会这样呢？

这是因为他们并没有理解解题方法。**题目是灵活多变的，稍有变动，就会造成答案的改变。如果死套方法，只要题目有所变化，答案就错了。一旦理解了解题方法，掌握了解题的精粹，无论题目怎样变化，都能应变自如。**

问题四：经典题要记下来吗？

经典题是指具有一定的代表性、针对性和适用性的题。像老师在课堂上补充的题一般都是经典题。

经典题具有典型性，包含了同一类型题的共性。如果可以通过一道题，来掌握这类题的特点，做到一通百通，我们是不是应该把这样的题记下来呢？像记错题那样也准备一个小本，把认为有价值的那些题记下来，不时地翻开看看，加深记忆。考试的时候，遇到同类型的题就不会害怕了。

3. 评估与发展

下面的表格可以帮助我们来了解自己目前的状态，评估自己处于哪个级别。如果你想达到最优秀的级别，最好先找准自己现在的级别，与下一级别的要求仔细对照，结合上文的建议找到改进的方法，及早实施。

	及　格	良　好	优　秀
自测对照描述	重视做过的题，会对它们进行总结；基本上能够通过重新读题发现自己在知识上所存在的不足；对错过的题进行总结，避免再错，但是对做对的题比较忽视；很少会注意到多种解题方法，基本上只搞清楚错题的原因。	有意识地寻找解题规律，比较善于总结；能够通过重新读题及时地发现自己的薄弱点，并对自己的不足进行有效的练习；做过的题无论对错都会进行反思总结，基本上不会再犯相同的错误了；比较灵活地运用解题方法。	能很好地弄清解题思路，善于寻找解题规律；通过重新读题迅速地发现自己的水平程度，使平时的练习更有目的性和针对性；经过总结反思后，不会犯相同的错误；能从不同的角度对题目进行思考，灵活运用多种解题方法，做到举一反三。
自我评估			
整改计划			

四、有选择性地做题

1. 有选择性地做题，才最有价值

做题既能考查我们对知识点的掌握程度，提高灵活运用知识的能力，还能帮助我们激发学习的热情，开阔发散思维，积累解题经验。要想提高学习成绩，当然需要做题了。

可是，我们似乎有做不完的题，桌子上堆得厚厚的是练习题，黑板上写得满满的也是练习题，书包里装得鼓鼓的还是练习题。难道题目做得越多，我们的成绩就会越好吗？

无论我们怎样勤奋和努力，也不可能做完所有的题。但是，只要掌握了诀窍，不需要做大量的题，也有可能获得最大的收益。这一诀窍是：**有选择性地做题**。

许多同学漫无目的地做题，只要是市面上有的，一律买来做。那么多的习题，每本都做一点，缺乏针对性和系统性，结果就像捡了芝麻，丢了西瓜。

盲目地做题实在是费力不讨好。不仅浪费时间和精力，也难以提高学习成绩。唯一的好处就是心理上有所安慰。只有选择性地做题，才有可能提高我们的学习成绩。

我们在选择题目时，首先要思考一番。

问问自己这些题是否适合我们的实际水平？是否能提高我们的学习成绩？要多花时间做些什么样的题？怎样才能获得它的价值？等等。

这些思考能帮助我们正确地认识自我，能使选择的题更具有针对性和系统性。然后，我们有目的性地选择最典型的题目，把每一道都弄明白。

只要题目选择对了，我们就能节省时间，提高学习效率，成绩也会突飞猛进。

2. 我们建议这样选择

题目各式各样，看得我们眼花缭乱。怎样从千万种题目中挑选出适合自己的题，我们要注意以下几个问题。

问题一：**什么是择题最重要的准则？**

最重要的准则是根据个人的实际水平来选择。

针对自己的薄弱环节，选择一些相应的练习。如果是基础知识不好，就应该做一些基础性强的题，特别是教材上的例题。

例如，某位同学针对自己的实际能力选择了一套很好的练习题，他把练习题中的每一道题都吃透了，学习成绩也很快提高；另一位同学更加刻苦，买了许多种练习题，每套都做一点，也做了很多的题目，可是成绩没见有长进。这两位同学的区别就在于做题是否有针对性。

针对自己的实际水平来选择练习题，做一道题尽量达到做多道题的功效，也就是我们每做一道题都要使它实现最大的价值。

问题二：**还需要做基础题吗？**

有些同学认为基础题很简单，没有挑战性，不值得去做。这样想就错了。

有些同学的成绩经常会出现大起大落的情况，为什么会这样呢？就是因为基本功不扎实。"九层之台，起于垒土；千里之行，始于足下。"没有扎实的基本功，成绩不可能稳定。

平时的考试，一般考得比较基础，只有个别的难题。基础题回答正确了，就能得一个比较高的分数。如果基础打得牢，会灵活运用知识，成绩自然就会稳步提高。实际上，难题的突破点也不过是灵活转化了的基础知识。

所以要多做基础题，比如教材上的那些题，训练好基本功。这样，不但不会浪费时间，反而会提高我们的学习成绩。

问题三：多做难度大的题就一定能提高成绩吗？

如果我们基础很好的话，就可以选择一些难度稍大、层次较深的练习题，这样可以提高学习成绩，但是不能一味地认为题目越难就越好。

有些同学喜欢专攻难题怪题，常常会为了解答一道高难度的题而陷在那里。

比如，某位同学为了提高自己的数学成绩，做大量的奥数题。每天都把时间花在苦心钻研这些难题上。不仅浪费了其他科目的学习时间，还占了大量的休息时间，结果不但成绩没有提高，还使自己丧失了学习数学的热情。

因此，平时在难题、怪题上耗费太多的时间是不划算的事。经常无法解答出题目则很容易挫伤我们学习的积极性和自信心。

问题四：学得好的知识点还要大量做题吗？

有的同学明明把这个知识点吃透了，还要做很多的题来进行巩固，这不是在浪费时间吗？我们要学的东西很多，而时间却十分有限。如果不能合理地安排时间，就会顾此失彼。

为了提高效率，我们需要合理地安排学习时间。对于学得好的知识点，我们可以少花点精力和时间，做一些典型的题就行了，用不着大量做题。我们可以把更多的时间花在学得不好的知识点上，多找些习题针对弱点进行练习，以弥补这方面的不足。

问题五：同一类型的题有必要多做吗？

同一类型的题是指在已知条件和所求问题上都具有相同特征的题。我们做题应该选择具有广泛性并能代表同一类型的题来做，但是同一类型的题不必做太多。

比如，"一个长方形它的长为6分米，宽为4分米，求它的面积是多少？"和"一个长方形的面积是18平方分米，长是6分米，求它的宽是多少？"这两道题，仔细观察就可以发现它们属于同一题型，练习过几道同一题型的题后，再看到这种题就没有必要花时间做了。

问题六：有必要做些零散的题吗？

我们在平时学习中，会遇到各种各样的题目。虽然这些题目可能良莠不齐，但不可否认，其中一定会有可以给我们带来启发的题目。

对于这些零散的题目，我们有必要把它们收集起来，做成一本精华习题集。这些习题可以是偶然从同学的参考书中翻到的，可以是某一张试卷上的，也可以是老师在课后推荐的。**我们可以通过做这些习题，获得一些灵感。在考试的时候，遇到陌生的题也不会紧张，因为这些灵感可能会给你带来意想不到的惊喜。**

问题七：需要做老师补充的题吗？

老师补充的题目一定要认真完成。

有许多成绩好的同学认为老师补充的题目太简单了，没有必要去做，宁愿去做大量的辅导资料。但是，要知道老师凭借多年的教学经验和深厚的专业功底，他们能十分准确地判断一道题是否有价值。

由于时间有限，老师不可能在课堂上把他们认为的好题目全部反映出来，只好以课余补充的形式出现。

我们应该把注意力多放在老师推荐和补充的题上。因为这些题目是老师多年教学经验的浓缩，更有代表性。

3. 评估与发展

下面的表格可以帮助我们来了解自己目前的状态，评估自己处于哪个级别。如果你想达到优秀级别，最好先找准自己现在的级别，与下一级别的要求仔细对照，结合上文的建议找到改进的方法，及早实施。

	及　格	良　好	优　秀
自测对照描述	会有选择性地做题，但针对性还不强，有些题还不太适合；重视基础题，但也大量做难题；不太留意课外练习中的经典题。	能有意识地针对自己的实际水平有选择性地做题；注重基础，适当地做些难题；适当地做些课外练习，有意识地留意一些典型题。	面对众多的题，能快速地从中挑选出适合自己的题；选择具有针对性和系统性，重视基础题，有选择性地做些难题；善于从课外练习中捕捉典型题。
自我评估			
整改计划			

五、理解而非套用(针对公式)

1. 理解而非套用，才能举一反三

随着年级的增高，我们学的知识也越来越复杂，要运用的公式也越来越多。特别是像数理化这样的科目，有面积公式、体积公式、函数公式、重力公式、化学方程式，等等。这么多的公式，一看到，就会让人望而生畏。而且，有些公式很相似，不小心就会混淆；有些公式很复杂，老是记不全；有些公式条件多，容易出错……

做题目时，特别是理科题一般都要运用到公式。公式用得是否得当往往会影响到题目答案的正确与否。因此，我们把公式掌握好了，也就不担心考试了。

面对各种各样的公式，要记下已经很难，还得要学会灵活变通。有什么好办法能达到便于记忆又会灵活运用的效果吗？实际上，有一个方法可以帮助我们。

理解而非套用公式。

有些同学做题时，只是套用公式，不去感悟公式的内涵，导致做题很机械，缺乏灵活性。由于自己没有理解公式，变通能力很差，当题目灵活性增强时，就会觉得题目很难，无法做出。

只有理解了公式，才能做到一通百通。因此，我们应该把书上的公式纳入自己的知识体系，深刻地理解公式的内涵，做到能为我所用。

在学习公式的时候，我们可以多思考，这一公式是通过什么原理推出的？我自己能推导出来吗？它在什么情况下才能使用呢？从它还能推出别的结论吗？等等。

在运用公式的时候，我们可以多想想，能否通过这道题推论出这个公式？还要注意什么条件？等等。

这些思考能帮助我们很好地领悟公式的内涵，更能增强我们灵活运用的能力。只要理解了公式，无论是灵活性强的题，还是综合性强的题，都用不着害怕了。

机械地套用公式就如同刻舟求剑。学会理解公式，把书上的知识转化为自己的，认真地体会、感悟。只有正确理解了公式，我们才能举一反三。

2. 我们建议这样理解而非套用公式

学会了公式，才会运用公式。我们把理解公式分为两个过程：学习公式和运用公式。不同的过程有不同的重点。

1) 学习公式时这样理解

学习公式是掌握理论知识的过程，它直接影响我们对公式的运用。这一过程十分重要。在

学习公式时，我们要注意以下几个问题。

问题一：公式从何而来？

有些同学不注重例题，总觉得反正老师在课堂上已经讲了，再花时间就太浪费了，还不如多背几道公式。这种想法本身就是错误的。

最典型的题就是例题，公式一般就是从教材的例题中推导出来的。要理解公式的内涵，首先必须要弄懂例题。不仅是能听懂、看懂例题，还需要自己动手做一做题目，动手推导公式。多想想，如根据哪些条件能推导出这一公式？每一个条件都有什么样的作用？什么是公式最核心的内容？把这些问题想清楚了，我们才能正确地理解公式。

问题二：死记硬背就行了吗？

学习公式的时候，不要满足于记忆，更重要的是理解。

有些同学觉得公式很难记，就背一些顺口溜便于记忆。这样的方法对初步学习很有效，但是会使我们长期停留在记顺口溜这一水平上，而忽视在理解的基础上记忆这一要求，也忽略了知识的系统性。**我们记住公式本身并不是目的，必须对公式消化吸收**。而死记硬背的结果只是记住了公式，并没有理解和吸收公式。

理解了公式，才能把公式纳入自己的知识体系之中。只有成了自己的知识，才能灵活地运用。

问题三：还要思考公式之间的联系吗？

公式是通过一定的逻辑规律推导而来的，逻辑之间相互联系，因此有些公式之间存在着千丝万缕的关系。我们在学习的过程中，应该思考能否通过一个公式或多个公式再推出其他的公式。

比如，通过 $(a+b)^2=a^2+b^2+2ab$、$(a+b)^3=a^3+3a^3b+3ab^2+b^3$这些公式，我们能找出它们的规律。按照结合次数和项数的规律就可以直接得出 $(a+b)^4$的结果。

从这个公式推导出别的公式来，不仅能加深我们对公式的理解，还能增强我们学习的主动性。

2) 运用公式时这样理解

运用公式的过程是一个实践的过程，在实践中我们可以检验自己学习的程度，检测我们是否能正确地理解公式。在运用公式时，我们来看看要注意哪些问题。

问题一：做题时能直接套用公式吗？

我们很多同学做题时，一看完题目，不经思考就马上套用公式做题，求出它的结果。这种做法是不明智的。

在做题的时候，我们先把题目认真地阅读一遍，一边读题一边分析，再仔细地思考怎样运用公式，应该用什么公式。

比如题目"一套课桌椅共53元，每张课桌比每把课椅贵17元，求课桌、课椅各多少元？"我们在读"一套课桌椅共53元"时，就应该想到"1张课桌的钱 + 1把课椅的钱= 53元"，当读到"每张课桌比每把课椅贵17元"就想到"如果每把课椅再贵17元，就与课桌的价钱一样了，这时，1张课桌的钱 + 1张课椅的钱=53+17(元)，由于此时课椅的价钱和课桌的一样。因此，可以认为70元是2张课桌的价钱，除以2就得到1张课桌的价钱。即课桌的价钱为 (53+17)/2=35(元)""如果每张课桌再便宜17元，那么每张课桌的价钱就与每把课椅的价钱一样了……"

经过这样一番思考后，我们再利用公式算出答案，才算是透彻地理解了公式的内涵。

问题二：运用公式需要条件吗？

运用公式时，我们要注意看清公式的附加条件，有些公式不是在任何情况下都能运用的。

我们做题时，很少注意这些。一般是看完题目，觉得是用到某某公式，就直接套用了，很少仔细地琢磨。这样，往往忽视了公式的附加条件。

像浮力公式"$F_浮 = G_物$"，这个公式只适用于物体漂浮或悬浮。如果我们没有很好地理解公式的含义，在其他的条件下也使用了这个公式，这道题就会做错。

问题三：在忘记公式的情况下，如何做题？

有些同学如果做题目时忘记了公式，这道题就做不出来。因此，一提到公式就头疼，不知怎样才能记下这些复杂的公式。

理解了公式，才会更加深刻地记住公式，即使在遗忘公式的情况下，也可以自己推导出来。公式是在一定的逻辑基础上推导出来的，我们只有掌握了它的逻辑推理，才能把公式推导出来。

比如我们忘记了 $(a+b)^3$ 的运算公式了，就需要自己把它推出来，$(a+b)^3 = (a+b)^2(a+b)$ $=(a^2+b^2+2ab)(a+b) = a^3+ab^2+2a^2b+a^2b+b^3 +2ab^2 = a^3+3a^2b+3ab^2+b^3$。

这样的推导，不仅加深了记忆，还能对这一公式有更深层次的认识。即使在不记得公式的情况下，也能做出题来。

3. 评估与发展

下面的表格可以帮助我们来了解自己目前的状态，评估自己处于哪个级别。如果你想达到最优秀的级别，最好先找准自己现在的级别，与下一级别的要求仔细对照，结合上文的建议找到改进的方法，及早实施。

	及　　格	良　　好	优　　秀
自测对照描述	不满足于记忆公式，经常对公式进行思考，能够理解它的内涵；基本上能从例题中推理出公式；做题时，先分析题目的条件，后运用公式；很少联系其他的公式来分析公式之间的联系。	自觉地对公式进行思考，比较快地理解它的内涵；对公式十分熟悉，能够很快地推导出公式；努力弄清楚公式运用的范围，做题时，先分析题目，再运用公式；有时会分析公式之间的联系，但主动性不强。	通过对公式认真地思考，能够迅速地理解它的内涵；熟练地推导出公式，并能做到为我所用；认真地分析题目中的每一个条件，根据实际情况运用公式；把各个公式联系起来，分析它们之间的关系，并能够推出自己的公式。
自我评估			
整改计划			

六、热心给别人讲题

1. 给别人讲题，实际上就是帮助自己

有些人总觉得帮助别人就一定会让自己受到损失。其实很多时候帮助别人并不意味着自己吃亏，任何人都离不开别人的帮助及帮助别人。

帮助别人就是帮助自己，在给别人讲题时，同样具有深刻的含义。

给别人讲题会让我们超越自我。在给别人讲题时，我们的大脑处于极度活跃的状态。如常言所说的"要给人一杯，自己先要有一桶"，我们会像老师那样，为了帮助同学，对自己提出更高的要求。这样一努力，我们很容易就超出了原有的水平。

给别人讲题还会让我们获得更多的自信。给别人讲题时，我们会全身心投入，内心积极、自豪，且充满自信。因为我们的学习价值在帮助别人的过程中得到了完美的体现，而这种自豪也会促使我们在以后的学习中充满热情和活力。

给别人讲题能帮助我们更好地理解竞争与合作，加强和同学之间的交流。有人认为，给别人讲题特别傻，不仅耽误时间，还可能让对方在考试时超过自己。其实并不是这样的。**同学之间除了竞争，更多的应是合作与交流的关系，在这个需要合作的时代，我们应该用自己的真诚和善良得到更多的合作和成功。**同学之间在相互的帮助中，能力和成绩都得到了提高，就如同在体育比赛中，整个小组的成绩都提高了，这个群体在整个人群中的位置就整体向前挪动了，大家就都前进了。

很多人不愿意给别人讲题，有的甚至还嘲笑那些给别人讲题的人，可是反过来想一想，假如是自己问别人题目，别人也抱有同样的心态，我们会怎样想呢？不是同样会感到失望吗？

我们看到，很多平常热心给同学讲题的同学，自己的学习成绩非但没有受到负面影响，反而不断上升。说到底是他们在给别人讲题时付出了，也收获了。帮助别人的同时也强大了自己。

2. 这样给别人讲题，对自己帮助最大

当同学有不会的题目时，要尽可能地给予帮助，这种帮助并不仅仅是在帮助别人，实际上也是在帮助自己。那么，怎样才能在给别人讲题的同时，让自己也得到最大的帮助呢？有这样一些问题值得我们注意。

1) 讲题前要有准备

可能有人会说，别人拿着题目过来问，自己给他讲就行了，还用做什么准备啊？很多人可能忽略了这重要的一点，其实是不明智的。**在给别人讲题前，我们不仅要做好知识上的准备，也要做好心理上的准备。**

问题一：别人来问，自己就讲吗？

有的同学很愿意帮助别人，这固然是好事。但若不管三七二十一，只要别人来问，就给对方讲解，却也显得有欠考虑。

为什么呢？

我们首先要考虑到同学问的问题是不是真的需要我们帮助讲解。有的同学问的问题很简单，可能是没有好好看书，或者粗心大意引起的。在这种情况下，就没有必要给对方讲解，只要提醒他该怎么做就可以了。如果确实是因为同学在知识的掌握上有问题，或者是在哪个知识点上转不过弯来，这时就有必要进行讲解了。

所以，即使是帮助别人，也不是来者不拒的。

问题二：同学问的问题自己也不会怎么办？

这是经常出现的情形，大家对某个知识点的认识同时存在疑问是很正常的。这时，我们需要做这两件事。

(1) 不要因为爱面子而不敢说自己也不会，最好老老实实告诉同学，这个问题自己也不太懂；

(2) 和问自己的同学一起，去请教老师或者是懂得这个问题的同学。"三人行必有我师"，只要虚心求教，一定能找到答案。

问题三：别人来问问题，自己很忙或者心情不好，可以不回答吗？

也许你正在为某道难题绞尽脑汁，或者正忙于做某科的功课，或者正好心情不好，恰巧有同学拿着不会的题来问你，你应该怎么办呢？

我们要注意控制好自己的情绪。无论你是处于焦急、不安、沮丧或者任何别的不良情绪中，面对来问题目的同学，都要记住，他们是来问问题的，而不是自己的"情绪垃圾桶"。如果你不确定自己能否控制自己的情绪，可以真诚地向同学提出建议如"对不起，我现在情绪不好，过一会儿再讨论这个问题好吗？或者你去问问别的同学？"等等。这样处理，比硬邦邦地对同学说"别烦我"等话要好得多。

同学找我们问问题，我们给同学讲题，其实也是在进行一种人际交往，如果因为自己的主观情绪影响到这种交往，是很不利的。

2) 讲题也要讲方法

虽然我们不是老师，只是偶尔给同学讲解一些题目，但这并不等于可以信口开河，随随便便讲完，敷衍了事。要给同学把题讲好，有一些问题需要注意。

问题一：最好的方法是拿到题目就讲吗？

很多人习惯拿到题目就讲，认为那样最节省时间。其实不是的。最好的办法是在讲解之前，先分析同学的问题到底出在了哪里，思考他为什么不会，根本原因是什么。明确了这些，才好对症下药。否则虽然帮助同学找到了正确的方法，却没有帮助他纠正错误的根源，只会是"治标不治本"。

问题二：按照自己的做题思路重讲一遍就行了吗？

有的人给别人讲题时，习惯于按照自己的解题思路重新讲一遍。表面上是为别人指出了正确的道路，但实际上这样讲题很难真正讲透。

要想给同学讲透一道题，必须细细揣摩，思考怎么讲，从什么地方入手最好，讲哪几句话最有用等。必要的时候还要揣测同学的心理活动，想想他是否能听得明白，看看他是不是还有疑问，是否需要改变讲解方法等。

由此可见，在给别人讲题的时候，帮助别人是具体的，帮助自己是无形的，而无形的往往比具体的更有意义。

问题三：自己会了，但讲解不出来是怎么回事？

有的人讲着讲着会发现，自己会的东西，却无法表达给同学。也就是说能将题目解出来，但讲不出来，这是怎么回事呢？

原因在于他的解题思路可能仍然不够清晰。我们要给同学讲题，首先必须重新整理自己的思路，从解题过程中找出蕴藏着的规律。有的同学常常因为做出了题目就沾沾自喜，以为自己都懂了，殊不知还存在一些知识漏洞。给别人讲题就能帮助我们发现自己还缺少什么，便于平时进行弥补，从更高层次上要求自己。

问题四：别人对自己提出质疑，我们可以忽略吗？

有时候问问题的同学可能会在听我们讲解的过程中提出质疑，无论对与不对，我们都不能置之不理。

从知识的掌握上来讲，一道题目可能不止一种解题方法，如果同学在质疑中表达的是一种更好的方法，我们有什么理由不虚心学习呢？即使他错了，通过进一步的讨论和讲解，我们和同学对这个知识点的理解肯定会进一步深化。

而从人际交往方面来看，帮助别人的同时，也是在帮助自己的心灵，让自己的心灵得到升华，让自己的心境变得博大，能听得进去别人的不同意见，成为一个受欢迎的人。

3) 讲完题目还要做工作

有的人给别人讲题目，常常是一讲完就回到自己原来的事情上去了，根本没有想到过，题目讲完之后还有学问。不过，这些学问常常是隐藏着的，关键是我们能不能发现。

问题一：同学会做题了就可以了吗？

有的人给人讲题，看见同学弄懂了、会做了，就再也想不到其他的事情了。其实，还有一个重要的工作没做呢！同学来问题，肯定是在知识的掌握上存在漏洞。从某种意义上来讲，教同学怎么做题远远没有帮助同学修补知识点的漏洞更重要。所以，讲完题目后的一个重要后续工作就是帮助同学修补知识上的漏洞。即使同学不那么乐意，也要给他讲清楚其中的利害关系。

问题二：同学懂了就跟自己没关系了吗？

有的人认为给同学讲题确实是在帮助自己，他们也给同学讲题，却白白放过了一个大好的机会。为什么这么说呢？其实我们给同学讲题，也能检查自己对知识的掌握情况，包括自己在某个知识点上是否也同样存在漏洞。就像一面大镜子，既能照见别人的缺点，也能照见自己的缺点。

有的人讲了题目之后，看见同学懂了就觉得跟自己没关系了，实在是有点对自己不负责任。同学问的问题，可能有典型的例题，可能有复杂的难题，可能包括极容易混淆的知识点，是值得我们反思的。**至少我们也能提醒自己以后应该避免犯类似的错误，而对那些很有保留价值的题目当然也不要忘记在自己的笔记上写上一笔。**

3. 评估与发展

下面的表格可以帮助我们了解自己目前的状态，评估自己处于哪个级别。如果你想达到优秀级别，最好先找准自己现在的级别，与下一级别的要求仔细对照，结合上文的建议找到改进的方法，及早实施。

	及　　格	良　　好	优　　秀
自测对照描述	了解给别人讲题是很有必要的，明确对自己和别人的好处； 别人来问题，会热情地讲解，但思路还不太清晰； 有时候自己情绪不好，不愿意给别人讲题； 别人会做这道题目之后，自己就不再做别的工作，接着做之前的事情； 对别人的质疑不太理睬。	经常给别人讲解题目，基本是按照自己的解题思路给别人讲题； 自己情绪不好或学习很忙时，会委婉提出自己的建议，而非生硬拒绝； 讲完题目之后，还会提醒对方巩固相关的知识点； 对别人的质疑常常不知如何回应，有时会让对方找其他人解答。	讲题之前先分析对方的问题出在何处； 很有耐心，一般不受不良情绪的影响； 重新调整自己的思路，找到题目中蕴藏的规律，然后讲解题目； 会适时根据对方的反应调整讲题的方式； 讲完题目之后，帮助对方巩固相关知识点，自己也会及时总结，避免知识漏洞的产生。
自我评估			
整改计划			

第五章　克服不良学习习惯

　　每个人接受学校教育、进行学习都不是从一张白纸开始的。苏联著名的心理学家、教育家维果茨基认为，教育不是从学校开始的，而是从家庭开始的，是从婴儿诞生那一天就开始了。这个观点已经为大众所接受。从这一角度来看，对于大多数人来说，注意到要培养学习的习惯问题时，早已在潜移默化中形成了一定的习惯。而这些习惯有些是有利的，有些则是需要改正的。例如，比较普遍的不利于学习的习惯包括厌学、马虎、没有目标、没有计划、磨蹭、不专心六个方面的习惯。

第一节　纠正厌学的习惯

一、定义和内涵

　　虽然"知之者不如好之者，好之者不如乐之者"。但对于很多人而言，不论学习成绩好的，还是学习成绩不好的，其学习都带有浓厚的"苦学"色彩，他们都怕学、厌学。为什么他们无法体会和享受到学习中的快乐呢？因为学习成绩不好吗？那为什么学习成绩好的人也如此呢？可见"苦学"并非取决于学习成绩。那真正"乐学"的人又"乐"在哪里呢？

　　调查发现，"厌学"和"乐学"的人最大的区别在于对待学习的心态。"厌学"的人，多数把学习当成一件父母、老师要求做的苦差事来看待，把知识仅当作了为了通过考试和获得高分而必须掌握的，因此学习时往往很不投入、很不情愿，不注意总结经验和扩展，被教学拖着往前走，非常被动，学习效率常常比较低，效果自然也比较差。所以"厌学"的人在中小学阶段，在各种学习要求和压力下被迫努力，即使取得的学习成绩还不错，可是一旦没有了这些要求，常常会放弃学习，不再努力，变得颓废堕落。而"乐学"的人，并不把学习成绩看得很重，他们主动去寻找有意义的书籍、报纸、杂志等，从生活的方方面面收集信息，充实自己；他们一旦开始学习，就非常投入，很少分心；对发现的问题喜欢追根究底，弄清来龙去脉；对学到的知识经常举一反三地运用，与实际生活联系起来；他们把学习当成自己的事，无须老师和家长的提醒，合理规划和安排自己的学习和生活。可以说，对"乐学"的人而言，学习是理解生活、理解社会、理解自然的方法，通过学习解决遇到的各种各样的疑难和问题，从中获得成就感。

　　简而言之，"厌学"的人对待学习的心态是消极、被动的；而"乐学"的人对待学习的心态是积极、主动的，学习获得的知识使他获得成就感，而成就感又促使他获得更多的知识，取得更多的成就。所以，"厌学"的人常常陷入学习的恶性循环，"乐学"的人则能进入学习的良性循环。

二、纠正要点

积极的心态，是治愈厌学的首要法宝。

麦琪是学期中间被调到这个学校的，校长要她当四年级B班的班主任，说这个班级的学生很"特别"。

第一天走进教室，麦琪先被吓了一跳：横飞的纸团、架在桌子上的脚、震耳欲聋的吵闹声……整个教室活像混乱的战场。麦琪翻开讲台上的点名册，看到上面记录着20名学生的IQ(智商)分数：140、141、160……在美国，学生入小学都要测试智商，按智商分快慢班。正常人的智商在130左右。麦琪恍然大悟，噢！怪不得他们这么有精神头，原来小家伙们个个都是超常儿童！麦琪为能接手这么高素质的班级而暗自庆幸。

刚开始，麦琪发现很多学生不交作业，即使交上来的也是潦草不堪，错误百出。麦琪找孩子们单独谈话。"凭你的高智商，没有理由不取得一流的成绩，你要把潜力发掘出来。"她对每个学生都这样说。

整个学期里，麦琪都在不断地提醒同学们，不要浪费他们的聪明才智和天赋。渐渐地，孩子们变得勤奋好学，他们的作业准确而富有创造力。

学期结束时，校长把麦琪请到办公室。"你对这些孩子施了什么魔法？"他激动地问，"他们统考的成绩竟然比普通班的学生还好！"

"那很自然啊！他们的智商本来就比普通班学生要高呀，您不是也说他们很特殊吗？"麦琪不解地问。

"我当时说B班学生特殊，是因为他们有的患情绪紊乱症，有的智商低下，需要特殊照顾。"

"那他们的IQ分数为什么这么高？"麦琪从文件夹里翻出点名册，递给校长。

"哦，你搞错了，这一栏是他们在体育场储物箱的号码。"原来这个学校的点名册，在一般学校标智商分数的地方，注的是储物箱号码。

麦琪听了，先是一愣，但随即笑道："如果一个人相信自己是天才，他就会成为天才。下学期，我还要把B班当天才班来教！"

事实证明，很多学生的厌学往往与老师的态度密切相关。被老师放弃的孩子更容易厌学。而同样一群孩子，老师换成积极的态度，他们或许会有截然不同的表现。这一切发生的根本原因，还是在心态是积极，还是消极。可见**克服老师的态度的影响，使自己保持积极的心态，对学习**是多么重要。

克服自卑心理，也是根治厌学的重要方面。有些学生，因为考试成绩不好，受到来自于家长、老师的冷眼，甚至讥讽嘲笑等。其实，成绩不好的学生，并不一定是因为学习能力有缺陷，更多的是他们对学习的认识还有不足。如果他们受的冷眼多了，讥讽嘲笑多了，慢慢积累就会使自己感到很自卑，反而表现得像是学习能力不足。但只要得到公正对待，唤醒他们的勇气，他们依然可以获得突破，取得好的成绩。特级教师孙蒲远曾经历过这样一件事情：

一个小女孩对老师说："老师，我要和您单独说件事。"

等到只有老师和小女孩在一起的时候，她撩起连衣裙的袖子——她的胳膊上有好几处伤！

老师惊讶地问："怎么回事？"

小女孩说："妈妈打的。我数学测验不及格，妈妈让我告诉您，说让您寒碜寒碜我。"

老师心头一热，很诚恳地说："我不想寒碜你。我很同情你。你的基础差，但我知道你已经努力了。"

谈话之后，老师和女孩的妈妈取得了联系，告诉她打孩子、寒碜孩子都是刺伤孩子心灵的做法，要耐心帮助孩子，要善于鼓励孩子。她妈妈很感动，以后不再打她。

此后，小女孩有问题也主动去问老师，结果期末考试考了八十多分。

对于那些被认为"不可救药"的人来说，知耻而后勇是战胜厌学获得成功的关键。有些人从小淘气，喜欢捣乱，惹麻烦。刚开始的时候，大家不过说他淘气，然而随着时间的推移，当他惹的乱子越来越大的时候，人们就开始"憎恶"他，甚至唯恐避之不及了。这样的人真的已经无可救药了吗？真的就不能唤醒心灵的智慧了吗？答案是否定的。对这些人来说，**与其去讨论他是否还有药可挽救，不如去讨论他对自己的责任知道多少更有价值。**越是捣乱的孩子，越缺乏的是对社会责任感的认识和认同。一旦他们能够觉醒，发现自己的责任所在，认识到自己应该做什么，也一样可以成功，而且可以获得巨大的成功。普雷格尔的事例就很有说服力：

弗里茨·普雷格尔因创立了有机化合物的微量分析法，而荣获1923年的诺贝尔奖。不过他在莱巴赫的大名却不是因为这个，而是因为少年时代无人不知的淘气。

普雷格尔幼年丧父，母亲对他一直疼爱有加，但是他却非常任性，经常淘气惹祸，不断有人上门来"告状"。邻居们的抱怨让母亲常常偷偷地落泪，为自己没有教育好孩子而感到难过。终于有一天，她下定决心要严格教育普雷格尔。

那天，普雷格尔像往常一样披星戴月地从外面回家，衣服上弄得五颜六色，脸上、手上都脏兮兮的。一进门，他就躺在沙发上，让母亲给他倒水，当时母亲正在厨房里忙家务。母亲从厨房里出来，看到儿子的样子，尖叫起来："天哪！你又干什么去了，弄得这么脏，我才刚刚给你洗完早晨换下来的衣服。天气越来越冷了，水也越来越凉了……"

"哪个母亲冬天不洗衣服了？没什么大不了的……"普雷格尔一脸无所谓的样子，母亲被气得说不出话来，只好脱下儿子的脏衣服，又回厨房里做家务去了。可怜的母亲又偷偷地落泪了，儿子却躺在沙发上睡着了。

忽然门铃响了，是隔壁的伍德太太。她拉出躲躲闪闪的儿子，对普雷格尔的母亲生气地说："来，汤姆，让我们看看普雷格尔都对你做了些什么。"

"你们来干什么？噢！汤姆，带你母亲来告状啦？你母亲在这儿我也不怕，下次你再说，我还揍你！"被吵醒的普雷格尔理直气壮地说。

"天哪！这就是你的孩子吗？"伍德太太气得叫起来。

母亲连忙向伍德太太道歉，可是普雷格尔还在警告汤姆以后小心点。

"这就是没有父亲管教的孩子吧！"伍德太太冷冷地说。

母亲再也忍不住了，扬手打了儿子一巴掌。普雷格尔咬着嘴唇，眼里含着泪光说："是他先骂我是个野孩子，我才打他的。"伍德太太不好意思地拉着孩子走了。

屋里静悄悄的，只有普雷格尔的抽泣声。"孩子，你父亲离开了我们，他临终时要我好好教育你。为了让你能和别的孩子一样快乐、幸福，妈妈拼命地干活，手上也长满了老茧，从来没有好好休息过。而你总也不懂事，让妈妈这么操心，太让我伤心了……"母亲说着禁不住流下了眼泪。普雷格尔看着母亲的手，羞愧地低下了头。"你是个男孩子，要明白一个真正的男子汉不但自己不该轻易流泪，更不应该让母亲伤心难过。"母亲接着说。普雷格尔握紧母亲的手，用坚定的语气说："妈妈，我以后一定要好好学习，不淘气，做一个优秀的男子汉。总有一天，我会让您因为有我这个儿子而感到骄傲的。"

普雷格尔最后实践了自己的诺言。母亲再次为他落下的是骄傲和幸福的眼泪。

三、自我反省

- 你是否因为某门课的老师经常批评你，就开始讨厌上这个老师的课？甚至根本不愿意看这门课的任何材料，包括课本、习题，也不愿意做这门课的作业？
- 你是否因为某门课的成绩一直都不理想，而觉得自己天生不是学这门课的料？
- 你是否在周围多数人眼里都是个调皮捣蛋的孩子？是否因此更不愿意学习，而是想方设法地找些花样玩，甚至学着抽烟喝酒，故意扮"酷"给别人看？
- 你是否觉得某个老师特别讨厌，因而上他的课时总是不自觉地"溜号"？
- 你是否总喜欢在某个不太喜欢的老师的课上玩些花样，故意搅得他上不好课？

第二节　纠正马虎的习惯

一、定义和内涵

马虎，就是做事情粗心大意，常常丢三落四，并因此把自己有能力做好的事情弄得一塌糊涂，把能做正确的题目反而做错。"马虎"这个词的由来本身就是一个笑话。

传说在宋朝，京城开封有一个画家，此人画画很不认真，粗心得很。有一天，他画老虎，刚画完一个虎头，就听一个人说，请给我画一匹马，于是他就在虎头下画了个马身子。那人说："你画的是马还是老虎？"这位画家说："管他呢，马马虎虎吧。"于是，"马虎"这个词就这么出现了。那位请他画马的人生气地说："这么凑合哪行，我不要了。"于是生气地转身走了。

可画家却不在意，还把这张画挂在自己家的墙上了。他的大儿子问："您画的是什么？"他漫不经心地回答："是老虎。"二儿子问他："您画的是什么？"他却随口说："是马。"儿子们没见过真老虎、真马，于是信以为真，并牢牢地记在脑子里。

有一天，大儿子到城外打猎，遇见一匹好马，误以为是老虎，上去一箭就把它射死了，画家只好给马的主人赔偿损失。他的二儿子在野外碰上了老虎，却以为是马，迎过去要骑它，结果被老虎咬死了。画家痛心极了，痛恨自己办事不认真，太马虎，生气地把那幅虎头马身子的画给烧了。为了让后人吸取教训，他沉痛地写了一首打油诗："马虎图，马虎图，似马又似虎。大儿仿图射死了马，二儿仿图喂了虎。草堂焚毁马虎图，奉劝诸君莫学吾。"

故事看似荒唐，但其内在的道理却是深刻的。在一些关键时候，马虎还可能造成不必要的损失：

有个孩子从小养成马虎的坏习惯，长大了当建筑师，在计算工地用料时，把砖的数量后面多写了一个"0"，结果工地的砖多运去9倍，盖完楼还必须用汽车往回运。仅这一项，国家财产就损失了上万元。

马虎的原因是多方面的，要帮助孩子克服马虎的坏习惯，首先要找到孩子马虎的原因。一般来说，孩子马虎有以下几个原因。

第一，态度问题。态度不认真，对学习缺乏责任心，敷衍了事，因而理解知识时囫囵吞枣，做作业时敷衍塞责，马马虎虎凑合着做完。

第二，**性格问题**。急脾气，干什么事都心急，急急忙忙难免出错。

第三，**熟练程度的问题**。因为对所做的功课不熟练，顾此失彼而出现错误。研究表明，对习题特别生疏不易马虎，因为还不会，所以特别小心仔细。对习题非常熟练也不易马虎，会熟到不假思索就能写对，很少有人把自己的名字写错，就因为太熟了，马虎不了。**只有半生不熟才容易出现马虎的现象**，看着题目一点都不难，可实际上自己又不是掌握得特别好，思想麻痹，出了错。

第四，**习惯问题**。马虎已成习惯，干什么事都毛手毛脚，马马虎虎。

第五，**考试焦虑问题**。有些人因对考试的心理负担过重，过分紧张，平时做题没问题，一考试就错，这是考试焦虑造成的。

针对不同情况，要分别采取不同的措施。如果是态度不认真，应主要解决态度问题，充分认识马虎的危害，改变不认真的态度；如果是性格急躁，要训练性格，改变急躁的性格；如果是对知识不熟练，应多加练习，使自己能熟练地掌握知识；如果是习惯不好，应纠正不良习惯，培养严肃认真的好习惯；如果是对考试焦虑，应减轻心理负担，不要把分数看得太重。

二、纠正要点

第一，**认识马虎的危害性**。有些人对马虎的危害没有清醒的认识，认为马虎没关系，虽然错了，但不是我不会。有的家长对孩子的马虎也不重视，认为只要孩子聪明就行，马虎点没关系。这都是要不得的，我们应该认识到马虎的危害。

第二，**学会自检**。检查方法有正向检查法、反向检查法和重做法。正向检查法是从审题开始，一步一步地检查，看原题是否看准了，有无错误理解，题目中已知条件是否都用上了，运用的概念、公式是否准确，格式是否标准等。反向检查法是从答案往回用相反的计算验算。如加法用减法验算，乘法用除法验算，方程用代入法验算等。重做法，是把题迅速重做一遍，看看两次结果是否一样。如果不一样，就对比一下，分析错误在哪一步，是什么原因，然后更正过来。检查时要根据不同的题目采取不同的方法，经常自我检查，就会熟练地掌握检查的方法，考试时也能应用自如。

第三，**整理错题集**。由于马虎，经常出错，但对错误又不认真分析，很难吸取教训。很多人改错题时，并不是找错在哪里，是什么原因错的，只是把错题从头到尾再做一遍，蒙对了完事，这样改错题实效不大。

整理错题集的方法如下：

(1) 把所有的作业、练习、考试中的错题原封不动地抄在《错题集》上，留下"错误档案"。

(2) 认真检查错在什么地方，并用红色笔在错误下面画上曲线。

(3) 找出错误原因并写出来，写得要具体，是概念不清，还是用错公式，是没弄懂题，还是计算马虎。马虎错的也不要只写"马虎"两字，要写清楚怎么马虎的，是把"＋"号抄成"－"号了，还是把"3"抄成"5"了，越具体越好。

(4) 改正错误，写出正确答案。

第四，**草稿纸不要太草**。做数学题、写作文或答题往往需要用草稿纸。大多数人对草稿纸往往不太认真，急急忙忙，写得乱七八糟。可不少人做错题，问题往往就出在草稿上。由于草稿写得乱，一不留神计算时就出了问题，或草稿过于凌乱，往作业、考卷上抄时抄错了。因此，管理好草稿纸是很重要的。

草稿当然不必写得十分整齐，但也不能太草，要按顺序写，能认得出，万一抄错了还能找到，这样就不必重新算起，从草稿上就能发现问题，及时更正。草稿写得乱，表面看是省了时间，可实际上往往费了时间。如果草稿不乱，可以减少很多错误，有了错误也便于检查，这不等于赢得时间了吗？

草稿是思维过程的记录，检查作业时，如果发现错了，检查一下草稿就能看出怎么错的。现在，学校已开始重视草稿，升学考试试卷的边上专留有"草稿纸"。自己也要重视草稿，不要把草稿写得乱七八糟，谁也认不得。

第五，认真审题，注意"埋伏"。不少人学习成绩不好，其实并不是不会，而是粗心。有的人大量做题，以为做题多了就能熟练，就会克服粗心的毛病。可是题做得越多，错误也越多，马虎的问题不但没解决，反而更严重了。要解决粗心的问题，关键不是做题，而是审题。审题要审三遍。

第一遍，把题读懂，看看这题问的是什么，给了什么条件。第二遍，要站在老师的角度看题，想一想老师为什么出这道题，这道题是考什么的，心里有数了，遇到可能出现的问题也就仔细了，这是克服粗心的好办法。第三遍，要看看这题里有什么"埋伏"。**教师出题往往会重点考查学生容易错的，容易混淆的，也就是说在题里打了"埋伏"，这个"埋伏"对于粗心的孩子来说是大敌。**如果孩子每次做题都能仔细审题，看看可能有什么"埋伏"，就不会"上当"了。认真审题还有一个好处，就是使自己先静下心来，克服急躁情绪。粗心的人拿到题，不看也不想，三下五除二就做完了，结果可想而知。

总之，学会认真审题，是克服粗心的好方法。

第六，学会"解剖习题"。有的人做题时求快，在没有很好地分析题目的情况下就急急忙忙地做答，忙中出错。有的还未真正理解题意，就按自己想象的去答，结果所答非所问。

所以，拿到题目不要急着答，先认真分析，把题"解剖"一下，看看题给了什么条件，问的是什么，已知条件和问题有什么联系，哪些是间接的已知条件，等等。然后，再运用自己学过的知识去解决。**有些题只要认真分析就会发现潜在条件，它是向结论过渡的关键。**这就是我们平时说的分析法和综合法，把已知条件和问题一步步联系起来，中间关键的一步如果分析清楚了，问题往往就会迎刃而解。

三、自我反省

- 你是否觉得马虎是无所谓的，只要自己学会知识就行了，至于做错几道题目没什么关系？
- 你觉得马虎只是做错一两道题的事，还是事关自己对待事情是否认真的大问题？
- 你的草稿纸经常是歪歪扭扭地写着各种各样的算式，有时写满了还要四处找较大的空地来算题吗？
- 你觉得把错题专门整理出来，是一件劳心费神的事，还是一件很有意义的事？
- 你检查自己的作业时，如果有错误经常能检查出来吗？
- 你通常是怎么检查作业的？还是从不检查？
- 你做题时，往往是一拿到题目就急于动手做，还是喜欢先想清解题思路再动手做？

第三节　纠正没有目标的习惯

一、定义和内涵

没有目标的努力没有实际价值；没有目标的指引，孩子的学习潜能就无法释放。激发潜能应从目标的确定开始：

1952年7月4日清晨，加利福尼亚海岸笼罩在浓雾之中，在海岸以西21英里的卡塔林纳岛上，一个34岁的女人涉水进入太平洋中，开始向加州海岸游过去。要是成功了，她就是第一个游过该海峡的妇女，这名妇女叫费罗伦丝·查德威克。在此之前，她是从英法两边海岸横渡英吉利海峡的第一位妇女。

那天早晨，海水冻得她身体发麻，雾很大，连护送她的船都几乎看不到。时间一个钟头一个钟头过去，千千万万人在电视上看着。有几次，鲨鱼靠近了她，被人开枪吓跑。她仍然在游。在以往这类渡海游泳中，她最大的问题不是疲劳，而是刺骨的水温。

15个钟头之后，她又累又冷。她知道自己不能再游了，就叫人拉她上船。她的母亲和教练在另一条船上。他们都告诉她海岸很近了，叫她不要放弃。但她朝加州海岸望去，除了浓雾什么也看不到。

几十分钟之后——从她出发算起15个钟头零55分钟之后，人们把她拉上船。又过了一个钟头，她渐渐觉得暖和多了，这时却开始感到失败的打击，她不假思索地对记者说："说实在的，我不是为了自己找借口，如果当时我看见陆地，也许我能坚持下来。"

人们拉她上船的地点，离加州海岸只有半英里！后来她说，令她半途而废的不是疲劳，也不是寒冷，而是因为她在浓雾中看不到目标的恐惧。

目标的根本意义是确定奋斗的方向。在实际的学习生活中，目标的意义具体化为自我评价或评价。

有效的目标不是最有价值的那个，而是最有可能实现的那个。有这样一个事例。

贝尔纳是法国著名的作家，一生创作了大量的小说和剧本，在法国影剧史上占有重要的地位，可以说是法国文学史上的里程碑人物。有一次，法国一家报纸进行了一次有奖智力竞赛，其中有这样一个题目，如果法国最大的博物馆卢浮宫失火了，情况紧急，只允许抢救出一幅画，请问你会抢哪一幅？结果在该报纸收到的成千上万个回答中，贝尔纳以最佳答案获得该题的奖金，他的回答是："我抢救离出口最近的那幅画！"

任何一个人通过一段时间的努力，都可能使自己的思想和行为水平迈上一个新的台阶，达到一个新的稳定水平。

量变的积累一定会出现质变，这是客观规律，这就使人的发展处于螺旋式上升的态势。**螺旋式上升的态势要求把人的远大目标和"小""近""实"的阶段性目标结合起来。**人类发展的历史，就是既有远大美好的愿望，又有适当高于自身水平的目标进行激励，求得目标实现的过程。

一个人有了目标，就有了动力、责任和勇气。如果没有追求的目标，就会变得无聊、孤独，甚至不知所措。

一个人没有远期目标，就会变得没有气势；一个人没有中期目标，就会变得没有精神，一个人没有短期目标，就会变得不勤。有人列出了这样一个公式：目标=目标高度×达到的可能性。目标低了，人们不感兴趣；目标高了，达到的可能性小，人们就会失去信心。如何确定目标呢？我们看看山田本一是怎样做的。

1984年，在东京举办的国际马拉松邀请赛中，当时很不起眼的山田本一出人意料地夺得了冠军。十年后，他在自传里是这样说的：每次比赛前，我都要乘车把比赛路线仔细看一遍，并把沿途比较醒目的标志画下来，比如第一个标志是银行，第二个标志是一棵大树，第三个标志是一座红房子……这样一直画到赛程的终点。比赛开始后，我就以百米的速度奋力地向第一个目标冲去，到达第一个目标后，又以同样的速度向第二个目标冲去，40多公里的赛程，就被我分解成这么几个小目标轻松地跑完了。起初，我并不懂这样的道理，我把目标定在40公里外终点线上的那面旗帜上，结果我跑到十几公里时就疲惫不堪了，我被前面那段遥远的路程吓倒了。

德国总理施罗德小时候说，将来自己要做德国总理，最终他也确实成了德国总理。给自己定一个伟大的目标也许并不太难，但最终能够实现的人却不多。因为所有的目标都要从小事做起才可能实现。

1979年诺贝尔化学奖得主德国著名化学家维蒂希，小时候也说过要做总统的豪言壮语。那天上作文课，老师问大家将来想做什么。同学们有的说想当画家，有的说想当作家，而维蒂希说："我要做德国总统，让所有人都有工作，都安居乐业。"有的同学说他吹牛。老师说："很好，有个伟大的目标是一件好事，希望你通过努力能实现自己的理想。"受到老师表扬的维蒂希心里很高兴，一下子好像自己真的成了总统一样。妈妈让他去浇花，他说："浇花不是总统做的事。"然后，他就跑到父亲的书房里练习当总统去了。

后来，一次化学课上，他在偷看《名人传》，下课了还不知道。化学老师让他去办公室。在办公室里，老师问他："维蒂希，听说你以后的理想是要做德国总统，是吗？"

"嗯！"维蒂希很肯定地回答。

"这非常好，是一个远大的志向。可是你准备怎么实现呢？"

"我……"他不知道如何回答，只好说："我不知道。"

老师说："中国有句古话，'一屋不扫何以扫天下'，你知道什么意思吗？"

维蒂希摇摇头。

老师说："这句话的意思是，光有雄心壮志是不够的，还要从小事做起，慢慢地实现大理想。现在你没有行动，可就等于空想了。"

维蒂希低下了头，想想自己这几天的所作所为，觉得有些羞愧。

那天回到家里，没等母亲吩咐，他就主动浇花去了。妈妈奇怪地问他："怎么总统也开始浇花了？"

他说："妈妈，我知道我错了。以后我会从做好身边的小事开始，一步步做好的。"

维蒂希最终虽然没能当上德国总统，但是这件事却让他明白了脚踏实地从小事开始做起，逐步实现大目标的道理，也为他成为杰出的科学家奠定了一个认识上的基础。

处于黑暗中的人，更需要目标的指引。如果你放弃奋斗，将一事无成；如果半途而废，也将一事无成；如果自始至终都努力了，即使没有达到预定的目标，也能心安理得。**一般情况下，努力总会得到回报，只要不放弃，成功就不会离你太远。**

看着目标走，可以少走很多弯路。

有一个大人带着一个小孩，在雪地里走着。他们前面有一棵大树。大人说："孩子，咱们来比赛好吗？""比什么呢？"孩子问。"看谁能够先到达那棵大树，而且要走出一条直线。"孩子说："好！"比赛开始了。大人向着大树方向大步流星地走去。孩子则低着头看着自己的脚尖，努力使自己每一步都是直的，过一会儿看看大树，免得自己的方向不正确。等到孩子来到大树下的时候，大人等在那里，微笑着说："看看你的脚印，它们多么曲折啊！"孩子回头一看，果然如此。他心里充满了疑惑，为什么自己那么小心，而且似乎每一步都是直的，还走出来了那么多弯弯曲曲的曲折呢？

认清自己的目标，避免被不恰当的竞争目标误导，对于竞技者来说很值得注意。**"我们最大的敌人，不是别人，正是我们自己。"**认清竞争对手，对竞争的良性进行也至关重要。中国古代有个"心不在马"的故事。

古代有个国王要学驾马车，就找来给他驾马的车夫。那个车夫是全国驾驶马车技术最好的人。国王学了一段时间，车夫说："您的技术已经非常好了。"国王说："那我们比一场，看看现在谁的技术更好吧。"于是，国王和车夫两个人各自驾着马车来到比赛地点，比赛开始的旗子一挥，两辆马车同时像箭一样飞驶出去。一路上，国王的马车紧随着车夫的车，距离非常近。但是国王试了好几次，就是无法超过车夫的车。到终点的时候国王不仅没能超过车夫，反而由开始的并行，到后来落下了很长一段路。国王问："你没有把驾车的全部技术都教给我？"车夫说："其实您已经学会了我的全部技术。"国王问："那为什么我还是没有你快呢？"车夫说："在比赛的过程中，您一直在盯着我的车，是吗？"国王说："是啊！"车夫说："这就是原因所在了。您没有专心地看着自己的马车，鞭策马快跑，却一直在看着我的马车，怎么能超过我呢？"

这个故事告诉我们，只有时刻关注自己的状态，才能在全身心投入中充分发挥自己的力量，否则总把视线放在别人身上，对自己是不会有帮助的。

二、培养要点

怎样的目标才是有效的呢？一个有效的目标必须是具体的、可以量化的、能够实现的、注重效果的、有时间期限的。

以上条件必须同时具备，否则就不是有效的目标。其中最重要的是量化和时间限制。量化是指可以使用精确的数字来描述的，即使不能用数字描述，也必须进一步分解，然后再用数字来描述。时间限制是指必须在限定时间内完成的。

不能量化又没有时间限制的目标是无效的，很容易成为空头支票，没有任何意义；

庄子家已经贫穷到揭不开锅的地步了，无奈之下，只好硬着头皮到监理河道的官吏家去借粮。监河侯爽快地答应借粮。他说："可以，待我收到租税后，马上借你。"

庄子听了转喜为怒，脸气得变了色。他愤然道："我昨天赶路到府上来时，半路突听呼救声。环顾四周不见人影，再观察周围，原来是在干涸的车辙里躺着一条鲫鱼。"

庄子叹了口气接着说："它见到我，像遇见救星般向我求救。据称，这条鲫鱼原住东海，不幸沦落车辙里，无力自拔，眼看快要干死了。请求路人给点水，救救性命。"

监河侯听了庄子的话后，问他是否救助了鲫鱼。

庄子白了监河侯一眼，冷冷地说："我说可以，等我到南方，劝说吴王和越王，请他们把西江的水引到你这儿来，把你接回东海老家去吧！"

监河侯听傻了眼，对庄子的救助方法感到十分荒唐："那怎么行呢？"

"是啊，鲫鱼听了我的主意，当即气得睁大了眼，说眼下断了水，没有安身之处，只需几桶水就能解困，你说的所谓引水全是空话大话，不等把水引来，我早就成了鱼市上的干鱼啦！"

对于目标来说，最重要的是管理和评估，通常而言，目标的设立有以下三种常见方法。

(1) 阶梯法

将目标细化为若干个阶梯，并且使用明确的语言对不同阶梯的内容进行描述，这样每一个人在不同时间不同空间时，都能明确自己的现实位置以及下一个目标的状态，一个一个逐级向上迈进，最终达到总的目标。

(2) 枝杈法

树干代表大目标，每一个小树枝代表小目标，叶子代表即时的目标，或者说是现在马上要做的事情。

(3) 剥笋法

实现目标的过程是由现在到将来，从低级到高级，由小目标到大目标，一步一步前进的。但设定目标的方法则与实现目标的方法相反，由将来到现在，由大目标到小目标，由高级到低级层层分解。

三、自我反省

- 你有长期、中期和近期的目标吗？你常常给自己设定近期和中期目标吗？你的长期目标经常改变吗？

- 你的长期、中期和短期目标是怎样确定的？你觉得自己的目标定得合理吗？为什么？

- 你在做事情的过程中，如果比较直接的目标，比如"下次测验英语提高5分"这样的目标实现不了你会怎样？

- 你是否经常观察自己的"竞争对手"？是否会因为一次考试考得不如他(她)好而有所反应？

- 前面提到的几种分解目标的方法，你用过吗？打算试试吗？

- 如果有门功课的成绩老是不理想，而且也想过好多办法，但都没有多少效果，你会不会觉得自己不是学这门课的料？

- 对于自己的长期目标，虽没有原则性的认识转变，但遇到了极大的困难，你还会坚持吗？为什么？

第四节　纠正没有计划的习惯

一、定义与内涵

计划，就是对自己要做的事情，要达到的目标有具体的时间规定，有准备、有措施、有安排、有步骤。

做到有计划，首先要成为时间的主人。著名生物学家赫胥黎曾经说过："时间最不偏私，给任何人都是一天24小时。时间也最偏私，给任何人都不是24小时。"鲁迅先生说："时间，每天得到的都是24小时，可是一天的时间给勤勉的人带来智慧和力量，给懒散的人只能留下一片悔恨。"究竟怎样利用这24小时呢？不同的人会有不同的选择。大凡有成就的科学家和伟人，都不会虚度年华，他们珍惜生命的每一分钟。而不少人在日常生活的细节中，常常发现不了时间的存在，形成不了时间的概念，他们眼中的半个小时不过是一段很短的时间，浪费一天也没有什么大不了。有这样一个案例很能说明问题。

一位母亲说，有一天，已经是晚上九点钟了，我那上小学三年级的孩子仍然在做作业。

我随口问了一句："学校留的作业很多吗？"孩子的父亲说："哪里呀，根本就不多，这孩子每天吃过饭就开始写作业，一边写一边玩，还什么事都掺和。不到晚上十点他的作业都写不完。"我对孩子说："你会看表吗？"孩子大声说："没问题！"我说："那好，从现在开始，你自己掐表，看看完成剩下的作业到底需要多少时间？"孩子一下子来了精神，认认真真地写起了作业。没多大工夫，孩子就拿着两个作业本跑来报功："九分钟，才用了九分钟！"看着写得很工整的作业，爸爸惊讶了。九分钟与一个多小时，这是多大的差距啊！

从宏观的角度来看，对自己的人生有计划，并坚持执行计划，才能获得一生的成功。否则，只能是毫无目的地尝试，做什么都不会有太大成绩。鲁班儿子的故事就说明了这一点。

鲁班是我国古代著名的建筑工匠、创造发明家。他有一个儿子，孩子倒是很聪明，就是不爱干活。儿子到15岁了，鲁班觉得应该教儿子掌握谋生的本领了。

鲁班问儿子："你想干什么活儿？"儿子说："种田。"鲁班就送儿子去学农活。只干了一年，儿子就回来了。鲁班问他："怎么不干了？"儿子说："种田太累。"

第二年，鲁班征求儿子的意见，儿子说想去学织布。鲁班又送儿子去学织布。只干了一年，又不干了。鲁班问他："为什么又不干了？"儿子说："织布这活儿，把人给忙死了。"

鲁班问儿子："你究竟想干什么呀？"儿子想了想："跟您一样，当木匠吧！"鲁班把儿子交给他的大徒弟张班当学徒。不料，儿子又只干了一年，就不干了。鲁班问他："又怎么了？"儿子说："师傅要求太严，活儿太苦，师傅也太狠了。我不干了。"

鲁班听了，严肃地对儿子说："不严，不苦，不狠，你能学出手艺吗？你既然什么都不想干，那么好吧，从今天起，你就别吃饭了，因为你不爱种田；从今天起你就别穿衣服了，因为你不爱织布；从今天起，你就从这屋里搬出去，因为你不想当木匠！"

儿子听了，呆住了，站在那里一声不吭了。这时，只见鲁班从屋顶棚上取出一箱子他使用过的斧子，每把斧子的把儿都磨出深深的凹，斧刃都磨平了。他对儿子说："要学到手艺，就得刻苦地去练，不下苦功夫，什么也学不成。"儿子若有所思地点了点头。然后，鲁班又拿出三把新斧子，郑重地递给儿子说："拿去。三把斧子，斧把儿磨不出凹，刃儿磨不到顶，就别来见我！"

儿子提着三把斧子，又回到师傅张班那里。通过勤学苦练，他也成为一名著名的工匠，掌握了谋生的本领。

从微观的角度来看，计划可以使自己的各种事情安排得比较合理、避免冲突、劳逸结合、相对松弛有度。学生的主要任务是学习，而要学习得得心应手，就需要良好的计划。计划包括每天的时间安排、考试复习安排，以及双休日、寒暑假安排。计划要简明，什么时间干什么、达到什么要求要清晰明了。

从时间段看，首先要有每天的计划安排。周一至周五除了上课之外，要把早自习和放学回家以后的时间安排好。早自习可以安排背诵、记忆基础知识、预习等内容，放学回家主要是复习、做作业和预习，应该有玩的时间和劳动的时间。周六和周日应安排小结性复习、做作业以及参加课外兴趣活动。内容不可排得太满，否则会影响效果。寒暑假时间较长，除了完成假期作业之外，要安排较多的课外阅读和文体活动。如果有的学科学习吃力，应利用假期补习一两门功课。

为什么要强调按计划完成的习惯呢？原因有三个。

一是生活有秩序能为学习提供有利条件。**设定目标，按照计划，有条不紊，就可以将一个人的心态调整到最佳位置。**

　　二是不断"完成"，逐渐形成习惯后，可以不断增强自信心，人一旦有了扎扎实实的自信心，就什么困难都不在话下，因为自信心是人格的核心。

　　三是"完成"可以不断激发学习潜能，只有在从容不迫的情况下，潜能才能不期而至。

二、纠正要点

　　要改变没有计划的习惯，**首先就要形成时间的紧迫感**，不能吊儿郎当，总觉得还有明天。古代有一首著名的《明日歌》：

　　"明日复明日，明日何其多，我生待明日，万事成蹉跎。世人若被明日累，春去秋来老将至，朝看水东流，暮看日西坠。百年明日能几何？请君听我《明日歌》。"

　　时间不会留恋什么，只会一去不复返，分分秒秒不起眼，而且一旦过去了，就再也不会回来。

　　其次，要学会运用和把握时间，要学会制订时间规划。在时间规划里，首先要保证日常的基本需要，其次才能谈得上对事情的安排。在安排时间的时候，要留有一定的余地，同时也要注意紧凑。计划执行时，要不断总结，以此进行自我监督和评价。

　　一个好的学习计划，首先要保证睡眠。有了充足的睡眠，才能保证身体的正常发育，才能为学习提供充沛的精力和清醒的头脑。无论如何，要保证小学生每天十个小时的睡眠时间，初中生九个小时的睡眠时间，高中生八个小时以上的睡眠时间。

　　在制订计划时，要确定每天的"专门时间"和"自由时间"，既规定"学习时间"和"游戏时间"，也要留出一定的"自由支配时间"，所谓自由支配时间是指完全由自己自主进行选择，做些自己感兴趣的事情。这样可以使自己的时间安排有弹性，能够适应突发的重要事情。

　　每次，计划一旦确定下来，就要严格执行。计划制订完了，就必须执行，不能放在一边不管。计划可以调整，但必须完成，有"完成"意识，不可轻易放弃。**"完成"是一种意识，"完"就是按照计划在自己规定的时间内打上一个句号，善始善终，而"成"就是高质量、高效率地做成功了，也就是努力追求"干得漂亮"。**我们通常所说的"今日事，今日毕"，实际上就是"完成意识"的集中体现。形成行为上的"完成意识"，则是学会运用计划的一个重要能力。前面的计划执行不好，很可能影响后面的事情，这样一来，就很可能受到时间的惩罚，而且计划本身就失去了意义。

　　有一天，著名早期教育专家斯特娜夫人的孩子问："我想到朋友家里去玩，可以吗？"母亲说："可以，但必须在12点半以前回来。"可那孩子超过了十分钟才到家。母亲见孩子回来了，什么也没有说，只是指了一下墙上的钟。孩子知道回来迟了，马上抱歉地说："是我不对。"吃完饭，孩子赶快换了衣服，因为他们每到星期二就要去看戏或电影。这时，斯特娜夫人再让孩子看看钟，并说："今天时间来不及了，戏和电影是看不成了。"孩子难过地流下了眼泪。这位母亲并不就此止步，而是紧逼一步，说了这样一句十分惋惜的话："这真遗憾！"斯特娜夫人没有采取任何别的手段，时间的惩罚已经足以使孩子感受到耽误时间的苦果。

　　最后每天进行小结。"一日三省"是很必要的环节。通过反省，易于发现计划的执行情况是否有所遗漏，有何得失。因此，要养成睡前十分钟做小结的习惯，小结内容包括"今天完成了什么？""今天最有趣的事情是什么？""今天获得的最大进步是什么？""今天在学习上帮助了谁？"等等。

　　制订计划时，父母可以提出指导性意见，并加以督促。孩子有时候由于对时间的安排还有模糊的地方，或者自己本身对一连串事情的时间需求量还不太清楚，因此，制订的计划不见得十分合理。为了使计划更合理，执行性更强，就需要父母给出指导性意见，根据事情的轻重缓急与孩子沟通，并进行调整。**如果孩子的自我监督能力还有些缺陷，那么父母的外来监督可以起到协助和提醒作用。**

三、自我反省

- 你做作业一般要花多长时间？是否会因为被别的事情干扰，导致作业时间过长？
- 你常常会因为一件事情没有做完，另一件事情又开始催促，而觉得手忙脚乱吗？
- 你每天都会总结自己的计划执行情况吗？
- 你制订计划的时候，如果有些不清楚的地方会向父母咨询吗？
- 你愿意把自己的计划告诉父母吗？
- 你愿意接受父母的简单提醒吗？
- 是否发生过因为一件事情的延迟，而导致自己很喜欢做的事情或者很重要的事情没来得及做的情况？
- 你的时间计划里对睡眠、运动和娱乐是怎么安排的？
- 你的时间计划过分紧张吗？过分松弛吗？
- 你常常把本来应该当天完成的任务往后推迟吗？

第五节　纠正磨蹭的习惯

一、定义和内涵

磨蹭，就是做事情总是不够麻利，不及时，动作迟缓，节奏比较慢。

磨蹭的原因主要有哪些呢？

从主观上看，主要有以下几点。

(1) **学习目的不明确。**问："为什么要上学？"答："谁知道为什么要上学，我妈非逼我上学不可。"学习上这样地漫无目的，怎能有紧迫感，怎能抓紧时间呢？

(2) **学习兴趣不浓。**有的人只想玩不想学习，能凑合就凑合，实在被逼得没办法了才快点，其他时间就任其消耗。

(3) **时间概念不清。**有的孩子总感觉时间过得慢，所以不容易觉得紧张。

(4) **习惯问题。**有的孩子已形成行为定式，遇事能磨蹭就磨蹭，感觉不到这样有什么问题。

(5) **性格问题。**慢性子的人也容易磨蹭。

从客观上分析，主要有这样一些原因。

(1) **传统观念的影响。**由于我国几千年来传统观念的影响，使人们对时间的概念往往比较模糊，社会上在相当范围内还习惯于慢节奏的生活和工作方式，这会产生一定的影响。

(2) **缺乏应用的训练。**有的孩子磨蹭时，家长常常一味迁就说："孩子还小，让他慢慢干吧，别催他。"这样使一部分人从小就被放任的多，要求的少。另外，还有的人在放学后，家里没有人管理，自己边做作业边玩，也容易形成磨蹭的坏习惯。

(3) **学习负担过重。**有些孩子学习不好，家长就给他们加码，做完作业也不能玩，时间长了，就觉得做快了还给留，还不如边做边玩，把时间拉长点，磨蹭由此产生。

二、纠正要点

(1) **认识时间的价值。**要认识到时间是世界上最宝贵的财富，它最长又最短，最多又最少，最快又最慢，最容易丢掉却无法复得，它买不着，借不到，留不住，回不来，你要磨蹭，它就会悄悄溜掉，只有珍惜它，抓紧它，才会"延长"它。

成功者的一个共同特点就是珍惜时间。著名发明家爱迪生一生获得11 093项发明专利，除了他过人的天赋，还因他会抢时间，有时为了实验，一夜只睡四个小时。居里夫人为了节约时间，不做饭，不上饭馆，每天只在实验室吃几片面包和牛油。达尔文说："我从来不认为半小时是微不足道的一段时间。"巴尔扎克说："时间是人的财富，全部财富。"鲁迅先生则是把别人喝咖啡的时间都用来学习和工作。

(2) **把作业当考试。**考试是限时完成，完不成就强行收卷。不妨把写作业当成"考试"，限时完成。要求自己每次作业不但要写对，写整齐，还要尽量缩短时间。

(3) **发挥小闹钟的作用。**借助闹钟也可以督促自己按时写作业，一般说来，闹钟应上到限定完成作业时间的前十分钟，闹铃响提醒自己注意写作业的速度。小闹钟滴答滴答地响，容易产生紧迫感。

(4) **节约时间好好玩。**可以把对作业的定时管理变为定量管理，每天作业做完，剩余时间就去专心玩，这叫"节约时间归自己"。以此督促自己学有学的样，玩有玩的样，做到"专心地学，痛快地玩"。

(5) **制订严格的作息制度。**制订一张作息时间表，是管理时间的好办法。什么时间起床，洗漱用多长时间，吃早点多长时间，放学回来哪段时间是复习时间，哪段是做作业的时间，哪段时间玩，都要合理安排。对时间管理越严越细，效率越高，还要学会利用时间的"边角料"。比如，把背单词、背公式放在零星时间做，腾出大块时间做"大事"，整块时间固然重要，寸阴片刻也应珍惜。

三、自我反省

- 你学习的时候有紧迫感吗？
- 你喜欢学习吗？
- 你常常觉得时间过得快还是慢？
- 你觉得自己是个麻利的人吗？还是个有点散漫的人？
- 你觉得做事情迟到几分钟是什么性质的事情？例如上学迟到、开会迟到、赴约迟到等。
- 别人如果觉得你做得太慢而催你，你会抱怨吗？
- 你会因为父母给自己布置额外的学习任务，而故意放慢做作业的速度吗？
- 你常常利用零碎时间，比如等车的时间，来干什么？
- 你愿意"学习的时候只考虑学习，玩的时候就痛快地玩"吗？
- 你有严格的作息时间表吗？执行情况如何？

第六节　纠正不专心的习惯

一、定义和内涵

不专心，是指做事情的时候三心二意。有的人做着作业，还在想着自己星期六还要去和同学打球，或者牵挂着自己喜欢的动画片马上要开演了，等等。

梓豪是小学五年级的学生，有个不好的习惯，写作业拖拖拉拉。明明是快则半小时，慢则一小时的功课，他每天能写三个小时以上。母亲很伤脑筋。梓豪的外公是教师，暑假的时候给梓豪补课发现他的反应很快，但是不专心，往往写几分钟就起来东走西走，每小时至少五六次以上。就这样，一小时的时间差不多一半用在了闲逛上面，难怪要用那么长时间完成功课。为此，母亲想出了各种办法，专门抽出时间陪梓豪写作业。可是梓豪每写几个字必须围着屋子溜达一圈，即使有时候在母亲的强压下不能起身，勉强埋头写作业，可是只要母亲一离开房间，梓豪立刻我行我素。再者，母亲不能每天都专门陪读，所以梓豪的毛病一直没有改进。梓豪写作业，已经长期养成不能专心的习惯，要他写作业时不起来走动实在不容易。

不专心的原因。

(1) **身体原因**。有些人学习不专心是由于身体原因，如蛀牙，皮肤瘙痒，肠胃不适，感冒咳嗽或疲劳，困乏，饥饿等。由于身体不舒服，干扰了学习时的注意力，导致学习时无法专注于学习的内容。

(2) **心理原因**。有些人由于心理压力过重，自尊心受到伤害，他们心理不平衡，很难把精力专注于学习中，如受到讽刺、挖苦，受到不应有的干扰，与家长发生矛盾，等等。

(3) **外界刺激干扰**。如电视节目声音过大或家中发生争吵以及其他噪音等，这些与学习不相干的因素很容易在大脑皮层建立新的兴奋点，干扰注意力的集中。

(4) **学习内容不适当**。所学内容过深或过浅，感到索然无味，同时又存在着另一个比较新鲜的注意对象，这样注意力就很容易分散了。

(5) **学习负担过重，厌烦学习**。现在不少人学习负担过重，整天如机器人一般，学得没完没了，加之家长望子成龙心切，"教育过度"，让他们参加各种学习班、辅导班，从而产生烦恼情绪，也容易分心。

二、纠正要点

第一，读名人故事，了解专心的意义。 要想获得成功，必须要有做事专心的习惯。

朱利叶斯出生在美国纽约。为了送朱利叶斯上学，他的父母亲伊萨多尔和莫莉夫妇费尽了苦心。这在他心中引起了很大的震动，使他下定了发愤学习的决心。

学生时代的朱利叶斯既聪慧过人，又勤奋超群。为了将更多的时间用在学习上，他天天都起早贪黑，甚至还尽量缩减吃饭的时间。看到儿子这么用功，伊萨多尔深感欣慰。

朱利叶斯由于太专心，有时也不免发生一些令人啼笑皆非的故事。

一天，他埋头在阁楼上学习，母亲在下面叫他下来吃饭，喊了几次不见动静，只好把饭菜端上去。小朱利叶斯一面看书，一面下意识地将盘子里的东西夹起来往嘴里送，很快就将它们一扫而光。

母亲走上来清理盘子时问："鱼子酱的味道如何？"

"鱼子酱？"朱利叶斯莫名其妙。

"你刚才吃的！"母亲也莫名其妙。

"它是鱼子酱？"朱利叶斯深感遗憾——这可是他平时最喜欢吃的食物！

一个星期天，朱利叶斯的父母要出门。母亲就将他的午餐准备好放在食品柜中，又详细地作了交代才离开。傍晚，夫妇俩才回到家中。母亲看到柜中的盘子还是原样地放着，不免有些疑惑，走到阁楼上一看，朱利叶斯还是早上走时见到的那副架势：趴在桌子上，眼睛离书很近，握在手中的笔不停地移动着。

她明白了，却故意问道："朱利叶斯，你晚餐吃的什么？"

"噢，妈妈，已经是晚上了吗？我今天好像只吃了顿早餐。"朱利叶斯如梦初醒。

"天哪！"母亲无可奈何地摇了摇头。

朱利叶斯还有一个特点，就是无论上学还是回家，常常像"奔马"一样跑。因此同学们暗地送他一个"奔马"的美称。有一天，一个调皮的学生米杰想试试他学习专心到了什么程度，就在他来回的路上放了一块石头。结果他仍然在这条路上高速奔跑，直到重重地摔了一跤，才发现路上的石头。看着鼻青脸肿爬起来又继续飞跑的"奔马"，躲在大树后看这幕好戏的米杰十分佩服。"嘿，这朱利叶斯，对学习真是着魔了！"

由于朱利叶斯从小就懂得抓紧一切时间、争分夺秒地刻苦学习，像一匹不知疲倦的"奔马"一样在科学领域里追求，所以他后来成了一个举世闻名的科学家，并于1970年获得诺贝尔生理学及医学奖。

第二，提高责任感，使注意力具有指向性。任务明确、具体，就能提高注意力。一个人对学习的专注程度，往往与有没有责任感相关，他越是对学习有责任感，越能长时间集中注意地学习，即使在有干扰的情况下，也能抵制干扰，专心学习。如果一个人对学习没有责任感，一天一天地混日子，学习时就会心猿意马，思想开小差，那一定学不好功课。要想提高课堂听讲的注意力，就要事先预习，带着问题听课，这节课讲的主要内容是什么，哪些是必须掌握的重点知识，哪些是这节课的难点，一定要认真听，若能对这些问题都做到心中有数，听课的目的就会更明确，任务也变得具体，这样就能提高课上的注意力，取得较好的听课效果。总之，任务越明确，越能自觉控制注意力。

阅读难度适当，速度适宜，防止疲劳。

心理学家曾做过这样一个实验，将智力水平、学习成绩大致相同的学生分成三组，让他们按不同的时间阅读同一篇文章。第一组用两分钟时间读完，第二组用六分钟，第三组用十分钟。读完之后，让他们把文章复述出来，结果，平均每个学生复述出来的内容的分数第一组是6.3，第二组是9.5，第三组是5.2，实验结果表明，学习效果最好的是既不快又不慢的第二组。这说明速度与注意力有直接关系。

学习的速度是在学习时保持注意的重要条件，不宜过快，也不宜过慢。学习速度太快，对学的东西理解不深，贪多嚼不烂，结果钻不进去，因而思想很容易开小差。学习速度太慢，思维不紧张，容易涣散，也影响注意效果。**只有不快不慢最容易集中注意力。**

知识的难度和注意力也有关系，学的东西不能太难，也不能过分容易，要难易适当。学的东西太难，与过去掌握的知识毫无联系，无法理解，就容易犯困，当然很难集中注意力。所学的东西也不能太容易，学习的内容如果只是限于将过去的东西简单重复，不需要花费什么努力，注意力必然涣散。

第三，给自己定规矩，约法三章。认识到了问题所在，就要给自己定规矩，通过约法三章，来严格要求自己。在上面提到的梓豪的例子里，后来是母亲帮助他解决问题的，应该对我们有所启发。

把可以容忍的不良行为限制在一定的次数内，如五次，如果不良行为在一定限度内能减少到五次，就予以肯定，以求改进。然后再逐步提高标准，三次、两次……逐渐就可以达到目标了。

① 母亲与梓豪约法三章，如果梓豪写作业时，每小时的离座次数能减到三次之内，就允许他看电视，否则就禁止看六点钟的动画片(因为六点钟的动画片对梓豪非常有吸引力，是梓豪每

天的必修项目)。结果第一星期有三天达到标准，三个星期以后可以完全做到。

② 等梓豪能完全做到每个小时离座不超过三次的标准时，再把标准依次提高到两次、一次。就这样，三个月以后，梓豪终于改掉了写作业拖拉的习惯。

在这里，要注意三点。

1) 选择适宜的标准

首先要制订行为标准。例如，对于写作业，每小时有一次走动是正常的。所以，没有必要把标准订成零次。如果我们不希望自己的某种行为存在，必须完全消除，例如骂人，那么就采用零次区别强化。

2) 强化物要专一

对于不良行为的纠正，强化的来源最好只有一处，否则就没有效果。例如，梓豪的强化物是对他非常重要的晚上六点钟的动画片。假设梓豪在晚上九点可以看到同样的动画片，那么六点钟的动画片就没有强化作用，改善行为的动力就弱了许多。还有一点，强化物必须是自己非常喜欢、强烈需要得到的东西，对于那些可有可无的东西，效果就差远了。

3) 耐心坚持，才能有所收获

若区别强化所要改善的行为次数出现较多，已经成为习惯，就需要采用渐进方式，逐步要求递减不良行为的次数。这需要坚持和耐心，冰冻三尺，非一日之寒，我们不能希望这些坏习惯在一夜之间踪影皆无。有了这样的思想准备，才能看见自己的进步，才能坚持到底，有所收获。

三、自我反省

- 你做作业的时候，是否会"开小差"？比如想看电视？
- 你做作业的时候，一般能坚持做完一门功课，再起来走走吗？还是能坚持完成所有作业？
- 你常常能静下来读书超过一个小时吗？
- 你学习的时候，每次的目标都很明确吗？比如，做作业的时候，知道自己要花多少时间做完某科的作业；预习功课的时候，知道自己要预习哪些问题等。
- 如果学的是自己不太喜欢的科目，你能坚持多长时间？
- 做比较难的作业，你能一口气做完吗？
- 你觉得不能专心做事，是与一个人做事的责任感的关系更大，还是与一个人的个性特征关系更大？

第六章　用自己的风格学习

第一节　决定学习个性的主要因素

一、学习个性——只能养成，不能复制

当我们环顾四周时，会发现越是学习好的人，越是有个性的人，越是有思想、有见地的人，越是能够有所成就的人，就越有自己独特的学习个性。很多时候，这些人会成为大家的学习偶像，但奇怪的是，无论我们怎么努力，却始终学不成他的样子。这是为什么呢？让我们先来读一个《庄子·秋水》里记载的"邯郸学步"的故事。

相传在两千年前，燕国寿陵的一个少年有一天听别人说邯郸人走路姿势特别美。回来后日思夜想，邯郸人走路的姿势究竟怎样呢？终于有一天他实在忍不住了，就启程去了邯郸。

到了邯郸，他就开始观察人们走路的姿势，觉得果然很美，于是就开始模仿他们的走路方法。但是，不知道为什么怎么也学不像，越学越觉得别扭，慢慢地自己竟然有点不太会走路了。他越学越着急，心里就想：邯郸人的走路怎么这么难学呢？忽然，不知怎么的，两条腿再也不听使唤了，一步也迈不动，从此他再也不会走路了，只好爬着回家去了。

虽然故事的描述有些夸张，但与故事里的情形类似的是，我们在学习中遇到困难的时候，或者看到别人学得更好、更轻松而有些羡慕的时候，经常会向学习好的同学、朋友咨询他们的学习方法，却往往不能通过借鉴他们的学习方法而收到良好的学习效果。这是为什么呢？

学习方法，看似很简单，但实际上它并不能独立地决定一个人的学习效果和学习效率。也就是说，学习方法在很大程度上是不能被复制的。为什么学习方法不能复制呢？因为每个人的学习方法与其自身的个性密切相关、融为一体。如果你的个性与他相去甚远，那么不管你多么努力地学习他的学习方法，也是徒劳无功的，甚至可能造成"邯郸学步"的悲剧。

当学习方法与个性特征融为一体的时候，就表现为学习个性。学习个性作为一个人在学习过程中表现出来的综合特征，在深层次上体现了一个人认识世界的基本观念，在行为中融合了对学习过程和学习活动的掌控方式，在策略上体现了对学习方法的运用能力，因而在相当程度上决定了学习和认知的效果和效率。正是由于学习个性在深层次上体现了一个人的哲学观和世界观的层次和水平，体现了一个人的修养和能力，体现了一个人把握自己和处理世事的能力和水平，所以是不能复制的。

可见，在学习中要更好地把握自己的个性，只注重方法的模仿和学习是远远不够的，必须注意、认识、了解、发展和养成适合自己的学习个性，才能真正使自己的学习过程时时刻刻都处在控制之中，使自己的学习进程步步扎实，使自己的学习和生活充满丰富的思想，使自己的思想深刻、准确。所以，**形成学习个性才是每个人提高学习效果和效率的关键所在**，也是锤炼人格和魅力的重要方法和步骤。

二、决定学习个性的主要因素

决定学习个性的因素有很多，大体上可以划分为智力因素和非智力因素两大类。智力因素，主要包括记忆力、思维能力和信息处理能力等；非智力因素，主要包括成就感、情绪、性格、动机、责任心、自信心、意志力和热情程度等。

1. 智力因素

1) 记忆力

① 记忆力——衰退还是训练

记忆能力被认为是人的智力基础，因为人的许多能力都是在记忆能力的基础上发展起来的。记忆能力的强弱直接影响着智力发展和知识的学习、吸收及整个心理素质的均衡发展。

我们听到一些关于记忆天才的故事。比如我国现代著名的文学家钱钟书先生就以"照相机"式的记忆力闻名于世。他在进入小学读书识字前，就已经读了《西游记》《水浒传》《三国演义》《聊斋志异》等古代小说。任人从书中随便抽出一段来考他，他都能不假思索、流畅无碍地背出来。成年以后，他的记忆力依然如故。有一次，他在图书馆里跟别人打招呼，问对方要找什么书，别人告诉他以后，他很肯定地说："噢，你要从这儿往里走，第三行，第五个书架，第三层，你的书在那儿！"

很多人小的时候也有过一些记忆的"辉煌"成果。例如，上幼儿园以前已经能够背诵唐诗若干首，从而受到大人的夸奖和同龄小朋友的羡慕。但不幸的是，很多人也体验到，随着年龄的增长，自己的记忆力好像越来越差了，刚刚上过的课就不记得内容，刚刚学过的公式要用到的时候却怎么也想不起来，刚刚约好的事情也一转身就忘了，等等。这时，有些人就会觉得自己的记忆力衰退了，开始想办法调整，但又往往不得法，不仅没能调整好，反而开始焦虑、担心、不知所措、烦躁等。进而，学习成绩也开始下滑，甚至情绪低落、食欲不振、营养不良。慢慢地，就开始进入了恶性循环，整个学习和生活似乎全都乱了套。

记忆力真的会随着年龄增长衰退吗？其实不是，钱钟书先生的例子就足以证明了。实际上，**记忆力不是天生的，年龄的因素不会对记忆力产生很大的影响，尤其在青少年时期，记忆力不仅不会衰退，而且还在不断地提高**。应当看到，记不住东西的现象确实大量存在，它的形成有很多原因，例如注意力不集中、学习兴趣下降、对有难度的知识缺乏理解、没有及时回忆、知识量增加导致的记忆负荷过重等。

② 怎样提高记忆力

人的记忆能力的强弱，主要是后天训练的结果。所以，要提高记忆力，必须用合理的方法进行训练，进行有效记忆。有效的记忆，与注意力集中情况、记忆对象的性质、记忆方式、学习环节等密切相关。

第一，集中注意力。随着年龄的增长，人们关心的事情也越来越多，学习的时候就容易走神，导致对正在学习内容的记忆流于形式。所以集中注意力，保证全部思维和精力的投入，是提高记忆力的第一步。

第二，注重理解。在集中注意力的前提下，对所学问题要进行深入的理解。在学习时做到"边看、边思、边问"，后两者尤其重要。例如，鲁迅先生在读文章的时候，总是先大体了解书的结构和内容，然后根据自己的实际情况和书的实际内容给自己提一些问题，如：文章写的是什么？怎样写的？为什么这么写？自己对这个题目又该怎样写？通过提问，能逐步形成对学习内容的清晰认识思路，从而深刻地理解学习内容，并达到较好的记忆效果。

第三，记忆对象的性质。记忆的加工越深入，越容易获得好的记忆效果。对不同的记忆对象，应当采取不同的策略来加深加工水平，才能达到最好的记忆效果。

对于识记性知识，可以用知识与图形结合的方式，增加记忆的线索，使记忆更生动，并加深记忆加工程度，从而提高记忆的效果。例如，记忆地理知识，可以采用与地图结合的方法；记忆各种实验，可以采用与实验装置图、实验流程图结合的方法等。而记忆物理公式、数学公式类的知识，则需要在理解的基础上，结合公式的应用例题、实际含义的理解等进行，以形成联系，使知识系统化，从而深入加工材料，提高记忆的有效性。

第四，记忆方式。有意记忆和无意记忆相比，要多采用有意记忆。即使是一些看似没有什么特别意义的材料，也可以试着赋予它特定的意义，增加知识之间的联系，来加深记忆。常见的二十四节气歌，全国各省份名的短诗等，就是利用简写、谐音等方式，赋予其新意义，以提高记忆效率和效果。形象记忆和抽象记忆相比，要尽量使抽象记忆形象化。

第五，学习环节。在不同的学习环节，采用不同的考验记忆的方法，可以更好地发现问题所在，使记忆针对性更强，从而利用较少的时间，解决问题更彻底。

比如，在新授课后做作业的时候，一般要先回忆一遍学科学习的内容、目的、作用和性质等，并且对没有记住和理解的内容认真复习后，再做作业，做完后检查一遍，可以达到较好的学习效果。而在总复习阶段，一般要先针对某个单元，自己先列提纲，尽可能地回忆出所有的内容，实在想不出的再去查阅相关的笔记和课本等。

2) 思维能力

① 思维——越转越灵活

"地球上最美丽的花朵，是思维着的精神。"思维能力，是人类智慧的核心，也是学习个性的核心。思维能力，既包括对具体问题解决的能力，也包括对思维方式方法和过程的控制能力，两个方面相辅相成、相互促进。

对中小学生来说，既要解决自己在做练习、做作业过程中遇到的难题，也要解决学习过程中的效果和效率方面的困难。在解决难题的过程中，不断提高自己对客观世界的认识和把握能力；在解决学习困难的过程中，不断提高自己获得学习自由的水平。对客观世界的认识和把握能力越强，学习的障碍就越少，学习就越自如；学习越自如，解决问题就越有把握，从而能大大提高认识和把握客观世界的速度和质量。

有的女孩觉得女性天生学不好理科，有的男孩则认为自己天生学不好外语，果真是这样吗？

很多人在学习中，经常遇到这种情况，一个小小的问题，怎么也想不通，然后有的人放弃了，这从此可能就成了他学习中的一块绊脚石，只要涉及这个问题，就过不去，造成严重的学习困难。有的人则坚持不懈地努力思考，直到把一个个问题弄懂为止，通过不断地解决难题，为后来的发展扫清障碍。思维能力，就是在解决问题的过程中，通过不断扫清障碍而发展的。

诺贝尔奖举世瞩目，但诺贝尔在语言学习中发明的"互译法"却鲜为人知，苦于外语学习的学生们完全可以借鉴。诺贝尔除了精通母语外，还通晓俄、法、德、英等多种语言，这些都得益于诺贝尔自己创造的"互译法"。他学习法语时，在掌握一定法语词汇和语法的基础上，先将法国名著译成瑞典文，再"逆行"转译成法文；然后核对两次翻译的手稿，反复进行对照比较，找出差异，加以研究和修正，直到完全掌握为止。

这是典型的通过改善对学习过程的把握，提高学习效果的例子。很多人都在外语学习上发怵，所以外语就总也学不好，其实就是没有解决学习外语的过程把握问题，没有真正去想办法突破自己在学习中的方法瓶颈，所以才学不好。

应该说，不论是解决具体实际问题的思维能力，还是解决学习过程把握的思维能力，都不是天生的，而是在不断解决问题的过程中积累和发展的。**否则，思维能力的发展将停滞不前，原有的天赋和聪明也将失去光彩。**

② 怎样提高思维能力

提高思维能力，靠的是日积月累，靠的是辛勤努力，没有捷径可走。在提高思维能力的路途中，更不能寄希望于虚幻的灵丹妙药。但这不等于说思维能力不能通过训练提高，进行一些符合思维发展的有针对性的训练，可以使思维能力更加高效地发展。

第一，养成爱思考的习惯。养成爱思考的习惯，是形成思维能力的关键。因为**思维能力只有在思考的过程中才能形成。**

爱因斯坦是20世纪最伟大的科学家，他提出了狭义相对论和广义相对论。可小时候的爱因斯坦学习并不好。他说话较晚，寡言少语，喜欢独来独往，表现似乎有些迟钝，经常受到责备，被指责为"不守纪律，心不在焉，想入非非"。老师甚至说，爱因斯坦永远不会有什么出息。但是爱因斯坦从小就养成了善于思索、独立思考的习惯。四五岁的时候，父亲买了一个罗盘送给他，让他仔细观察。爱因斯坦在认真观察罗盘指针的摆动中，发现无论方向如何改变，指针总是指向同一个方向，他想：这是为什么呢？通过学习，他懂得这是磁场作用的结果，但是爱因斯坦并不满足，他又进一步问自己，磁场是怎么产生的？正是由于爱因斯坦具备这种独立思考、善于学习的精神，经过长期不断地努力，他成功地提出了"狭义相对论"，后来又提出了"广义相对论"，成为科学世界的巨匠，并荣获了诺贝尔奖。

第二，不给自己"盖玻璃板"。实验人员拿跳蚤做过一个有趣的实验，他们把跳蚤放到一个玻璃瓶中，然后在玻璃瓶上盖了一块玻璃板。起初，跳蚤试图从瓶子里跳出来，但每次都被玻璃板挡了回来。这样过了一段时间，实验人员拿走了玻璃板后，跳蚤再也跳不出来了，每次只能跳到玻璃板那么高。

在思维发展的过程中，很多人因为一开始遇到困难时总喜欢去问别人，而不愿意自己去动脑思考，慢慢学习变得越来越被动、越来越跟不上，最后就把自己的能力限制在了自己盖上的"玻璃板"底下。

多数人在学有余力的情况下，不愿意主动拓展学习范围，不愿意超出考试的范围学习，时间长了，思维能力也被限制在了学习范围的规定之内。而真正优秀的学生，包括单科优秀的学生，往往能够突破其学习范围的限制，主动去找一些课外书、参考书来学习，既拓展学科学习的空间，也拓展广泛的学习领域，更多地获得了解决问题的机会，更全面地提高了思维能力。

第三，掌握常用的思维方法。常用的思维方法，包括提问的方法、逆向思维法、联想法、对比法、否定法、综合法、演绎法、类比法、集思广益法等。

提问的方法，是要调动自己的思维快速运转，系统化地提出问题，以使自己的思维逻辑严密。"5W1H法"，是一种常用的系统提问方法。

- What——"发生了什么？"了解所发生的现象，并对它进行详细描述。
- Who——"谁使什么发生了什么样的变化？"分析对现象发生起作用的因素有哪些。

- Where——"发生在什么地方？"分析现象发生的环境条件。
- When——"什么时候发生的？"知道现象发生的时间。
- Why——"为什么？"分析现象发生的原因。
- How——"怎样发生的？"了解现象发生的整个过程。

对应起来，这与记叙文写作的六要素(时间、地点、人物、起因、经过、结果)差不多。

逆向思维法，就是把问题的原因和结果倒置过来进行思考。1819年，丹麦物理学家H·C.奥斯特发现了电会转化成磁的磁效应。**英国物理学家M.法拉第对这一现象进行了逆向思维，提出了既然电能生磁，为什么磁不能生电的问题**。经过近十年的探索和研究，他终于发现了电磁感应现象，制造了世界上第一台发电机，打开了人类通向电气时代的大门。

联想法，就是把相关的知识联系起来，更深刻地认识一般性的规律。关于化学上动平衡中物质动平衡反应的勒沙特列原理，与磁场中通电物体运动的规律联系起来，可以形成"此消彼长"的规律来记忆和运用。联想法在文学创作中也是最常用的思维方式。谢道韫有"咏絮之才"的美誉，正是她把雪花和柳絮联系起来，对漫天飞舞的大雪进行了形象的描述。

对比法，一方面可以发现相似事物之间的共性，使共性得到统一，如麦克思维方程就是个典型的例子；另一方面也可以使不同事物之间的差异更清晰，如对比物体在液体中的三种状态——漂浮、悬浮和下沉的条件，能加深对物体浮沉规律的认识。

否定法，是质疑精神的主要体现。在科学发展的过程中，不断的否定随处可见。

综合法，即把事物按照一定的特征结合起来，这极大地简化了人们认识世界的方法。生物分类是运用综合法的经典例子。

演绎法，就是将共性的东西推广到所有适用的范围内，这可以有效地扩大人类的认识。人们利用元素周期表有条不紊地发现了许多新元素，而且还在继续扩大着元素周期表，使人们能够更好地把握物质世界的基本组成。

类比法，是根据某个对象都具有某些属性，并且其中的一个对象还有另外某个属性，推出另一个对象也具有某个属性的逻辑方法。虽然类比有一定的局限性，机械地类比有时候还会出现错误，但是通过类比，确实可以使人们从统一的高度更好地把握世界，其意义非常之大。汤姆逊把原子模型与枣糕相类比，结果走向了错误的方向，而卢瑟福把原子模型与太阳系相类比，得出了近似正确的研究方向。

集思广益法，是现代科学研究中最重要的方法之一。不同的人，特点不同，观察问题的角度也不同，研究方式、分析问题的水平不同，各有所长。**通过比较、对照、切磋，就会有意无意地学习到对方思考问题的方法，从而使自己的思维能力得到潜移默化的改进**。世界上著名的科学家经常利用一些机会讨论、争辩问题，把研究导向不断深入和正确。玻恩与爱因斯坦关于量子理论的争论，最终促进了量子理论的进步和完善。在学习中，经常和其他同学讨论，可以从别人的长处中学到不少东西，也能用自己的所长帮助同学有所收获，最终共同提高思维能力。

第四，勇于创新。越是创造，思维越容易活跃。创新是人类智慧的源泉，正是在不断创新的过程中，人类的智慧才得以不断地进步和发展。

对人类而言，最初的创造往往出于偶然。人类的远祖也和其他动物一样害怕火，正是创造性地发现了火的价值，并运用火为自己获取更为安全的食物和驱赶天敌，使得人类的寿命不断增长，为人类的长足进步提供了一个基础。人类创造并发明文字，最终促进了人类信息的表达和交流，为人类经验的传递和传播提供了更为方便的方法和途径。在近代实验科学建立以前，人类在认识客观世界和主观世界的过程中都是以经验为主。现在人类已经掌握了认识主客观世界的更加严谨和科学的办法，拥有的信息量越来越大，创新速度也越来越快，达到了真正的日新月异。

所以处在当今时代背景下，正确掌握科学的研究方法并进行创新，既是促进个人思维发展所必需的，也是促进整个人类智慧发展所必需的。

创新需要勇于突破。人类突破火的禁忌，学会控制它并利用它；人类突破核能的巨大危害，用核能来提供动力和能源。这些都是在突破的情境下获得的。**既看到事物不利的一面，又利用事物有利的一面，突破不利的禁锢和限制，往往能够最大限度地发挥事物的效用，而且这种作用往往是超乎想象的。**

3) 信息处理能力

① 信息处理能力概述

信息处理能力是指恰当地选择各种信息工具，主动地利用各类信息资源，有效地采集信息、加工信息、发布信息等处理信息的基本能力。采集信息包括检索信息、获取信息、筛选信息等，加工信息包括整理信息、分析信息等，发布信息包括表达信息、发表信息、表现信息、呈现信息等。

信息处理能力，不仅影响学习的效果和效率，还影响学习个性的开放性、发展性和可塑性。合理有效地收集、加工信息，有助于及时处理学习的新知识，加快知识建构的步伐。适当的信息发布，可以展现自己的学习成果，有助于获得适当的内部和外部评价，可以使自己的学习比较开放，更好地获得帮助，适当地调控自己的学习行为。

② 中小学生的信息处理能力的特殊性

中小学生的信息接收源比较有限，因此其信息处理能力既有一般性，也有特殊性。为了达到中小学阶段的学习目标，中小学生首先要有效地学习课程规定的知识，对所学知识的获得、加工和表达也就分外重要。

信息的采集和主要加工能力，体现在充分了解所学知识的系统和结构，可对其进行分类，建立知识的图书馆。尽量使所学的知识点简洁，增加相通信息的联系，使问题能够触类旁通，同时保证概念清晰，防止错误的存在。建立知识图书馆时，只把那些难以掌握，或掌握不牢的难点、重点、易错问题整理进来，把自己独创性的成果收录进来，而比较简单、不会出错的问题，就不必堆砌了。

在加工知识信息的控制方面，要形成较强的纠错能力。中小学的教学内容，力求正确、准确，所以在加工信息时，有必要密切注意常出现的错误，形成正确的反应模式。

信息表达能力，是信息处理能力的综合体现，可以展现个人拥有的信息，是别人了解自己学习情况和水平的重要基础。**在信息表达的过程中，可以发现自己对信息的认识和理解程度以及存在的问题，使自己对信息的把握更流畅、更准确。**

此外，中小学生也不能把自己局限在学校课程的信息范围内。与学校规定的知识内容相比，来自生活、社会、自然的众多信息，才是天然的知识源头，学会更有效地从广阔的背景中获取信息是一种重要的素质和能力。尤其在当前的信息时代里，迅速、及时、有效地掌握信息、分析信息和运用信息，决定了个人适应社会的能力。

③ 怎样提高信息处理能力

系统独特的信息采集和处理模式，在一定程度上决定了学习个性的系统性和稳定性。提高信息处理能力，要从信息采集能力、信息加工能力和信息表达能力上综合进行。

第一，提高信息采集能力，必须保持开放的心态。保持对信息的开放心态，有利于免受误导、免受主流的限制。

在学校里，由于知识范围的规定性比较明确，考试考察的范围也比较明确，所以很多人容易受到规定性的限制，跳不出来。但是，在学校学习的知识，往往是有一定历史的、比较陈旧的知识，而相对创新性的知识却十分有限，所以一旦被限制于此，则很容易造成一个人知识的贫乏，也会造成对自己发展的限制。

对于学生而言，已经具备对很多知识的接受能力和创新能力，甚至包括科技发展前沿的知识。从小养成对这些知识的开放心态，对拓宽视野、认识生活的环境、认识自然和认识社会是十分有益的。

第二，保持对周围的人心态开放，有利于沟通交流，有利于及时得到帮助、摆脱困境。

很多同学对朋友、伙伴的心态很开放，能够说知心话、相互帮助，也能交流各自的见闻收获，分享所拥有的信息，这都是心态开放的表现，值得提倡。

但是也有同学，有的因为自卑，有的因为自负，有的因为喜欢安静等，把自己孤立起来，这样周围的同学、朋友都不知道他在想什么，也不知道他需要什么，也很少与他分享信息。那么这类同学的信息量往往局限于自己认知的狭小范围内。特别是多数同学随着年龄的增长，从小时候对父母的无话不说到渐次无语，表现出对家长、老师和其他年长的人的开放性越来越差。这种情况使很多人无形中失去了从长者那里获得信息的机会，也失去了获得帮助的机会。

第三，提高信息加工能力，需要不断地学习、总结、借鉴和探索，提高信息加工的深度。在学习中常常遇到这样的情况，别人问了你一个问题，而这个问题你又恰好不知道答案，然后通过查资料了解或者别人告诉了你答案，结果你就再也不会忘记它了。这种现象体现了带着问题加工整理信息的独特效力。带着问题整理信息，是提高信息加工能力的好习惯。根据认知心理学的研究结果，越是有意义的信息，越容易被纳入到信息结构中，而意义越是鲜明、信息越是突出，越容易被提取出来。当有问题时，你得到的信息就被赋予了突出的意义，这从本质上是提高信息加工的深度。

第四，提高信息的表达能力，要常常进行表达练习。很多同学在学习中容易出现眼高手低的现象。听课的时候似乎都能听懂，做作业的时候也马马虎虎都能做出来，但到了考试的时候，却常常觉得这个题目似乎不难、似乎在哪里见过，可就是做不出来。**长期眼高手低的后果，就是眼不高了，手却很低**，经常遇到解决不了的难题。这是为什么呢？

这种现象充分体现了信息表达能力不强这一特点。大多数人的信息接受能力都很强，但信息表达能力却相去甚远。这是因为很多人认为，听得懂、看得懂的东西，就学会了。其实不然，听懂了、看懂了，不仅能够复述出来，把意思讲清楚，还要能说清楚它的来源，并且能举一反三地进行推广运用，这样才能真正把信息掌握起来。

也就是说，必须不断地要求自己进行一些常用的表达练习，如考虑和设计某个问题应该怎么说，说什么，说到什么程度。只有经常对所掌握的信息进行充分、深刻的表达练习，才能真正把信息融合为自己的一部分，才能达到掌握信息和自如表达信息的效果。

2. 非智力因素

1) 成就感

① 成就感对心态的影响

成就感主要通过影响心态取向来决定学习个性。多数人对成就比较敏感，很多人的成功源于不断地获得的成就感所带来的激励，而很多人的失败也源于难以获得成就感。

通过对"厌学"儿童的调查发现，很多孩子都是因为在学习上成绩不佳，觉得继续学下去也前途无望，因而慢慢地开始放松学习、游戏人生。**实际上，真正使学习陷入泥潭的，正是这种放松和放纵。**

有人曾经做过一个实验，他到一所学校里去，装模作样地考察了一番，然后列了一份名单给老师，说名单上的学生将来会有出息。老师们看了后很惊讶，因为名单上的学生虽然也有当时比较优秀的，但其中很多学生成绩平平，有的甚至成绩还比较差。不过老师信以为真，令人不可思议的是，名单上的学生后来大多数还真获得了成功。

这是为什么呢？其实并不是学生天生的因素导致了他们的成功。而是因为老师们拿到名单后，对这些学生开始特别关注，而这些学生也开始注意自己。这样一来，老师更偏向于鼓励这些学生，使这些学生感受到的成就感比以前大大增加，如此一来，学生更爱学习了，获得成功的机会也就越来越大，最终走向了真正的成功。

还有人就课堂上老师对成绩优秀的学生和成绩不好的学生的态度进行过调查，结果发现：老师对成绩优秀的学生回答问题更有耐心，对他们的错误更加宽容，因而他们获得成就感的机会更多，受挫的机会也就越小，所以更容易喜欢学习，形成良好的学习心态，进入"喜欢—成功"的良性循环，不断走向继续成功；相反，老师对成绩不好的学生回答问题则不够耐心，对他们的要求更加苛刻，更多地对他们的错误进行批评，使他们获得挫折感的可能更大，因而容易使他们慢慢讨厌学习，形成对待学习的消极心态，陷入"厌恶—失败"的恶循环，最终走向失败。

另外，也有的人似乎有种"与生俱来"的追求成功的动力，他们喜欢参加竞赛性质的活动，在这些方面表现自己、展示自己，与周围的人一争高下，从击败对手的过程中获得快感，几乎不怕失败。

② 如何经常获得成就感

既然成就感能在很大程度上影响对待学习的心态，那么在恰当的时机获得必要的成就感将有助于时刻保持学习的积极性，促进学习进步，获得更好的发展。

在获得成功感时常常遇到的问题是：一个人处于失败境遇之中时，得到鼓励的机会更少，因而从外部获得成就感的机会更少。

要解决这个问题，首先要学会自我评价和自我鼓励。在一次考试中，你获得的分数可能比班里最好的学生要低很多，但与自己的过去相比是不是有进步呢？如果获得这个分数已经是你全力奋斗所能获得的最好结果了，那么就应该先肯定自己的努力和付出已经得到了回报。这样就可以自豪地对自己说，如果继续这样努力下去，我还会不断提高。也就是，**要时刻刻看自己是否尽力了，是否有进步，而不是时时刻刻地看自己离别人的距离还有多远。要关注自己，而不是关注别人。**

其次，当成绩不如别人的时候，可能会引起父母的不满，这时候要选择恰当的沟通方式和进行恰当的自我调节，以减少这些批评对自己学习心态的不良影响。父母不满的时候，一定不要顶撞，甚至不要解释，因为并非所有的父母都会理智地从孩子的实际情况来看待成绩的。而顶撞父母，更多地意味着你不懂事，甚至会使他们对你更失望，导致家庭关系紧张。当然，只要你的父母通情达理而且喜欢与你沟通，你可以向他们说出自己做出了如何的努力，获得了多少进步，以此获得他们更多的鼓励和帮助。

再次，学会避免不良评价的负面影响。越是失败的时候，人越容易受到诸如批评、嘲讽、冷落等负面的评价和遭遇，正确对待它们，对于保持信心也非常重要。**"不以物喜，不以己**

悲"，心态平和，用更加努力的事实说话，而不是去争一时的口舌之强，既是一种修养，也是一种成熟。

要获得成就感，关键还在于自己争取。不管处于众星捧月的巅峰，还是处于"最黑暗"的时刻，真正的成就感来源于自己的进步。

人在处于巅峰时，由于外来鼓励、羡慕的迷惑，有时候看不到自己已经开始进步得越来越慢、越来越少，却还沾沾自喜，往往容易慢慢沉沦。而处于"最黑暗"时刻的人，则可能由于周遭的不满、批评、嘲讽，而不知所措、"破罐子破摔"，不能在逆境中奋起，很难获得成功。这两种情况都是经常见到的。怎样才能使自己的学习远离这些不良状态呢？关键就是要使自己的成就感来源于自己切实的进步。因此，必须学会给自己制订详细的目标，学会评价自己是否达到了预定的目标，才能保持更清醒的头脑，才能更清晰地看到前方要走的每一步路，踏踏实实地前进，不受外来因素的干扰，不迷失方向、迷失未来。

对于喜欢竞争的朋友，也应该注意一个基本事实：人最大的敌人是自己。即使你可以获得超过所有人的成绩，也不意味着你获得了最大的成功，因为人的能力是不同的。对你来说轻而易举就获得的成绩，别人可能要付出你几倍甚至几十倍的努力。而你没能更充分地前进，可能正是因为被"胜利"冲昏了头脑。所以，保持追求不断超越的斗志，学会提出对自己更切实、更高的目标，将有利于你最大限度地发挥自己的才能，战胜骄傲。

2) 情绪

① 什么是情绪

《关尹子》中说："情，波也；心，流也；性，水也。"这里的"情"，就是指情感、情绪，就像水流动时的波浪。"心"就是人的意愿和愿望，就像水的流动，形成了一定的趋向，有一定的态势(动能和势能)。"性"，就是人的本能、需求，像水一样。

人的需要、心愿和客观事物发生各种相互作用时，就会产生情绪和情感，或喜或悲或怒或惧。情绪通常与人的追求紧密相关，不确定是否应当追求时，会彷徨、犹豫；失去追求目标时，又会空虚、失落；追求过程中出现紧张局面、形势严峻时，又可能紧张、焦虑、担心、烦恼。

情绪，是精神状态的指示灯和调节器，对做事的效率和效果有很大的影响。

② 情绪的作用

在许多著名艺术家创作的轶事里，我们都可以看到情绪状态的奇妙效果。

著名音乐家贝多芬有一天在散步的时候，听到茅屋里传出一阵断断续续的钢琴声，弹奏的正是自己的作品。他十分好奇，就向茅屋走去。原来是一位盲人姑娘在弹他的曲子，她们家里很穷，只有一架旧钢琴。贝多芬深受感动，就亲自给姑娘弹起了自己的曲子。

一曲终了，忽然一阵风吹灭了蜡烛。此时，屋里洒满了月光，茅屋里的一切好像披上了银纱。贝多芬忽然得到了灵感，他想到在平静的大海上，月亮缓缓升起，海面上洒满了银色的月光。一切都是那么平静和安详。月亮渐渐升高，穿过微云。忽然一阵风起来了，宁静被打破了，月光下波涛汹涌……

在小茅屋里的银色的月光，静谧的景物，引发了贝多芬对宁静的大海的联想，自然而然又想到了大海的激情，最后曲调优美和谐、境界清新的《月光曲》在鞋匠哥哥和盲人妹妹的小茅屋里诞生了。

③ 怎样控制情绪

情绪坏的时候，一个人的心理力量受到削弱，不用说提高能力，就是已有的能力和技巧也不能完全发挥出来。**学会控制情绪，有利于超越自我、创造自我，成为自己的主人。**一般来说，控制不良情绪的主要方法有转移、分散、弱化、宽容、解脱、升华和表达。

- 转移，就是将注意力从引起不快、焦虑、痛苦等不良情绪的事情、事物和人身上转移开，如转向自己喜欢做的一件事，找别人随便聊聊天等，让自己的心思尽量去应付其他的事情，从而达到转移的效果。在学习上，如果一次两次成绩没考好，不要过多地去想，只要坚持努力，坚持改善自己的学习方法就可以了，只要付出努力总会有回报，不必对一两次的"坏"成绩放不下。

- 分散，是在同时面临多种不良情绪时，把引起烦恼的源头一个个分散开来，各个击破。人在烦恼的时候，往往更容易把烦恼的事情联系起来，而这会加深烦恼的程度，不利于摆脱不良情绪。所以，越是烦恼的时候，越要一个个地对付，以免陷入夸大问题的境地，徒增烦恼。在学习上，如果做不出题来，有的人会很急躁。其实大可不必，因为你可能是因一时疏忽而没能看清题意才做不出的，可以先把它放下，试试其他的题，过一会儿再看它，或许就豁然开朗了。

- 弱化，就是不作为的方式，不记忆、不思考、不想烦恼。有人说，把烦恼写在沙滩上，让它随着大海的潮涨潮落而去。确实很有道理，越是对烦恼的事情念念不忘，越是重视它，就越不能摆脱它的束缚和控制。只有让它自己"觉得"自己什么也不是时，才更容易摆脱它的控制。

- 宽容，是指在生气的时候，学会原谅别人，体谅别人。生气，其实是在为别人的过错而惩罚自己，所以原谅了别人也就是饶恕了自己。有的人因为老师错怪了自己，而厌恶上老师的课，厌恶学习、学校，甚至用极端的方式来表达自己的不满，这很可惜。如果能够多一些宽容和体谅，相信可以避免不少这样的悲剧。

- 解脱，是换一个角度来看令人烦恼的问题。"存在就是合理的"，很多事情虽然让我们觉得别扭，但它既然存在了，就有其存在的原因和环境。**徒然为一种事情的存在而烦恼，不如以更深、更高、更长远的角度来看待它、理解它，跳出它的圈子，使精神得到解脱。**

- 升华，就是利用强烈的情绪冲动，往积极的方向引导，使情绪有建设意义和价值。面对别人的嘲讽、讥笑等，最容易产生激烈的、对抗的情绪，可是这种情绪只能破坏关系，而毫无建设性。只有化之为发奋努力，用行动来让别人改变他们的态度，才是最佳选择。

- 表达，就是找别人谈心或写到纸上，把自己的委屈、烦闷、气愤和申辩等都说出来或写下来，使自己的不良情绪宣泄出来。

或许，你还是觉得上面的方法太过理论化，用起来不能如人意。那么还有一种方法更简便些，即行为塑造法。因为行为也可以影响情绪。比如，**你露出笑容，心情立刻就会有几分快感。**所以，你可以对自己的行为提出硬性规定，让自己每天面对别人包括你最讨厌的人的时候都面带微笑，遇到难题的时候必须微笑，遇到恼人的事情时也保持微笑……那么过不了多久，你就会发现，这个世界没有什么是值得烦恼的，很多人也不像你想象的那么讨厌，很多事也不像你想象的那么难做。此时，你的修养也一定上升了一个层次。一句话，"开心其实不需要理由"。

3) 性格

① 什么是性格

人们常常说，"某某脾气很暴躁""某某很文静""某某太骄傲"等，这些话常用来概括某个人性格特征中比较鲜明的一个方面。不过值得注意的是，人们在评价自己或者他人的性格时，常常只关注其中的一两个方面，比较片面，难免有失偏颇。

性格是人的个性心理特征之一，是个人习惯化了的行为方式，是一个人区别于他人最鲜明的形象特征。性格受遗传因素影响，但起决定作用的是后天的塑造，一个人的成长经历、家庭氛围等都会对性格的形成和发展产生重要影响。

② 性格的力量

法国物理学家、化学家、两次获得过诺贝尔奖的玛丽·居里，是个谦虚、沉默而又沉着的人。为了从沥青中提炼出镭，她在既漏雨、又透风，还没有取暖设备的由仓库改成的简陋实验室里，用四年的时间煮完了八千公斤的沥青矿渣。为了达到科学研究的目标，能够长期坚持如此繁重的体力劳动，应该说得益于居里夫人的性格。

性格会渗透在做事个性的方方面面，在学习个性中也起着决定性作用。性格比较急躁的人，在做习题的时候常常会丢三落四，出些小错误；性格比较慢的人，会因为磨蹭而做不完作业；自卑的人，即使学习成绩很好，也常常焦虑；爱思考的人，往往喜欢寻根究底、举一反三、综合归纳，进行创新，等等。

③ 怎样克服不利性格的影响

性格一旦定型，想改就比较难，所以要发挥性格在学习中的作用，最好学会充分发挥性格中的长处，还要学会用具体的要求来限制和改变自己的短处。不利于学习的性格，主要有孤独、自卑、自负、拖沓等。

如果性格沉默、喜欢独处，那么爱思考能平衡不容易获得帮助带来的不利。如果思考能力不强的话，那就需要给自己提出一些具体的要求，从行为上改善性格的劣势。可以制订合理的自我考核方式，例如，就一个专题的内容编几道问题，自问自答；把作业练习中常出现的错题集中起来进行自我测验；复习时，按老师讲课的标准要求自己在心里把复习内容讲述一遍等。这些考核方式，既可以检验对学习内容的理解和掌握水平，保证学习的质量，又可以提高自我表达的能力，在适当的时候参与到其他同学的讨论中，慢慢地就能使性格有所改变。

如果自卑，要时刻注意自卑的原因，逐渐消除自卑心理。自卑的性格，常常是由于一两件事情自己做不好，或者做得不如别人好而产生的。要消除自卑，首先要勇于去做，不要瞻前顾后、怕出错、怕别人笑话。**做成的事情越多，就会越自信**。其次，还要避免与别人比。每个人都有自己的特点和长处，即使一个人确实没有什么看得见的长处，也不能说明你就比别人矮一截，所以没有必要要求自己在某些方面要像其他人做得一样好。只要你尽力了，就足够了。

如果有点自负的话，则需要学会倾听和欣赏别人。自负的人，往往喜欢竞争甚至攀比，谈话时喜欢滔滔不绝甚至逞强，但多数不懂得怎样倾听别人和欣赏别人。其实每个人都有自己的特长，发现别人的短处很容易，发现别人的长处却需要一双善于捕捉的眼睛和一颗认真倾听的心灵，要有平静如水的心态。所以当和别人相处的时候，要有意识地做到不攀比、少说、多听、多发现。

如果有点拖沓呢？问题越积越多，这个道理人人都懂，但是很多人还是喜欢往后拖。怎么才能改变这个毛病呢？一个比较有效的办法是学会制订容易坚持的计划，逐步提高和细化计划的水平和要求，直到形成坚持计划的习惯。在制订计划时，切忌要求过高和空泛。计划的内容和时间要求越具体，越容易执行。制订计划时要避免没有监督和依赖监督。**要改掉拖沓的毛病，依赖计划是不可能真正彻底解决的，最重要的是要形成及时处理问题的做事原则**，因为计划只是一种使自己的时间表更清晰的辅助手段。

4) 动机

① 两种动机取向

心理学家阿特金森认为，人的成就动机取向有两种 —— 追求成功和避免失败。

追求成功，就是把成功达到特定的目标，作为做事情的动力。只注重成功的美丽，不考虑失败的后果，不怕失败。失败了，大不了从头再来。要百折不挠，坚持到底。

避免失败，就是做事情时先周密考虑，直到自己有了更大的把握，才去动手。成功固然欣喜，但失败的后果更为可怕。

追求成功的人，喜欢勇往直前，可能要经历很多挫折，甚至到最后也没有成功，但他们自始至终都是战士，避免失败的人，喜欢深思熟虑，他们对问题把握更深刻，只要有了相当的把握，成功便如囊中取物；只要还不够确信，就不愿意轻易出头。

在对更有价值的事情能否干成不很确定的时候，追求成功的人认准了就干，而避免失败的人可能会选择放弃。简单地说，当有两条路摆在面前时，追求成功者愿意选择更神秘的那条，而避免失败者愿意选择更有把握的那条。有这样一个案例。

著名数学家、思想家、科学家牛顿和著名的数学家莱布尼兹分别独立地发现了微积分。虽然牛顿早就写好了相关的论文，但是由于对论文的正确性还不十分肯定，担心会受到批评，他一直不敢轻易将论文拿出来发表，结果直到后来莱布尼兹的论文发表出来以后，他才匆忙拿出来发表。这最终导致了一场旷日持久的关于微积分发明权的争论。

在这件事上，我们看到了牛顿作为一代宗师内心害怕失败的因素。但这并不影响他成为一代宗师，因为成就事业的关键，还是在于有所发现，有所作为，而不在于你是否也有害怕的时候。

追求成功者的探索精神更值得敬畏。

伟大的物理学家爱因斯坦在发表了狭义相对论和广义相对论后，名声远播。但在他生命的最后一段时间里，他一直致力于四种性质力的统一，而没有在他作为创始人之一的量子力学上进一步发展。普朗克有一次对他说：有一位物理学家因坚持研究一些非常困难的问题而进展不大，但却发现了许多新问题。爱因斯坦感慨地说："我尊敬这种人。我不能容忍有些科学家拿出一块木板来，寻找最薄的地方，然后在容易钻透的地方钻许多孔。"

确实，他本就不是个喜欢容易的人。如果他在晚年致力于量子力学的发展，相信也会取得新的令世人瞩目的成就。尽管他最后没能够完成所做的工作，但是那种认定目标不懈追求的科学探索精神，值得我们永久学习。

尽管两种动机并不一定决定一个人的成败，但是不过多地担心失败的后果，也不盲目追求成功，这对个人脚踏实地进步和发展都是十分重要的。

② 动机的力量与成功

强烈的动机，有时候能够让人作出许多不可思议的事情。

一架轰炸机正在着陆，动作显然不合乎操作规程。飞机同地面猛撞一下后沿着机场跑道滑行，终于一面机翼倾斜下去，发动机停了，飞机也停了。人们跑过去一看，全体机组人员都已经昏迷，飞行员浑身是血，坐在那里紧紧握着驾驶盘，脚压在刹车上。显然，他用受伤的左手猛击了一下熄火开关，使发动机停止运转，以免着陆时引发大火。他的脸上滞留着高度紧张、集中注意力和全力以赴的表情。过了20分钟左右，飞行员在医疗所里苏醒过来，他说："任务完成……机组如何？飞机完好吗？"接着又失去了知觉。半个小时后，他又醒来，重复了前面的话。当他听到飞机完好、人还活着时，他满意地说"一切正常"，面部表情才缓和下来，随后疼痛地扭曲着，才开始呻吟……

像这种身负重伤的飞行员，带着要保全飞机和机组人员的强烈意愿和动机，不顾个人安危的事例不止这一起。

有时候，在追求成功的过程中，只有动机足够强烈，才能在关键时刻发现机会，最后到达胜利的彼岸。世界上第一个女数学博士索菲·柯瓦列夫斯卡娅的寻师经历就很值得借鉴。

18世纪德国著名数学家魏尔斯特拉斯在数学上的一系列创造性研究，使他享誉数学界。他的卓越成就，引起了俄国女学生索菲·柯瓦列夫斯卡娅的注意，她决心投师魏尔斯特拉斯从事数学研究。1870年，她找到魏尔斯特拉斯，对他急切地说："我真诚地希望成为您的学生，为此我特地从国外慕名赶来，因为我对数学太感兴趣了，可一直苦于没有名师指导，不知您是否愿意？"教授给她出了几十道很难的题目让她做，来测试她。本以为她肯定有大半做不出来，可是出人意料的是，索菲不仅大部分都答对了，而且许多计算和论证还很有创造性。

教授见索菲才华如此出众，深感惊讶，便立即带她去校方注册。可是当时柏林的大学对女生一概拒收，无论教授如何反复说明她的才华也无济于事。回到办公室，索菲伤心地哭了，教授十分气愤，激动地说："培养数学人才是我终身的目标和信仰，您就作为我的一名不注册的学生吧！"此后四年，索菲在教授的指导下不仅完成了所有大学数学课程，还完成了三篇重要的数学论文。在教授的极力推荐下，经哥廷根大学的严格评审和答辩，索菲终于成为世界上第一位女数学博士。

索菲能够通过教授的测试，说明她的才华非凡。但如果她没有强烈的研究数学的动机，就不会千里迢迢到国外去寻求学习机会，并在关键时刻奋力争取。类似的典型事例还有很多，例如，波兰裔法国物理学家、化学家居里夫人的求学经历，我国著名的数学家华罗庚先生自学成才的艰苦求学历程等。

在我们周围的学习伙伴中，有多少是在强烈的学习动机驱使下学习的？又有多少是"被逼"学习的呢？在"被逼"学习的人中有几个能为了争取学习机会而历尽艰辛呢？每个人生命中只有为数不多的机会，每浪费一个都可能意味着他生命的轨迹划向平庸，意味着他的才能将被埋没、湮灭。

成功动机越强的人，越会执着于钻研如何以行动把握机会。香港商业巨子李嘉诚，是商界一代传奇的领军人物。多数人也许会把羡慕的目光投向他的巨大商业成就，却较少注意他在把握成功上的全力以赴。这里仅举一事为例。

在李嘉诚从事塑胶行业的头几年里，资金有限、设备不完善的问题严重限制着其生产规模的继续扩大。此时，一位欧洲的批发商来看样品，看后赞不绝口："比意大利的产品还好。我在香港跑了几家公司，就数你们的款式齐全，质量好，样子美观！"后来就去看厂房，发现他们的厂房很简陋，说："我是打定了主意要订购你们的产品，而且是大批订购。但是，你们现在的规模，满足不了我需要的数量。李先生，我知道你资金有问题，我们可以先做生意，但条件是你要有资金雄厚的大公司或个人做担保。"李嘉诚竭尽全力也没有找到担保，在期限到来的时候，他决心最后一搏。

第二天早上，他来到批发商下榻的酒店。从包里拿出九款样品，一声不吭。那位批发商全神贯注地盯着它们看了足有十多分钟。从他的表情可以看出，他很喜欢，尤其是对其中一串紫红色的葡萄，简直爱不释手。批发商又看看李嘉诚，发现他双眼布满血丝，知道他为了赶制这些样品必定是通宵未眠。他不仅对样品很满意，同时也佩服李嘉诚的办事效率和作风。因为当初他只流露了订购三种产品的意向，而李嘉诚却在一天时间里，将每款产品设计了三种不同的式样，足见其合作的诚意和一丝不苟的作风。最后，他说："我想你的真诚和信用，就是最好的担保。"很快双方就签订了第一份购销合同，批发商还主动提前一次性交付货款，帮助李嘉诚解决了资金的问题。

在这则事例中，我们看到：当机会来临的时候，把握住它不能只依靠技巧和巧合，更要靠强烈的愿望与全力以赴的执着和努力。

③ 怎样形成强烈的学习动机

首先，要明确为什么学习。现在很多人只知道上学，却很少考虑为什么学习。也许小时候被人问起"长大了干什么"时，有的人说过要当科学家、工程师、医生、教师等，但是那时候的回答只是凭直觉，并不能真正理解那些人做的具体工作是什么。到了高中，依然有很多人不知道自己接触最多的老师们的日常工作活动具体包括什么。当然更谈不上去理解为什么有的老师教学一塌糊涂，有的则人人喜欢；为什么有的老师修养水平让人敬服，而有的老师则让人觉得不配为师。就是与自己最密切相关的父母，对其不了解的人也是大有人在。

其实，这提出了一个根本问题：我们对社会生活知道些什么？如果还不知道自己为什么学习，不知道自己将来想干什么，那么可以断言，你对多数职业的日常工作细节知之甚少。

所以如果你还记得儿时的梦想，而且觉得那个梦依然有魅力的话，请看看自己的父母亲友中有没有人在从事它，找到具体了解它的人谈谈，找到相关人物的传记看看，甚至找机会去体验体验，再来判断自己是否真的还想实现那个梦想。如果要坚持，该学些什么，做些什么。如果不想坚持，那就用同样的方法去试试其他的选择，确定一两个，然后找到学习的方向和目标，这样一来，学习和努力就会更实在、更具体了。

第二，要有专一精神。瞻前顾后，拖泥带水，是阻碍勇往直前的一大恶习。有时候，我们做事会比较犹豫，总是担心这么做可能会失去什么，那么做又可能失去什么，左右摇摆，高不成低不就，拿不定主意。做事的过程中，又常常左顾右盼：看着别人这样做好，就想这样；看着别人那样好，又想学那样。结果什么都做不成。

有的人一边做着作业，还在想着今天电视要演什么节目。这种三心二意的习惯，表明学习并非其心中真正的焦点，学习的动机还不够。只有专心致志地学习，才能真正体会学习、理解学习、爱学习。

第三，要有股永不言弃的劲头。放弃的越多，成功的机会就越少。**机会之所以垂青有准备的人，就在于有准备的人一直在努力，而不是在放弃。**常常听到有同学说"我已经放弃某某科了"之类的话。他们往往振振有词地解释："那门学科反正高考也不考，过了会考就行。""反正我也学不好了，不如省点时间学别的吧。""那个老师实在太可恶了，上他的课我没兴趣。"

理由是开脱责任的借口，不管它多么动听、多么"符合"情况，终归是借口，只会让你远离责任，让你远离成功。所以，千万别被自己编织的美妙动听、无可置疑的理由迷惑，把自己陷于失败的不利境地。要努力找到让自己更欣喜、更狂热地投入到学习中去的理由。

永不言弃，是形成强烈学习动机的必要因素之一。

5) 责任心

① 什么是责任心

责任，是人对自身和社会的义务与职责的认知，始于人对自身价值的认识和对人类群体的移情，表现为对外部世界的抱负和使命。没有责任心的人，会轻易放弃自己、放弃努力、放弃目标和理想。背弃责任的人，会成为寄生虫，走向人类的反面，走向社会的反面。

责任心表现在：①清楚地知道自己现在的主要任务有哪些，应该做到什么程度；②对自己的任务分出优先次序，列出时间规划表，至少在心里有时间安排的优先观念；③在遇到困难时，主动寻找解决的方法，可以通过向别人学习、咨询来寻找解决的参考方法，但不靠天，不依赖别人。

② 责任心的意义

责任心，对于个人、家庭和社会都有着深远的意义和影响。

有责任心的人，才能成为独立的人，才懂得思考、懂得判断和选择、懂得创造和创新。

有个15岁的中学生说："在家里，爷爷奶奶、爸爸妈妈什么都替我做了，我长这么大，在家里没有洗过一双袜子，也没有扫过地。我觉得自己应该多干点家务活，但就是懒得做。再加上他们老迁就我，我一耍赖他们就不让我做了。"

其实这种情况在当前的中学生里有一定的普遍性。很多父母都说过："你只要学习好就行了，别的什么也不用你干。"这使孩子失去了自立的机会，失去了在生活的方方面面形成责任心的机会。

只有有责任心的人，才能为家庭带来欢乐和幸福。

著名相声演员姜昆，小时候家里很困难，就想做些自力更生的事情，减轻家庭负担。他发现胡同里有的孩子夏天经常去捡西瓜子，一腌就是一大缸，到了冬天拿到街上去卖，而且能卖好几十块钱，他羡慕极了。于是，姜昆没跟爸爸妈妈说，也跑到西瓜摊上去捡瓜子。等爸爸妈妈发现时，他已经捡了满满一盒子。妈妈看到后，为他的懂事而欣慰地笑了。

但现在大多数家庭里，很多孩子想不到主动帮助劳累的父母做些力所能及的事情。家庭的天伦之乐体现在哪里呢？

只有有责任心的人，才能成为社会发展的促进者。

我国著名核物理专家钱三强，15岁时在北平的孔德学校读书期间，偶然读到孙中山著的《建国方略》，书中把中国的未来描绘得十分令人向往。读着这些，他感觉仿佛走出了黑暗的涵洞，见到了光明。"可是，合上书本一想，由落后到富强，从黑暗到光明，期间有多么长多么大的空白要去填充啊！朦胧中感到自己有责任响应孙先生的主张。要使国家摆脱屈辱，走向富强，除了建立强大的工业，发展先进的科学技术，别无他途。"于是他集中精力学习数学和物理。1948年夏，辗转国外留学的钱三强毅然回国，为发展我国的核事业作出了巨大贡献。

③ 在学习上应该怎样体现责任心

责任心决定学习的自主程度，体现在学习中主要有三点。

第一，学习是自己的事。**把学习当成自己的事，首先表现为清楚地知道自己要学习什么，并按照学习的要求自动自觉地安排好各项具体活动**，例如按时完成作业、及时预习、复习，主动找课外学习资料扩大知识面，遇到疑难问题尽量多思考、力求自行解决，规划好玩的时间、不侵占既定的学习时间等。

像做作业之类的常规学习活动，如果还需要他人经常提醒，或有时候因为玩过了头做不完或不交作业，没有及时预习、复习等，就说明还没有真正把学习当成自己的事。

第二，正确面对学习中的问题。学习中出了问题，有些科目的成绩总也上不去，不要找理由给自己开脱，要思考以下几个问题：基础知识记牢了吗？作业做过的题目、上课的习题和考试测验过的题目能否都做出来？该学科的特点是什么？在该门课的学习中，有没有科学地规划过如何分配和组织时间？想过什么补救办法？向同学、老师求教过学习方法吗，他们说的方法对自己有效吗？自己坚持的时间够长吗？还有其他方法可以试试吗？等等。如果这些问题都能回答好，相信你就会得到这门课的"钥匙"。

学习成绩有问题，不要认为是父母遗传的结果。因为学习成绩最终取决于对学科学习的把握能力和付出的努力。只要有自主学习的责任心，就会全力应对学习中遇到的问题，也一定会找到解决问题的办法。**如果单纯寄希望于家教之类的外来帮助，你就会越来越被动和无助，最终不能真正实现提高的愿望。**

第三，把握方向，深度发展。越是学习好的学生，越要注意把握自己学习的方向。他们对自己喜欢的学习内容，能够主动从各种渠道寻找课外信息和资料，不断地使自己提高并超前成为同学中的"专家"。这学习责任心强的表现。

在学习中，越是责任心不强，越不愿意多看资料、多做练习，学习就会越困难，直到跟不上。这是学习跟不上的同学中最普遍存在的现象。

6) 自信

① 什么是自信

自信是一种感觉，使人感觉自己能够做成一件事；自信是一种力量，使人坚定地朝着认定的方向前进；自信是一种素质，使人超凡脱俗。

自信使人从容优雅。一个充满自信的人在做事情的时候，能够洞悉事情的每一个步骤，知道该做什么，怎么做，能够不慌不忙、有条不紊地一步地做下去。他们在举手投足间，给人留下的永远是一种从容和优雅。

自信使人生机勃勃。一个自信的人在面对生活的时候，不会担心失败，不会担心挫折，面对任何负面的问题也会举重若轻。即使遇到麻烦，他们依然能够充满活力地去做每件事情，似乎麻烦只是生活的一剂调料。

自信使人幽默睿智。**自信的人洞悉世事，把一切都纳入自己的掌握之中，所以他们看待问题的时候，会超越问题本身，用比较诙谐幽默的方式来表达自己的看法，令身边的人默然发笑，在焦躁之时顿感轻松。**

自信使人虚心开放。越是自信的人，越欢迎新事物。他们不会因为自己的观点、见识受到挑战而感到失败或者挫折，而是通过吸纳新事物来不断地提高自己的认识能力。在开阔眼界的同时，使自己对事物把握得更加纯熟，游刃有余，反过来还能增加面对世界的从容和自信。

② 自信的魅力

自信的人对事物把握得恰如其分。《三国演义》里"神机妙算"的诸葛亮可谓自信的大师。在闻名天下的"空城计"里，他对司马懿的把握可谓到了极点。

诸葛亮一曲优美而富有深意的《十面埋伏》，让司马懿听得出了神。他一面察言观色，看着孔明气定神闲的抚琴姿态，全然没有丝毫畏惧，似乎已有雄兵百万在侧。再听孔明的琴声，流畅自然，演绎得动人心魄。最后，司马懿突然领悟出这曲中的奥妙。孔明之意并非在说明已有雄兵在侧，所以安然不动。而是在告诫司马懿，当下他只是曹营的一名统帅，根基还不牢固。以前他没有过错就曾经被夺兵权，而后来只因曹营大将无人能与诸葛亮周旋才被迫请他复出。所以如果这次他果真将诸葛亮得而诛之，魏王不再有所畏惧的话，那么很可能又会被夺兵权，甚至被害怕他的魏王罗织罪名所加害。所以犹豫再三，司马懿在明知孔明已身处险境，唾手可得之时毅然退兵，放了诸葛亮一马，也救了自己的性命。虽然司马懿退兵以后，孔明也出了一身冷汗，但还是凭借对司马懿恰如其分的把握，知道他的才华和处世机智，赢得了有惊无险的全身而退。

自信的人信念坚定。很多人都喝过"巴氏消毒奶"，但对他的发明人巴斯德却了解很少。

巴斯德是法国平民出身的科学家。在他所处的那个年代，出身是十分重要的。由于平凡的出身，巴斯德在法国科学院经常受到贵族的排挤和冷落。但不管受到什么样的不公待遇，他都能安之若素，坚持了为了人类的利益而全身心的投入，而不在意个人受到的不公。他的很多发现都是在受到排挤的情况下，被安排去做在别人看来似乎不可能有所作为的事情时取得的。例如，被派去视察蚕茧业大面积减收的原因时，他发现了蚕种的先天条件决定了其抵御疾病的能力，经过研究终于发现优选蚕种的方法。此外，他还发明了种牛痘的方法、发现了酒石酸的左旋和右旋特性等，为人类社会作出了很多有价值的贡献。虽然如此，平民出身还是让他饱受了生活的痛苦，八十多岁高龄时在贫病交加中去世。但个人的经历再悲惨、再曲折，也没有动摇他为人类的利益而献身的坚定信念，所以他被人们传颂至今。

③ 把自信掌握在自己手中

要把自信掌握在自己手中，首先要坚信"我能行"。有人说，阻碍你前进的往往不是不可逾越的大山，而是鞋里的一粒沙子。**在追求的过程中，彷徨犹豫的人鞋里有一粒沙子，它的名字叫，"我行吗？"**学习时每当遇到一时还看不懂的内容，就问一次"我行吗？"怀疑自己可能确实理解不了；做题时一遇到有点难度的题目，就问一次"我行吗？"怀疑自己攻克难关的能力；考试时一遇到成绩不理想，就问一次"我行吗？"怀疑自己或许永远都不能做得像别人那样好；竞争时一看到别人的影子，就问一次"我行吗？"怀疑自己永远都比不过别人……每问一次"我行吗？"这粒沙子就硌一下他的脚，让他停下来怀疑自己，眼睁睁地看着别人跑到前面去，眼睁睁地看着别人的背影越来越远，越来越模糊。

其次，不断地体验成功。突破难题获得的成功，永远是自信的加油机。试想，每次你经过努力而解决一道道难题的时候，是不是都会感到自己特别棒？每次你考班里第一名的时候，是不是都会觉得自己能力很强？反过来，如果被难题卡住了，或者考试成绩一下子降了很多，是不是很沮丧？所以，经常有成功的体验，才能保持自信。

再次，保持平和的心态。在小时候听到的故事里，每当智慧老人出现的时候，都拄着龙头拐杖，面带平和的微笑。尤其是他出现在失意的青年人面前时，那平和的微笑是那样神秘，让人安定，似乎再难的事，再大的险，在那平和的微笑面前都会荡然无存了。所以，永远保持平和的心态，每次失败都微笑面对，慢慢地我们就会获得智慧老人般的自信。

7) 意志力

① 意志力就是一种韧性

世界伟人中，像大数学家高斯那样从小就脱颖而出，属于"绝顶聪明"类型的实际上并不多，大多数是智力平常的人，甚至也不乏一些像爱因斯坦那样小时候被认为将会"一事无成"的"笨蛋"。可见，**成功远远不是聪明能够单独决定的。**意志力，是"平庸之辈"一项制胜的法宝。

有一个广为流传的故事。

从前苏格兰经常受到强敌入侵，尽管国王率领军队进行了英勇的抵抗，但还是不断地吃败仗。后来，不得已国王逃进了山里，筋疲力尽地躺在一棵大树底下，仰天长叹。这时天色阴沉，正在刮大风，一只蜘蛛在树上结网。国王看见蜘蛛拉一根丝被风吹断了，又拉一根，又被吹断。就这样，蜘蛛一根又一根地拉，拉了六根丝，都没有成功。第七次，它终于把网结好了。这个情景给了国王很大的启发，他省悟过来：失败怕什么，大不了从头再来。于是他重整旗鼓，经过几番战斗，终于把侵略者赶出了苏格兰。

故事里的国王，正是由于省悟了"失败怕什么，大不了从头再来"的道理，才坚韧不拔地坚持到了战争的胜利。

意志力，就是一种韧性。美国著名作家海明威的代表作《老人与海》中有一句激励过无数人的名言："人可不是生来要给打垮的。"很长时间没打到鱼的桑提亚哥老人，在动用了全部力量，经历了两天的殊死搏斗后，终于刺死了大鱼。在这个过程中，他所表现的意志力已经足以让人佩服。在返航的路上，遇到鲨鱼群来争食大鱼时，他所表现出来的坚强意志，则更令人敬畏。

从大鱼伤口里流出的血，引来了一条凶猛的尖吻鲭鲨。老汉看见它来，知道这是一条无所畏惧的鲨鱼。他一边预备鱼叉，系上又绳，一边盯着看鲨鱼奔来。

趁着鲨鱼贪婪地吞食大鱼的肉时，老汉高举起鱼叉，瞄准鲨鱼头部大脑所在的部位，狠劲扎了进去。鲨鱼被扎死后，老汉把绑鱼叉的绳子绷断，鲨鱼带着鱼叉沉入了海底。大鱼被咬去了四十多磅肉，扩大的伤口流出的血，又为别的鲨鱼提供了追踪的目标。

自从大鱼被咬之后，老汉就没心思再瞧它了。他沮丧地认为，太好的事，肯定长不了。他甚至宁愿那是一场梦，宁愿自己没有出海钓住大鱼。但是，他很快又重新振作起来。

"人可不是生来要给打垮的。"他对自己说。此后，他以前所未有的斗志和韧性，在体力极度疲乏的情况下，开始与不断跟踪而来的鲨鱼群展开了一场考验体力和意志力的战斗。

看完这段故事，谁能否认意志力不是一种韧性呢？

② 意志力与成功

在科学史上，也有许多关于意志与科学发现的趣事。

爱迪生发明电灯丝的过程中，先后实验上千种材料都没有成功，别人问起的时候，他却说："我已经成功地证明了哪些材料不能用作灯丝。"最后，经过实验他找到了最早的电灯丝材料。

成功并不是偶然的，是意志和坚持的胜利。在最困难的时候，往往再坚持一会儿就决定了无限光明的前景，也许成功就在你的眼前。

③ 如何练就顽强的意志力

首先，顽强的意志力来源于坚定的目标和信念。只要坚定地认为自己的目标是正确的、是可以实现的，就应该坚持不懈地努力下去，直到实现为止。可以尝试设定一个任务来锻炼养成坚持的习惯。例如，你没有写日记的习惯，就可以从现在开始，每天写一篇"省身"日记，或者做一份切实可行的时间表，让自己按照时间表来学习、娱乐等。看看能不能坚持一周、一个月，甚至更长。

其次，挑战"不可能"。意志软弱的最明显表现，就是常说："这是不可能的。"即使别人已经成功了，也喜欢说："那只是偶然罢了。"在学习上遇到难题，常常跟自己说"这道题实在太难了，看来我是做不出来了"，然后放弃。如此下去，将会有越来越多的事做不了，越来越多的题目做不出，人会越来越脆弱，最后也就真的学不出什么成绩来了。所以，不要轻易就下结论说哪件事是不可能的，即使你觉得它确实太难，也要全力以赴，因为那样你才不会再后悔。

让我们一起来分享这句名言："**事情并不是因为太难我们才做不到，而是因为我们没有做才显得难以实现。**"

再次，挑战极限。你试过跑步跑到已经觉得腿都沉得似乎抬不起来的时候，再坚持跑下1000米吗？在跑完下一个1000米后，你试过再跑一个1000米吗？很多时候，我们认为自己已经撑不住了，但其实是因为我们没有试着打破那个极限。挑战身体的极限，可以让你觉得原来自己的潜能是如此巨大，以此也可以提高你对自己的信心。

在学习上，也要不断地挑战学习的极限。挑战学习的极限，不是去挑战学习时间的极限，而是突破现有知识的框框，努力超越学习内容对认识范围和能力的限制。

比如，在高中甚至初中阶段，在保证完成常规学习任务的前提下，你可以尝试着去学学高等数学、高等物理、电子工程等大学里的课程，那样你就会发现自己的潜能是无限的。也可以尝试着买些实验元件和工具，做一些实验设备，如安培表、伏特表、比重计等。经常这么做，你一定会喜欢上所有需要动手的学科和专业，因为动手的乐趣是无穷的。而且，你也会在了解动手的难与易上，对这些科目有更直观和具体的印象，从而更加自信地去面对学习。

没有不断地突破极限，我们就必然被极限所限制。

8) 热情

① 热情是什么

热情，就是把自己的身心全部投入到一项事业中去，没有丝毫保留。有这样一个案例。

俄国化学家布特列洛夫33岁时因为提出了很有见解的有机化合物结构理论，而被称为"伟大的化学家"。他幽默地说："这个称号在20年前是对我的惩罚，现在却实现了。"原来，他在读中学的时候就非常喜欢做化学实验，除了上课时在实验室做，还经常在宿舍里做。但由于一次实验发生爆炸事故，他被关进了禁闭室。连续三天，他都被罚在吃饭时站在食堂的角落里示众。学监还在他的脖子上挂了一块黑板，上面讽刺地写道："大化学家"。

像他这样用实际行动诠释热情的科学家还有很多。他们甚至常常得不到当时的人们的理解和认可，如推翻当时占统治地位的宇宙观"地心说"而提出"日心说"的哥白尼，被称作"发疯的牧师"，痴迷于从沥青中提出新的放射性元素"镭"的居里夫妇，被剑桥大学图书馆馆长认为"精神不正常"的牛顿，被当作"神经病患者"的伽利略，在老师和同学眼里是"精神失常者"的进化论创始人达尔文等。

在科学发展的历史上，由于人们的认识局限，常常把狂热的科学家当作"神经病"并加以嘲讽，现在这样的事情已经不多了，尽管人们有时候还会对一些科学家的狂热感到不解，但大多也只是一笑了之。可是，那些推动科学快速发展的著名人物多数都有对科学的近乎疯狂的热情，而且他们都是自发自愿的，不仅没有丝毫外来的强迫，反而还要冒着被挖苦、讽刺甚至被迫害来进行研究。他们用生命实践和诠释了什么是真正的"热情"。

② 怎样让自己充满热情

首先，要使自己对所做的事情产生兴趣。爱因斯坦说，兴趣是最好的老师。可是，**兴趣这个老师并不是天生的**，而是后天养成的。所以要利用好兴趣，首先要知道如何让自己对所做的事情感兴趣。兴趣源于好奇。对周围的事情、事物有追根究底的好奇心，对所学知识的奥妙有好奇心，是产生兴趣的第一步。例如你知道天气预报是怎么进行的吗？古代人有哪些天气预报的方法？天气预报有些什么经验性的"土方法"？它们的科学道理是什么？

有了问题，接下来就要去探索。在不断地探索中，你将会对世界越来越了解，就会发现世界简直太奇妙了，需要知道的事情太多了。这样就进入了"好奇—探索"的良性循环中。

然后就要把自己探索的问题与学习的知识结合起来，既扩大知识面，也提高对知识价值的认识，这样就能达到"学以致用，用以促学"的目的，你的学习和生活就会充满乐趣。

其次，精益求精。在探索答案的过程中，不要太容易满足。对物质的贪欲会使人迷失方向，但是对知识的无限渴求，会使人更加智慧、更加博大。相反，**在追求知识上浅尝辄止，会使人慢慢止步于知识的殿堂之外，变得自以为是、浅薄、庸俗。**

所以，在学习上，必须有精益求精的精神，对学到的知识不断提问、质疑、求解、发展，这样才能在知识中扎根。例如，在做题的时候，可以努力进行一题多解，力求用多种思路、多种方法进行解答；在写作文的时候，可以采用多种文体来写同一题材等。

再次，融入事情中。很多人工作，只是把工作当成一件任务来完成，熟悉之后慢慢变得机械化，也就失去了激情。例如一些著名的电视台主持人都说，刚开始主持节目的时候，热情很高，力求作出最精彩的节目。时间长了，待得久了，对制作节目的过程非常熟悉了，就开始变得麻木、机械了。只有当一个人把任何自己要做的事情都当成生命的一个组成部分时，才可能全情投入，才可能带着使自己不断完善的念头，努力提高。

学习上要把做作业、查资料等活动和娱乐、消遣活动当成自己生命的构成部分，让每个部分都充实、完美、丰富多彩，使自己的生命过程充满热情。

第二节 十种类型的学习个性

一、反省型

1. 类型特点描述

"失败是成功之母"。反省型的学习个性以此为基本哲学观，主要表现为从错误和失败中学习，通过反省掌握知识、掌握原则、掌握方向。

就知识而言，学习的目的是学会正确地运用知识，解决问题；就做事而言，学习的目的是学会运用正确的方法把事情做成、做好，做得熟练；就处世而言，学习的目的是学会掌握并正确地运用处世原则，用合理的处世方法处理交往交际中遇到的情景和问题，掌握正确的做人之道。学习，必然有从掌握不够准确，到掌握准确，再到掌握熟练的过程。越是生疏、越是不熟练，就越容易犯错误。反省型学习个性的人，把错误当成资源，整理错误的过程就是掌握资源的过程。如果掌握控制得当，这个学习过程，比起漫天撒网式的学习目标更具体，更容易立竿见影获得学习效果。

反省型学习个性，在知识学习上，主要是通过整理错题档案进行错题登记、错误改正、错误分析和复习，总结经验教训，掌握知识，不断发展。

有人说，被同一块石头绊倒两次的人是笨蛋。"前车之鉴，不可不借"，反省型学习个性的人不愿意做这样的"笨蛋"。所以他们把绊倒过自己的"石头"(主要指考试、作业、练习的题目) 列在笔记本上，然后订正、分析，再通过不断地学而时习之，记住这些"石头"的位置(知识点属于哪个方面)、形状(知识点的特点和难度) 和绊倒自己的原因(容易犯错误的地方)，以后就很熟悉这块"石头"，闭着眼睛也能绕过去了。因为有时候自己比较幸运，无意间绕过了某块"石头"，而别人可能没能绕过去，就绊了一跤，所以除了保证不被绊倒自己的"石头"绊倒外，也要注意发现绊倒别人的石头，别让它们绊倒自己。

反省型学习个性，在做人和处世上，主要表现为"吾日三省吾身"，善于自我解剖、自我批评，善于发现自己的缺点和不足，积极改正。此外，也注意向别人学习，借鉴别人解决问题的方法和原则，提高自己的修养和能力。在日记里剖析自己每日的得失，就是一种很好的反思方法。

2. 案例赏析

1986年浙江省高考文科状元李红军在学习上就是反省型，他这样描述自己的学习：

首先，要建立错误登记本。其次，态度必须认真，对平时练习、考试中出现的错误、失误、漏洞进行订正，及时登记。对有把握不会重犯的错误，可以不用记。最好把错误进行归类。大致分为两类，知识遗忘类和理解错误类。对前一种类型要侧重于多翻、多记，对后一种类型，侧重于思考。

黑龙江省2001年高考文科状元潘伟明也擅长总结错题。她认为整理错题有两点很重要：

第一，要减少重复。以前做完一本练习册后，总觉得还有没掌握的题，但不记得是什么题。犹豫了很久之后，只能从头再做，结果做了大量重复劳动，效果也不明显。后来想到，不如把第一次做时做错或不会做的题记下来，整理到一个本子上，这样以后复习时就可以只看本子上的题，能节省大量的时间和精力，还能够更有针对性。

第二，要从有价值的题中吸取尽量多的经验。什么样的题算有价值的呢？至少错题都很有价值。在错题本的每道题之后都附上备注，记下自己做错或者卡住的原因。

山东省理科状元陈恕胜，也认为错题本必不可少。他说：

每次小测验结束之后，我都要把全部错题搬到错题本上。也许有人会说，这样太浪费时间了，但它却可以告诉自己找出错在哪里，为什么出错，怎样才能避免出错。

高三下学期，我又把错题本和课堂笔记结合起来。

当一道化学题被证明是我错了，我会毫不留情地把它剪下来，贴在我的错题本上，然后从题解到答案，每一步都写得工工整整、清清楚楚。有时错题是同一类型的，我就做几个标记，把这几道题所在位置标注出来，以方便我日后翻阅。

整理一道错题，是一项非常艰苦的工作，不仅是一次心理上的斗争与完善，而且工作量也会很大，需要自己全身心地投入。有时知识点一环扣一环，层层扩展开去，写到最后还不收手，于是接着写自己做这道题时的心理状态，写自己的打算。整理一道错题，我所用的时间最长的一次花了两节自习课的时间。

3. 策略和建议

要形成反省型的学习个性，学会用整理错题的方式学习知识，必须明确四个问题：哪些错题是需要整理的？怎样整理？怎样利用错题集？怎样进行阶段性总结复习？

整理错题之前，首先要准备好专用的本子，按照学科、时间进行编号，比如"初中二年级上学期代数错题集"。

知识学习上需要整理的错题资源，主要是考试测验中的错题和作业练习中的错题。但是整理错题不是目的，所以在整理错题资源的时候，不能例行公事地把所有错题都抄一遍，而是要先对错题进行选择。对于那些"有把握不会重犯的错误"，可以不用记下来。主要关注的应是确实存在盲点的错题和有"门道"的错题。

整理错题的时候，要先把题目抄下来，然后将错误的原因简洁地用红笔写上，最后把正确的答案和步骤清楚地写在下面。

整理错题必须当日错当日整理。利用错题集的方法是：一周一小结，一月一大结，学期末的时候再做一次总结。

(1) 每周小结的具体方法。首先将每天记录下来的错题浏览一遍，一边看题目一边在脑子里快速地想出这个题目的解法，想出来了就往下看，实在想不出的，看看自己写的错误提示；如果还想不出，就要看看下面的解法，并且再练习一遍，必要的再补充解题提示；浏览后，在"以后保证不会出错"的题目前打个红色的"×"，在"不太确定以后还会不会不出错"的题目前打个"？"，在"对错误还没有完全搞清楚"的题目前打一个"！"。

(2) 每月总结的具体方法。首先把每周总结出来的"？"级题目彻底"消灭"。自己实在搞不懂的，可以去问同学或者老师。而把"！"级的题目再抄录下来，如果一点新发现都没有，就把它升级为"☆"级。如果觉得可以"消灭"了，就把它降为"？"级，下一个月总结时，争取把它"消灭"。

(3) 学期总结的具体方法。 通常在期末考试前15天完成。首先把每月总结中的"☆"级题目整理出来，不惜一切代价坚决予以"消灭"，然后再把星期小结和月结中"？"级和"！"级的题目，都从头思考一遍，想想当时自己是如何"消灭"它的，从中找出大约15%～20%的好题动手再做一遍，最后把一学期总结的成果抄录到另一个"错题精华本"上，每学期一个"精华本"，内部按学科进行分类。

养成这个习惯后，复习就会变得相对容易。除了看课本，把知识串起来，还可以看自己的"错题本"，既有针对性，又高效地学习。

二、尝试型

1. 类型特点描述

尝试型的学习个性，表现为不喜欢循规蹈矩地学习，也就是不喜欢一板一眼地预习、上课、听课、复习、做作业，而喜欢别出心裁地想些新鲜花样，使自己的学习更有特色。

尝试型学习个性最大的优势，就是能够开阔思路，不拘泥于课堂教学的一招一式，用自己的感觉、兴趣、心得和体会，指导自己的学习方向，独立自主地进行学习，从而获得良好的学习效果。

最典型的尝试型学习个性，表现为对身边环境的探索和尝试。从日常生活和身边的事物中发现有趣的事情、发现问题，并去探索这些事情背后的道理和真谛，在探索的过程中学习知识，形成能力。有成就的科学家们小时候多数都有这个特点。

在学校学习中尝试型学习个性的表现多种多样。

有的人喜欢自学，通过自己看课本、做习题、看课外书来学习和掌握知识。他们往往不喜欢拘泥于课本的知识范围，特别是对自己喜欢的学科，而喜欢"超纲""超前"地学习。

也有的人喜欢跟着进度走，上课的时候并不特别专心听课，但对老师的课堂提问比较感兴趣，通过一边上课一边看教材，能够迅速找到问题的答案，并且能很快理解。这些上课并不完全专心的学生往往反应速度奇快，因为他们经常能"领先"于老师的讲课而提前掌握当堂课的内容精髓。在复习阶段，他们也不像多数学生那样，完成老师布置的作业了事，而是喜欢做些老师认为"学有余力"的同学可以做的题来做，而不管自己是否也"学有余力"，四处搜寻有难度的课外题去做，把挑战难题当成是一种乐趣。通过这个做难题的过程和搜寻的过程，他们经常能有效地"领先"于课堂教学的进度，在课堂学习中对知识理解和掌握得更快，表现得更自信，在测验考试中信心也特别足，而且成绩特别好。

可以说，尝试型的学习个性，表现出了最充分的学习主动性，最大限度地发挥了学生的能动作用。这样的学生，在学业上很容易成功。

当然，也有一部分学生尝试远离课堂学习，这些学生课业成绩可能不是很好，甚至很差，尽管也可能不适应教育体制的要求和规定，但是他们往往有自己的特色。对他们来说，**在现行教育体制中寻找生存空间是个很大的问题，如果解决不好，可能使自己失去进一步深造的机会，使自己的才华被埋没。**

2. 案例赏析

自学，是一种尝试的表现。懂得自学的人，才是真正会学习的人。任何人的课堂学习都会最终结束。聪明的老师懂得给学生自学的余地。语文特级教师魏书生在引导学生尝试自学整本教材的教学方式上独具特色。

每学期开学的第一节语文课，魏老师都问学生："这册新书学得怎么样了？"学生们很多都已经自学完了。然后开学第二天就进行"期末考试"，检测学生的自学效果。考试之后，学生们都觉得题很容易，没想到自学效果会那么好。

他认为，有的同学学语文缺乏整体观念，说不清楚一册教材中主要学习什么。这样学每篇文章的时候深浅度就把握不好。他指导学生假期自学时，首先作教材分析，从列生字表、列新词表、单元分析、习题归类、知识短文归类和书后附录六个部分来分析初中语文教材。生字是指教材中加拼音的字。生词是指课文中加注解的词，重点是动词、形容词和部分名词，现代文和文言文要分开。单元分析，就是统计本册教材共几个单元，记叙文、说明文、议论文、文言文等各占几单元，以明确本学期文章体裁的重点。习题归类，要统计每篇课文后练习题数有多少道，分成四类进行统计：字词句训练类，语法、修辞、逻辑训练类，听说训练类，读写训练类。知识短文归类，就是统计总数，按听说读写和语法知识分类。书后附录，用来列文学常识简表。要根据教材分析制订具体的学习计划，假期里每天学半个小时语文。这样一来，每学期开学就可以进行"期末考试"了。

其实任何一项自学，如果在开始前能列出具体可行又不操之过急的计划，肯定是能成功的。而在自学中，更能深刻地咀嚼每一个知识点，提高学习的效果和质量。

除了课外、假期等时间，课堂上也需要"自学"，否则容易陷入另一种误区。有这样一个案例：

诺贝尔生理与医学奖获得者、苏联生理学家巴甫洛夫有一次给学生上课。他一边讲课，一边在黑板上写。课上到一半的时候，黑板已经写满了，学生们都在神情专注地听课。忽然，巴甫洛夫停了下来，向课堂的后排走去，走到最后一排课桌前，看着一位正在埋头仔细做笔记的同学，说："能不能把你做的笔记给我看看？"那个同学双手把自己的笔记奉上。巴甫洛夫翻阅一下，随后对他说："你的笔记记得很好，我在黑板上写的内容几乎一字不漏。条理清楚，字体漂亮。"这位学生听到老师表扬自己，心里不禁有些得意。但巴甫洛夫随即话锋一转，说："可是，我在讲课的时候，你似乎一直在埋头做笔记，不知我讲的内容你是否都理解了？"接着向他提问了一些问题，这位学生果然回答不上来。见此情景，巴甫洛夫说："听老师上课，关键是听，其次才是记笔记。因为记到笔记上的东西不一定说明你已经理解了，只有理解了的内容才能更好地记住。所以你可不能总在埋头做笔记啊。"

类似于这个学生的问题在我国当前的课堂也经常会发生。在这种情况下，学生在课堂上完全陷入了被动听课、被动记笔记的误区，忘记了在课堂上最重要的事是理解和掌握课堂上学习的内容。所以，应引以为戒，学会在课堂"自学"。

3. 策略和建议

形成尝试型学习个性的关键，在于以浓厚的兴趣为探索的引导，有探究未知的强烈愿望，喜欢独立思考和研究，遇到问题喜欢追根究底。在不同的学习环节和情境下，探索尝试的作用和效果很不相同。根据自己的特长，使尝试在学习中发挥最佳作用非常重要。

1) 逐步摆脱课堂束缚的尝试学习

学习的最终目标，是获得学习上的独立，摆脱对课堂的束缚，在广阔的天地里尽情吸取知识的精华，发挥个人的学习能力和潜力。所以，**要学会运用尝试法进行学习，必须从逐步摆脱课堂束缚开始。**

首先，在课堂上超前于老师讲课的速度。被动地听课，跟着老师的思路走，永远都摆脱不了课堂教学的束缚。只有一边听老师讲课，一边在老师讲到之前，快速寻找本堂课的主要内容、学习关键、主要例题习题的解法及其来源等，等到老师进行讲解的时候，就可以对所有的地方了然于胸。这样控制自己的课堂听课，会使课堂听课主动性越来越强，使自己学习的思路越来越清晰，独立能力也就越来越强，慢慢就能摆脱对课堂学习的依赖。

其次，领先于学习进度，摆脱课堂学习的束缚。不是等到教到的时候再学，而是在教之前就已经学过，而且对基本知识、基本技能要求、典型例题习题已经掌握。在这种情况下听课，就会觉得成竹在胸，课堂上更能找到自己没有掌握的关键点，整个学习既有信心，又重点突出。效率更高，效果更好。

再次，站在老师的角度上考虑怎样学习。在尝试学习的时候，不是浮光掠影地看一遍，而是按照老师讲课的要求，让自己进行备课式地学习。进行这种训练，不久就会觉得自己掌握老师的课堂教学更容易、更快捷，更知道怎样把握重点、难点和关键知识。

2) 尝试自学法

尝试自学法，体现了学习的本来意义和精髓。学习对每个人来说，最后的实现都是由学习的人来决定的。用人本主义心理学家卡尔·罗杰斯的话说："没有人是可以教的。"因此教学对于大多数学生来说，远远不应该成为依赖，更不应该成为老师的专利。

著名成功学学者史蒂芬·柯维在其代表作《高效能人士的七个习惯》一书的导言中，提醒读者，要带着看完后能够向身边的人讲述的要求来看他的书。也就是说，读书的时候要把自己当成一个老师，而不仅仅是个学生。中小学教育的目的主要是进行"最基础"的知识和技能培养的教育。所以，必须有广泛的自学意识和自学爱好，才能在学好各门学校课程的基础上，充分展示自己的才华和能力。

尝试自学法，需要有步骤有计划，有针对不同学习内容的具体方法。很多人尝试过自学，但多数人都有半途而废的经历。究其原因，主要是方法不对路、计划不符合学习规律、没有坚持到底、尝试的面太窄。

首先，方法不对路容易使学习陷入低效，学习起来渐渐很难体验到收获很大的成功感和快乐，慢慢就会失去兴趣。所以在开始一项自学计划以前，必须先进行学习内容的调查，就像前面提到的魏书生老师指导学生进行新教材自学前做的教材分析。

对于任何用来进行系统学习的书籍，不管是文科的、理科的，还是文学的、艺术的，必然有学习的重点。只有把学习的知识点系统化地把握起来，才可能制订出可行性良好的学习计划，对整个学习过程起到较强的宏观把握和调控作用。

其次，计划不符合学习规律也是很容易出现的问题。学完知识点后，不立即进行巩固性的练习，而是急于求成往前看，常常会使学到的东西很肤浅，难以体会到其深层意义，容易眼高手低。于是，做题的时候常常遇到困难，而一遇到困难又回过头来漫无目的地看一通书，学习效率会非常低。如此不断重复，很容易使人失去耐性。

所以，制订学习计划的时候，要尽可能地注意到学习中所需要的几个环节，如预习、复习、练习和强化练习等。**只有在学习计划里把这些环节做恰当而充分的安排，才能使整个自学过程有条不紊地深入进行。**

此外，坚持对于自学者是很关键的。由于自学的难度本身比较大，随着学习内容的不断深入，如果基础又不牢，自学难度会越来越大。这个时候，需要一些适当的调节，但是绝对不能放弃。一旦放弃便会前功尽弃，所有的努力都会化为乌有。遇到困难的时候，一定要相信自己能够克服困难，决不退缩。"逆水行舟用力撑，一篙松劲退千寻。"

最后，尝试的面必须广，即充分挖掘自己的潜力，在大范围里发挥兴趣的作用，也在大范围里寻找学习的资源和材料，丰富学习的信息量并提高信息质量。在自学过程中，如果尝试的面太窄，容易陷在狭小的空间里不能自拔，充分发掘和利用信息，对于避免这种不利境地是最有效的方法。

尝试学习作为一种有效的学习方法，对于树立正确的学习观念，形成良好的学习习惯，提高学习能力和学习效率，改善学习效果和学习成绩，其意义是巨大的。但是，尝试的方法在学习时如果运用不当，不仅浪费时间，而且效率低下。因此，必须在实践中循序渐进，从与课堂教学并驾学习到领先于老师的课堂教学，从把自己置于老师的位置进行备课式学习到多方面全方位的自学，逐步合理地控制学习过程，这种方法的神奇魅力才会给你带来一系列的惊喜。

三、以本为本型

1. 类型特点描述

"万变不离其宗"，是"以本为本"型学习个性的人坚持的信条。他们坚持从熟练掌握和运用书本上的知识和技巧出发，提高自己的学习。

中小学学校教学的一大特点是知识的相对确定性。这确定指的是什么？课本。中小学的考试，包括中考、高考在内，涉及的知识点都不会超出课本的范围。很多没有形成良好学习习惯的学生越是临近考试，越是慌神，还特别不愿意看课本，复习起来马马虎虎，无精打采，是十分有害的。

考试中常常有这种现象，很多题似乎是从未见过的，但再细细地看看，就会发现实际上用做过的题目组合一下，有时候甚至就只变动一两个条件，就成了所谓的新题。这个时候，如果对课本上的类似习题记忆清晰，一下子就能发现它的变化，找到解题的关键所在，问题也就迎刃而解了。相反，若对习题一点印象都没有，那么就只能一步一步地分析，并且要从最基本的分析开始，这样既花费大量的时间，效果往往也不好。

所以，"以本为本"的学习方法，并不是机械地记忆课本上的知识和内容，而是要在真正理解的基础上，把课本上的基本知识和基本方法，还有一些特例融为己有。在这里，我们特别强调熟练。大凡考试成绩好的学生，往往对做过的习题和课本上的例题相当熟练。**在做题时，常常会感觉到这道题和某道题很像，一眼就能看出题目的"题眼"。**而且他们还擅长把同一类型的题目进行归类，这就更提高了遇到同一类题目的解决能力。但是，这种熟练与单纯的记忆是完全不同的，因为前者更多的是靠对问题的理解，只有理解了，才能产生那么快的记忆和联想。

说到底，"以本为本"就是要把课本融合为自己的一部分，对课本里的基本知识、基本技巧和典型例题习题运用自如，这样就为"以不变应万变"、用活课本打下了良好的基础。

2. 案例赏析

有一个真实的案例。

某校一次初二年级的物理期末考试，选用了课本上最后一道例题，只是把原题中给定的一个条件变了变——原题中给的是具体的值，而现在要用一个最基本的公式把这个值计算出来。考试出来的结果却非常惊人。在该地最好的中学，平均每个50人左右的班里把这道题完全做正确的人只有四五个。原本刚刚学过的内容，应该是最熟悉的。可是课本上的最后一道题，只有不到1/10的学生能够答对，这说明了什么？

此外,还有个现象也十分值得关注。我们身边常常有些很努力的同学,也经常看课本,但在考试的时候只得到三四十分的低分,这是为什么?应该说平时的测验和期中期末考试里,基础知识的题目都会占到70分左右,最少也能占到五六十分,而考到三四十分意味着什么?至少意味着对课本缺乏必要的理解。仅仅看懂课本是远远不够的,理解和熟练才是关键。

对特例掌握不熟,也是常见的问题。例如,很多学生对勾股定理很熟悉,对边长比例为3:4:5的直角三角形也很熟悉,但若把这个比例的三角形稍加变换,按比例变成比较大的数或者小数,有人就想不到。还有原子量,很多人都能记得很熟,可是对某些常用的物质的化学式量(如硫酸、盐酸等)就不熟。这些都是对特例掌握不熟练的表现。

3. 策略和建议

在知识学习上,"以本为本"的含义,首先就是重视课本的价值。前文提到的著名数学家华罗庚提倡读书要"由薄到厚""由厚到薄",对做到"以本为本"具有重要的指导意义,在此有必要对读书的三个阶段深入、具体地进行阐述。

1) 把书读"薄"

在开始学习的时候,先把学习内容概要地读一遍,掌握内容的脉络和相互之间的前后联系、逻辑联系等,这样就能从总体上把握知识的体系,形成快速检索知识的线索,便于在运用时进行提取。

在学习的不同时期,"概读"的基本要求也有所区别。学期开始时,要浏览全部教材,知道全书由哪些知识组成,每个部分的主题是什么。学习每个部分时,要略读几章,了解每章解决哪些方面的问题。学习每一章时,要看它由几节组成,共有多少概念、规律、公式、定理、原理等,它们的用处是什么。学习每个单元的课文时,要了解每个单元由几篇课文组成等。

概读时要注意充分利用书的目录,目录体现了书本的基本内容和体系脉络。还要注意章节的导引段落、总结段落和知识间的过渡语句,它们往往揭示了知识的主要内容及其相互之间的联系。了解了知识的概要,就把书读"薄"了。

2) 把书读"厚"

这是读书的主阶段,又叫"细读"。

读理科类的教材时,把课本具体章节的概念、规律、公式、定理、原理的意义和应用,结合例题、代表性习题等详细阅读,边读、边想、边记。对陌生的题目、记不住的公式、没有理解意义的内容等要充分思考,尽量多地提问题,并把每个问题都解决。

读文章的时候,一边读书,一边思考课文的性质、写法特点,把握课文的结构(如可以分成几个部分,每个部分的中心意思是什么等),课文引用了哪些名言警句、点睛之笔等。对于读不懂的段落要反复读,反复想,直到读懂为止。

读英语课文的时候,除了把握上述的文章特点外,还要特别注意典型的句子、新语法、单词等,进行句子的替换练习和语法的变换应用等。单词要记熟,并且通过查字典了解单词的其他意思和组词造句等,以全面掌握词的应用范围。

在做好前面这些工作的基础上,还要注意新内容与以前学习内容的联系贯通。这个环节十分关键,做好了就能达到一通百通、一顺百顺、有机融合的效果。充分联想,甚至要跨学科联想,把不同部分知识、不同内容的共同点找出来,使之构成统一的联系,使我们对知识的理解更清晰、更深刻。

这样,就把书本上有的知识和书本上没有的联系都读进了书里,书就读"厚"了。

3) 再把书读"薄"

这个阶段叫"复读"，它在学习中起到很重要的作用。

首先，巩固记忆。 复读对速度的要求相对要高，对于比较熟悉的内容像放电影一样一扫而过，而对于比较生疏和理解起来比较困难的地方要细加咀嚼。

其次，理清脉络。 与概读环节的了解脉络不同，这个环节是把脉络更加细化，使知识间的关系更有逻辑性、更有条理、联系更有机。对脉络的掌握要熟练到可以从最概括的层次，迅速推到最具体的环节，包括知识点涉及的典型习题都要联系起来；也可以从最具体的环节，从一道典型的习题联系到相关的习题、相应的原理和概念等。也就是说，既有从上而下的脉络推演，也有自下而上的脉络总结。

再次，领悟"基本"。 "基本"是系统知识的根据和出发点，是理解和运用知识过程中大量重复运用的东西，是知识结构的核心内容。领悟"基本"就是发现基本内容，并理解基本内容和一般内容之间的关系。不过要注意，"基本"不是别人告诉你了你就能理解的，而是经过自己大脑的深思熟虑后对知识本质的一种领悟。"知道"和"领悟"根本上是不同的。"领悟"意味着理解了知识的本质，这是掌握了所学知识的一种境界。经过反复阅读，掌握了书本知识的结构，领悟了知识的基本内容，获得了熟练运用知识的技能，就会觉得书的内容很少，书本变得越来越"薄"。

养成"以本为本"的学习个性，还需要学会高度集中注意力，恰当把握读书的速度并形成知识分布图。

培养与训练注意力。注意力是意志的表现，同时又是一扇大门，如果没有它，所有的文字信息就无法真正进入人的心灵。训练注意力，可以借助一些方法，其中最有效的一种是眼球训练法。拿一个不大的物体(如纽扣、戒指)，细心观察一到一分半钟，收起物体，用笔把物体的特征尽可能详细地描述出来。然后把物体拿出来再看一遍，如果有错，再加以补充。反复几次后，逐渐转到更复杂的物体。必须把描述与原物加以对照，力争做到描写精微、细致。

掌握好速度，形成知识分布图。慢读的速度是每分钟100字以内，必要时还要在重点的信息分布区反复咀嚼。慢读要求在大脑中将知识与信息串起来，形成一个平面的知识重点分布图，然后再往下读。在读完计划内的任务时，形成的是一个立体的知识重点分布图。

此外，"以本为本"的学习个性，很可能会局限学习视野。在现代信息高度发展的今天，书本教材传递信息的速度和更新效率都比较低，而且书本在浓缩知识方面的要求、对知识结构相对完整和系统方面的要求、学科之间相对独立封闭的缺陷等，都可能限制学习视野。

因此，除了坚持"以本为本"地学习好学科知识，达到学校教学的要求，获得比较好的学业成绩以外，还要注意以开放的心态广泛吸收课外知识。这将使人看到更为广阔的学术领域，在更为广阔的天地中自由驰骋。切不可因为这种个性的优越性带来了优异成绩，便迷失了自我。

四、训练型

1. 类型特点描述

训练型学习个性，就是通过做大量习题，提高对知识的掌握水平，素有"题海战术"之称。

学过的知识必须通过运用才能掌握得扎实，掌握得深刻。通过做题能学会应用知识，通过应用知识能进一步加深对知识的理解，学会正确、有效地进行观察、分析、判断，最终能够提高分析问题和解决问题的能力。

做题可以说是一种能力，具备了这种能力，能够很好地把握学习。

训练做题可以根据题的难度划分为几种类型，不同的类型对不同人的效果和效率也不同。

(1) 训练难题型。有的人资质比较好，基础也好，日常学习常常满足不了他们的需要，平时做的题一般只需要看一遍就能做出来。所以他们不满足于做一般题目，就主动从课外书上找些有难度的题目特别是竞赛题来训练。他们通过这些训练来加深对解题方法的掌握，而且在不断解决困难问题的过程中提高自信心。

(2) 训练普通题型。有的人包括很多高考状元都认为考试的题目多数是普通题目，做好这类题目就足够了。没有必要过分去挖偏题怪题，所以他们大量训练常见的题目，对难题则看情况，有时候做，有时候不做。这种训练一般能够满足日常学习的需要，而且可以保证平时的测验考试取得较为理想的成绩。

(3) 为了做题而做题型。有些人做题没有任何目的，也没有任何挑选，只是为了做题而做题，每天忙得不可开交，似乎总有做不完的题。他们在老师眼里都属于"爱学习"的勤奋学生，但是成绩却往往不算突出，甚至有些还处在班级的末尾，以至于老师有的时候也不理解"这么勤快的学生怎么成绩就是上不去"。

应该说，前两种训练对于有效学习、提高学习都是很有价值的。后一种训练，则有很多盲目的成分，并不利于学习。所以解决好做题的几个基本认识问题，对训练型学习个性的人非常重要。

(1) 题目是永远做不完的。题目千变万化，要做完所有题目是不可能的，而且是没有必要的。考试题目在不断地创新，即使做完了所有的题目，也不见得能在考试中遇到。尤其是在严肃的考试中，如高考中大部分题目都是创新题。如果做题的目的是希望在考试中遇到做过的题目，是不切实际的。

(2) 变脑力劳动为体力劳动是很危险的。有的同学急于提高学习成绩，想通过拼命做练习来与所有的题目混个"脸熟"。这种想法是幼稚的。因为只重做题的数量而不重做题的质量，无异于在进行高强度的体力劳动，只会让大脑变得机械，对简单的题目可能会由于记忆效应做得比较快，但对于需要一定思考的题目则可能越来越迟钝。

再者，高强度的训练对身体健康不利。青少年学生处于身体发育期，遵守一定的作息规律才能健康成长。高强度做练习势必占用大量时间，有时候还要开夜车，反而会影响白天的学习效果，容易陷入不健康的恶性循环。

还有，高强度的训练会使人对学习失去兴趣。兴趣在学习中很重要。在大强度训练的过程中，学习成了一种很无聊的重复性劳动，兴趣会日渐消失。即使在短期内由于外在压力的影响，应用这种训练提高了学习成绩,当外来压力一缓和，需要自主学习的时候，往往容易一松到底，彻底失去学习的动力。

此外，高强度的机械重复式训练，容易使学习失去本来的意义。进行题目训练的本意是通过运用来提高学习成绩，而重复做题却使做题本身成为目标，学习的本来意义自然丧失殆尽了。

(3) 重视经验与教训的作用。做题时势必遇到一些做不出来的难题，或者因"一时疏忽"而没有做出来的题目。因此，要及时总结经验教训，会使学习更有针对性。

2. 案例赏析

机械地解决问题，往往会被问题绊住。在进行训练的时候，既要知道目标，更要知道方法，方法总有些曲折，故而才有研究的价值。有一个案例是这样的。

数学家G.波利亚曾经做过一个心理实验，在三面围有篱笆的场地上放着一只饿鸡，隔着篱笆放着一盆鸡饲料。鸡见了饲料马上直扑过去，可是被篱笆挡住了。这时鸡就拼命地钻篱笆，如果篱笆牢固，孔也小，或者是金属网做的，这只鸡就会一直钻，直到筋疲力尽为止。

如果人的思维方式也和这只鸡一样，恐怕只能解决最简单的加减乘除之类的题目，对那些稍微布个陷阱、留点迂回的题目，只能空劳累一场而一无所获。我们来看看"高手"是怎样做题的。

中国科技大学00班，主要由高考中全省名列前茅的学生，参加各科竞赛荣获全国一等奖或者国际奥林匹克竞赛奖牌的学生，以及品学兼优、经过科大严格复试选拔出来的保送生组成。在这种强手如林的班级里，97级的启智担任当时班上的学习委员。在学习上他有自己的一套方法。

他在高一刚入学时，只花了两个月就把高中三年的数学课程全部自学完，并且当年参加全国高中数学竞赛，拿了二等奖。此后，他再接再厉，连续两次入选全国"数学冬令营"……如此神奇的成绩，他有什么秘诀呢？

他认为，要想学好数学，不做题是不行的。数学课本上的知识就那么多，翻来覆去地学三年，其实将知识点提炼出来也就是一两页的内容。关键是要把知识变成自己的，遇到题目知道用什么内容、什么方法去解决。要达到这种境界，只有通过做题，培养出解数学题的意识。熟能生巧，做过一定量的题，就自然而然知道如何解了。但是，做题只是学好数学的必要条件而非充分条件。做题不能只重数量，不重质量，盲目的题海战术并不可取。做题要做典型题，这种题涵盖的知识点多，解题方法有一定的思维定势，做到一定程度就能形成做题的感觉。特别难的题目，也可以分解成若干个简单的小问题逐步解决。因此在高中的时候，他就凭着如饥似渴地做题，包括做热心的老师帮忙搜集的许多国内外数学竞赛题，逐渐练出来了，而不是凭什么"法宝"。

学好数学还要总结数学解题方法。科学的思维方式对数学问题的解决起着至关重要的作用。而要掌握数学解题的方法，关键还是要靠自己去摸索，做个有心人，及时反省和总结。时间长了，就能形成适合自己的一套方法，达到事半功倍的效果。

3. 策略与建议

合理地进行做题训练，对于提高学习水平和学习成绩是很有帮助的。怎样合理地进行训练呢？

(1) 学会选题。最没有价值的劳动，就是重复性的机械劳动。做题也一样，最没有价值的做法，就是反复以同一种方法做同一个题目。这样做虽然能够使人记住一部分题目，并在以后的测验和考试中一下子做出这些题目，但是在真正的考试和测验中遇到这些题目的机会很小。为了增加遇到的机会，势必要去记忆数以万计十万计的题目。这是一种极其低效的学习方法。

而优选一部分题目进行训练，理解题目的精神和本质，却可以轻而易举地学会类似题目的解法。这样既省去了重复做同一个题目的枯燥和无聊，还能大大提高记忆的效率。那么，选什么样的题目呢？

难题。难题是需要深入思考才能解出来的题目，甚至有时候你可能怎么都想不出来如何解答，只有求助于别人才能明白其中的奥妙。正是因为有一定的难度，这样的题目能从一定的侧面反映出你在知识和解题能力方面的弱点。**找到弱点，把弱点补齐将大大有利于提高对知识掌握的全面性。**

陷阱题。有些题目常常是看着很简单，做起来却很难得其要领，容易陷入死胡同，或者一做就错，却看不出来为什么会错。这种题目设计得比较精妙，蕴含着许多解题的窍门和关键，掌握它们对于提高对关键知识的把握能力大有帮助。另外，陷阱本身还能反映你在知识掌握上的缺陷。因为同一个题目对你来说是陷阱，对别人来说可能就不是。这种情况就说明是你自己的知识掌握有问题。通过深挖这个陷阱，可以迅速补齐知识的缺陷和不足。

典型题。越典型的题目，越有移植的意义。做会一个典型题，能够让你在面对许多问题的时候感到熟悉和从容。这种题目，往往是触类旁通的，掌握得越多，对知识的掌握也越全面、越熟练。典型题往往包括例题、习题和考试中有一定难度的题目。错题一般也是很有代表性的。

多种解法的题。"熟悉的地方没有风景。"对于很难和很典型的题目，我们费了很大的心思做出来了，**一定不要满足于一种方法。一种方法常常没有通用性，不代表题目的精髓，下一次遇到一个条件稍微变化点的题目可能还会束手无策。**对于这样的题目，要深挖，要尽量追求更多的解法，从中寻找出最关键、最本质的内容。这样，下次再遇到类似的题目时，便能够迅速地从多种角度进行审视，在短时间内找到解题的最佳角度和方法。

规律题。真正可靠的解题思考规律的形成，应当是在总结共性的基础上，再比较一批题目的共同点，形成的普遍性的解题思考规律。

(2) 重视解题思路的形成，确定难度等级。喜欢进行做题训练的同学，必须明确一点，进行训练的目的不是为了做更多的题目，而是为了发现更多的解题思路和规律。读完题目，迅速在脑海里形成解题思路，需要立即说出该题所要求的知识点，解题步骤有哪些，要运用什么技巧，是什么题型，难度属于什么级别。难度级别可以简单地划分为四级。

最简单的级别，是看一眼，基本上不需要动笔就能解出来；第二个级别，是需要稍加思考，勾勒一下轮廓，思路也就清晰了，稍微做一做结果就能做出来；第三个级别，是经过深入思考还是解决不了，但是放一放，再回头想想能够解决；第四个级别，是一时啃不动，需要复习课本、笔记，借鉴例题的解法，还是解决不了的问题。

对于第一个级别的题目，没有必要做；对第二个级别的，有时间做做也无妨，没时间可以不做，但时间隔得比较久的时候，最好偶尔做一次，以加深印象；对于第三个级别的，要花大力气解决，而且在解决后还要专门记入笔记本，说明解题思路和题目的特别之处，留备复习之用；对于第四个级别的，可以暂时放一放，也可以向老师或者同学请教，在解决之后，反复咀嚼，最好再想出另外的解决方法，最后也应把解题思路及其特别之处记入笔记本，留备复习之用。

(3) 做题求精不求多。求多是最原始的训练方法，求精是最高效的训练方法。"不积跬步，无以至千里，不积小流，无以成江海。"积累精炼、代表性强、提供多种解题思路的题目，有助于我们把最有效的经验积累起来。所谓"精题"，主要是前面所说的第三级和第四级难度的题目的汇总，它们往往是前面选题中所提到的几种类型的题目。把这些题目汇入一个专用的笔记本中，复习的时候专门对付它们，会非常有用。

五、提问型

1. 类型特点描述

爱因斯坦说，提出一个问题比解决一个问题更重要。提问型学习个性，就是通过找出问题、思考问题、解决问题，来达到学习的目的。**"学起于思，思源于疑"**，经常能够提出问题，就会不断地激发思考，这个过程中既能拓展知识面，又能提高思维能力。

课本上的知识，原来都是人们在不断地解决生产生活中遇到的问题。它们在没有被解答出来以前，对整个人类来说都是问题。追根溯源，在学习中如果能够把所有的知识再还原成问题的形式，就会发现，只要能够回答那些问题，实际上也就掌握了知识。在遇到新问题的时候，就能够从新问题与自己掌握的问题之间的联系出发，去解决它们。这样，学到的知识就不再是没有生气的知识，而是活的、有实在意义的知识了。

科学家所做的科学研究工作，就过程而言，也是在不断地提问中前进的。**科学研究的基本步骤是，发现问题，将问题表达为课题，然后进行假设，通过实验论证，最后对假设进行检验。**如果研究的实验结果与假设一致，那么就可以做结论；如果不一致，还要重新假设，重新检查整个过程或其中的部分环节。从这个角度来说，学会运用提问的方法学习，也就掌握了科学研究的方法。

提问主要包括两类：一类是通过对现象进行观察，提出新问题；另一类是对别人的研究成果和比较公认的结论提出质疑。

2. 案例赏析

养成提问型的学习个性，对于培养发现问题、解决问题的能力和研究、学习的能力非常重要。很多著名的科学家都擅长观察身边的现象，从中提出问题、研究问题。

发明大王爱迪生小时候就爱思考，看到钟表滴滴答答响个不停，他就想，表为什么会走呢？于是他就把表拆开、装上，非要弄清钟表会走的原理。

当他知道气球充上氢气就能上天的道理后，他就想，人会不会上天呢？于是弄来一包能产生气体的药让家里的工人吃了，想让他上天，结果弄得工人抱着肚子痛了半天。

当他知道鸡孵蛋的情况后，就想人去孵行不行，于是自己蹲在鸡窝里老半天，直到父亲到处找才找到他。尽管他的想法幼稚，做法可笑，但他爱动脑筋的习惯却为他成为伟大的发明家打下了良好的基础。爱迪生能够发明灯泡、电话、电影、蓄电池等，与他从小养成爱思索的好习惯是分不开的。

科学家们也擅长质疑，通过对其他科学家，包括一些所谓公认的权威提出的观点进行质疑，通过对一些已经成为公认的观点的质疑，获得新的研究进展。

中国科学院迄今为止最年轻的院士，纳米技术研究专家卢柯，便在质疑中获得了成功。

有一次卢柯在撰写论文时，发现自己在实验中得到的一张电子衍射图谱标定后的取向与英国著名科学家斯科特的结论有些出入。刚开始由于对权威的迷信——"斯科特是这个领域中最大的权威，我当时只认为是自己错了"。对自己的成果没有信心，在投寄论文时，没敢附上自己的数据，而是引用了斯科特的数据。结果论文被退了回来，审稿人要求他根据自己的实验结果提供数据。卢柯找来同学，重新反复计算，结果吃惊地发现：被国际材料科学界引用了近十年的"绝对权威"斯科特的理论竟然是错的。

著名科学家伽利略，研究物体下落的速度时大胆质疑已经流传了两千年的亚里士多德的理论，得出了正确的结论。

亚里士多德通过观察，发现羽毛比石块下落得要慢，就认为重的物体比轻的物体下落得快。而伽利略则想：如果重的物体比轻的物体落得快，那么把一个重的物体和一个轻的物体连在一起时，应该下落得更快还是更慢呢？按亚里士多德的观点，重的物体下落的快，将会被轻的物体拖住而减慢。但是两个物体拴在一起的话，加起来的重量比大的物体还要重，因此要比重的物体还要重，所以下落的要比重的物体还要快。这样岂不前后矛盾吗？于是他假设：轻的物体和重的物体下落时的速度一样快。后来，他从比萨斜塔上将一大一小两块石头同时从同样的高度坠落，结果发现两块石头同时坠地，验证了自己的假设。羽毛之所以比石块下落得慢，真正的原因是羽毛受空气阻力的影响大，而石块受空气阻力的影响小。

3. 策略与建议

在课本知识的学习上，形成"提问型"的学习个性，既要每日提问，也要有单元复习提问。

每日提问可以从以下几个方面做起。

首先，明确每天每科的学习重点。 上完一天课后，做每门作业前，问自己的第一个问题就是，今天这门课学习的重点是什么？然后在脑子里迅速地按照学科进行回忆，不要轻易地去看课本，不急于看笔记，而是在脑子里勾勒出一幅轮廓，列出提纲。实在想不起来了，再去翻课本，翻完再在脑子里整理一遍轮廓，直到非常清楚为止。

其次，有了提纲还要有详细的内容。 回忆完提纲后，还要再回忆具体的内容。例如，当天上课老师讲过的例题、课上做的习题等，都可反映是否熟练掌握了所学的内容，它们的重要性不亚于知识本身。**知识本身是死的，只有与这些题目结合起来，知识才是活的，可以用来解决问题的。** 这些题目往往具有典型性，很多以后要做的题目都有可能是对它们进行改头换面或者组合拼接而来的，所以，把所学的例题和所做的习题在脑子里过一遍非常重要。

再次，做完作业后回顾提问。 提问一下自己今天做作业时遇到了什么难题，是用什么知识解决的，与哪个例题有相似点等。然后把这类问题用专门的本子记下来，或者用红色笔记在课堂笔记后面。这就表示你自己学习上的难点和重点。对于那些轻而易举就做出来的题目，就可以先不管了。

单元复习提问与每日提问的方式基本相同，只是做作业的环节变成了复习作业，把整个单元的作业温习一遍，简单的题目不必动手再做，前面标记出来的有困难的题目，要重点对待，有必要的可以再做一遍，与以前做过的其他题目进行联系和比较，看看有没有新的收获，把自己的收获汇总成单元小结。

除了常规提问外，还要大胆进行联系，常常把知识与生活中的现象联系起来，把不同学科之间的知识联系起来。这种联系能够不知不觉起到复习提醒的作用，使知识的掌握不断更新、更加牢固，还能够锻炼思维，提高知识的运用能力和水平。

此外，还可与同学相互提问。自问自答会让人觉得枯燥，不如与有相同爱好的同学交换提问。这样能够使提问的过程既有交流，又有刺激，效果更好。

六、举一反三型

1. 类型特点描述

举一反三型学习个性的特点，是从已知的事物、现象、内容、方法等开始，通过联想进行演绎，从而达到一通百通的效果。

在学习的时候，有人一味追求做题的数量，是远远不够的，因为解题质量比数量更重要。很多成绩优秀的学生做题并不多，他们对每种类型的典型题通常都只做几道，却要求自己完全吃透，找到它们的特点和常常出现的"陷阱"设置方法等，这远远胜过一知半解地做几十道，甚至成百上千道。

高质量解题，除了吃透外，还要从多个角度审视同一个问题，寻求一题多解。这种个性，工夫在平时，表现为多思多记，不仅记知识、记要点，也记典型题目，进行题目解题方法的分类、联系和案例总结。最后记住的内容，就不再是单个的题目，而是题目的类型及其对应的方法种类，遇到同种类型的题目时，就能从方法库里迅速调出最适合的方法。**方法就是思考的路线，是能够快速找到解决同类问题的钥匙，它能节约解题时间，也能保证做得出、做得对**

题目。

这种个性有时会给人一种错误的印象，认为只要背过一部分习题，就是演绎法。实际上远远没有这么简单。对典型习题的记忆，是在理解的基础上自然形成的。从一定意义上讲，最代表题目类型的那些题目，就是思维演绎的出发点。

2. 案例赏析

演绎作为科学研究的重要方法，主导了西方发起的近现代科学革命。**很多伟大的发现，都是源于对研究起点的再定位和再认识，通过重新假定和验证，使科学突破窠臼获得新生。**

爱因斯坦认为科学家的工作分两步：第一步是发现公理；第二步是从公理推出结论。对于第二步，只需要"相当勤奋和聪明，就一定能够成功"。但对于第一步，要找出作为演绎出发点的公理，则具有完全不同的性质，这没有一般的方法，完全需要研究人员的远见卓识、创新精神和非凡的洞察力。

爱因斯坦的成功，就来源于他对"公理"的重新解释。在许多人看来已经是不证自明的"公理"，如"同时性""质量"的概念等，在他看来都是幼年时代被前人灌输的一堆成见，需要重新审核。从哪里审核呢？从这些"公理"的来源，它们都来自宇宙的局部领域，属于特殊现象，而这个局部领域的特殊性在于它们都来自人们能够观察的低速(与光速相对而言)世界。把握住了这个演绎的关键，使爱因斯坦最终获得了惊人的发现，成为20世纪物理学界无人能够逾越的巅峰。

演绎的解释，决定着演绎的方向。对同一个问题进行不同的演绎，得到的结果可能截然不同。太阳每天从东方升起，又从西方落下，所以很自然地，古代的人们认为太阳在围着地球转。这个观念确定下来后，统治了几千年。

牛顿发现万有引力定律，与掉到他头上的一个苹果关系甚大。从"苹果为什么要往地上掉，而不会掉到天上？"这个问题开始，牛顿演绎的方向是：苹果往地上掉，是因为苹果受到的合力向下，而这是什么力呢？是万有引力。于是万有引力定律就诞生了。

与这个故事有异曲同工之妙的，是爱因斯坦从梯子上摔下来的故事。有一天爱因斯坦看到墙上的一幅画歪了，就搬来梯子打算把它放正。可是没想到竟然从梯子上摔了下来，摔得爱因斯坦很气恼，立马脑脑里迸出来一个问题，为什么我会摔到地上，而不是摔到天花板上呢？这个问题与牛顿的问题似乎一样可笑，而且应该是更可笑。因为牛顿已经解释过了这个问题，而爱因斯坦却在"明知故问"。但爱因斯坦不满足于牛顿的"万有引力"解释，他认为其背后必有其他隐情。于是，他的演绎思路开始了，往地上掉的路线是向下，而不是向上，这个运动方向是由什么决定的呢？是由合力决定的？如果不是的话，那么应该是由什么决定的呢？经过冥思苦想，突然想到，为什么不是因为这个方向上的"阻力最小"呢？顺着这个思路，他又把思考的对象引申到光线的传播，光线传播到引力场比较大的天体附近时，由于引力场比较大，阻力最小的方向就不再是直线，而是由引力场决定的"阻力最小"的曲线。这个推论是广义相对论的一个基本假设，它很快得到了证明，广义相对论的观念也就随之深入人心了。

牛顿和爱因斯坦，处在不同的时代，从相同的演绎起点出发，沿着不同的演绎方向，得出了完全不同的结论，获得了完全不同的成果，而两个发现在物理学发展史上都具有重大意义。

演绎的魅力在本质上是创造。演绎，是从点到无限的空间延伸，把人的知识和认知从局限的领域，扩展到无限中去。不管演绎的过程中有多少错误，多少失败，只要演绎在进行，创造就在进行，拓展就在进行。

3. 策略与建议

形成举一反三型的学习个性，关键是发展演绎思维，喜欢联想，喜欢寻找事物之间的"可能的"和"不可能的"联系，以此站在比较高的位置上统一和把握问题。具体可以从以下几个方面进行一题多解训练。

(1) **学习一题多解题型。** 在日常学习中，老师上课讲的许多例题都可能涉及一题多解，对这样的题目要特别注意，记录在一个专用笔记本上。记的时候，不需要记具体的解题过程，而要记各种解法的具体解题思路，即为什么可以用某种方法来解这道题。对于一题多解类题目，掌握了采用某种方法的条件，也就等于掌握了解题的"万能钥匙"，它将会在将来解题时发挥关键作用。所以针对某种条件，特别适用的方法用"△"标记加以强调，并且加上注释说明；特别不适用的方法用"？"标记出来，留待以后继续研究能否改善这种方法的运用。对于所有的典型例题都要不吝纸张，每个题目后面要预留足够大的空间，以备将来补充新的方法和新的心得。

(2) **进行一题多解练习。** 平常做作业的时候，不要因为能够做出来就停止思考，而要努力寻找尽量多的其他解题方法。这种训练的好处，在于有利于形成追根究底的习惯。一旦形成这种习惯，就容易更好地掌握问题的本质，也能轻易地记住典型问题和各种解题方法的典型适用条件。这样一来，这些题目就成了典型例题，把这些典型例子的各种解题方法和解题思路也记入上面准备的专用笔记本中。对于你用起来特别有效的解题思路，做个"△"标记，以便将来复习的时候有所侧重。对于你用起来觉得常常不顺手的方法，也加一个特别标记"？"，以便在今后的解题中进行有针对性的训练，提高应用能力和熟练程度。

常常汇总同一类解题方法的典型习题。对于可以用同一种方法解决的习题，要经常观察和总结它们的异同。条件的类型与解题方法之间有很大的关系，能用同一种方法解决的题目，其条件中必然存在某些共通的性质。通过总结，把心得记录下来，这样不断积累，有利于掌握好共通的性质，有利于掌握解题方法的精髓，融会贯通，运用自如。

探索把新解法用于旧题目。 在课堂学习的过程中，由于受教学计划的限制，经常出现条块分割的现象。一种类型的题目，原本可以有多种解释或解决途径，但为了教学的便利，却往往出现在更直观地体现某个方面的知识单元里。这样一来，原本宽广的思路就容易受到课本编排的限制。所以，当开始学习新的方法后，要常常回过头来复习原有的典型题目，仔细研究新方法能不能用于解决那些题目，还要深入研究新旧解法在解决这类问题上的区别，哪种方法更好，好在什么地方。

探索用旧方法解决新题目。 上新课时遇到新题目，老师多数注重新解法的讲解，而不会讲解旧解法是否适用。这时，就要注意看看这些新题目能不能用原来的方法解决，如果能，就去探索如何解决。然后，要比较新方法与旧方法在解这类典型题目时孰优孰劣，并研究其根本原因是什么。

(3) **进行丰富的联系训练。** 除了进行一题多解训练外，还要进行丰富的联系训练，包括跨单元、跨学科的联系，知识与生活现象的联系等，对知识进行多角度、多思维方法的联系和认识。不管这些联系看起来多么离谱，只要觉得它们有联系，并能发现其中的联系，就是非常有价值的。**要知道整个宇宙从宏观到微观都存在一些奇妙的相似性，这些相似性的发现对于推动人类对世界认识的发展起着决定性的意义。**

所以，不要因为自己的联系近乎荒谬而轻易放弃，最好把它们记录到专门的本子上，并且给自己规定一个适当的量，比如一天记一个，进行强化训练。到一定的时间，一个月或者两个月整理一次，看看这些联系有没有有用的，有用的用"△"标记出来，没用的用"？"标记出来，对于过于烦琐的，则尽量简化。但是，不要把任何一个灵感的火花从笔记本里删除，或许哪一天它就派上用场，成为新发现的契机。

七、归纳总结型

1. 类型特点描述

归纳总结型学习个性，是通过大量阅读，发现和寻找规律的学习个性，其本质上是一种对知识进行归纳和迁移的学习个性。

归纳总结，可以是对同类内容归纳总结，也可以是对性质完全不同的内容归纳总结。对同类内容的归纳总结，实际上是对同类知识的总结，是通过把新的知识纳入已经掌握的知识体系中，使之在知识结构中确定位置，以便更好地与已经掌握的知识联系起来，使对新知识的掌握更加容易，理解也更加深刻。对性质不同的内容归纳总结，实际上是对知识进行横向联系，在更高的认识层次上把不同的知识统一起来，使它们成为同一体系的不同表现形式，是拓展对知识体系的认识方法的有效途径。这两种形式的归纳总结，能够有效地增加学习内容的联系，也可以提高宏观把握知识层次的能力，训练思维能力和提高探索能力。

归纳总结，需要阅读大量的资料，广泛涉猎各种各样的资料。大量阅读，在读书中寻找规律，是进行归纳的条件。**只有在浩如烟海的书籍、资料中寻找到足够的知识，才能为归纳总结提供充分的源泉。**也只有通过不断地阅读，才能为总结出的规律不断增加内容，不断充实和完善它们，并且使其不断升级、系统化，提供更好的容纳框架。

归纳总结，需要丰富的想象力。许多貌似不相关的事物之间实际上可能有些奇妙的联系，而这些联系只有深入发掘才能突然展露出来。通过丰富联想得到的规律和知识，往往既具有一定的共识性，也有很强的个性。所以，单纯通过学习别人的总结而没有自己的深入领悟是远远不够的。

归纳总结，需要不断地总结和回顾。"温故而知新。"在回顾和总结的时候，一些以前没有注意到的现象，可能会引起突然的灵感；以前没有注意到的相似、联系，也可能突然在头脑里清晰起来。这样不断地总结和回顾，不断地引发灵感，有利于巩固学过的内容和知识，也有利于给掌握好的知识赋予新意义和联系，使之更有活力，更有价值。

归纳总结，要求多学、多想。"学而不思则罔，思而不学则殆。"把想象、思考和勤奋的学习结合起来，是进行有意义学习的必要条件。学习过的知识，不仅有自身的意义，还会有很多潜在的意义。不同的人，会从不同的角度去看待同样的知识和经验，所以，要充分地去收集、整理信息，更重要的是创造看问题的角度。有时候把性质完全不同的知识联想起来，往往可以发现意想不到的看问题的角度，这样就能够产生对知识认识的创新，就能使知识在不断创新的过程中得到升华和提高。这也是归纳总结思想的精华所在。

2. 案例赏析

通过丰富的想象，把不同的事物联系起来，形成新的尝试和观点，是科学创新中常见的思维方式。

运用归纳总结的思想方法，可以从似乎完全不相关的角度来解决同一问题。在很多情况下，新的方法诞生于把原来似乎不相关的两个方面或者多个方面结合起来，在解释的过程中首先换了看待已经存在甚至解决过的问题的角度，这个时候在知识本身上或许还没有突破，只是产生了一种新的方法。但是随着对新方法的不断深入应用，就会发现它的价值，很可能使原本很复杂的问题变得很简单，而且会不断发现新问题，拓展认识的空间和视野。

运用归纳总结的方法，还可以总结出新规律。

16世纪丹麦著名的天文学家第谷·布拉赫，是天文观测方面的大师。在长达几十年的观测中，他每天都细心观测，认真记录，把上千年星表中的错误一个个地纠正过来。他原计划观测1000颗星，但由于身体原因，只完成了750个星的观测记录。临终前，他把完成1000颗星观测记录的剩余任务和所有记录下来的资料都托付给了开普勒。开普勒没有让第谷失望，在观察完剩余的250颗星后，他替第谷完成了出版《鲁道夫星表》的夙愿。更为重要的是，在总结第谷的大量观测资料的基础上，开普勒通过精密的计算，终于提出了著名的开普勒天体运行三大定律，揭开了行星运行的规律。

没有第谷精密的观测资料，就不会有开普勒的理论；而没有开普勒善于总结归纳的能力，行星运行的三大定律的发现不知道还要推后多长时间。所以，在浩如烟海的资料中总结和归纳规律，既是进行发现和创造的重要方法，也是一种重要的能力。

对于习惯于总结归纳的人来说，充分寻找资料是非常重要的。**只有收集到从各种角度看待同一问题的资料，才能通过更多的线索，把不同的资料用新的框架构建系统架构，使它们以更有机的形式为自己所用。**

善于联想，是归纳总结的重要条件。在广泛涉猎和收集资料的同时，还要把不同的资料连接、联系、建构起来，形成一定的有机联系。在联系的过程中，只有敢于联想，才能有所创新和发展。

1910年，年轻的魏格纳因病住院。住院期间，医生严格限制他的活动，他除了必需的器具外，只有一张世界地图是与治病无关的东西。无聊的时候，他就只好在地图上划来划去。有一天，他沿着地图上的海岸线画各大陆的轮廓，画着画着，他突然觉得大西洋两岸的轮廓似乎有些对应，特别是巴西东端的直角突出部分与非洲西岸呈直角凹进的几内亚湾非常吻合。于是魏格纳精神大振，仔细端详后，发现美洲、非洲大陆外形上的不同特点，果然都能在对方海岸上找到相似的部分，于是他想：是不是各大陆原来都曾经是一体的，后来经过漂移才到了现在的位置呢？

1911年秋天，他在翻阅文献时，发现有篇论文中提到，在大西洋两岸的非洲和美洲大陆发现了很多相同的陆生动物化石。这加深了他的直觉，于是决定研究这个问题。虽然他读的是天文学和气象学，对于地质学、古生物学、动物地理、植物地理、古气候和大地测量等学科都不熟悉，但是经过努力他最终还是提出了"大陆漂移说"。

带着问题查找资料，进行联想，是提高归纳效率和效果的有效方法。

著名华裔物理学家杨振宁，因为提出了著名的"宇称不守恒定律"于1957年获得诺贝尔物理学奖。他在研究"宇称不守恒定律"的过程中曾经遇到过很大的难题，就是找不出适当的数学模型进行解释。后来，当他看到有关数丛理论的资料时，发现可以用它进行很好的解释。而数丛理论那时已经诞生了很多年，一直以来都因为"没有什么用处"而被人们束之高阁。

运用归纳总结的方法，还可以发现更高层次的统一性规律。

在动态化学平衡的研究中，人们提出了"勒沙特列原理"。对于在封闭环境中平衡状态的可逆化学反应，如果增加其中某种物质的浓度，那么化学反应就会向降低这种物质浓度的方向进行，使化学反应达到新平衡：浓度增加的物质浓度，虽然不能被降低到增加前的水平，但肯定会降低。而在研究由运动导体组成的磁场中闭合电路中的感生电流方向时，人们也发现，如果运动导体的运动使得闭合电路所包围的磁场磁通量增大，那么感生电流产生的感生磁场，必然与原磁场方向相反。也就是说，感生磁场似乎在努力使闭合电路包围磁场的磁通量保持原来的状态——尽管只能在部分上实现。实际上，这三种现象都在更高层次上显示出某种程度的"自然折中主义"。

3. 策略和建议

归纳总结的个性，关键在于信息收集、整理和创新改造。从庞杂的信息资料中寻找出简单、实用、正确的规律；让看似无用的或者用处不大的信息在其他领域中发挥积极和巨大的作用；从看似毫不相关的知识间找出内在的有机联系，形成有机的结构体系；从不同的角度审视同一问题，找出新方法，开辟新领域，**让不同领域和学科的知识，在更高的层次上获得统一**，显示知识共性和个性的和谐。所以，形成归纳总结的学习个性，可以从以下几个方面着手进行。

(1) **广泛阅读，涉猎各种各样的资料，收集信息。**要运用归纳总结的方法，进行大量阅读。阅读有多种方式，就阅读速度和对内容的咀嚼程度而言可以分为精读和略读。精读，需要反复对同一内容进行阅读，在阅读中吃透知识的内容、所传递的本质和精神旨要。略读，是提纲挈领地了解材料的主要内容，快速浏览。

就阅读的目标性而言可以分为有目标的阅读和随意阅读。有目标的阅读，一般是在遇到问题的时候，为了解决问题而进行的阅读。这种阅读定向性强，可有效地解决问题，提高解决问题的效率。由于与实际问题直接联系，在这样的阅读中掌握的知识比较扎实。随意阅读有时候是即兴的，暂时没有什么事情做，或者正好看到了比较好的书就拿过来读。进行这种阅读时，一般精神状态比较放松，往往能够有一些意想不到的收获。

进行有效的阅读，往往需要记笔记。如在阅读中有所收获，就做一些摘录性的笔记和心得性的笔记，往往既能加深对阅读内容的印象，也可以及时留下阅读痕迹，便于将来用到资料的时候更快、更及时地找到。

(2) **经常有目的地对知识进行整理。**这是非常必要的。整理能够起到连通新旧知识的效果。在整理信息的过程中，要注意对知识的再加工和创造性改造，在新旧知识间建立新连接，并重构知识体系，使自己的知识结构更紧凑、更合理、更好用。

还要努力发现规律，对规律进行深入细致的研究，使之简单、实用、方便。"简单就是美。"面对收集到的海量信息，使它们简单化，并且最大程度上保持和利用信息，是一项很有技巧、很有创造性的工作，需要在具体整理的过程中多想、多探索。

信息整理要对无用信息多下功夫。每个信息其实都会在不同的地方起到不同的作用。暂时没有用的信息，需要发掘它们的用处，积极与其他知识建立有机联系。对于千辛万苦整理出来的信息，不要随意丢弃。

信息整理不要受获取信息环境的局限。在化学上学到的规律，或许在物理上也有类似的规律，但由于表述的内容、方式，甚至术语系统不同，这些规律就不容易统一起来。所以，在实践中不断突破信息获取环境对信息运用的影响虽很有难度，但也意义非凡。在突破信息环境对信息的局限上，没有捷径可走，往往只是可遇不可求的灵光一现，所以有必要及时记录获得的"灵感"。

另外，常常进行一些变换角度的看似怪异的审视训练，也会收到意想不到的效果。有时候，刚刚学完的内容似乎很没有意思，不妨从追究其深层本质的角度进行一番推敲，然后再试着用另一种学科或者其他单元的知识与其深层本质有些类似的部分相联系，对其进行"勉强"解释，甚至牵强附会。虽然"强扭的瓜不甜"，解释有时会有附会的嫌疑，但这种"勉强"训练却是很好的开拓思路的方法。

不同的信息可能在学科结构中的作用不同，但在一定程度上可以达到统一。这些统一需要我们用心去发现。**越是高层次的统一规律，越有用——因为层次越高，信息就越简单，而且越容易掌握**。掌握这样的信息，能够提高所掌握知识的运用效率。

信息整理要勤快。涉猎的信息越多，越需要及时地进行整理，否则陷入信息的"海洋"，会迷失对信息意义的把握，也无法建构出信息的简单、实用、有机的结构。正像人们常说的，匆忙读十本书，还不如吃透一页书来得实惠。勤于对信息进行整理，虽然耗费时间多，但实际上提高了对信息的利用能力和水平。

归纳的魅力，在于发现事物高度的哲学统一性。勤于思考、大胆联想、善于透过个性条件发现本质的和谐，是形成归纳总结型学习个性所必需的。

八、暗下功夫型

1. 类型特点描述

暗下功夫型，也可以称为"笨鸟先飞"型，主要是指那些智力表现一般，勤奋刻苦的同学，他们在大家眼里似乎不算聪明，也不算特别笨，平时的学习成绩也不是特别优秀，但有时候在无人看好的情况下，也常常有一鸣惊人之举等。

暗下功夫，也是一种做人的姿态，以务实的态度低调做人。把自己放在一个比较低的位置上，对待事情不急于求成，而是仔细分析其来龙去脉，努力找出解决方法，然后踏踏实实地去做，在大家不知不觉的时候就做成了，并且取得好成绩不张扬，遇到麻烦也不会惊慌失措。

暗下功夫，是一种内控型的性格，这种性格的人凡事不在乎外界的褒贬，对自己做的事情心里有数。所以，他们的定力特别好，能够坐下来心平气和、按部就班地做事，而不会听风就是雨，跟风般地瞎忙活。

暗下功夫的人，不关注自己是否完美、优秀，而关注自己努力得够不够；少关注结果，更关注过程。他们的情绪起伏不大，在压力很大的情境中仍然发挥稳定。所以，特别是在比较关键、容易引起焦虑的考试或者其他情境时，他们能够表现得特别沉着，凡事一丝不苟、有条不紊。

暗下功夫的人，意在修身养性，不在争名逐利。他们不像竞技型的人渴望在竞争中击败对手以证明自己的实力和成就，而一遇到挫折和失败就显得消沉和烦躁。他们喜欢平时多努力，在日常的学习和生活中做好点滴小事，以取得的进展和对做事过程的认识来判断自己的功过得失。他们无论在竞争中是否成功，都更能客观地评价自己。即使遇到很大的挫折，也往往一脸平静，似乎什么都没有发生过，只是默默地去查漏补缺，尽力使自己更加完善。

勤奋、踏实、有条不紊，是暗下功夫个性的人的最佳写照。

应该注意，**暗下功夫与疲沓不一样**。疲沓的人，做事情虽然也是不急不慢、不温不火，但他们实际上对自己做的事情往往并不怎么关注，而且也不注重自己做得是否合适，有没有什么地方做得不够或需要改进。疲沓的人，常常是需要做什么事情就做什么事情，喜欢的事情就多努力，不喜欢的事情就被动些，不大努力。他们对待所有事情的态度基本上都是无所谓。所以，**虽然外在表现上似乎与暗下功夫的人相似，但其意境则相去甚远**。

2. 案例赏析

在诺贝尔奖获得者中，不乏成绩"平庸"之辈。日本著名的化学家、1981年诺贝尔化学奖得主福井谦一曾经化学经常不及格。苏联著名生理学家、1904年诺贝尔生理学与医学奖获得者巴甫洛夫因为数学成绩很差，考圣彼得堡大学的时候不得不先考报其他不需要考数学的专业，然后再"诚恳"地向校长表示自己确实学不了那门学科，通过转系转到数理系生物科学部才如愿以偿。

所以，如果一个人的成绩平庸，也不要以为就干不成什么大事，因为真正决定一个人的是他的思想和愿意付出的努力。**原创性思想是人的能力中最重要的一个方面**，它引导人们在科学的道路上不断突破"禁区"，获得标志性的转折。比如前文举例时提到的桑格，"平庸"在于学业成绩上，但他努力的方向却是思想上的突破，所以从另一个角度上来说，他一点都不"平庸"。因此，"平庸"的同学们不要为此感到羞愧，更重要的是要锤炼自己的思想，做个思想的巨人。

"勤"，是暗下功夫者的共同特点。不过"勤"不等于三更眠、五更起，废寝忘食地忙碌。"勤"得有特色，让人佩服，也是一种不可多得的智慧和天赋。

机遇总是垂青那些有准备的头脑。所谓"有准备"，就是要做事踏实，这是暗下功夫的人所必需的态度。我们来看下面的两个事例。

宋朝学者陈正之，年轻时志向远大，很想成为一个大学者，因此发愤苦读。他读书又快又多，但是总觉得没有学到多少东西。有一天，他在路上碰到朱熹，便向他请教读书之道。朱熹针对他读书的缺点说，你以后每天只读五十个字，连续两三百遍，每遍都要细细品味思考。陈正之用这个方法读书，过了些时间，发现果然颇有效果。

明朝文学家张溥给自己的书房取名为"七录斋"。这个名字原来是根据他在探索记忆文章的过程中发现的有效方法而取的。张溥的记忆力不大好，读过的书很容易忘记，后来他要求自己：每读一篇文章就工工整整地抄一遍，一边抄一边在心里默诵，抄完再读一遍，然后烧掉再重抄一遍。就这样反复七八次后，文章就记得很牢固了。

3. 策略与建议

做个暗下功夫的人，需要不断提高自我掌控能力。只有有了良好的自我控制能力，在整个暗下功夫的过程中，才能更好地运用和发挥自己的优点和长处，克服自己的短处可能带来的负面作用。要做到"淡泊明志，宁静致远"，在淡泊中，确定恒远的目标和志向，带着"十年磨一剑"的心态在宁静中暗下苦功。

细节上多花些心思，关键时刻心就不慌。暗下功夫的人在学习上最大的特点，就是平时多积累、多注意、多长心眼。记好笔记、认真听课、及时复习、按时完成作业，一板一眼地整理好学习经验、记下心得体会等，这些日常学习细节都很烦琐。所以，始终保持平常的心态，雷打不动、有条不紊地完成这些事其实不是很容易坚持的。暗下功夫，就应当把功夫下在这些不起眼的日常环节里，不偷懒，不怠惰。

不盲目，不跟风，坚持自己的个性。今天一个新点子，明天一个好主意，对于不是特别"聪明"的人来说，这样做事情容易丢三落四，漏洞百出。所以，暗下功夫的人，要耐得住寂寞，不盲目地改变自己的学习规律，不盲目跟别人学新花样，凡事以坚持自己的个性为首要。别人有好的经验可以借鉴的时候，也要认真思考一下，这些好的经验是否真的适合自己，如果适合，怎样调整现在的学习计划才能更有效地发挥其作用。凡事认真规划好，再变动，而不是想变就变，最后把自己都变糊涂了。

制订周详的计划，按计划行事，越是有计划地做事情，越不容易出问题。有了周详的计划，什么时候做什么事情，心里十分清楚，做起事情来自然不会手忙脚乱，丢三落四。越是暗暗下功夫的人，计划就越周详、越严谨，执行起来越一丝不苟。

著名数学家华罗庚说："勤能补拙是良训，一分辛苦一分才。"即使没有过人的才华，也没有天才的智力，只要"勤"于做事，"勤"于思考，"勤"于总结，"勤"于反省，才华和智力上的不突出并没有关系。

"勤"，其实就是用笨工夫获胜。既然没有超人一等的才华，那么就用勤快来补齐。像陈正之那样每天不求多看书，只求把自己看的不多的部分全部融入自己的精神，成为自己的一部分。像张溥那样，为了记住文章，不惜多花些时间，把书本抄诵七八遍。这些办法看似笨拙，但实际都能达到学习的效果，既然能够有所收获，又何乐而不为呢？况且积少成多，长期积累下来，就会变多了。如果像柳比歇夫那样，也"勤"出特色的话，那么你的默默耕耘一定能够获得更大的成功。

暗下功夫的成功离不开对所面临的全局的掌握。掌握好全局，对于暗下功夫的人来说，基本上离成功就不远了。因为掌握好了全局，所做的每件事情都将服务于最终的目标，都是最有意义的，计划起来也思路清晰，意图明显，整个过程清澈透明。

如果相反，把握不好全局，则可能要走不少弯路，甚至南辕北辙。有的同学为了迅速提高成绩，加班加点，大量做习题进行训练，但是却思考得很少，最后很可能成绩不但不会有太大起色，甚至可能下降。这一点是要特别警惕的。

九、竞技型

1. 类型特点描述

竞技型学习个性，就是喜欢在竞争中体验成功的快乐，激发自己不断向上，永攀高峰，是一种追求成功型动机者常见的学习个性。

竞技的核心，在于使人拥有强烈的追求成功的动机，在追求成功的过程中最大限度地激发潜能，一直保持充沛的精力和饱满的精神。很多喜欢竞争的人，就是喜欢这种精神状态。

"胜败乃兵家常事。"作为竞技型的人，不因一时的得意而自以为是，也不必因一时的失意而自暴自弃。**越是能够以平静的心态对待竞技的成败，在竞技中就越容易放松精神，集中精力，发挥出最高水平，获得成功。**

目标对竞技型的人特别重要。但是，如果对自己提出的要求过高，甚至长期要求自己追求实现不了的竞争目标，可能会产生负面效应，例如，学习上压抑、心情抑郁等。

2. 案例赏析

对于竞技型的人，设立目标和运用目标作为导向很重要。因为对于处于竞争激烈社会中的人来说，竞争不是一朝一夕的事，而是一个马拉松式的漫长旅程。如果目标太遥远，或者看不见，可能会使你过早地释放完激情，从而情绪低落，容易犹豫、彷徨、怀疑，最后导致失败。

有这样一个故事。

曾有人做过这样一个实验：组织三组人，让他们分别沿着十公里以外的三个村子步行。

第一组的人不知道村庄的名字，也不知道路程有多远，只告诉他们跟着向导走就是。刚走了两三公里就有人叫苦，走了一半时有人几乎愤怒了，他们抱怨为什么要走这么远，何时才能走到？有人甚至坐在路边不愿意走了，越往后走，他们的情绪越低落。

第二组的人知道村庄的名字和路段，但路边没有里程碑，他们只能凭经验估计行程时间和距离。走到一半的时候大多数人就想知道他们已经走了多远，比较有经验的人说："大概走了一半的路程。"于是大家又簇拥着向前走，当走到全程的四分之三时，大家情绪低落，觉得疲惫不堪，而路程似乎还很长，当有人说："快到了！"大家又振作起来加快了步伐。

第三组的人不仅知道村子的名字、路程，而且公路上每一公里就有一块里程碑，人们边走边看里程碑，每缩短一公里大家便有一小阵的快乐。行程中他们用歌声和笑声来消除疲劳，情绪一直很高涨，所以很快就到达了目的地。

3. 策略和建议

(1) **坚信自己一定能行**。在竞争中，犹豫和彷徨是巨大的敌人。如果不能坚定地相信自己一定能行，就很难集中全部精力投入到学习中去，不能把全部心思放在解决遇到的困难和问题中去，也就不能进入真正的竞争状态。因此，首先要坚定地相信自己能行。

(2) **设立合适的目标**。拿破仑说："**不想当将军的士兵不是好士兵。**"设立目标，是进行竞技的前提。培养竞技个性，必须学会为自己设立目标。

怎样设立目标呢？要设立一个你可能实现，但又必须一步步努力才能最后实现的目标。不要一开始就设定高不可攀的目标，否则你将长期奋斗在自己制造的黑暗中，很容易丧失信心。也不要设定太过容易的目标，那样你感觉不到挑战，潜力也无法发挥出来，进步将极为有限。假如你目前在班里处在第30名左右，属于中等稍偏下，就可以先给自己设定一个稍微低点的目标，争取在一个学期内达到20名左右，达到中等水平。然后，下一个学期再把目标提前到10名左右。这样每次设定一个不太高的目标，但又需要经过一定的努力才能达到，慢慢你就会赶上来。如果一开始就给自己设定很高的目标，比如达到前六名，实现的可能性往往很小，这个目标就起不到作用。**没有目标，只能被生活推着走，变得一天比一天被动，最终很难有所成就。**

目标一旦确定，就不要停下来。竞争不会因为你停下来就结束。坚持，是能否达到竞争目标的关键。世界上很多人失败不是因为他们不聪明或者比别人差，而是因为没有坚持到底。学习并不是件容易的事，"逆水行舟，不进则退"，只要你松懈、放弃了，目标必定会离你越来越远。

目标不是一成不变的。随着情况的变化，及时修正目标，你的努力会得到更好的回报。如果因为目标设定得太高而没有达到，首先要反思自己是否尽了全力。如果已经尽了全力，就不要苛责自己，而应及时把目标调整得更合适些，在新的起点上，一如既往地努力。如果目标定得太低，已经提前完成了，那就要"百尺竿头，更进一步"，尽快定下新的目标，使自己的奋斗不迷失方向。

埋头苦干的时候，不要忘了看一眼自己的目标。"低着头走路，可能会撞到墙的。"当一个人全身心投入一件事情的时候，常常会忘记自己的目标是什么，猛然间一抬头却发现自己已经不知所在了。所以在埋头苦干时，不要忘记看看自己的目标，看看自己走到哪一步了。这样才能有节奏地控制自己努力的过程，更好地达到目标。

(3) **竞争的过程中，要明确竞争的对象是自己，不要老盯着别人**。有的人竞争意识很强烈，但是总喜欢拿自己跟别人比。比如哪次考试比某某同学多考了一分就很高兴，多十分可能就洋洋得意，觉得自己获得了极大的突破；而少了一分就垂头丧气，觉得自己无论多努力都不会成功。这都是很不成熟的竞争心态，原因就在于忽视了竞争的根本，即达到自己的目标，而不是把别人比下去。

不同的人都有不同的情况，做到自己的最好，跟自己的惰性、犹豫、彷徨、散漫等去竞争，使自己的潜能得到最大的发挥，这才是真正的竞争。如果你的天赋和能力本来就比别人好很多，即使你的成绩最好，也不一定代表你已经做到了最好；如果你的天赋和能力本来起点就比较低，即使与别人相比还有一定的差距，也很可能已经做到了自己的最好。"**自己**"，这是**唯一的竞争对象**。在这个过程中，可以拿别人作为衡量的标准之一，但不要老盯着别人看。

(4) **要知道在哪些场合下可以进行竞争，可以竞争什么**。竞争的场合有很多。有些场合是直接跟自己的不良习惯做竞争。例如，做作业时激励自己快速准确地完成，就是在与懒散和无计划进行竞争。这种竞争使人的心态有一定的紧张感和紧迫感，可以消灭懒散状态下比较容易出现的精力涣散、精神不集中状态，使学习更有效率。

还有些场合是挑战自己的极限。例如，在考试的时候，激励自己比通常考试少花一些时间。一般的考试，普通学生会控制在刚刚做完的时间内，熟练的学生才会有些富余的时间。以熟练学生的标准来要求自己，可以提高自己对考试信息和时间的把握能力。这也是一种学习水平提高的表现。

另外，参加竞赛也是挑战极限的方法。相信自己一定行，有时候在普通考试里可能会觉得不够明显，毕竟那些题目"太简单"，所以如果在有些难度的竞赛里依然能够获得优异的成绩，无疑是对自己很大的肯定。因为竞赛题目都有一定的难度，如果连那么难的题目自己都能取得好成绩，还有什么理由怀疑自己呢？

十、合作型

1. 类型特点描述

合作型学习个性，就是通过与同学一起学习、相互帮助，来相互促进、共同提高，以达到良好的学习效果。

学习的过程中既需要独立思考，也需要相互启发、相互促进。思想的交流，不同于物体的交换。人们进行物物交换的结果，是有所得必有所失。思想交流却不同，把你的想法说出来，别人听到了、理解了、接受了，那么别人也就拥有了你的想法，而你的想法还在你的头脑里。反过来，你听到、理解、接受了别人的想法，也可以增长你的见识，而别人的见识依然还在。所以，在学习中相互交流心得体会，是一种合作。

合作，是一种人格素质。古代社会里，手工艺人为了使自己立于不败之地，常常不愿意把手艺外传，直到老了干不动了才开始传授，结果有时候往往来不及传授，或者没能传授完，人就死了，于是很多手艺不是失传了，就是变得不如原来好而慢慢被淘汰。**其实，越保密就越容易使自己的手艺落后，因为单独靠一个人的力量研究，改进效率是很慢的。**

过去，"竞争"一直被看得很重，人们十分强调竞争的作用。但近几年，我们听到的"合作"的声音越来越多。在现代社会里，合作实际上远远比自我封闭式的竞争更重要。人与人之间彼此向对方敞开心灵之门，大家就都得到了发展。而且打开自己的心灵之门，能让别人充分了解你的长短处，也许能够帮助你找到更适合的发展方向。所以开放的交流是合作的基础，而合作的结果是人人都得到了发展。

开放的竞争，是合作的好朋友。因为相互之间开放的交流，能够使大家各自独立的工作和学习建立在更高的基础之上，使个人的发展产生更高水平的成果和更多的收获。反过来，**随着水平的提高，交流的基础越来越好，交流的效果也会越来越好。**

所以在现代社会里，如果不学会合作，而盲目地崇尚竞争，只会使自己越来越封闭，越来越落后。

2. 案例赏析

科学的发展往往来源于科学家之间无私的交流。最经典的例子之一，是物理学家玻尔领导的哥本哈根学派。

在玻尔的领导下，哥本哈根学派一度成为世界物理中心。1922年6月，玻尔到哥廷根大学讲学，引起了海森堡和泡利的兴趣。同年在玻尔的邀请下，泡利来到了哥本哈根，在玻尔的指导下研究反常塞曼效应。1924年海森堡也来到哥本哈根参加了玻尔的研究集体，同克拉麦斯一起运用玻尔的对应原理来研究色散问题。海森堡沿此方向深入探讨，采用矩阵方法表示了玻尔的对应原理，这就是矩阵力学的开端，而后他又提出了著名的"海森堡测不准原理"。受海森堡的启发，狄拉克创造了他自己的量子力学形式。从此，哥本哈根成了量子力学的中心。在这个研究集体里，玻尔以极高的热情关怀周围的年轻人，他平等待人，不摆架子，不拘形式。因此，思想深刻的海森堡、聪明活泼的泡利、严谨求实的狄拉克、狂傲懒散的朗道等都能安集一处。没有这些人的互相合作，量子力学也许还不能如此迅速地蓬勃发展。

随着科学不断发展，学科之间的交叉渗透越来越多，科学家之间对合作的需求越来越高。甚至连举世闻名的诺贝尔奖，现在也由于科学家之间合作的问题而开始出现颁奖难题。因为根据诺贝尔奖的章程，每次颁发的单个奖项获奖者不超过三人。而现在很多科研成果的署名人员名单却越来越长，在三人以内的反而越来越少见。以脑科学为例，它是心理学、人工智能、生物学、医学、物理学、化学等多门学科的交叉综合科学，所以一篇科研论文的签名人数在七八人以上非常常见。

寻找与自己有互补特征的人合作，对获得成功十分有益。唯一一位两度获得诺贝尔物理学奖的美国科学家巴丁的研究经历就很有说服力。

巴丁第一次获奖是在1956年，因为发明了晶体管。从1936年起，布拉顿和肖克莱就在研究微观领域的晶体结构问题，但是在研究中由于他们都缺乏微观理论上的研究，于是想到了在微观理论领域十分精通的巴丁。三个人一道进行研究，并于1947年12月制造发明了世界上第一个晶体管。

获奖之后的巴丁开始着手研究超导难题。他找到的第一个合作者是不到30岁的库柏。库柏的理论特长是量子场论，虽然这点对研究超导并无太大关系，但是巴丁看中的是库柏精通数理方法。他找的第二个合作者是才20岁出头，刚从麻省理工学院毕业，对巴丁很崇拜的施里弗。他在没有确定是否参与超导研究的时候，曾向一位教授咨询。那位教授在得知他只有21岁后，说："你还年轻，浪费一两年不要紧。"因为超导问题实在太难了。

三个人就这样在伊利诺斯大学组成了小组。当研究工作进行到最关键的时刻，正是最因为年轻"浪费一两年不要紧"的施里弗提出了解决问题的简明方法，但他和库柏都拿不准这个方法是否可行。最后等巴丁出差回来反复商量后，便确定了这个方法。

与同学合作学习，即使和比自己差的同学合作学习，也有助于促进学习。

美国华盛顿大学心理学的教授们做了这样一个实验。

他们从学生中选择成绩差的和成绩好的两人分成一组，座位也在一起，同时学习同样的课程，并告诉学生"最后成绩以两人的平均分数计算。"实验后发现，不分组的学生中成绩拿到A的20人，B的85人，C的40人，D和E的18人；而分组的学生中成绩得到A的36人，B的148人，C的20人，D和E的则完全没有。实际上强弱搭配，对好学生来说，他们会有自豪感，在做"小老师"的时候，需要深入研究知识，从而使自己对知识的掌握更加清楚；而对于差的学生，能够及时得到帮助，可以避免问题积累，使学习不断得到提高。

有些人总以自己为中心，与其从小受到父母的误导有关。

随着社会竞争性的增强，有些父母自己觉悟不高，觉得既然社会竞争这么激烈，就要从小教孩子"留一手"，于是经常会告诉孩子诸如："要有竞争意识，别的同学问你题目，不要告诉他，他会了就比你强了。""妈妈给你买的新参考书，不要借给其他同学看！"。其实用这样狭隘的想法教育孩子，不仅提高不了孩子的竞争能力，反而会使孩子越来越自私，越来越封闭，慢慢不会与人相处，更不懂得如何合作。

团结合作是许多成功人士的共同特性。这有助于塑造优秀品格和提高帮助别人的能力。犹太人相互帮助的方式就诠释了这一点。

犹太人流落到世界的任何一个角落都不必靠乞讨维生，因为他们发展出了非常好的合作生存规则。他们流落到一个新的地方，只要能够找到当地的犹太人组织，就可以请求帮助。然后当地的犹太人组织会找到一个愿意帮助他的犹太人。例如，找到一位鞋商后，这位鞋商会问他愿不愿意到这个城市的另一头帮他开个鞋店，鞋店的费用全部由他垫付，卖的鞋子也由他出，直到他卖出了鞋子再收费。鞋商这样就既帮助这个落魄的人找到了谋生的方法，同时也扩大了自己的生意，一举两得。

3. 策略和建议

怎样形成合作型的学习个性呢?

(1) **审视自己**。看自己是否经常听取别人的意见和想法，是否因为帮助别人而获得成就感，是否喜欢和别人讨论问题，是否愿意把自己的独特想法说出来与别人分享，是否对成绩不如自己好的同学不耐烦或者觉得他们笨，是否习惯于把比自己成绩好的同学当作"对手"，能否马上赞美别人(包括成绩不如自己的同学) 想出比自己更高明的主意等。

(2) **修炼自己**。如果对于上面所列的问题，你现在还有些做得不好，那么就要按照这些问题的要求，在学习中和生活中改变习惯的做法。此外，修炼自己的容人之量也非常重要。人们之间不能相互合作，有时是因为对别人太苛刻。人人都知道没有人是完美的，但在交往的时候，很多人都习惯盯着别人挑"毛病"。所谓"水至清则无鱼，人至察则无徒"，不同的人有不同的特点，不能以自己的标准去对别人评头论足，而要学会欣赏别人的优势和长处，才能与人相处得亲密、合作得友好，还要修炼倾听。阻碍与人交往的一个重要因素，就是不愿意或者不在意听别人说话，越是不在意，就越不容易发现别人的闪光点，越不容易从别人身上得到有益的信息。

(3) **寻找喜欢合作学习的同学，一起努力**。并非所有的人都喜欢和适合合作，有些人性格确实有些孤僻，或者有的人确实天资比多数人高出一大截而不喜欢与人交往。在合作的过程中，既要充分学会从尽可能多的人身上学习，把自己的问题拿出来向别人请教，也要善于把别人的闪光点拿来运用。当然也不必过分强求从每个人身上学习，过多地追求学习伙伴的数量反而容易把大量时间花费在无效的聊天上。经常在一起学习的伙伴人数不用太多，四五个人甚至两三个人就能组成一个优秀的学习团队。

第三节 通过训练形成自己的学习个性

通过训练，形成、发展和完善自己的学习个性，对提高学习成绩、学习质量非常重要，对学会掌握和控制自己的学习过程，充分发挥自己的长处和能力优势非常重要，对一生的成长和发展意义非凡。

要通过训练形成自己的学习个性。

第一步，要肯定自我。相信自己只要努力，就可以改变，通过改变一定能够获得成功，形成自己鲜明而有特色的学习个性。

第二步，要认识自己的学习。在肯定自我的基础上，深入细致地了解自己的状态，在这个过程中找出亟待解决的最主要的问题。

第三步，要制订详细的训练计划并实施。训练计划要具体到每天做什么，什么时间做，做到什么样的标准，怎么检查做的质量等。

第四步，要超越自我。进行训练的目的是从本质上提高学习成绩，提高自己对学习认识的基础。而超越自我，则是从突破自我认识局限性开始，提高认识自我的能力，所有的超越必须建立在积极、发展、进步的自我认识基础上。

最后，创造自我。只有一个人不再觉得自己有干不成的事，才能确立目标创造自我。在创造自我的过程中，学习个性才能变得独特，并且能够不断地适应不同的学习内容而及时调整和改变。

一、肯定自我

肯定自我，是形成学习个性的前提。肯定自我，首先要肯定自己能够学好；其次要坚信自己的成绩不是天赋和以往的成绩决定的，而是由自己的努力决定的；再次，坚信自己的个性和习惯只要加以相应的训练，就可以发挥积极作用；最后，坚信自己可以形成独特而有效的学习个性。

1. 坚信自己一定能学好

对于大多数学生来说，之所以成绩不佳，不是因为他们不能学好，而是因为他们认为自己学不好。

一个人开始觉得自己不可能学好的时候，便会降低对自己的要求，直至连最简单的基本常识都变成了"一听就会，一放就忘"，老师上课讲的内容也就成了"耳旁风"，想学好谈何容易？

坚信自己一定能学好，不放松对自己的要求，给自己确定合适的学习目标，是学好的前提，也是训练自己学习个性的第一步。

2. 坚信努力程度决定学习成绩

肯定自己可以通过努力来提高学习成绩。

首先，不把自己的学习成绩现状归咎于某个老师教得不好、某个老师不讨人喜欢等原因。这些可能是影响学习的因素，但是必须明确一点：只有通过自己的努力，才能发现最适合自己的学习方法，才能真正把一门课学好。要学会不受教师上课的制约，独立地学习，只有这样，才可能真正理解学习。

其次，不把原因归咎于自己的天赋不好。对于任何科目的学习，天赋只起到一定的作用，但往往不是决定作用。**没有高斯的数学天赋，你可能成不了像他那样的大数学家，但依然可以成为一个数学方面的专家**——因为拥有高斯的数学天赋的人极少。如果数学方面的专家你也当不成，那么至少可以把课本上的数学知识掌握好。所以，**天赋不是决定性的因素，努力才是关键**。

再次，不把全部希望寄托于家教，或者家长和同学的帮助。把全部希望寄托在别人身上，是非常危险的事情。诚然有的同学似乎因为请了一个好家教，成绩突飞猛进。但是，归根结底还是那些同学最终找到了适合自己的学习方法，突破了学习的困惑，学会了抓关键找重点，且付出了不懈的努力。如果把全部希望寄托于家教，你就很可能不会去努力发现自己学习的真正困惑在哪里，症结是什么。这样一来，实现真正的突破是不可能的。同样，你也不能把全部希望寄托于家长和同学的帮助。学习不能等、不能靠，最终决定成败的，是你是否全心地投入了，是否努力发现了自己的弱点和优势，最大限度地发挥了优势，补足了弱点。

坚信努力程度能够决定学习成绩。努力的程度既包括努力学习的程度，也包括努力发觉自身弱点和优势的程度，从而寻找到自身学习真正的困惑和症结。

3. 坚信自己可以改变

"变则通，通则久"，要坚信自己可以改变。是愿意进行训练的准备。

只要你认为自己努力的方向是正确的，那么不管要做的事情多么烦琐，多么困难，都必须坚持下去。"万事开头难"，开始时是你的基础最弱的时候，因而也是最困难的时候。大多数人放弃努力，往往都是在事情刚刚开始起步的时候，感到了困难，产生了怀疑，产生了动摇，于是选择了放弃。

如果你想获得成功，就一定要坚信自己是可以改变的，而且一定要把"改革"坚持下去——不管遇到多大的困难。

4. 坚信应该形成自己的学习个性

一个人只有在学习上形成适合自己的个性之后，才能完全超越纯粹的经验摸索阶段，才能成为一个真正有思想的学习者，也才能真正获得学习的独立和自由。

个性，是思想者的标志。越是有思想的人，个性越鲜明，也越独特。没有个性，是学习最大的困惑来源。多数人学习上的困惑，来源于没有从根本上思考过自己应该怎样学习。他们的学习，从第一天踏进校门那天起，就一直跟在老师教学的后面，老师上课讲，他就听；老师让做练习，他就做；老师布置作业，他就写……在这个过程中，没有自我，没有思考，一切只是照章办事。这样的学习，只会变得越来越被动，因为老师是从教学的角度来思考课堂安排的，而学生必须从学习的角度来思考自己在课堂该做什么、怎么去做。没有思考，也就不会形成个性。

要形成学习个性，必须思考自己怎样学习才最有效，对于有效的经验要坚持下去，不好的习惯要尽早抛弃。这样经过一段时间的积累，慢慢就凸显出了最适合的部分，也就显现出了鲜明的学习个性。

形成了鲜明的个性以后，自己就会自觉主动地、有把握地安排好日常学习。学会了自己安排学习，也就初步获得了学习独立。这时候，老师、家长、同学都成了自己学习的辅助条件，而不是决定条件。即使老师教得再不适合自己的性格特点，也可以通过合理的安排，学好那门课；即使没有家长和同学的帮助，也能够完成学习的基本要求。

形成独特的学习个性，是成为有思想的人的前提条件。一个人能够成为有思想的人，必须经常独立思考。在独立思考的过程中，形成独特的学习习惯，这些习惯积累到一定的程度，也就形成了不同于别人的个性。所以，如果不想做个毫无特色的人，就要积极地独立思考，在独立思考的过程中，形成特殊的个性。

所以，要真正成为一个能够独立思考、独立学习的人，就不能总是依赖于老师的教学，也不总是寄托于家长和同学的帮助，而应逐渐总结经验、积累经验，最后形成自己独特的个性。

经常地独立思考，是形成个性必不可少的条件。

二、认识自我

认识自我是进行自我训练的前提，只有认识自我，才能知道自己的长处和短处，知不足才能有所针对地思考如何着手改善，设计相应的训练计划和步骤，并实施。

1. 认识自己的个性特征

认识自己的个性特征，是认识自我的基本方面。良好的学习个性，往往因人而异。一个人的好经验对另一个人可能完全不适用。有的人觉得轻而易举的事情，对另一个人来说可能就是无法完成的任务。存在这些现象的原因就在于不同人的个性特征不同。

那么，怎样认识自己的个性特征呢？

每个人的个性特征都有很多方面，从不同的角度，有不同的划分方法。根据本章第一部分所述，我们可以从智力因素和非智力因素两大方面，包括记忆力、思维能力、信息处理能力、成就感、情绪、性格、动机、责任心、自信心、意志力和热情程度等11个具体因素进行划分。对于个性的认识，要有一定的动态性和历史性，尽量避免简单化和静态化。

1) 怎样考察自己的记忆力

对于记忆力，多数人倾向于简单地说"我的记忆力不好，学过的东西总记不住"或者"我记忆力特别好，对学过的东西总是过目不忘"。对于自己记忆力的变化，人们习惯于说："我的记忆力越来越差了。小的时候，总是看一遍就记住了，这么多年都忘不了。现在学点东西，一转身就忘了。"甚至自嘲地说："老了，记忆力就不好了。"

这些都从一个侧面反映出多数人对自己的记忆力、对记忆的规律等没有一个比较系统、科学的认识，没有把记忆问题当成一个养成学习个性和习惯的问题来认真对待。

要提高自己的记忆力，必须科学系统地认识记忆力，从知识性质、学习情境、对记忆的努力程度等方面综合进行考察。

首先，考察自己对知识性质的认识。知识性质的不同，所需要的记忆类型和努力方式也不同。对于事实性的知识，例如历史事件发生的时间、地点、背景、涉及的人物等，很多人常常采用死记硬背的方式。其实这类知识完全可以组成一个个小型的剧本进行有意义的记忆，很多历史剧正是根据相关的史实或者传说编纂的。把它们编纂成连续性的小型剧本时，就必须将多次事件发生的原因、经过、结果和意义等内容串成一个整体。这个过程，实际上是把原来分散成单个知识点的知识记忆问题化归成了一个统一的知识点进行记忆。在这个过程中，对材料的记忆更有意义，也更系统，比死记硬背更智慧、更深刻，所以能够提高记忆的深刻性，同时可以锻炼写作、表达等多方面的能力。因此，对事实性的知识赋予意义，使记忆充满意义是格外有效的。如果你在记忆事实性知识的时候，常常会因为记不住而烦恼，首先反思一下，自己记忆的时候是否注意过它们的意义性问题，是否经常对记忆知识的意义进行过思考。

对于方法性的知识，例如一道数学计算题的解题步骤我们采用死记硬背的方式将事倍功半。**题目千变万化，要把每道题目的解题步骤都记住，既没有效率，也不可能**。因此，理解题目的精髓才是关键。解题的关键在于发现解题的规律。解题的规律，主要是指做典型题的时候，题目给出的条件具有什么样的特征，可能采用哪些方法会比较有效。这样去记，所需要记的是典型的条件组合，而不是每个具体的题目。也就是说，解题就是一个程序问题，只要具备某个条件，就可以运用某种方法求出某个未知量。许多条件具备的时候，就可以一步步用条件把未知量求出来，最后就得出结果。题目变化的本质也不过是对条件组合进行的重新结合和变化，条件组合记得多了，用得熟练了，也就掌握了解题的规律。**只要掌握了规律，题目纵使千变万化，也不成问题**。

其次，考察不同学习情境的记忆效果。有的人觉得在课堂上学习更容易记住，有的人觉得被提问时容易记住，有的人觉得需要反复记忆更容易记住，等等。因此，应考察自己的记忆效果在什么情况下最好，然后思考为什么在这种情况下容易记住知识；考察自己的记忆效果在什么情况下不好，然后思考为什么在这种情况下不好。

再次，考察自己对记忆的努力程度。记忆效果的好坏，往往取决于自己的大脑在特定的情境中，是否一直跟着记忆的知识在进行思考，有没有深入思考过知识的本质、意义和运用等问题。思考得越多，对知识理解就越深刻，就越容易记住。有的人在被提问的时候，深入思考这是个什么问题，该怎么回答，下一次再被提问的时候就记住了。有的人在课堂上不断地给自己提问，努力思考某个知识点该怎么运用，某个例题的条件组合特点是什么，下次用到这个知识点，遇到与例题类似的题目时，就会很快地想起来。因此，应充分调动大脑的注意力和积极性，全神贯注于学习和记忆的内容，不断地深入思考。

2) 怎样考察自己的思维能力

很多人喜欢说"我的脑子特别笨，什么都学不会"，或者"某某的脑子特别好使，什么东西一学就会"，也有的人说"遇到问题，我总是不知道如何下手"，或者"很多问题，某某根本不用动脑，一眼就看出来了"。

这些都是从思维的敏捷性、准确性等方面作出的评价，而且评价主要限于思维的外在表现，没有或者很少涉及思维的过程和操作。思维操作本身是一个很复杂的过程，只有从思维的基础、对思维方法的认识和理解、发展思维方面进行比较全面的考察，才能正确认识自己的思维能力。

首先，认识自己在思维基础方面存在什么样的问题。思维表现出来的敏捷性、准确性等，都有一定的基础。同样来考察"100＋100＝？"这样一个题目，成年人可以准确无误、几乎不需要时间地回答出来，但对于还不会做100以外加法的孩子来说，要回答出来就是人们通常所说的"天才"了。所以，从对学科知识掌握的质和量上来看待自己在有些问题上表现出来的"思维迟钝"，是很有必要的。对理科性质的知识，你是否对每个概念的本质含义都会深入思索，直到理解为止？是否对每道例题典型题目的整个解题思路和解题关键环节的解决方法来源都了如指掌？对于常用的方法和技巧，你的反应时间足够快吗？在回答这些问题的过程中，你就会发现，其实多数时候你的思维之所以慢，是因为对思维的"材料"，也就是学过的知识、技能、技巧等掌握得不熟练，没理解透，甚至没记住。

其次，认识自己对思维方法的掌握和运用。常用的思维方法有很多，如果不熟悉的话，在解决问题的过程中，自然会不得其门而入。另外，还要认识自己是否经常用实际材料训练思维能力。思维能力是平时积累的结果，在日常生活和学习中，人们经常要对自己遇到的现象进行解释，解释的时候就会用到一些思维方法和技巧。

3) 怎样考察自己的信息处理能力

在学习中，人们常常用这样的话来评价自己或者别人的信息处理能力，如"某某作文里用的那些成语我听都没听过""我看书一向都很慢，半天才看了一页""我读了好几遍课文，可是还是没弄懂课文的结构""课本已经读了好几遍了，就是不会做题"。这些说法其实反映出了信息能力的某些方面，例如信息收集能力、信息处理速度和效率、信息处理的质量和深度等。

怎样评价自己的信息收集能力？信息收集能力的几个主要指标是：信息量的大小、信息的价值、信息的来源范围、信息收集的速度。

通过问自己一些问题可以评价自己的信息收集能力如何。

- 自己掌握的知识来源于课外的多吗？
- 课本的知识掌握得牢固吗？
- 经常能从电视节目、音像制品和网络中学到知识吗？

评价自己的信息处理的速度和效率。

- 读懂一篇课文，包括划分出各个部分、弄清文章的结构和主要内容等需要多长时间？

- 复习当天学习内容平均需要多少时间?
- 预习需要多少时间?
- 每堂课都能听懂所学的知识,并能把它们运用于中等难度的习题进行求解吗?
- 解题的时候,能够快速发现题目涉及的关键知识点吗?
- 做练习题的时候,是否常常因为忽视了某个条件而苦苦不能解决?

评价自己的信息处理的质量和深度。

- 对中等难度的知识点,从学习到完全理解它需要花多少时间?
- 学习过的知识单元一个月内如果不再复习,能回忆出多少关键知识点?
- 能做出多少典型习题?
- 对学习过的知识点,能够经常在日常生活中联想起来吗?
- 从课内外学习的知识能够经常在日常生活、朋友聊天的时候发现它们的用处吗?

4) 了解自己的成就感

了解自己的成就感,就是了解在正面激励和负面刺激出现的时候,以及自己对这两方面刺激的处理态度。对于追求成功的人,希望获得正激励,包括成功、好成绩、表扬、鼓励等;对于避免失败的人,希望避免负刺激,包括失败、成绩差、批评、嘲讽等。了解自己的成就感方式,对于正确对待在生活和学习中得到的反馈和刺激十分重要。有的人一听到别人说自己“很聪明,学什么会什么”,就觉得特别有精神,干什么都有劲。有的人听到别人说自己“那个孩子就知道玩儿,学习一塌糊涂”,表面上就觉得学好学不好无所谓,但实际上却很伤心,认为自己似乎一无是处。有的人考试成绩一好,就开始沾沾自喜,下一次考试成绩就会很糟糕;成绩不好了,反而很努力,结果成绩又好起来。

仔细考虑一下,想想自己。

- 是不是每次考试成绩很好的时候,就觉得对学习特别有信心?
- 是否每次成绩不佳的时候,就有些烦恼,甚至怀疑自己可能不是学习的料?
- 是否长期没有家人、老师或者朋友的表扬,就觉得有些失落?
- 是否成绩长期不能达到希望的高度,就觉得特别沮丧?
- 是否一参加竞赛就特别有精神头?对别人的批评常常似乎置若罔闻,实际上心里特别在乎?
- 对于多次尝试都不能解决一个问题,突然灵光一现的时候觉得特别兴奋?

通过这些问题,你能否给自己一个关于成就感的评价?你觉得怎样对待日常受到的表扬、获得的好成绩,以及解决复杂困难时完全失败或者突然成功,才更有利于自己的学习和发展?

5) 了解自己的情绪特征

情绪特征,是一个人在不同条件下的情绪波动情况及其对正常处理事情的影响。越是容易受到情绪影响,对一个人来说越是不利。有的人因为别人的误解,就觉得做什么都没劲,似乎整个世界都跟他作对;有的人原来做事不计后果,因为偶尔一次别人夸他“真懂事,想事情想得真周到”,后来做事情的时候便总想把容易出现的问题都想到;有的人只是因为一个小的失误,就觉得自己做事情总是不如别人做得漂亮;有的人因为某个学科老师的德行、对自己不太关注或者偶尔批评了自己,就觉得那个老师一无是处,上课的时候也不认真,把那门课学得一塌糊涂……

可见,情绪对人起着很重要的作用。认识自己的情绪,可以从两个方面进行:一是从自己是否有极端情绪方面进行考察;二是从情绪对自己的不利影响和有利影响方面进行考察。

要了解自己的极端情绪,可以想一想以下问题。

- 是否因为别人对自己偶然的一次不公平就久久不能忘记,不愿意原谅他?
- 会不会因为哪个老师实在太"可恶"而不愿意上他的课,在他的课上故意做小动作,甚至"捣乱"或者想退学?
- 是否因为别人对自己不公平就不愿意再理睬他?

要了解情绪对自己的不利影响和有利影响,可以想想以下问题。

- 情绪高涨的时候,学习效率特别高,似乎学什么都很容易?
- 情绪低落的时候,就觉得学习特别难,什么东西都记不住?
- 是否只有觉得所学的学科特别有意思的时候,才愿意学习?
- 是否常常会有些时候觉得没意思,什么也不想干,整个人身心都懒懒的?

6) 了解自己的性格特征

"我很自卑""我很乐观""我很开朗""我有的时候觉得没有信心",这些都是对个人性格特征的一些认识。性格是一个人的写照,对性格了解得越详细,就越能清晰地反映出一个人的个性特征,越能反映出一个人在面对不同情况时会作出的反映。详细了解自己的性格特征,能更全面地把握自己在处理不同情况下表现出来的冷静与波动、深刻与肤浅、理性与冲动、自信与自卑、乐观与悲观、合群与孤独、开放与封闭、有条不紊与丢三落四等特点。在了解这些特点后,就会更清楚地知道怎样才能使自己的性格趋于完善,更符合自己从事的事业和要做的事情。

要剖析自己的性格,可以结合上述的几个方面问自己以下问题,认真思考后再客观回答。

- 听说或者看到诸如环境恶化、腐败等令人气愤的事情时,你喜欢愤愤不平,还是喜欢静观其变,尽可能多地了解一些情况后,再看看自己能做些什么?
- 在学习、生活中遇到问题的时候,你常常能够把握住问题,使问题得到解决吗?还是有时,会在问题面前不知该如何下手,以至于干脆放弃?
- 在遇到不公正待遇的时候,你倾向于忍让、反驳、想办法把事实说清楚,还是愤怒?
- 如果考试成绩不太好,特别是连续几次都不太好的时候,你会觉得自己可能只是一时不在状态,只要努力就会赶上来?还是会觉得自己可能天生就不是学习的料,不如做一天和尚撞一天钟?
- 一件烦恼的事,通常你最少和最多要想多久才能把它放下?在不开心的时候,你能很快找到一件令人快乐的事来摆脱烦恼吗?
- 你常常和朋友聊天吗?还是常常喜欢一个人去想些问题,在与别人交谈的时候,发表自己独到的见解?
- 对于别人的意见,你觉得不对,会立即反驳,还是先想想,再做比较婉转的回答?
- 你喜欢接受别人对自己的表扬吗?批评呢?如果不喜欢别人的批评,常常当时不愿意接受,而后却愿意认真思考吗?
- 你会时不时地忘记带诸如钥匙、笔记本、笔之类的东西吗?

7) 了解自己的动机

"这次考试又不及格,麻烦大了,爸爸妈妈又该骂我了。""我下一次一定能够考到前六名。""这件事情我肯定成功。""如果这件事情失败的话,我就不知道怎么向××交代了。"这些都是反映做事动机的一些常见想法和常说的话。

动机,从一定程度上反映出你更重视成功,还是在乎失败。

如果你重视成功，那么很可能你不会在乎是否会遭遇失败。如果你重视失败，那么很可能你追求成功并非自己的期望，而是迫不得已。如果你觉得成败都无所谓，可能说明你对自己没有什么要求，是个淡泊自然的人，或者是个毫无人生目标、意志消沉的人。动机从一个侧面也能反映出你是乐观还是悲观，是喜欢积极向上还是有些沮丧消沉。

动机水平与能力水平之间的对称，可以使一个人处在良好的心理状态。如果你的能力很强，只要努力就能获得很好的成绩，那么你应把目标定得高一些，这样既不会引起一些担心和烦躁，还会让你努力去挑战自己的极限，使自己更有活力。反过来，如果你的能力很一般，目标又很高，就会因为常常达不到目标，开始觉得自己可能会失败，进而感到焦躁不安，这样的目标最终会让你经常处于对自己的不满中。**对于能力一般的人，目标定得不要太高，一步一步地提高，慢慢就能达到相当高的水平。**

剖析自己的动机和动机水平是否与自己的能力相当，可以认真思考并回答以下几个问题。

● 如果你给自己定的学习目标，超过一半的情况下都达不到，你是否依然相信自己能够达到那些目标？还是觉得自己不管怎么样，都应该达到那些目标？还是觉得自己应当适当地把目标放低一些？

● 你的学习目标是定在要考到班级的第几名？还是定为某门课的成绩要达到多少分？

● 如果你的学习目标每次都能达到，你是否会觉得这是应该的？还是觉得自己并不希望定更高的目标，这样就足够了，可以拿出时间去干点别的？还是觉得还可以要求得更高一些？

● 你更多地为考试成绩达到目标而快乐，还是因为还不够理想而有些沮丧？

● 你会因为总也不如某个同学考试考得好，而把他(她)定为赶超的目标吗？或者会觉得自己可能永远都不如那个同学？

8) 了解自己的责任心

"妈妈，这回我可给你考了个第一名。""我怎么老考不好呀，是我努力得不够，还是我的学习方法不对？""也许我永远都达不到爸妈对我的要求……""这回又没考好，到底什么时候才能考好啊？""考这么多就可以了，好多人还不及格呢！"这些都从某些侧面反映了一个人对学习的责任心。

在很大程度上，对待学习的责任心会影响一个人的学习成绩，也会决定一个人最终是否会在学业上获得真正的成功。真正的成功，并不仅仅指获得比较好的成绩，而是指除了学习成绩外，能在学习中把知识融为自己的一部分，把学习作为发展的途径和中介，最终使自己成为真正的思想者和研究者。

剖析自己的责任心，请认真思考并回答下面这些问题。

● 你每天都会把复习功课、做作业作为放学后的首要任务吗？如果是，那么是因为父母或者老师的要求，还是因为你觉得本来就应该这么做？

● 看到别的同学考试成绩好，你会觉得那是因为他比你聪明？还是因为他的父母辅导得比较好？或者因为他请了家教？

● 自己要学习好，是因为如果学不好父母会责骂你，老师会不表扬你吗？

● 如果成绩不好，你会觉得是自己太笨？还是觉得自己努力得不够？

● 如果自己的学习成绩很长一段时间都上不去，你会不会觉得是因为自己的父母文化水平都一般，自己的成绩不好是可以理解的？

● 获得好成绩后，你会向父母或者同学夸夸其谈自己的学习经验吗？

- 有几次的考试成绩不好，你会考虑是不是自己的学习方法不太好，或者不够努力呢？还是会怀疑是不是自己的智力开始下降了？

- 成绩不好的时候，爸爸妈妈说了些不好听，甚至很难听的话，你会觉得他们是在苛刻地要求你呢？还是会觉得自己可能仍是努力不够，还需要改善学习方法，好好努力呢？

- 如果你的成绩中等，爸爸妈妈不太满意，你会不会告诉他们，还有好多同学不如我呢？

9）了解自己的自信心

"我的数学考95分肯定没问题，但是英语就惨了，最多也就考70分。""哎！我就是太笨了，没办法，要是能和××一样聪明，考试就不用发愁了。""干什么？你别逗我玩了，我可从来没干过，怎么会呢？""考第一名？我现在只能考个中等，第一名我连想都没想过。""每次考试都是这个样子，看来我也就这样了。""帮帮我吧，上帝！请让我考一次85分吧！"这些话对我们来说都不会太陌生。它们都从一定的角度反映了一个人的自信心。自信，是努力的结果，原本缺乏信心的人，进行相应的努力和训练后，信心会大大增强。成功和突破极限，是增强自信的好方法。

怎样来清楚地了解自己的自信程度呢？

- 对于学习成绩总在及格与不及格间徘徊的学科，你觉得自己通过努力还能赶得上去吗？你考虑过制订一个学期计划，把这门课的成绩提高到75分左右吗？

- 对于平均成绩90分左右的学科，你觉得还能把平均成绩提高到95分吗？

- 如果你长期以来在班级里的名次都在后十名，是否相信自己也可能赶到前十名？有没有想过通过一个学期的努力，使自己的名次提前十名？

- 考试的时候遇到很难做出来的题，你会焦躁不安吗？

- 平时做作业或者做练习的时候，你喜欢做一些特别难的题目吗？还是觉得没必要做，那纯粹是浪费时间？

- 你喜欢自学一部分考试不会涉及的，甚至是到了高年级才会学习的内容吗？比如找本词汇表学英语单词，或者学习老师已经明确说过考试不会考的内容。如在高中的时候，学习大学的一两门自己特别喜欢的课程，或者学大学的英语教材；初中的时候，学习高中的一部分内容；初一学初二的课程，高一学高二的课程等？

- 如果别的同学向你请教问题，你相信总能给他讲清楚吗？

- 老师上课提问的时候，你会害怕他点到你的名字吗？

10）了解自己的意志力

"我就不信我不行，再咬咬牙一定能挺过去。""我怎么也做不完作业，作业实在是太难了。""我只能考到85分了，这已经达到我的极限了。""或许我应该换个别的办法，还可以有所提高。"什么是"极限"？什么是"不可能"？对于意志坚强的人来说，除了违背科学规律的事情，几乎没有极限，也没有不可能。**之所以很多事情还没有做到，是因为你还没有掌握它的规律，没有最充分地发挥出你的潜能。**

你的意志力足够坚强吗？你认识到自己的极限了吗？来看看下面的问题。

- 如果有一天你觉得有些头痛，但是作业还没有完成，你是宁愿不做作业先休息一会儿，还是坚持先把作业做完再休息？

- 有一门课的成绩，长期在80分左右徘徊，但是你并不觉得这门课特别难学，所以试了好多次争取考到90分，但基本上都失败了，你觉得自己能再努力一些，考到90分吗？

- 如果有的科目，你一直都在努力，但是总觉得用不上力气——似乎自己的努力总是浪费，成绩从来没有过真正的起色，你觉得自己应该在这门课上继续"浪费"时间吗？
- 你试过长跑吗？最长的一次你跑了多远？你觉得还能跑得更远些吗？
- 你坚持过每天锻炼身体半个小时吗？
- 你是不是觉得走很远的路很烦人？你最久的一次走过多长时间？
- 遇到特别难做的题目，你愿意花很长时间来思考和解决吗？
- 你能够不管在什么情况下(包括考试、测验等)，在一个月的时间里每天都坚持学习五个新的英语单词，对每个单词的每个意思都造一个句子，并且把前两天学过的十个单词和造的句子都默写一遍吗？两个月呢？一个学期呢？一年呢？你是否能一直坚持下去？
- 你愿意把每天的笔记要点每周都抄一遍进行总结吗？
- 如果外面的噪音很大，你还能坚持学习吗？

11) 了解自己的热情程度

"我一学习就来精神。""我一看到英语课本，就头痛，总想睡觉。""做作业对我来说，简直是在忍受煎熬！什么时候不用做作业了，就幸福了。""一想到老师上课要提问，我就头大。老师能不能不提问啊？"这些都反映出了学习的热情程度，热情程度决定了你愿意为学习付出多少努力。

热情与兴趣有关，越是感兴趣的事情，做起来就越有热情。所以，要让自己对一件事情充满热情，首先要让自己对它产生兴趣。热情程度与对事情重要性和意义的认识也有关系，越是觉得事情重要、有意义，越容易投入精力，投入热情。

你对学习热情吗？来看看下面的问题。

- 当你要开始学习的时候，你觉得很头痛？还是觉得很想学？
- 当你在学习中遇到难题的时候，你觉得很烦？还是觉得这是个挑战，值得去全力以赴？
- 当你做完一道难题的时候，你会觉得终于把这块骨头啃下来了，还是觉得这个题目很有价值，有必要再考虑一下有没有其他更简单的方法？
- 对于作业、练习和测验中出现的错题，你觉得改正了、会做了就可以了，还是觉得应该好好总结一下，特别整理出来？
- 在学习的过程中，你会被一些事情打断吗？还是能专心致志地排除干扰？
- 如果你平时喜欢的电视节目就要开演了，而你的作业还没做完，你是会去看电视还是先把作业做完？

2. 认清自己的学习习惯

认识自我，还要认识自己的学习习惯。人们常常说："习惯成自然。"越是习惯的东西，越显得很自然，越不容易觉得它有什么不对劲的地方。所以，带着点批判的意识，列一个比较具体的提纲，对清楚地认识自己的学习习惯十分有用。

所谓带着点批判的意识，就是在认识自己的学习习惯时，只要找出一个习惯，首先把它否定。然后找出否定的理由，在找理由的时候，要为证明这个习惯是否正确进行辩护，而不是为"事情本来就是这样的"辩护。所谓"忠言逆耳利于行"，"忠言"之所以逆耳，就是因为它们往往涉及对自己的否定。而一般情况下，人们之所以不容易认识到自己的缺陷和错误，很大的原因就是有为自己"辩护"的倾向。**越是为自己辩护，越容易把自己变成"常有理"，变得"无理找三分"，这个倾向对于改善自己的行为是极为不利的。**

因此，在认识自己的过程中，**第一步是批判自己的习惯**。越是批判得深刻，越能证明自己习惯的缺陷，也就越能注意和发现除了养成这样的习惯外，还可以养成别的什么样的习惯。这一步做得好，就可以为改变自己的学习习惯提供了良好基础。不过，"否定"不是一竿子打倒，打倒只是第一步。

第二步是要发现自己的某个学习习惯是否有意义。一般来说，事物都有两面性，有其不利的一面，也有其有利的一面。发现有利的一面，是为弄清楚自己的习惯在什么样的条件下，可以发挥最大的作用。从而对继续保持这样的习惯进行有利的限制，使它不会被滥用，也不会被弃用。任何习惯和行为的有效性都是有条件的，而学习的环境千变万化，有很多不固定的成分，所以有效地掌握学习环境的不同状态，知道在怎样的环境中怎样去学习最有效，是非常重要的。

第三步，发现不同习惯的不同价值。通过否定自己的学习习惯，知道除了已经养成的习惯外，还可以养成什么样的习惯。为了发现不同的习惯，可以通过了解身边的人，向别人请教，了解名人的学习习惯等，进行汇总。

在汇总的过程中，一定要注意把他们学习习惯发挥作用的条件也进行整理。比较不同习惯的优缺点，离不开它们发挥作用的条件。所谓的条件，既包括不同人的个性特点，也包括他们的学习环境特点。比如有的人细致耐心，有的人粗枝大叶，有的人喜欢独立思考，有的人喜欢与人交流等，这些个性特征对他们的学习个性和学习习惯都会产生很大的影响。越是与你的个性特征接近的人，他们的学习习惯就越有借鉴的价值，而与你个性不同甚至相反的人，他们的学习习惯和个性，则可以给你提供一面镜子，既让你更深刻地理解"天外有天，人外有人"的道理，也能够帮你从反面加强怎样更好地认识学习习惯。

要比较系统地认识自己的学习习惯，除了具备批判的意识，还要列个提纲。一个人的学习习惯，从大的方面看，就是学校学习和自我学习两大类。就学校学习而言，主要有预习、讲新课、复习、作业和测验五个主要环节。就自我学习而言，主要包括学习内容、学习资料来源和学习深度三个方面。此外，学习还涉及交流、帮助和合作等方面。

1) 认识自己关于学校学习的习惯

学校学习，是指按照教学计划进行的学习。**学校学习有目的、有计划、有组织，整个过程比较系统，是学生学习的主要方式**。在现阶段，学校学习的成绩，往往是衡量一个人是否达到学习要求、发展是否合格的主要参考依据，而且往往是选择精英人才进行深入培养和提高的主要参考标准。所以进行有效的学校学习，并获得较好的学习成绩，对每个在校学生来说都是非常重要的。

对学校学习可以从预习、讲新课、复习、作业和测验等五个环节进行考察。在考察的时候，不同的学科会有不同的情况，对涉及的问题，可以根据学科有所区分。

预习，是指在开始上新课之前，教师还没有对新课内容进行任何讲解，自己提前通过看课本、做课后练习等方式，或者在前一天的晚上，或者在第二天上课前，或者在新的一个教学周开始前，甚至也可以是提前到新学期开始前的假期里，对一节课、一个单元的知识，甚至是整本新教材的知识提前学习。这种学习，一方面可以为课堂学习提供更好的基础，保证自己在听课的过程中能够特别关注那些预习时未能完全解决的问题，尽量有针对性地解决；另一方面，也可以使自己减少对教师课堂讲解的依赖性，更主动自我学习。

了解自己的预习习惯，可以从下面的问题进行思考。

● 你有没有预习的习惯？

- 一般情况下，你用于预习的时间平均每天有多长？

- 你的预习习惯，是提前一天、一节课、一周，还是一个学期？

- 你在预习的时候，是大体看一下新课的知识点和内容，了解一下知识点的主要情况？还是详细地学习新课的知识点，尽力去理解，甚至能够完全理解全部内容？或是除了学习知识点外，还把新课的教材例题自己做一遍，甚至找几个课后练习也做一遍？

- 每次预习之后，你都清楚地了解新课有几个知识点？能完全理解并掌握清楚新课的知识点吗？

- 如果预习后，有些地方看不太懂，不大能够理解，你能有效地把它们总结成几个问题吗？

- 你倾向于把预习当成自学吗？

上课的习惯，是学校学习习惯最关键的部分之一。了解自己上课的习惯，可以从下面几个问题进行考察。

- 每节课的头几分钟里，如果老师进行复习提问的话，你害怕被点名吗？还是你对复习的问题都很有把握，提问不提问都不要紧？还是喜欢跟着老师的提问，迅速回顾上一节课学习过的知识点？

- 老师讲授新课的时候，你喜欢跟着老师讲课的速度，一边听一边记笔记吗？还是喜欢一边听，一边从课本上找到相应的知识点，并用它们回答老师讲授新课时提出的问题？还是喜欢听老师讲授，只要听懂了，也就不记笔记了？还是有的时候也会听不明白老师讲的是什么意思，特别是自己学得不好的科目，只好硬着头皮往下听，过一会儿可能就开了小差？

- 老师讲课的时候，你会提出自己的疑问吗？还是等到做练习题的时候，看到老师走过来才问？还是根本不会问？还是常常也不会有什么疑问，所以不知道问什么？

- 老师讲完新课后，布置的习题你一般都能不翻笔记和课本就做出来吗？还是需要看看黑板，或者翻翻课本，或者看看笔记才能做出来？还是经常有做不出来的题目，只好问问同桌和附近的同学，或者干脆等老师讲解？

- 对于上课老师讲的例题和做过的习题，过一段时间之后，你都能快速、准确地做出来吗？还是有些做不出来，需要翻翻课本或者笔记才能做得出来？还是那些有点难度的题目通常不能做出来，甚至不记得当时是怎么讲的或者做的了？

- 每堂课快要结束的时候，老师一般要小结一下当堂课的内容，这个时候你是习惯跟着老师讲话的速度和老师一起总结呢？还是喜欢马上在脑子里理出线索，自己总结完？还是有些心不在焉，觉得反正听不听也无所谓？

- 老师每堂课布置的作业，你都会认真记下来，而不会忘吗？还是有时候也会忘记，但会问同学？还是有时候忘了也就忘了，无所谓？

- 总体上，对于自己上课的态度，你有些懒散，不太喜欢，有时会做些小动作吗？还是基本上每堂课的知识都能听懂，不容易分心？还是注意力比较集中，能够积极地思考和回答老师的问题？还是能注意到课堂的知识结构和体系，善于举一反三，能清楚并掌握每堂课的知识要点和重点？还是能较好地掌握知识结构和体系，注意解题方法和技巧，充分发挥自己的想象力和思维能力？还是能够对知识体系和重点知识有独到的见解，并能像老师讲课那样准确地表达出来，可以和老师随机应变地进行讨论和研究？

了解自己的复习情况。

- 你每次做作业前不用复习，就可以很顺利地完成作业吗？还是常常是做作业遇到困难了才回过头来复习课本或者笔记？还是先复习完一遍课本和笔记，然后再做作业，做作业的时候一般都不会遇到很多困难？
- 你经常在每个单元的内容全部学完后，回顾复习一遍笔记吗？把做过的作业题、课堂练习题和例题全部看一遍，比较难的题目和做错过的题目再做一遍吗？
- 每次单元测验、期中考试、期末考试前，你都可以很有针对性地复习吗？还是漫无目的地看课本或者笔记？
- 复习的主要材料是什么：课本？笔记？作业本？错题本？典型习题集？
- 你觉得每次复习都会有收获吗？每次复习后，会增加对测验和考试的信心吗？

了解自己做作业和对待作业态度的情况。

- 每次都把做作业当成每天的首要事情来做？还是如果有其他更吸引你的事情，你宁愿先不做作业？
- 你每天的作业都能完成吗？有没有不交作业的情况？
- 你的作业40%以上的情况下有做错的题目？还是少于15%的情况下有错题？
- 你每次做作业花的时间都很长，要到很晚才能做完吗？
- 你觉得自己愿意做作业，还是不愿意做作业？如果不愿意做，原因是什么？你觉得自己的理由充分吗？
- 你偶尔抄袭过作业吗？还是在做不完作业的时候常常会抄袭别人的作业？

对于考试和测验，你现在的看法是怎样的。

- 你每次考试和测验比较容易紧张，生怕自己考不好吗？
- 你会认真地复习，并且能有针对性地思考一下单元知识重点，对考试可能涉及的知识点比较有把握吗？
- 你觉得学习没有多难，随时考试任何一个部分对自己来说都不成问题吗？
- 你每次考试的成绩，都在一个什么样的水平：比较优秀？良好？一般情况？有时候会不及格？常常不及格，甚至分数很低？
- 对于考试中出现的错题，你往往是弄懂了就行了，不会特别总结它，以后再遇到可能还会做错吗？还是会认真专门总结，以后遇到基本上不会再犯同样的错误？

2) 认识自己的自主学习习惯

自主学习，是基于自己的学习兴趣或偶然的发现，在学校学习以外进行的探索性学习。这种学习决定着除了学校学习的范围外，你能够在多大程度上为自己规划学习方向，在多大程度上通过学习来发展自己的能力。

自主学习学习习惯主要包括学习的内容、学习资料来源和学习深度三个方面。

① 学习内容方面

- 你在自主学习的时候，主要学习与学校学习相同的内容吗？
- 除了重复和强化学校学习的内容外，还会对学校学习的内容进行一定的拓展，提高些难度吗？
- 会在很大程度上超出学校学习内容的范围，甚至与学校学习的内容基本上都没有多少关系，主要从自己的兴趣出发进行学习吗？

② 学习资料来源方面

- 来源于自己看书、看电视节目、教学片等过程中的发现？

- 来源于家长、朋友的介绍和引导？
- 来源于家长给报名的课外辅导班、特长特色班等？
- 来源于大众潮流？

③ 学习深度方面

- 一时感兴趣，浅尝辄止？
- 深入学习，发现它的价值，打算作为一种业余爱好进行发掘？
- 深入学习，作为提高学校学习效果的拓展？
- 进行研究，将来作为自己职业发展的基础？

3) 认识自己的学习交流习惯

"独学而无友，则孤陋而寡闻。"交流是学习的重要方面，交流的习惯对于一个人的全面发展具有重要意义。学习交流，主要有信息的沟通、交流和传播，以及朋友间的互助交流和同伴之间的合作交流三个方面。

① 信息的沟通、交流和传播方面的习惯

- 如果你得到了一本好的参考书，愿意与同学和朋友分享吗？
- 如果你偶然发现某个方面的知识很有意思，你喜欢尽快地告诉自己的同学和朋友，并且邀请他们和自己一起学习吗？
- 如果别人告诉你有趣的知识，而你却还没有发现它很有趣，你愿意和他一起学习吗？如果你发现也很有趣呢？
- 如果同学和朋友需要某个方面的信息，例如课外辅导班方面的信息，你愿意把自己知道的告诉他吗？如果他知道后，会提高他和你在学习上的竞争能力，你也愿意把自己知道的告诉他吗？

② 朋友间互助交流方面的习惯

- 如果你某门学科的学习一直不太理想，而自己又想不出很好的办法，你会向身边的同学和朋友请教吗？
- 如果有的同学遇到了难题，来向你请教，你愿意尽心尽力地给他讲解直到他理解为止吗？
- 如果你的同学请你帮他补一门功课，而你在这方面很擅长，但是学习比较紧张，你愿意帮他吗？如果学习不紧张呢？

③ 同伴之间合作交流方面的习惯

- 如果在做一个比较难的实验的时候，你的同伴不愿意做，让你自己做，你会怎么办？
- 如果有个朋友有两门学科的优势和劣势跟你正好相反，你愿意和他合作互补吗？
- 有一项活动组织的工作，老师派给了你的朋友，但你也很想做，你愿意协助他把工作做好吗？
- 如果和朋友在一个问题上有不同意见，你会怎么做？

三、自我训练

在回答"认识自我"部分提出的问题的过程中，你感受到了什么？写下每个问题的回答，你是不是开始觉得有点了解自己的特点和自己是怎么学习的了？如果是这样的话，那么你就具备了进行自我训练的前提，可以开始自我训练了。

1. 明确自己的状态，确定改进训练措施

自我训练的第一步是明确自己现在的状态。这在前面回答问题的过程中已经做了相当多的准备工作。现在要做的是，根据对问题的回答，把你对自己学习状态的感觉写下来。具体内容如下。

1) 你觉得自己的问题主要在哪些方面

用不超过十句话把它们总结出来，并记在"形成自己的学习个性"笔记本上。每句话不要超过十五个字。只总结你觉得最主要的问题，其他问题可以先不必特别在意。

2) 你认为自己可以先从哪几个方面进行改进

一共不得超过五个方面，把它们记录在专用笔记本里。具体的改进训练措施，不要用"我要更加努力"等比较空洞的句子，也不要用"我要用十天时间学习一千个英语单词"这样不够明确的句子，而要用如"我要坚持每天做××(学科)的作业前，先默想一遍当天学习的主要知识点，然后回忆一下课堂上的例题、习题及其解法。想的时候，尽量不看笔记本和课本，实在想不起来的，可以很快地浏览一下。"很具体地说明自己要做什么、怎么做、什么时候做、做到什么程度的句子。

一定要记住：**训练措施，既不是用来表达自己的决心的，也不是用来表达自己的目标的，而是用来说明自己每天要做什么的。**

在制订改进训练措施的时候，不必求全。也就是说，不要一下子要求自己在每个方面都按看上去"最好"的方式去做。可以先选几个最主要的方面进行训练。然后，随着对这些方面的熟练，再逐步增加。以免一下子对自己要求过高，使得执行困难和学习不适应。

3) 修订改进训练措施

写完改进训练措施后，自己再看一遍有没有需要修改的。一开始制订的具体训练措施，尽量不要对自己提出过于苛刻、一看就难以实现的要求。例如："我每天早上要起来学习一百个英语单词。"这样的改进训练措施，实施起来难度很大。如果改成"在未来的一个月内，我每天早上要学习五个英语单词，并且通过查字典，为每个单词的每个意思配一个例句；然后熟读例句，并对例句进行英汉互译训练；每周进行一次复习小结，三个月后进行一次总结和自测"，这样的改进训练措施相对来说，更容易实现，而且效果也会相对好一些。

2. 训练措施的实施和监督

1) 坚决实施

实施，是训练措施是否能够起到作用的关键。训练措施一旦确定下来，就必须坚决实施下去，不能半途而废。如果是因为自己刚开始学着制订实施训练措施，还没有经验，对个别训练措施的实施难度把握得不够准确，导致训练措施实施难的话，允许进行一定的修订，而且修订得越及时越好。但是实施的时候，不能一遇到困难，就修改计划。

坚决实施训练措施，不轻易改动和放弃，感觉到困难的话，请你高兴地告诉自己，我开始进步了。

2) 长期打算

任何一项训练措施的效果，必须经过一个足够长的阶段才能体现出来。如果你对自己的问题把握得比较准，又能很快地找到自身问题的症结，时间可能就会相对短些。所以，如果你的计划执行了一段时间还没有效果的话，不要轻易放弃。每个计划至少要坚持半个学期以上，最好坚持一个学期以上，再进行修订。

3) 实施监督和反馈

对自己的计划实施过程要进行适当的监督和反馈。可以制订一个专门的计划执行表格，每天在结束一天的学习前进行一次核对，看看自己是否已经严格完成了所有的计划。根据完成的情况，给自己打分。对于完成得不好的训练措施，要仔细反思问题出在哪里，并及时找到问题加以解决。

注意：保证每项训练措施得以贯彻落实，是计划能否起作用的关键步骤。

3. 阶段总结和修改

训练措施执行一段比较长的时间后(一般应该不短于半个学期或者一个学期)，应当进行阶段性总结。自我训练是个发展的过程，在发展过程中，自己的状态也是发展变化的，当状态已经发生了本质性变化的时候，训练措施的重点就要有所转移和变化。另外，在这个过程中，有些改进训练措施已经转化成了日常学习习惯，成为自己学习个性的一部分了，为了使自己的学习个性更进一步，现在需要补充新的训练措施。为达到这些目标，必须进行阶段性总结。

在执行训练措施的过程中，有了心得和体会，要及时记录在专用笔记本里。阶段总结的内容有些就是来源于这些平时所做的积累。

1) 阶段总结

阶段总结的主要内容包括对训练措施的总结和目前状态的总结。总结后，记录在专用的笔记本里。

对训练措施的总结包括：

- 训练措施的整体执行情况如何？哪些达到了基本要求，哪些执行得很不到位？
- 哪些训练措施效果比较明显？哪些基本上没有效果？
- 在这段时间内，自己的学习成绩有没有提高？提高的程度如何？是否达到了预期的目标和希望？
- 在学习的过程中，是否觉得自己更主动、更有把握了？
- 这些措施现在是否还需要每天核查才能保证完成？是否已经转化成了日常学习习惯？

对目前状态的总结包括：

- 现在与进行训练前有没有发生变化？发生了什么样的变化？
- 现在要解决的主要问题是什么？
- 应当制订什么样的新训练措施来解决主要问题？
- 对于后面两项的要求，和前面一个过程相同。

2) 训练措施的修改

在前面调查的基础上，对训练措施进行适当的修改。对于那些已经融入学习个性的措施，可以不再专门列出来。另外，有的措施似乎没有什么效果，或者费时比较多但收效比较少，可以考虑能不能修改一下具体要求继续实施。确实没有效果的，就取消。

根据当前需要，还要适当增加新的训练措施。进行一段时间的训练后，学习行为有了很大改善，就需要提高对自己学习个性独立性和特色的要求。

自我训练的过程，总的来说是个循环提高的过程。不能因为一时的学习有了起色，就止步不前。密切关注自己对学习的自主能力，关注自己在多大程度上可以进行自学，对于继续鞭策自己不断改善和提高十分重要。

四、超越自我

训练自我的主要目的，是使自己的学习成绩得到提高，从成功中获得和加强对自己的信心。在达到这个目的之后，你已经能够较好地自主学习，形成了比较明显的学习个性了。通过训练，你能够在一定程度上超越对自我的认识，认识到自己的一些潜力，打破一些"不可能"的纪录。在达到这些要求以后，现在要把超越自我作为新的发展目标了。

超越自我，就是使自己的学习个性变得更鲜明。在这个过程中，不断地挑战自己的极限非常重要，只有认识到极限、突破极限，才能实现真正的超越。

超越自我，首先要认识自己在学习上的"极限"，并通过行动来突破"极限"。在突破极限的过程中，要为形成自己鲜明的个性建立坚实的基础，提供前提条件。然后，在保证基础知识和基本技能学习达到较高水平以后，要寻找突破点来突破学校学习的极限。在超越学校学习的基础上，就已经具备了初步的自我发展观念。下一步就要超越对自我发展观念的认识，使自己在发展中超越自我。

1. 认识自己的"极限"

通过前一步骤的训练，你已经形成了比较稳健的学习个性，能够有条不紊地进行学习，保持比较稳定的学习成绩了。"超越自我"这个步骤要做的是使学习个性在稳健的基础上，有所突破，可以更大限度地发挥你的潜能。所以，首先要认识到自己的"极限"，才能有的放矢地获得突破。

1) 找出你学习上的"不可能"

在学习中，常常会感觉有些事情，是自己"不可能"做到的。这些事情可以是你对自己能力认识的一些"极限"事件。先尽可能多地想出这些"极限"，然后把它们记录到专门的笔记本中。

对于比较笼统的描述，比如"我不可能学好数学"，要进一步具体化为"我的数学不可能考到60分"之类的成绩极限描述，或者"我不可能做出××部分的计算题"之类的知识领域的极限描述。要使自己的描述尽可能地详细到知识领域、不同知识领域的题目类型等。

详细描述的用意，在于使模糊的极限清楚些。很多时候，人们之所以无法超越自己的极限，正是因为只能笼统地知道自己什么方面从来没有取得过什么样的成绩，但不知道到底是在哪些方面的缺陷导致自己没能取得那样的成绩。正是这种模模糊糊的认识，既迷惑了自己，又在不经意间设置了一道认识和发挥潜能的障碍。

2) 给"不可能"找借口

然后，对你的"极限"给出详细的"借口"。也就是说明你为什么觉得这些事情是"不可能"做到的。在给"借口"的时候，允许你"耍赖"，但是必须很具体地说明。你不能说"没什么理由，我就是学不好××"之类空洞的理由，而必须说"××类的题目，我很容易犯错误。比如，在过去的五次测验中遇到的七个这种题目，我都没有做正确，甚至压根儿不知道应该从哪里入手。"

找借口的过程，实际上就是让你清楚自己的缺陷到底在哪里。于是，人们宽慰自己说："我就是不可能得到××分。"但不会说："我就是做不出××类型的题目，因为××。"这些对自己的"宽容"，最后关闭了解决问题、获得突破的大门。所以只有把理由说清楚了，才能知道自己该做什么。实际上，说清楚了理由，也就知道自己该做什么了。

要把"借口"说清楚，并不是件特别容易的事情，需要做的工作很多。你需要把自己的作业、练习和测验等翻一遍，从中找到自己曾经不会做的题目、做错的题目、对你来说有点难度的题目等。通过认真研究这些题目，才能总结出来自己的"借口"到底是什么。

2. 行动起来，不再"宽容"自己

最害人的借口，是找到的"宽容"自己的借口。这些"宽容"，并不能真正使你的心情得以放松。相反，正是在"宽容"自己的时候，你背上了沉重的包袱。因为你放弃了努力的机会，也就使自己在那些被"宽容"的知识方面永远地留下了缺陷，这些缺陷又会时时刻刻表现在你的学习成绩上。于是，一个方面的缺陷，在你的成绩里留下了长期的残缺，这些残缺使你的成绩再也感觉不到乐观，再也感受不到成功，最终灰暗的心情统治了你。你的"宽容"，实际上成了一种无奈。

现在你找到了自己的借口，也发现了它们没有一个是站得住脚的。更重要的是，找到它们的同时，你也明白了该做什么，下面就该用行动来解决问题了。

1) 分级分组，各个击破

把你找到的"不可能"按照难度进行排序；分别在每个不可能事件前面用数字标注，分成"1""2""3"三个难度等级；然后再把属于同一学科和知识单元的知识归到一组，每一组按难度等级和知识关系进行分类，这样问题就很清楚了。虽然一开始你的分级分组可能还不够准确，但不要太在意。你现在是在这些方面存在缺陷，所以把握得不准是很正常的事情，只需要凭着感觉，进行粗略的划分就行了。特别要注意的是，对题目进行分级分组的目的，是为了确定难度，不要一开始就把自己置于过难的任务中，使自己失去信心。

"知彼知己，百战不殆。"做到这一步，每个极限就在眼前，等待你的处置。现在要做的，就是确定首先解决哪个问题，突破哪个极限。最好先选几个你认为相对来说不会太难的突破，让自己积累点成功的感觉，增强信心。

2) 循序渐进，有条不紊

突破"极限"本身是充满挑战的过程，不可能一蹴而就，所以要做长远打算。不必因为自己花了很多时间还没能把一个问题解决，就觉得自己能力不行，不可能真正获得突破。要把眼光放得长远一点，要学会坚持，学会踏踏实实地做好每一步，为下一步行动打下坚实的基础。

突破"极限"，不要急于求成。毕竟那些"极限"之所以存在，是有深刻原因的。有些"极限"存在，完全是因为你没有进行过尝试，一旦弄清了它的"原形"，进行尝试就可以获得突破了。但更多的"极限"存在，则是经过了相当程度的积累，是长期没有进行尝试的结果。对这种"极限"必须从基础打起，循序渐进、有条不紊地进行突破。

3. 突破学校学习的极限

学校学习的极限主要体现在两个方面：学习内容的局限性和学习专业化程度。

1) 学校学习内容的局限性

由于学校学习内容的计划性非常强，而且是由国家来制定的，所以它是面向全体学生的。在学校学习过程中，由于大多数人只能跟着老师的教学进度比较被动地学习，所以除了在学科学习里存在极限外，在学习内容的难度和范围上也存在众多不易察觉的极限。

例如，现在正在初一年级里学习的学生，就一定学不了初二的内容吗？在初一时数学成绩很一般，就一定不能提前学习初二的内容吗？正在上高中的学生就一定学不了大学的课程吗？我们经常听到一些十二三岁的"神童"考上大学，甚至研究生的事例。难道他们真的是因为很神，才会创造奇迹吗？其实情况恰恰相反。正是因为他们不断地突破了学校学习计划的步骤，使自己不断地面对更高层次的知识，才获得了超前的突破。更多的学生则是因为限制在学校学习计划的步骤里，把过多的时间用于重复学习"旧"知识，而没能及时前进，才与"神童"们拉开了距离。

尝试自学一些超出目前学习阶段的内容，你会发现学习的天地无比宽广。特别是对那些你比较擅长的科目，除了提高学习的难度外，一定要适当提高对自己的要求，使自己每天的学习都处在相对难度更高一点的目标的指引下，不断超前。这既对学科学习不至于陷入"沾沾自喜"很有必要，也对保持自己的领先和扩大自己的视野大有裨益。

2) 学校学习专业化程度

学校教学计划有相对的确定性，作为学生常常想不到除了学校里涉及的知识，自己还有能力学些什么。学校学习的领域极限，使多数人的视野不够宽阔。学校教学计划的科目相对固定，这些科目都属于基础知识学习和基本技能训练的范畴。很多人都能从电视、网络、课外活动班中学到一些比较专业的知识和技能，但是这些学习往往比较随意，只是因为当时有机会碰到并且学会了而已。所以，这些学习往往没有进一步深入下去。

实际上，在学习的任何阶段，除了获得基础知识和基本技能外，还可以获得一些有一定专业水准的知识和技能。在教材编制和教学内容选择的时候，由于编制者常常主要寻找基础性强的知识和技能，而避开带有专业性的知识和技能，所以有时候会给人造成一种假象——在中小学阶段，学生不能学专业知识。其实这是很大的误解。很多学生在其擅长和喜欢的领域里，很难满足于学校的知识范畴。而限于考试范围的规定，大多数人又不愿意去学"超纲"的知识。这样就往往使自己的优势不能尽情发挥，有些兴趣也会慢慢弱化。所以，主动寻找和学习一些"超纲"知识，建立自己的优势学习领域，是突破学校学习极限的一个方面。

4. 超越自我发展潜力的极限

人的潜力究竟有多大？这是个无法回答的问题。因为潜力取决于开发，开发得越多，潜力越大，开发得越少，潜力就越小。潜力的大小不是固定的，而是随着开发不断变化的。所以，超越自我发展潜力的极限，本质上就是学会开发自我发展的潜力。

1) 知道极限所在

人们之所以常常觉得自己的能力有限，止步不前，很大程度上并不是因为能力本身的限制，而是因为没有弄清楚自己当时的极限所在。正所谓"无的"何以"放矢"？没有突破的目标，便很难有所突破。

极限不是空洞的，而是实实在在的。可是寻找极限对很多人来说，又是件很难的事情。这岂不矛盾吗？其实一点都不矛盾。很多人之所以找不到极限，是因为他们虽能够注意到很多事情自己学不会，或者学起来很难，也会大致地想想为什么自己学不会，但是却很少深入地去思考这个问题。既然有的东西学不会，只要不是身体的生理极限，都应该存在一个从现在的状态到学会的状态之间的距离。这个距离有多远？怎么去"测算"它？这些才是关键问题。人们没有去认真分析这些问题，而是简单地告诉自己，"要做到××是不可能的，因为太难了。"有的人能给自己一个简单的理由，说明难度所在，但给出的理由往往过于笼统，比如需要很聪明才行等，这些理由更坚定了自己学不会的"信念"，最终学会就成了可望而不可即的事情了。

所以，只有形成从每件事中的表现与需要的表现之间找距离的习惯，才能真正感受到极限的实在性。只有学会轻易找到自己极限的实在性，把它分解成不同的水平和层次，然后逐级递进，慢慢积累，才能获得最终的突破。

能力发展的极限常常被自己和别人的宏观评价所掩盖。大多数人都习惯于在评价自己和别人的时候，用很笼统的话，如"他很聪明""我太粗心了"等。这些笼统的评价，就像标签一样，一旦贴上就很难想到摘下来——尽管这些标签几乎很难完全合乎实际情况。即使有的时候，你试图证明自己没有那么"粗心"，或者没有那么"笨"，也常常容易以失败告终。这又是为什么呢？因为你忽略了一个最基本的事实——这些标签几乎不反映真实情况。对于不反映真实情况的标签，还要有针对性地去消除，显然不会有效果。**要消除这些标签的影响，只有一**

个办法：换个思路，让它们失效。如果不是从宏观上来评价自己是"笨"或者"聪明"，不是从宏观上评价自己"粗心"或者"细心"，而是从自己解决具体问题时的思考习惯和思维方法上入手，进行训练，提高思维能力，那么很快你就不会那么"笨"了；从寻找自己容易犯的错误入手，想办法消除那些做事的不良习惯和倾向，那么很快你就会发现自己没有那么"粗心"了。

能力发展的极限容易被浅尝辄止所限制。有时候，你带着一股很大的劲头和决心，要突破一个极限。但是由于缺乏必要的恒心和毅力，只走了很小的一步，便因为觉得实在太困难而停了下来，那么这个极限对你来说将很可能有长期性，甚至终生不能突破。如果你现在很坚定地认为自己发展中有些极限是无法突破的，而且还有理有据地说明自己曾经怎样地努力过，又怎样地失败过。那么请务必再想想，你的努力方向真的是正确的吗？如果你的方向是正确的，你坚持了多久？是不是在最没有收获的时候放弃的？突破极限的开始，往往是费力而又没有多少收获的。所以只要你匆忙地开始，又匆忙地放弃，你肯定还没有触及突破极限的关键，所以失败是不可避免的。

2) 有计划地不断挑战

潜力，只有开发才能得到不断地发挥，只有不断地发挥，新的潜力才能转化为能力，更大的潜力才能展现出来。**找到了自我发展潜力的"极限"，并且有计划地不断挑战，才能不断突破和发展。**

"凡事预则立，不预则废。"所以，挑战前必须先制订详细周密的计划，然后严格按计划进行。挑战计划应该包括一个具体的目标、行动细则、检核细则和总评标准。

具体的目标，就是把挑战的目标分解成小目标。例如，现在你是高中学生，英语水平一般，就可以制定一项"挑战大学英语1000词"的目标。然后把这个总的目标先分解出"第一个月记忆150词，对每个词三个以上的词义造一个句子，每个句子都英汉互译流利"的子目标。由于这是挑战性的任务，所以其他的子目标暂时不制订。

行动细则，是说明什么时间做、做什么和怎么去做的详细规定。对于上面的子目标，可以制订这样的行动细则，先去买一本大学英语词汇表，词汇表的例句比较多或者配合一本例句比较多的词典使用。每天早上7:00开始，用两分钟时间从大学英语单词表中找出五个生词；然后用十分钟把它们的英语例句抄到学习笔记中，并朗读一遍；然后把英语原文翻译成中文；过五分钟后，再看着译文，把它们翻译成英语，并检查是否正确；每天做完作业后，再用10分钟时间把译文翻译成英语，并写在草稿纸上，把翻译错的句子修正后朗读一遍。

检核细则，第二天学习新词之前，先对着中译文口头翻译成英文；记录翻译正确和准确的句子，对翻译错误和不准确的句子另外标记出来。

总评标准，一个月后，用两个小时把所有例句打乱次序，进行一次中译英测验，保证90%以上的句子翻译得准确无误则通过，然后确定下一步的学习目标应该设立怎样的难度。

五、创造自我

创造自我，是形成独特学习个性的关键。在自我训练和超越自我的过程中，你已经初步形成了比较鲜明的学习个性。具备了鲜明的学习个性，就可以比较从容地完成各种各样的学习任务，使自己不断得到补充和发展。不过，这个时候你的学习个性虽然已经足够鲜明，却可能不够灵活。

学习个性的灵活性，表现在可以比较容易地处理好自己学习的各个领域，使它们之间有很好的统一性。在学习的过程中，你甚至几乎意识不到它们的不同。这样才能使自己的个性显示……慧和深度。

……践，主要以四个步骤为基础，不断循环和提高。

首先，确定自己学习个性发展的目标。明确要发展自己在哪方面的学习能力，认识所需要的能力和发展的特点，进行详细分析。

其次，确定相应的学习内容和计划。根据对目标的分析，将目标的实现按照难易程度分成几个等级，然后相应制订学习的内容和计划进程。

再次，实施计划。根据既定的计划一步步去做，在做的过程中注意控制，根据计划实施的情况有目的地做些调整，使计划更符合实际情况，更好地执行。

最后，进行过程评价和总体评价。计划执行的过程中需要进行自我评价，通过评价来发现自己的发展和进步，了解自己的计划进行是否合适。

学习个性的发展目标主要有两类：一类是决定学习个性的各种智力因素和非智力因素方面的发展目标；另一类是学习个性类型的相互补充和整合。

在具备了比较鲜明的学习个性后，往往会发现自己有些方面还存在不足和缺陷，为了使自己的学习个性更加灵活、更加高效，必须有针对性地进行这些方面的训练。

1. 各种决定性因素方面的训练

(1) **确定目标**。决定学习个性的因素如果有什么问题，是能比较容易、比较直观地发现的，所以进行相应的训练时，目标就相对比较容易确定，比如可以确定一个"提高初三数学公式记忆力"的训练。

(2) **确定学习内容、项目和计划**。在训练某个方面的时候，必须结合一定的内容进行。例如进行记忆训练，可以把它与你正在学习的某个领域的知识结合起来。只有与知识领域和特定的任务结合起来，对记忆的训练才是有意义的。对控制情绪的训练，则需要给自己开发一个项目。比如可以开发一个"笑一笑"项目，让自己在一天之中必须微笑60次，具体要求在做十种日常活动时必须笑一次，并且规定至少有十次是你想发脾气的时候笑。在确定学习内容、项目和计划的时候，必须注意不要"为了训练而训练"，而要在运用中进行训练，这样的训练既有意义，又具体，更容易进行。

(3) **计划的实施和调控**。如果计划进行得比较顺利，就要提高计划的难度。例如，在进行记忆力训练的时候，看看是否原来不容易记的内容，现在已经找到记忆规律和技巧了。在训练控制情绪的项目里，看看现在每天是否已经越来越容易微笑了，每天会心微笑的次数增加的速度快不快，每天不自觉就想笑的频率增加得如何等。另外，也要看看自己发脾气的情况还有没有，发脾气的次数减少的情况如何等。在了解这些情况的基础上，及时提高"笑"的质量，从强制的笑到会心的笑，到发现学习和生活中的乐趣的笑。这样就使自己的计划不断得到推进。如果计划受阻，则要分析主要的障碍和原因，看看计划是否存在可行性问题，以便确定是否需要进行调整。在计划执行中进行，不断地提醒自己注意训练的内容和目标，使自己的训练不至于被"太忙""太累"之类的借口所干扰。

(4) **过程评价和总体评价**。在计划执行的过程中，要有计划进行一些评价，看看训练是否收到了效果，效果是否与自己的希望相一致等。只有密切关注计划进行的过程和在计划执行过程中取得的成果，才能时时看到自己的进步和提高，才能及时发现问题，并及时进行调整，使计划得以顺利执行。

2. 学习个性类型整合的训练

认识到学习个性的类型多种多样后，自然而然地就想把各种适合自己的学习个性的优势发挥出来。这就涉及整合的问题。正确有效地整合，不仅不会降低你的学习个性的鲜明性，反而还会提高你的学习个性特色。

(1) 确定目标。根据学习领域的特点不同，寻找自己在学习中容易出现又一直没有根本解决的问题，然后分析哪种类型的学习个性对于解决这些问题更有效。例如，可以确定一个"在初二数学学习中运用尝试型学习个性"的训练。

(2) 制订训练计划。根据不同学习内容的学习特点和计划训练的学习个性类型的特点，确定合适的训练计划。例如，你要训练用错题记录的方法来学习数学，就要从数学的特点来看看知识重点的特点和错题在反映数学知识重点方面的优势和缺点。经过分析，按照你的理解制订相应的训练计划。

(3) 计划的实施和调控。与自己以前学习数学的个性进行比较，看看用错题法学习数学时计划进行得是不是顺利，有什么主要的问题和困难，可以怎么解决等。在解决问题的过程中，不断地提高新的个性和方法运用的熟练程度、自动化水平等。及时了解新的学习个性和方法，与自己原来的个性在搭配上是否有问题和矛盾，及时解决出现的问题和矛盾。

(4) 过程评价和总体评价。在计划执行的过程中，及时评价新学习个性和方法的效果和作用，确定这种个性与自己原来的个性能否搭配和谐，各自发挥原来的优势等，以此确定新的学习个性是否已经与原来的学习个性灵活地融合为一体。

参考文献

[1] [美]劳位·E.贝克著.邵文实译.儿童发展.南京：江苏教育出版社，2002

[2] 钟祖荣.学习指导的理论与实践.北京：科学教育出版社，2001

[3] 孙云晓，张梅玲.儿童教育就是培养好习惯——当代少年儿童行为习惯研究报告.北京：北京师范大学出版社，2004

[4] 马一浮.马一浮集.杭州：浙江古籍出版社，1996

[5] [印]奥修著.金晖译.生命的真意.北京：东方出版社，1996

[6] 孙云晓.培养一个真正的人.北京：同心出版社，2004

[7] 孙云晓.习惯决定孩子命运.广州：新世纪出版社，2004

[8] [美]戴尔·卡耐基.人性的弱点全集.北京：中国发展出版社，2008

[9] [英]怀特海著.徐汝舟译.教育的目的.上海：生活.读书.新知三联书店，2002

[10] 孙云晓，程鸿勋等.怎样教会孩子学习——稳步提高学习成绩.北京：新世界出版社，2005

[11] 孙云晓，孙宏艳.小学生的21个习惯.北京：北京少儿出版社，2005

[12] 陶行知.陶行知全集.成都：四川教育出版社，2005

[13] 饶宗颐.饶宗颐二十世纪学术文集.北京：中国人民大学出版社，2009

[14] 郭思乐.教育走向生本.北京：人民教育出版社，2012

[15] 林格.决定孩子命运的12个习惯(珍藏版).北京：清华大学出版社，2012